Una Historia de las Iglesias

La Supervivencia del Cristianismo del Nuevo Testamento Contra Circunstancias Abrumadoras

Dr. Lester Hutson

.

Una Historia de las Iglesias: La Supervivencia del Cristianismo del
Nuevo Testamento Contra Circunstancias Abrumadoras

Foto de la cubierta: Torre de David ubicada en la vieja ciudad de
Jerusalén

ISBN: 978-0-9836802-9-1

www.lesterhutson.org

Reconocimientos

Este proyecto ha consumido gran parte de mi vida durante más de siete años. La cantidad del tiempo gastado en investigación y lectura ha sido enorme, pero para escribir un libro así, hay mucho más que emplear que solo el tiempo en libros y bibliotecas. El escribir y reescribir, perfeccionamiento y más perfeccionamiento, aportes de colegas de confianza, es todo muy agotador y consume mucho más tiempo. Lograr que un libro quede listo para editar no es ninguna tarea pequeña.

Sin ayuda, para mí habría sido imposible. Mi amada esposa Margaret ha tolerado las horas de mi secuestro en mi oficina con un libro en mi cara o detrás de un teclado. ¡Gracias amor de mi vida! Algunas veces mis amigos y mi familia han pensado que no quería verlos; escribir un libro quiere decir que no estás a menudo disponible para otras cosas. Verdaderamente aprecio la comprensión de las personas que querían compartir tiempo conmigo, aunque no lo consiguieron.

La persona que más ha estado involucrado para ayudarme con este libro es Philip Rice. Sus aportes se traducen en incontables horas. Ha puesto cada capítulo a prueba en el crisol. Cuestionó mis reclamos, desafió mi lógica, me pidió que reescribiera secciones completas, y me llevó cada vez a una norma más alta. Le agradezco por eso. Es el editor consumado, pero es además un experto en el formato y los estándares de la industria. Sobre todo, tiene hambre de verdad y está comprometido con la excelencia. Este libro tiene sus huellas, por todos lados. Sin su ayuda, no puedo imaginar que llegara a ser una realidad.

Muchos otros han ayudado también de diferentes formas. Varios criticaron el libro y ofrecieron aportes y sugerencias muy provechosos. Gracias a cada uno de ustedes y especialmente a Raleigh Estes Campbell. Su aporte detallado mejoró el libro enormemente. Estoy también en deuda con James Peterson, quien corrigió cada capítulo para asegurarse de que todas las citas de la Escritura fueran correctas.

Con humilde gratitud me gustaría reconocer el extenso y laborioso esfuerzo de Robert Creech y su equipo de traductores de Panamá, quienes ahora le han dado esta información al mundo hispanohablante. La de ellos fue verdaderamente una obra de amor. ¡Que nuestro gran Dios, guardián de los registros eternos recompense sus esfuerzos aún más allá! Asimismo, expreso gratitud por el trabajo de Bruce Martin en la adición de la historia de la Biblia Reina Valera en la versión hispana de este libro. Y, por amor puro por la verdad, tanto para las versiones en inglés y en español, Philip Rice ha manejado todos los detalles técnicos de la publicación. Oh Dios, recuérdeles para bien a él y a todos los que han contribuido a esta empresa.

¡Qué deuda de gratitud tenemos con aquellas almas fieles que sacrificaron tanto para darnos la herencia que tenemos! Son una infinidad de personas que sufrió siglo tras siglo y a menudo daban sus vidas para que nosotros conociésemos la verdad de La Palabra de Dios y Su obra por nosotros. Me inclino humildemente ante tanta dedicación y sacrificio.

Sobre todo, agradezco al gran Dios de este universo que me dejó completar este trabajo. Me proporcionó la salud y los recursos necesarios para la tarea. Soy privilegiado de que Él me permitiera ser Su herramienta para tal empresa. Confío en que Él sea honrado y enaltecido como resultado de este esfuerzo.

Lester Hutson

Reconocimientos para el libro en español

Al leer el libro Una Historia de las Iglesias en mi lengua natal, el inglés, quedé impresionado con la necesidad de hacer llegar esta valiosa información al mundo de habla hispana. Ya que he fungido como misionero bautista en varios países latinoamericanos por más de veinte años, supe que el tema del libro es practicamente desconocido en la región y, a la vez, conocí personas idóneas para llevar a cabo el trabajo preciso para alcanzar la meta. Dos hermanos en la común fe de nuestro Señor Jesucristo se complacieron en formar conmigo el equipo de traducción. Trabajamos bajo los auspicios del Instituto Educativo Cristiano de Panamá, cuyo director, Cristóbal Yáñez, por muchos años ha tenido la visión de ofrecer libros únicos y particulares para el beneficio del mundo hispano.

Los integrantes del equipo de traducción son:

Alexis Gordon, de Colón, Panamá. Misionero enviado por la Iglesia Bautista Betel de Cañazas, Veraguas. Su alto nivel de interés en el tema, junto con sus habilidades prodigiosas en la investigación, le equiparon para asegurar que el libro traducido tenga las cualidades necesarias para ser entendible e interesante a su audiencia.

Analides Vásquez de González, de Aguadulce, Coclé, Panamá. Como profesora de español, fue inminentemente calificada para asegurar que el libro estuviese de acuerdo con todas las reglas gramaticales y usos actuales de la lengua. Agradecemos profundamente su aporte a la obra.

Su servidor, Robert Creech, misionero enviado por la Mission Boulevard Baptist Church, de Fayetteville, Arkansas, EE.UU. Mi función en el proyecto era asegurar que todas las ideas presentadas en la obra original fueran fielmente representadas en la traducción. Cuestiones de tono, estilo, y gramática fueron dejadas al juicio de mis compañeros hispanohablantes.

Damos gracias a Dios por los años de trabajo del autor, Dr. Lester Hutson, sus colaboradores y la ayuda imprescindible de Philip Rice, no solo con el libro en inglés sino también en preparar la traducción para la publicación. Guardamos la esperanza que el conocimiento de estas grandes verdades llegue a una importante cantidad de lectores hispanohablantes, y de tal manera Dios sea glorificado y Su Nombre engrandecido.

Robert Creech

Contenido

Prólogo

Durante una vida de ministerio personal en y entre iglesias que creen y practican el cristianismo de primer siglo, he observado dolorosamente que la mayoría abrumadora de cristianos no sabe casi nada de su herencia espiritual. Jesús es el fundador del cristianismo. Él estableció Su primera iglesia en Jerusalén, Israel. Muchos cristianos afirman ser miembros de una ininterrumpida línea de iglesias según el orden que Jesús estableció. El patrimonio de ellos se lo deben a Él, pero muestran poca o ninguna evidencia para respaldar su creencia. Es en cierto modo vergonzoso y auto-incriminante adoptar una creencia dogmáticamente con pocas evidencias que la respalden. Hoy es poco común encontrar cristianos (incluyendo pastores) con conocimiento de su patrimonio del cristianismo después del fin del siglo primero.

Este libro fue escrito para ayudar a los que necesitan un sencillo conocimiento práctico sobre su patrimonio desde el fin del Nuevo Testamento. Este libro no es exhaustivo. Más bien está encaminado a presentar una perspectiva histórica general concisa en un lenguaje sencillo y en una forma bastante sucinta. Desde el ministerio terrenal de Jesús al presente, es un largo periodo de tiempo. Durante aquellos años, el cristianismo fue la influencia más definidora en la historia del mundo entero. La presentación de los conocimientos básicos de esta larga era de tiempo y eventos, desde el punto de vista del cristianismo del Nuevo Testamento, es desafiante. Deseo que este libro se los presente de un modo fácil de entender.

El objetivo principal de este libro es mostrar que la especie del cristianismo presentado en el Nuevo Testamento ha existido continuamente desde Jesucristo hasta la actualidad. Están los nombres de los que abrazaron el cristianismo neotestamentario siglo tras siglo, y además donde vivieron. Aparte de una comprensión básica de los enormes esfuerzos en curso para erradicarlos de la faz de la tierra, es dudoso que alguien pudiera apreciar su existencia ininterrumpida. Solo Dios pudo haberlo posibilitado. De otra forma el cristianismo del Nuevo Testamento de primer siglo se hubiese desaparecido. Este libro presenta ambas miradas, una, a la continua existencia del cristianismo neotestamentario a través de las épocas, y otra, a algunos asombrosos, masivos y crueles esfuerzos por erradicarlo.

Reconozco que las afirmaciones basadas en hechos reales e informaciones de este libro no son nuevas ni originales. Este libro se basa en fuentes secundarias, no primarias. Muchas grandes obras históricas que validan las afirmaciones hechas aquí ya existen. Porque no fueron hechas acorde a los estándares modernos, la opinión generalizada es de repudio y los condenan muchos especialistas modernos. Algunos de aquellas grandes obras históricas son o muy largas, o difíciles de leer, o ya no se imprimen, sin embargo, no se puede negar que son minuciosas, bien documentadas y autoritativas. Intento resumir lo que muchos han bien dicho ya. Mi esfuerzo ha sido acreditar cada fuente.

Mi corazón desea darle ese vistazo al hombre común de su gran patrimonio como cristiano neotestamentario. Las referencias fijan las afirmaciones a un gran cúmulo de evidencias respaldadas y establecen su autoridad. Además, permiten al lector verificar las afirmaciones e indagar más a fondo, más exhaustivamente. El nivel académico de este libro resistirá la inspección; sin embargo, fue escrito para el hombre común que necesita y desea conocimientos básicos de su conexión al cristianismo de Jesucristo y la iglesia que Él edificó en Jerusalén.

Mi oración es que Dios use este libro para informarle, fortalecer su fe, y mejorar su apreciación por todo lo que ha sido transmitido a usted a tan enorme precio. Oro también para que le ayude a prepararse para los días amenazantes que parecen venir en camino.

Lester Hutson

Capítulo 1

Un Libro Sobre las Iglesias a lo Largo de los Siglos

La historia de las iglesias a través de los siglos no es tan simple como podría parecer. Ha habido y hay iglesias como la que personalmente estableció Jesucristo y luego hay otras – muchas otras. Algunas de esas otras no son nada parecidas a la que Él estableció en Jerusalén, Israel. Aun así, se hacen llamar a sí mismas la iglesia de Jesucristo. En pocas palabras, puede ser confuso. Muchos cristianos devotos conocen muy poco de su patrimonio espiritual más allá del final del Nuevo Testamento. Para cuando termine de leer este libro ese no será más su caso.

RESEÑA

Estás a punto de mirar 2000 años de vida y actividad eclesiástica. Es obvio que un libro de un solo tomo acerca de esta materia no será exhaustivo. El alcance de este libro es amplio; sin embargo, le dará una visión general tan amplia como clara, la que le ayudará a ordenar completamente una montaña de información sobre este tema. Estas lecciones le iluminarán acerca de nuestras creencias, mejorarán sus conocimientos, fortalecerán su fe y le dará una razón para apreciar su patrimonio espiritual; pero no le harán una autoridad sobre la historia de las iglesias.

1

La palabra "iglesia(s)" es utilizada en este libro en dos sentidos principales: (1) para referirse a las verdaderas iglesias que Jesús reconoce como Suyas propias y (2) para referirse a iglesias que se han desviado bastante de la idea de Jesús de cómo debería ser una iglesia para ya no ser reconocida por Jesús como Suya propia. En cada caso el contexto te ayudará a distinguir en qué sentido el término es utilizado. La palabra "iglesia" no será usada en el sentido inapropiado de todos aquellos cristianos que profesan ser un cuerpo o unidad llamada "la Iglesia," implicando que una Iglesia individual (visible, o invisible) ha existido continuamente desde el tiempo de Cristo. Una línea ininterrumpida de iglesias ha existido desde Cristo al presente desde un punto de vista institucional, pero no solo una iglesia en particular. De ahí el título del libro *Una Historia de las Iglesias*, no *Historia de la Iglesia*. (Nota del traductor: La palabra "iglesia" se utiliza en minúscula para indicar una congregación local, e "iglesias" para más de una congregación local. La palabra "Iglesia" en mayúscula se utiliza para indicar un grupo de congregaciones bajo algún control centralizado, es decir, una denominación entera.)

Este libro examina varios desarrollos relacionados con el cristianismo desde el establecimiento de la iglesia original por Jesucristo. Su principal objetivo es identificar la continua existencia de las verdaderas iglesias que abrazaron las posiciones neotestamentrias, desde Cristo, hasta la actualidad.

Cuando lea a través de estas páginas, se familiarizará con muchos aspectos esenciales de la historia que ha tenido un efecto directo en la vida y las condiciones actuales. Hallará los nombres, escritos, hechos e influencia de líderes cristianos sobresalientes del fin del Nuevo Testamento hasta el presente. Aprenderá de la severa persecución a los cristianos por la Roma pagana, seguida por más persecución de los que practicaban el cristianismo del primer siglo, una vez que el gobierno de Roma en el año 323 d.C. hizo del cristianismo su religión oficial. Aprenderá de las falsas doctrinas y enormes polémicas de las mismas enfrentadas por los primeros cristianos, los orígenes y la formación de las Iglesias católicas romanas y ortodoxas griegas, el nacimiento y el crecimiento del islam, las Cruzadas, el crecimiento de los estados europeos, la reforma protestante y la proliferación de las denominaciones protestantes.

COMPRENDER LO QUE ES UNA "IGLESIA"

Es importante entender la definición de la palabra *iglesia*. Cuando Jesús estableció Su iglesia, Él la llamó una *ekklesia*. Este sustantivo griego compuesto proviene de la palabra <u>ek</u> que significa "afuera" y <u>kaleo</u> que significa "llamar". Por lo que una iglesia de Jesucristo es literalmente *una asamblea "llamada afuera"*. [1] De todos los usos de la palabra *ekklesia* en el Nuevo Testamento, tres veces es utilizada para referirse a la asamblea de los líderes de las ciudades en Éfeso, **Hechos 19:32, 39, 41,** y una vez refiriéndose a la "asamblea" de Israel en el Monte Sinaí bajo el liderazgo de Moisés, **Hechos 7:38.** Todas las demás veces son exclusivamente para referirse a la iglesia de Jesús. [2] En cada caso que la palabra *iglesia* es utilizada en el sentido cristiano, se refiere a cualquiera de los dos (1) una congregación específica o (2) iglesias en un sentido institucional. [3] No hay excepciones. Algunos malinterpretan la utilización de la palabra *"cuerpo"* en conexión con la iglesia, **Colosenses 1:18, 24, Efesios 1:22-23, 5:23,** para implicar algo más que solo una congregación local. El término *"cuerpo"* es simplemente utilizado en un sentido metafórico. [4] La conexión de la cabeza de uno mismo con el resto del cuerpo, es paralelamente como Cristo que es la cabeza de cada iglesia y los miembros a los que Él llama Su cuerpo. Cristo es la Cabeza y Él dirige y salva cada iglesia verdadera. [5] Ningún cambio en la definición o aplicación de *ekklesia* se implica al asemejarlo con el cuerpo. Cada *ekklesia* (iglesia) es como un cuerpo. **1 Corintios 12:13-27** lo deja bastante claro.

Definición

En el sentido bíblico, "Una iglesia del Nuevo Testamento es una compañía de creyentes bautizados, voluntariamente asociados juntos para el mantenimiento de las ordenanzas y la difusión del evangelio de Jesucristo". [6] Esta es la definición de Juan T. Christian y es una oración bastante escueta del verdadero significado de iglesia como es visto en las Escrituras. [7]

Ramificaciones

Hay ramificaciones inevitables de esta definición. Si es cierto que esta sea la definición verdadera mostrada en la Biblia de la palabra "iglesia", entonces:

1. Todas las iglesias verdaderas tienen su origen en Jesucristo.

2. Una iglesia verdadera es una asamblea visible.

3. Todas las iglesias verdaderas están ubicadas en algún lugar sobre la tierra.

4. Todas las iglesias verdaderas son congregaciones independientes y auto-gobernadas.

5. Una persona debe ser salva antes de que sea elegible para ser miembro de una iglesia verdadera.

6. Una persona debe ser bautizada (sumergida) en agua para ser miembro de una iglesia verdadera.

7. Una iglesia verdadera está conformada por miembros salvos en relación de pacto.

8. Las iglesias verdaderas mantienen las ordenanzas conmemorativas de su relación con Cristo, no para obtener su salvación.

9. Las verdaderas iglesias son evangelísticas y misioneras.[8]

Este libro asume esta definición, así como sus ramificaciones acerca de cómo es una iglesia verdadera.

Los fundamentos o el núcleo de las creencias de la iglesia que Jesús originó

Como este libro examina la historia de las iglesias a lo largo de los siglos desde la iglesia que Jesús personalmente estableció en Jerusalén, Israel, es importante saber la postura de Sus iglesias en asuntos claves. Un conocimiento práctico de Su verdadera iglesia le servirá como un mecanismo medidor o evaluador. Con el, uno mismo puede ver quien se mantuvo fiel a Su patrón y quien se desvió del camino. En un formato u otro esta información será repetida varias veces en este libro; sin embargo, mientras definimos la palabra *iglesia*, es también importante y apropiado definir sus creencias fundamentales. La lista presentada aquí refleja los fundamentos o el núcleo de las creencias de la iglesia original de Jesús. No intenta ser muy detallada.

4

- Jesucristo fundó personalmente Su iglesia.

- Jesucristo es deidad, Dios, y sólo Él, es la cabeza de la iglesia.

- La iglesia de Jesús tiene dos oficios permanentes: pastores y diáconos.

- El gobierno de la iglesia de Jesús es congregacional.

- Toda iglesia ha de ser autónoma y autogobernada.

- Las iglesias de Jesús son separadas e independientes por completo del Estado.

- Las iglesias de Jesús se reúnen los domingos y mantienen las ordenanzas del bautismo y la Cena del Señor.

- La salvación es exclusivamente por gracia a través de la fe personal en Jesucristo únicamente.

- Sólo las personas salvas se bautizan y el bautismo es por inmersión.

- Sólo las personas salvas pueden ser miembros de una iglesia.

- Cada creyente es de igual valor ante Dios por lo que no tiene que haber jerarquía eclesiástica en la iglesia. Esa posición teológica es conocida como el sacerdocio de cada creyente.

- Las Escrituras y solo las Escrituras son inspiradas por Dios.

- Las Escrituras son la regla de fe y práctica definitivas para los creyentes y la iglesia.

La promesa personal de Jesús respecto a Su iglesia

Jesús dijo desde el día en que Él personalmente estableció esta institución la cual Él llamó *"Mi iglesia,"* que continuaría existiendo hasta Su regreso. *"Edificaré mi iglesia; y las puertas del Hades no prevalecerán contra ella,"* **Mateo 16:18.** Esto es una garantía divina de

5

la perpetuidad y la evidencia histórica validará la declaración de Jesús. Este libro resaltará las iglesias que a lo largo de los años exhibieron las características del modelo original de Jesús. La definición de *iglesia* significa que su historia es un estudio de iglesias individuales y específicas en diferentes ubicaciones y épocas a lo largo de la historia. No es un estudio de una entidad gigante de la cual todos los cristianos son una parte.

FUENTES PARA LA HISTORIA DE LAS IGLESIAS

¿Cómo sabemos qué pasó 1800, 1000, o incluso 500 años atrás? Como podremos ver, poderosas entidades intentaron deliberadamente destruir toda la evidencia no favorable a sus posiciones y acciones. A pesar de esfuerzos masivos por borrar para siempre de la historia gran parte de la verdad, muchos escritos de naturaleza personal sobrevivieron. Individuos dejaron diarios, agendas y cartas personales. Líderes cristianos escribieron explicaciones y defensas del verdadero cristianismo bíblico y muchos de esos escritos permanecieron. A través de los años hubo miles y miles de pastores e iglesias. Archivos de iglesias y pastores abundan: sus decisiones y sermones, informes de reuniones entre pastores y personas de otras iglesias y minutas registrando las reuniones y creencias de las iglesias. Gran número de himnos de iglesias, credos, y materiales didácticos sobrevivieron. Hay incontables registros de cortes seculares, gobernantes y escritores. [9] Acusaciones de perseguidores nos dicen cuáles eran los temas, así como la posición que ambos adoptaron sobre el asunto en cuestión, tanto la de los acusadores como la de los acusados. [10] Además escritos históricos abundan.

INFLUENCIAS PREDOMINANTES AL COMIENZO DE LA PRIMERA IGLESIA

Antes de que nos lancemos a este viaje histórico, sería prudente considerar algunas de las más poderosas influencias predominantes en la época de Jesús en la tierra y las siguientes inmediatas. Estas son influencias que Dios permitió, las cuales utilizó para moldear y forjar la dirección del cristianismo temprano y las iglesias.

Una sociedad y cultura oriental (del este) no occidental (del oeste)

Jesús era habitante del este, no del oeste. El Antiguo Testamento y casi todo el Nuevo Testamento fueron escritos por habitantes del este. Es difícil captar la historia del cristianismo, particularmente en sus inicios, aparte del entendimiento de la historia, cultura y pensamiento del este. Gran parte de esa influencia, se integra y explica en este libro.

La influencia griega

Justo antes del gobierno romano de los días neotestamentarios, Felipe de Macedonia y Alejandro Magno habían conquistado y gobernado el mundo mediterráneo completo. La influencia griega era profunda y continuaba bajo el gobierno de Roma. La influencia de reconocidos filósofos tales como Sócrates, Platón, Aristóteles, Zenón y Epicúreo, movió masas de gente. Algunos de sus pensamientos fueron absorbidos por fragmentos del cristianismo, y guiaron demasiado a la herejía y las falsas doctrinas. La cultura materialista y sensual de Grecia (llamada helenismo) apelaba fuertemente a la carne y penetró el Imperio Romano. Los romanos renombraron los dioses griegos y los hicieron suyos propios. Las masas se identificaban con dioses que eran súper humanos enormemente poderosos llenos de debilidades humanas como la ira, la lujuria, la avaricia, los celos, y cualquier vicio imaginable. Frente a este telón entró el mensaje sano, puro y moral de Jesucristo. Otra influencia griega poderosa fue la lengua koiné griega la cual era muy común para el imperio completo. Sería muy difícil exagerar lo que esta lengua común significó para la difusión del mensaje cristiano. Las Escrituras fueron introducidas en el koiné griego. Por todo el Imperio la gente recibía el mensaje cristiano en su propia lengua.

Gobierno romano (del año 63 a.C.)

Roma gobernó el mundo mediterráneo completo. Hubo un gobierno, no muchos. Fue el más elaborado, organizado y poderoso que el mundo ha visto jamás. El ícono de Roma fue la

Pax Romana lo que significaba la paz de Roma. Roma gobernó con un puño de hierro y con una crueldad despiadada; los hombres temieron desafiar a Roma. Tan cruel como era, el gobierno de Roma trajo la paz para el imperio. Además, un sistema superior de comunicación posibilitó un amplio flujo esparcidor de ideas e información. Carreteras altamente desarrolladas y un buen sistema de mensajería aseguraron que viajar era relativamente seguro. El cristianismo y las iglesias proliferaron.

Otra poderosa influencia romana sobre el cristianismo fue el sistema romano de dioses. Como fue ya mencionado, la religión oficial romana era la del culto a los dioses adoptados de la religión griega; sin embargo, los romanos también creyeron en el culto al emperador. En los inicios del cristianismo, la postura de Roma llegó a ser el principal obstáculo, y por rechazarla muchos cristianos pagaron el precio mayor. Un tercer aspecto de la religión romana, era sus Religiones de Misterios. La gente conquistada por Roma tenía sus sistemas de dioses y religiones. Los romanos permitieron a los conquistados mantener sus religiones y dioses mientras ellos también aceptaran el culto al emperador, los dioses oficiales romanos y los dioses de otros. Los romanos se enorgullecían por su *religio licita* o "libertad de religión".

La diáspora judía

Los judíos fueron dispersos por todo el Imperio Romano. Al menos en cada población principal del centro del Imperio Romano existió una colonia judía. Esto preparó el camino para que se difundiera el cristianismo el cual se originó de los judíos y fue inicialmente transmitido por evangelistas judíos.

RAZONES PARA LA RÁPIDA DIFUSIÓN DEL CRISTIANISMO NACIENTE Y LA PROLIFERACIÓN DE LAS IGLESIAS

Como un reguero de pólvora, el cristianismo se expandió exponencialmente. Esto pasó por muchas razones.

Sucesos iniciales espectaculares

El ministerio de Jesucristo no fue nada menos que milagroso. Él era Dios con nosotros y Él realizó milagros verdaderos, no simples hechos sobrehumanos. Multitudes incluso sus apóstoles lo vieron. Ellos supieron que Él era Dios y no un simple hombre. El mayor milagro de todos fue la resurrección de Jesucristo. Lo vieron morir crucificado; Él resucitó en tres días y ellos pasaron los siguientes cuarenta días con Él. Supieron que no era casualidad. Ellos creyeron Su mensaje y deseaban esparcirlo a cualquier costo.

El testimonio apostólico

Los apóstoles fueron testigos oculares de la obra y ministerio de Jesucristo. Sus crónicas no eran rumores. Su celo y pasión están más allá de la descripción moderada. Ellos también experimentaron el Día Pentecostés, el tiempo en el cual el Espíritu Santo de Dios los ungió y los capacitó de una manera milagrosa. Sabían que Dios estaba con ellos. Además, los apóstoles fueron dotados del poder de hacer milagros. Eran capaces de validar sus mensajes y afirmaciones con estos milagros. El impacto fue fenomenal. Aún más, fueron divinamente inspirados por el Espíritu Santo. Dios les dio Sus mensajes, y en su recibir de las Escrituras eran infalibles. Estas realidades aventaron los fuegos del cristianismo.

Oposición y persecución por el liderazgo judío

Extrañamente el odio vil que la mayoría de los líderes judíos sentían por Jesucristo, Su mensaje y aquellos que Lo siguieron, vino a ser el principal factor por el cual se expandió tan rápidamente el cristianismo. Empezó en Jerusalén donde la jerarquía judía tuvo su sede. Como fue evidenciado en el papel que jugaron con respecto a la muerte de Jesucristo, el liderazgo judío tuvo un enorme poder político. El libro de *Hechos* registra sus esfuerzos agresivos en contra del cristianismo. Estaban determinados a silenciar y erradicar a los cristianos.

Saulo de Tarso, un joven fariseo altamente intelectual y poderoso, fue un líder judío, **Hechos 8:1.** Él hizo propia la misión de destruir el cristianismo, el cual vio como afrenta herética al judaísmo. Sus feroces esfuerzos en contra de los cristianos los esparció por todo lo largo y ancho del Imperio Romano. A donde quiera que llegaran, eran como semillas y plantaron iglesias que crecieron y ganaron más para Cristo.

La conversión de Saulo de Tarso

En poco tiempo Saulo de Tarso fue milagrosamente salvado. El mismo celo y pasión que anteriormente empleó en contra de los cristianos ahora se habían tornado para traer hombres a Cristo. El mensaje de Pablo golpeó el corazón de los conceptos errados del judaísmo. Las multitudes se voltearon hacia Cristo. Pablo exportó el mensaje del evangelio y plantó iglesias en centros neurálgicos estratégicos dentro de lo ancho y largo del Imperio.

Otro evangelismo por los apóstoles y otros

Pablo no estaba solo en su misión y éxito. Pedro celosamente difundió el mensaje de Cristo. Dios le reveló que el cristianismo no está limitado a los judíos; es también para los gentiles. Dios envió a Pedro al gentil Cornelio, quien fue gloriosamente salvo, **Hechos 10-11.** Esto abrió la puerta ancha a los gentiles. Poco después Bernabé fue como misionero a la isla de Chipre, **Hechos 15:39.** Hay razones para creer que Tomás llevó el evangelio a la India y que Marcos llevó el mensaje a Egipto y África del Norte. Las evidencias indican también que Pudente y Claudia llevaron el mensaje a Britania (Gales), **2 Timoteo 4:21.** (Registros históricos galeses indican que Pudente y Claudia eran de Gales.) Es probable que el cristianismo llegara a Britania (Inglaterra) antes del fin del siglo primero.

Las iglesias fueron plantadas en centros neurálgicos por todo el Imperio (Antioquía, Corinto, Éfeso, Roma, Filipo, etc.) El medio principal que parece haber propagado el cristianismo fue el éxito de Pablo al ganar a sus custodios romanos para Cristo. Al igual que los custodios se les asignaban otros recorridos del deber militar, ellos llevaban consigo al cristianismo. Conversiones fueron hechas e iglesias establecidas donde quiera que fueron, desde Babilonia a Britania (Gales) y desde África del Norte a Macedonia (Países Balcánicos).

La destrucción de Jerusalén 70 d.C.

La destrucción de Jerusalén en 70 d.C. acabó con la resistencia judía y su control sobre el cristianismo. Con la conversión de miles de gentiles, el cristianismo fue una religión cada vez menos exclusiva de los judíos, **Hechos 15.** Las iglesias de gentiles abundaron.

Con esa información básica, es tiempo ahora de ir hacia adelante. En el capítulo dos, comenzaremos a mirar como la Roma pagana persiguió a los primeros cristianos.

---

[1] W.E. Vine, *An Expository Dictionary of New Testament Words (Diccionario Expositivo de las Palabras del Nuevo Testamento)*, s.v. "ekklesia," (Nashville, Tennessee: Thomas Nelson Publishers, 1985), 42-43.

[2] George V. Wigram y Ralph D. Winter, *The Word Study Concordance,* (Wheaton, Illinois: Tyndale Publishing House, 1978), 227-228.

[3] I.K. Cross, *The Battle for Baptist History (La Batalla por la Historia Bautista),* (Columbus, Georgia: Brentwood Christian Press 1990), 10-11.

[4] Ibid.

[5] Elmer L. Towns, *Theology for Today (Teología para Hoy),* (Orlando, Florida: Harcourt Custom Publishers, 1997), 457.

[6] John T. Christian, *A History of the Baptists (Una Historia de los Bautistas),* vol. 1, (Texarkana, Ark.-Tex.: Bogard Press, 1922), 13.

[7] Debería destacarse que el Dr. John T. Christian fue uno de los historiadores principales de los bautistas sureños y cuya historia de los bautistas en dos volúmenes fue el libro de texto principal durante muchos años en seminarios de la convención bautista del sur.

[8] J.R. Graves, *Old Landmarkism: What Is It? (Viejo Landmarkismo: ¿Qué es?)* (Texarkana, Texas: Bogard Press, 1880), 25-72.

[9] Carl Deimer, *Church History (Historia de la Iglesia),* notas de clase, Lección 1.

[10] Debería destacarse que los que ganaron guardaron la mayoría de los registros. Tanto los romanos como los perseguidores de la Iglesia estatal (1) destruyeron los registros de los verdaderos cristianos e iglesias y (2) escribieron versiones tergiversadas y parcializadas de ellos mismos.

La Proliferación de las Iglesias

Año (en d.C.)	Eventos
Feb 27	La primera iglesia establecida (Mateo 10:1-14, 16:18-19; 1 Corintios 12:28)
Abr 27	La Cruz (Mateo 26-27)
Jun 27	Pentecostés (Hechos 2)
36	Pablo salvo (Hechos 9)
41	Cornelio de los gentiles — Hechos 10
45	Pablo enviado de Antioquía — Hechos 13 — Antioquía (43)
50	Iglesias de Galacia (45-47), Troas; Filipo (50), Tesalónica (51), Corinto (52-53), Colosa, Cencrea, Roma (mitad de los 50), Creta; 7 Iglesias de Asia (54-57): Éfeso, Esmirna, Pérgamo, Tiatira, Sardis, Filadelfia, Laodicea
60	Alejandría, África del Norte
70	Las iglesias proliferan — Hechos 8:4 — Bitinia, Britania (Gales), Britania (Inglaterra), Galia (Francia), Abisinia (Etiopía), España

[1] Edward Reese, *The Chronological Bible (La Biblia Cronológica)*, (Nashville, Tennessee: E.E. Gaddy and Associates, Inc. Publishers, 1977)

Capítulo 2

La Persecución por Paganos

Pablo advirtió, "Y también todos los que quieren vivir piadosamente en Cristo Jesús padecerán persecución," **2 Timoteo 3:12.** Aunque la persecución afanada de los cristianos ha continuado hasta la actualidad, los años siguientes inmediatos a la profecía de Pablo continuando hasta el Edicto de Milán en el 313 d.c. constituyeron una de las épocas más notables de persecución de los cristianos que jamás haya tenido lugar. (Después de derrotar a los rivales en Roma del Norte en la batalla del Puente Milvio, los generales romanos Constantino y Licinio se encontraron y formaron una alianza. Una parte del acuerdo era que la persecución a los cristianos acabaría. Como podremos ver después, esto no culminó completamente la persecución a los cristianos por parte de Roma; sin embargo, por un breve periodo de tiempo, la persecución gubernamental fue disminuida en gran medida. ¹) La postura oficial del gobierno romano y la sociedad fue la del culto a muchos dioses, todos considerados paganos a la luz del cristianismo bíblico. Por ello durante este tiempo, Roma fue considerada una sociedad pagana con un gobierno pagano y un sistema pagano de religión. Por ello esta época de persecución de Roma en contra de los cristianos que fueron estrictamente partidarios del cristianismo de primer siglo es comúnmente llamada *persecución pagana* a diferencia de la época de persecución cristiana que la siguió. Siglos de persecuciones horrendas, en contra de aquellos que permanecieron con el cristianismo de primer siglo, continuaron después de que Roma se convirtiera oficialmente en una nación *cristiana*. Las dos épocas de las persecuciones mayores no deben ser confundidas.

Aquí hay puntos claves a tener en cuenta mientras nos movamos por esta presentación:

1. Estamos considerando una época de casi 300 años. Las condiciones, situaciones, y persecuciones no eran homogéneas a lo largo del periodo. Hacia los finales de la época la imagen era mucho, mucho más diferente a como era en sus principios.

2. Como regla general, la persecución abarcó más y progresivamente empeoró a lo largo de aquellos años.

3. Las creencias en la comunidad cristiana no eran homogéneas. No asuma que todo el que se hacía llamar cristiano sostenía las mismas creencias. Había gran diversidad de opiniones, y la tendencia generalizada progresivamente se alejaba más del cristianismo bíblico y sus creencias.

4. La persecución predominó en todas las líneas de la creencia. Creyentes legítimos e iglesias y aquellos que se desviaron lejos de la doctrina apostólica sufrieron la persecución de igual manera.

5. Nunca dejó de existir una comunidad cristiana ni iglesias que insistieran en las creencias bíblicas y el cristianismo. Incluso en ese círculo cerrado había diversidad; sin embargo, estas más o menos adoptaron las creencias y prácticas básicas del cristianismo defendidas por Jesús y los apóstoles.

6. Además de la persecución, muchas otras luchas titánicas continuaban en la comunidad cristiana. Algunas de estas se examinarán en otros capítulos. Este capítulo está limitado más que nada a la persecución de los cristianos en los años anteriores a la declaración del emperador Constantino en la que afirmó ser cristiano e hizo del cristianismo la religión oficial del Imperio Romano.

Paganismo es aceptar otros dioses que no son el Dios de la Biblia

---

PERSECUCIÓN INICIAL POR LOS JUDÍOS

Antes del 70 d.C., la persecución provino principalmente de los judíos. Los líderes romanos consideraron el cristianismo como parte del judaísmo. Su política era la de *no intervención* excepto cuando fue necesaria para mantener alejados a los judíos de la rebelión y la disputa civil. Que los romanos no estaban interesados en la religión judía está bien ilustrado en Galión, el magistrado romano a cargo de Corinto. Cuando los líderes judíos se levantaron en contra de Pablo por predicar a Cristo y lo llevaron al tribunal, *"Y al comenzar Pablo a hablar, Galión dijo a los judíos: Si fuera algún agravio o algún crimen enorme, oh judíos, conforme a derecho yo os toleraría. Pero si son cuestiones de palabras, y de nombres, y de vuestra ley, vedlo vosotros; porque yo no quiero ser juez de estas cosas. Y los echó del tribunal"*. **Hechos 18:14-16.** ("Echó" proviene de la palabra griega apelauno que significa *expulsar*.) [2] Los primeros cristianos no se veían a ellos mismos como desprendidos del judaísmo, más bien vieron a Cristo y todo lo pertinente a Él como el cumplimiento de las afirmaciones y profecías del Antiguo Testamento. Se vieron a sí mismos como la extensión inseparable de las enseñanzas del Antiguo Testamento.

Mientras que los romanos consideraban el cristianismo como parte del judaísmo y los cristianos se veían a sí mismos como el cumplimiento del plan de salvación de Dios para todos los hombres, los judíos no. Para los judíos ortodoxos, el cristianismo era algo totalmente diferente. De hecho, lo vieron como una afrenta directa, una corrupción de su religión y una amenaza. Para ellos la afirmación de que Jesús era Dios era blasfemia, **Mateo 26:65.** En su opinión si Jesús era Dios, era un segundo Dios y separado de Jehová. Para ellos el cristianismo significaba más de un Dios (politeísmo) a diferencia de su concepto monoteísta, **Deuteronomio 6:4.** Es más, la postura cristiana que las costumbres judías tales como la circuncisión y el Shabat no eran necesarias para la salvación y estaban cumplidas en Cristo, fue considerada una afrenta directa al judaísmo, **Colosenses 2:16-17.**

El liderazgo judío golpeó y amenazó a los apóstoles, **Hechos 5:40,** y apedreó a Esteban hasta matarlo, **Hechos 7:57-60,** *"Y Saulo consentía en su muerte. En aquel día hubo una gran persecución contra la iglesia que estaba en Jerusalén; y todos fueron esparcidos por las tierras de Judea y de Samaria, salvo los apóstoles. Y hombres piadosos llevaron a* *enterrar a Esteban, e hicieron gran llanto sobre él. Y Saulo asolaba la iglesia, y entrando casa por casa, arrastraba a hombres y a mujeres, y los entregaba en la cárcel. Pero los que fueron esparcidos iban por todas partes anunciando el evangelio,"* **Hechos 8:1-4.** Una vez que Pablo llegó a ser cristiano y comenzó a evangelizar el mensaje cristiano, también llegó a ser objeto de persecución de los judíos, **Hechos 18:12-17, 21:26-31, 24:1-9, etc.**

Cuando los romanos destruyeron Jerusalén y el templo en el 70 d.C., el liderazgo judío fue quebrantado y dispersado. Para ese momento el cristianismo estaba compuesto cada vez más por gentiles (gente no judía) y las iglesias de gentiles se alejaron del poder e influencia judíos. La dominación judía sobre el cristianismo menguó rápidamente.

> **El año 70 d.C. fue un hito mayor en la historia judía y cristiana**

PERSECUCIÓN POR PAGANOS

Cómo se desarrolló la persecución pagana

Los judíos se apresuraron en decirles a las autoridades romanas que los cristianos no eran parte de la religión judía. Esto se evidencia por el discurso de Tértulo a Félix, el gobernador romano de Cesarea, **Hechos 24:1-9.** Posteriormente, Roma comenzó a reconocer al cristianismo como una fuerza propia, un movimiento que no era idéntico al judaísmo. Al principio los estadistas y autores paganos "consideraron la religión cristiana como una superstición vulgar, poco digna de ser reconocida".[3]

Una vez que Roma llegó a ver al cristianismo como una religión separada del judaísmo, comenzó a perseguir al cristianismo como una *religio illicita* o "religión ilegal".[4] Tertuliano, quien nació alrededor del 150 d.C., dijo de los cristianos, "somos considerados a ser malvados, inconscientes, a ser dignos de castigo, merecedores del ridículo". En su cuarta apologética, Tertuliano acusó a los magistrados romanos de decretar en contra de los cristianos, "para ustedes no es legal que existan".[5] Esta "era la deshonra constante de los cristianos".[6]

A pesar de las afirmaciones y las prácticas de tolerancia religiosa, Roma fue fundamentalmente intolerante. El estado romano estaba entrelazado a fondo con la idolatría pagana e hizo de la religión una herramienta estatal. Dicho Estado era considerado el supremo, y no podía haber religión alguna que no reconociera y fuera controlada por el Estado. "No puede haber ninguna religión privada". [7] El Estado debe controlar toda la religión, pero los cristianos veían a Dios al mando. Su lealtad estaba hacia Dios primeramente y luego hacia el Estado. El conflicto era inevitable.

> **La lealtad religiosa es un tema con el cual han luchado los estados seculares a lo largo de la historia**

Razones por las cuales los paganos persiguieron a los cristianos

- **Los cristianos aceptaron uno y solo un Dios**

  Roma estaba orgullosa de su *religio licita* o "libertad de religión". Cuando los romanos conquistaron a los griegos en el siglo primero a.c., adoptaron la religión griega como la suya y renombraron a los dioses simplemente. Pronto los emperadores romanos fueron vistos como dioses y como tal estaban para ser adorados. Además los grupos de personas conquistadas por Roma tenían dioses y sistemas religiosos propios. Roma los reconocía y aceptaba a todos en conjunto. Estos eran conocidos como *religiones de misterios*. Un individuo podía adoptar cualquier religión o secta que pudiera desear sin importar cual; sin embargo, debía reconocer todas las demás como legítimas. Debía también creer en todo el panteón romano de dioses. En adición debía hacer ofrendas y cultos al emperador. Mientras tanto el mismo debidamente expresara su lealtad a todos los dioses oficiales y religiones romanas, era libre para realizar el culto a su(s) propio(s) dios(es) y practicar su religión preferida como estimara apropiado.

  Los cristianos creían que había un solo Dios y salvador verdadero y que Él era Jesucristo, **Hechos 4:12.** Se rehusaron a adorar o a reconocer otro dios como legítimo, **Éxodo 20:3-5, Mateo 4:10.**

Aquella postura cristiana chocó directamente con las creencias y prácticas romanas. Por ejemplo, las autoridades romanas veían el culto al emperador como un medio de unidad y a la vez como prueba de lealtad.[8] Los cristianos consistentemente rehusaron hacer ofrendas y cultos al emperador por lo que fueron acusados de deslealtad y en algunos casos de traición. El cristianismo no fue reconocido por los romanos como una secta legal por lo cual fue una religión ilegal. Fue vista como una sociedad privada y secreta. En la mente romana no podía existir ninguna religión privada. Esto provocó que el cristianismo fuera visto por Roma como una afrenta y una amenaza para su estado.[9]

- **Las prácticas cristianas generaban a menudo sospechas y antagonismo**

Los cristianos no tenían un dios visible que agregar al panteón romano. Ellos se pararon y oraron con sus ojos cerrados; y no tenían altares, ídolos, sacerdotes, procesiones, ni ningún objeto visible al cual adorar. Para los romanos esto no era más que ateísmo. Antes de que Policarpo fuera quemado en la hoguera de Esmirna, el juez le ordenó que gritara, "Abajo los ateos". Policarpo se volteó hacia la enorme multitud en la arena y dijo, "Sí. Abajo los ateos". El juez prometió liberarlo si el simplemente reconociera al emperador y los otros dioses. Policarpo dijo estas palabras, "Por ochenta y seis años le he servido, y no me ha hecho ningún mal. ¿Cómo puedo maldecir a mi rey, quien me salvó?"[10]

Algunos cristianos no estaban seguros del servicio militar. Esto unido a su negativa del culto al emperador creó sospechas de deslealtad a Roma. A algunos no les permitieron servir como soldados.

Es más, el secreto de las reuniones de los cristianos creó más sospechas, antagonismos y cargos de inmoralidad. Su *comer y beber* el cuerpo y la sangre de Jesús durante la Cena del Señor trajo rumores de canibalismo. La práctica de sus saludos con un beso sagrado fue tergiversada a rumores de incesto, homosexualidad, y otras actividades repugnantes a la mente romana. Que estas acusaciones fueran inciertas les importaba muy poco a los romanos.[11]

- **Los cristianos eran entusiastas, celosos, y evangelísticos**

La filosofía de Zenón del Estoicismo y ninguna emoción penetró la sociedad romana. Los cristianos eran cariñosos, hospitalarios, y emocionales que se exaltaban por su relación con Jesucristo. Esto les trajo el desprecio de muchos romanos.[12]

Los mismos reclutaban nuevos creyentes a su fe. Para los romanos eso era una ofensa.

- **Los cristianos creían en la igualdad de todos los hombres ante Dios**

El paganismo insistió en una estructura aristocrática en la cual una privilegiada minoría fuera servida por la clase baja y esclavos.[13]

El cristianismo colocó a amos y esclavos en el mismo nivel e igual valor ante Dios. En Cristo no hay distinción entre hombre y mujer o entre el rico y el pobre. Esto trajo consigo la ira y el desprecio de los ricos, los privilegiados y los clasistas romanos.[14]

Además los cristianos tendían a separarse de las concurrencias paganas en templos, teatros, y lugares de recreación. Estas prácticas no conformistas trajeron más resentimientos y menosprecio que suelen traer las costumbres no conformistas.[15]

- **Los principios cristianos algunas veces restringieron la economía**

Las enseñanzas de Pablo en contra del culto a los ídolos y la utilización de imágenes dañaron el negocio de los orfebres en Éfeso, **Hechos 19:27.**

"Sacerdotes, fabricadores de ídolos, adivinos, pintores, arquitectos y escultores" son los que vieron sus sustentos amenazados por las enseñanzas del cristianismo.[16] No es difícil ver por qué estaban tan enfurecidos por la propagación del cristianismo y el porqué de su apresuramiento en oponérseles y perseguirlos en cada oportunidad.

- **Los romanos creyeron que los cristianos eran los responsables por los desastres naturales**

Los romanos adoptaron y renombraron a los dioses griegos de los cuales creían que cada uno estaba a cargo de los elementos de la naturaleza. Los doce dioses olímpicos constituían su panteón oficial de dioses. [17] Es notable que los romanos también creían en dioses y diosas menores.

Nombre griego	Nombre romano	Área de control
Zeus	Júpiter	Gobernador Supremo de todos los dioses, del cielo y la lluvia
Hera	Juno	Esposa de Zeus, diosa del matrimonio y las esposas
Poseidón	Neptuno	Dios de los mares
Atenea	Minerva	Diosa de la sabiduría, las ciudades y la agricultura
Afrodita	Venus	Diosa del amor, del deseo, y la belleza
Ares	Marte	Dios de la guerra
Apolo	Apolo	Dios de la verdad, la luz, la sanación, y la música
Artemisa	Diana	Diosa de lo salvaje, la cazadora
Hermes	Mercurio	Dios de la velocidad, el mensajero
Hestia	Vesta	Diosa de la Tierra. Nunca deja apagarse el fuego
Hades	Plutón	Dios del inframundo y la riqueza
Hefesto	Vulcano	Dios del fuego, el volcán su horno, dios feo

Cuando ocurrían desastres naturales, los romanos creían que algunos de sus dioses estaban molestos (uno al menos). Culpaban al Dios cristiano por enfadar a sus dioses. Pensaban que estaban resentidos con las personas que les dieron la espalda para volverse cristianos y por ellos tomaron represalias contra ellos causando temblores, tormentas, hambruna y otras catástrofes naturales. Por lo tanto, los cristianos fueron culpados de los desastres naturales, castigados, y perseguidos como la causa (los perpetradores indirectos de eso). "En África del norte se alzó el proverbio: 'Si Dios no manda lluvia, es culpa de los cristianos.' En cada inundación, o sequía, o hambruna, o pestilencia, la plebe fanática vociferaba: '¡Fuera los ateos!' '¡A los leones con los cristianos!'" [18]

- **Muchos cristianos eran pobres de bajo nivel social**

Tales nombres como *"Tercio"* que significa "tercero" sencillamente en latín [19] y *"Cuarto"* que significa "cuarto", **Romanos 16:22-23,** reflejan la poca importancia que le daban los romanos a la gente pobre o de poco nivel social. A menudo a los esclavos se les daban números simplemente en vez de nombres. [20] El hecho de que los cristianos los trataran con respeto irritaba a muchos romanos. Algo que se debería tener en cuenta es que especialmente en los primeros años de la oposición al cristianismo y la persecución en contra de los cristianos, estas no estaban limitadas solo al gobierno del estado romano. El pueblo romano en conjunto estaba en contra de los cristianos y aprovechaba cada oportunidad para perseguirlos. El cristianismo objetaba al concepto de los dioses falsos el cual estaba completamente integrado en la sociedad romana. El estilo de vida cristiana era una afrenta diaria para los estilos de vida moralmente corruptos que caracterizaban a Roma desde la casa del emperador hasta la del hombre común. El cristianismo intimidó a Roma, y Roma se alzó para perseguirlo, tanto formal como informalmente.

> **El pueblo romano en conjunto era muy negativo**
> **con respecto al cristianismo**

Cristianos en cortes paganas

Cuando los cristianos fueron llevados a las cortes judiciales, se necesitaban razones legales para condenarlos. Un sistema legal para este propósito fue desarrollado por dos romanos paganos llamados Luciano y Selcio. Tres cargos constituían la base para muchas de las persecuciones oficiales en contra de los cristianos por oficiales romanos.

- **Ateísmo**

  Porque los cristianos rechazaron al sinnúmero de otros dioses adoptados por los romanos, fueron acusados de ateos.

  Porque la gente no podía ver al Dios cristiano, y los cristianos no tenían íconos del mismo, se les acusó de no tener ningún Dios y ser debido a esto ateos.

- **Traición**

  Los cristianos se rehusaron a venerar al emperador. Eran por tanto acusados de ser desleales y culpables de traición.

- **Inmoralidad**

  La cena del Señor fue llamada fiesta de amor. Los cristianos observaban esta fiesta una vez a la semana.

  Aunque la cena del Señor era una fiesta espiritual de amor por Jesucristo, los romanos los acusaron de practicar orgías sexuales regulares entre ellos mismos. Entre sus cargos estaba el de incesto. El hecho de que ellos a menudo se reunieran en secreto para evitar la persecución y la muerte fue interpretado por los romanos como la confirmación de sus sospechas de que ellos practicaban la inmoralidad.

  Es más, cuando los romanos escucharon que los cristianos comían el cuerpo de Cristo y bebían Su sangre en sus fiestas de amor, fueron acusados de canibalismo. [21]

TRES NIVELES DE PERSECUCIÓN PAGANA

Por aproximadamente 250 años la Roma pagana persiguió a los cristianos. Los historiadores han dividido ampliamente estas persecuciones en diez grupos. La persecución era constante e incesante desde Jesús en adelante y es difícil de catalogar; sin embargo, un examen revela tres patrones principales, y estos patrones generalmente se desglosan por siglos. Hubo dos emperadores de gran significancia que persiguieron cristianos en el siglo primero. Hubo seis en el segundo y dos en el siglo tercero.

Note que esta parte de la discusión se refiere solamente a la persecución oficial llevada a cabo por el gobierno.

Esporádica

Esto significa que la persecución no era universal ni continua. Durante este periodo los cristianos eran oficialmente perseguidos aquí y allí ocasionalmente. Hubo intervalos en la persecución oficial orquestada por el gobierno; no obstante, la mayoría de ellos eran perseguidos por sus vecinos y la población del imperio en general.

Este tipo de persecución fue llevada a cabo por dos emperadores romanos, Nerón (54-68) y Domiciano (81-96).

Organizada

Esto significa que la persecución pasó a ser orquestada y organizada por decreto imperial. Políticas en contra de los cristianos fueron hechas oficiales en todo el imperio; aunque estas políticas opresivas no se hacían cumplir uniformemente.

Este tipo de persecución ocurrió bajo el mandato de seis emperadores romanos. Trajano (98-117), Adriano (117-138), Antonino Pío (138-161), Marco Aurelio (161-180), Cómodo (180-193), Lucio Septimio Severo (193-211).

Universal

Esto significa que la persecución era dondequiera que estuvieran en el imperio durante todo el tiempo.

Este fue el peor periodo de persecución de los cristianos hasta la fecha de hoy. Hubo dos periodos principales. El primero fue bajo Decio (249-251), y el segundo y peor periodo fue dirigido por Diocleciano (284-305).

[1] Justo L. Gonzalez, The Story of Christianity (La Historia del Cristianismo), vol. 1, (San Francisco: HarperCollins Publishers, 1984), 107-108.

[2] James Strong, Strong´s Greek Dictionary of the New Testament (Diccionario Griego del Nuevo Testamento, de Strong), (New York, Abingdon Press, 1958), ref. 556.

[3] Philip Schaff, History of the Christian Church (Historia de la Iglesia Cristiana), vol. 2, (Peabody, Massachusetts: Hendrickson Publishers, 2002), 40-41.

[4] Carl Deimer, Professor, History of Christianity I (Historia del Cristianismo I), Videoconference 6, Liberty University DLP, 2004.

[5] Tertullian, The Apology 4 (La Apología 4), Padres Ante-Nicenos, eds. Alexander Roberts y James Donaldson, (Peabody, Massachusetts: Hendrickson Publishers Inc., 2004), 21.

[6] Schaff, 41.

[7] Earle E. Cairns, Christianity Through the Centuries: A History of the Christian Church (El Cristianismo a Través de Los Siglos: Una Historia de la Iglesia Cristiana), 3rd ed., (Grand Rapids, Michigan: Zondervan, 1996), 87.

[8] Gonzalez, 16.

[9] Cairns.

[10] Gonzalez, 44.

[11] Cairns 87-89.

[12] Deimer.

[13] Cairns, 89.

[14] Deimer.

[15] Cairns.

[16] Ibid.

[17] David A. Fiensy, The College Press NIV Commentary: New Testament Introduction (La Prensa Universitaria Comentario de NIV: Introducción al Nuevo Testamento), (Joplin, Missouri: College Press Publishing Company, 1994).

[18] Schaff, 43.

[19] Strong, ref. 5060.

[20] Deimer.

[21] Ibid.

Tres Niveles de Persecución Pagana

Año de Reinado		
27 a.C. -14 d.C.	Augusto	
14-37	Tiberio	
37-41	Calígula	
41-54	Claudio	
54-68	Nerón	
69-79	Vespasiano	Persecución Esporádica
81-96	Domiciano	
98-117	Trajano	
117-138	Adriano	
138-161	Antonino Pío	
161-180	Marco Aurelio	Persecución Organizada
180-192	Comodo	
193-211	Septimio Severo	
222-235	Decio	Persecución Universal
284-305	Diocleciano	

Una Historia de las Iglesias

[1] Justo L. Gonzalez, *The Story of Christianity (La Historia del Cristianismo)*, vol. 1 (San Francisco, California: Harper-Collins Publishers, 1984)

Capítulo 3

Los Perseguidores Paganos
y Sus Tácticas

En este capítulo veremos la persecución a los cristianos, orquestada por el Estado durante la época de la Roma pagana. Por favor tenga en cuenta que todo lo que se aborda aquí es sobre la mejor parte de tres siglos y está lejos de ser completa. Como podrás ver, en esta época dicha persecución empeoró e intensificó gradualmente.

Antes de que veamos las diez etapas predominantes de la época de la persecución pagana, debemos considerar la brutalidad y crueldad que prevalecieron más o menos a lo largo de todo el periodo. Juan Foxe escribió estas palabras, "Los tiranos y órganos de Satanás no estaban satisfechos con solo la muerte, privar al cuerpo de vida. Los tipos de muerte eran diversos, y no menos horribles que variados. Cualquier crueldad de la invención del hombre que se pudiera utilizar para castigar el cuerpo del hombre, fue practicada contra los cristianos – latigazos y azotes, los estiraban, los desgarraban, los apedreaban, les ponían platos de hierro calientes, los colmillos de bestias salvajes, usaban parrillas, los colgaban, los ahorcaban, los tiraban sobre los cuernos de los toros. Más aún, cuando los asesinaban los tiraban en pilas y se ponían perros a cuidarlos para que nadie los enterrara ni que nadie pudiera recuperarlos para hacerles un funeral adecuado". [1] El informe del Sr. Foxe sobre los que martirizaron al llamado Lawrence, refleja la actitud predominante del pueblo romano hacia los cristianos. Uno de los verdugos de Lawrence vociferó, "Enciendan el fuego, que no falte ni un trozo de leña. ¿Ha engañado este bribón al emperador? Fuera con él, fuera con él: azótenlo bien duro, tiren de él con varas, denle buenos puñetazos, rómpanle la cabeza con garrotes. ¿Se burló el traidor del emperador? Pellízquenlo con tenazas al rojo vivo, vístanlo de platos ardientes, saquen las cadenas más fuertes, y los tridentes de fuego, y la parrilla de hierro: pónganla al fuego, aten las manos y los pies del rebelde; y cuando la cama esté bien caliente, tírenlo sobre ella: tuéstenlo, pónganlo directo al fuego, arrójenlo, voltéenlo: so pena de nuestro alto disgusto que cada hombre haga su oficio, vosotros los atormentadores". [2]

LA ETAPA ESPORÁDICA

Nerón (54-68)

Nerón llego al poder en Roma en el 54 d.C. Al principio fue razonable y popular; no obstante, soñó con la grandeza y deseó fuertemente el placer. Se hizo rodear de una corte que se dedicara a satisfacer cada uno de sus caprichos. Al cabo de diez años, el rumor era que se había vuelto loco. [3]

En la noche del 16 de junio del 64 d.C., un enorme incendio comenzó de repente en Roma. El fuego duró seis días y siete noches, y ardió esporádicamente por tres días más. "Diez de las catorce secciones de la ciudad fueron destruidas". [4] El historiador de la Roma pagana, Tácito, dijo que Nerón quería reconstruir a Roma y que mientras el fuego arreciaba quemó la parte que quería reconstruir. Los rumores, de que Nerón había iniciado el enorme fuego y que pasaba la mayoría de su tiempo en una torre vestido como un actor y tocando la lira, se difundieron rápidamente.

Dos de las áreas que no se quemaron tenían altas concentraciones de judíos y cristianos. Nerón, necesitando alguien a quien echarle la culpa, culpó a los cristianos de haber iniciado el fuego. De esa forma prosiguió a vengarse de ellos por medio de la persecución masiva la cual fue centrada en la ciudad de Roma, pero luego se expandió a muchas otras ciudades en el imperio.

Incluso Tácito, que odiaba a los cristianos y pensaba que se merecían un fuerte desprecio y castigo, estaba consternado con las tácticas de Nerón. Por favor note que el siguiente informe es de una fuente puramente secular, que testificaba sobre la existencia de Cristo y los cristianos al principio de los sesenta d.c. También mantenga presente que este ensayo de Tácito refleja la actitud hacia los cristianos.

"A pesar de cada esfuerzo humano, de la generosidad del emperador, y de los sacrificios hechos a los dioses, nada le bastaba para acallar las sospechas para destruir este rumor, Nerón culpó a los cristianos, que son odiados por sus abominaciones, y los castigó con una crueldad refinada. Cristo, de quien ellos tomaron su nombre, fue ejecutado por Poncio Pilato durante el reinado de Tiberio. Detenida por un momento, esta superstición malvada reapareció, no solo en Judea, donde estaba la raíz del mal, sino también en Roma, donde todas las cosas sórdidas y abominables de cada rincón del mundo, se juntan. Como resultado, primero aquellos que confesaron (que eran cristianos) fueron arrestados, y con base en sus testimonios un gran número de ellos fueron condenados, no tanto por el fuego en sí, sino por su odio al género humano... Antes de matar a los cristianos, Nerón los utilizaba para entretener al pueblo. Algunos eran vestidos con pieles de animales peludos para ser matados por perros. Otros fueron crucificados. A pesar de eso otros eran puestos al fuego temprano en la noche, para que así pudieran iluminarla. Nerón abrió sus propios jardines para estas exhibiciones, y en el circo él se volvió un espectáculo, porque se mezclaba con las personas vestido como un auriga, o paseaba alrededor en su carro de ceremonias. Todo esto despertó la piedad del pueblo, incluso contra aquellos culpables que merecían un castigo ejemplar, por ello estaba claro que no estaban siendo destruidos por el bien común sino para satisfacer la crueldad de una persona en particular". [5]

Fue durante esta etapa que Pablo y Pedro perdieron sus vidas a manos de los romanos. Note también que Nerón estaba en el poder cuando Pablo escribió Romanos 13 llamando a los cristianos a sujetarse a las autoridades civiles.

Domiciano (81-96)

Domiciano fue "un tirano desconfiado y blasfemo, acostumbrado a llamarse y a ser llamado 'Señor y Dios.'" Trató la adopción del cristianismo como un crimen contra el Estado.

Domiciano llevó a la muerte a muchos cristianos incluyendo a su primo, Flavio Clemente, que era un oficial. Envió a la esposa de Clemente, Domitila, al exilio. Confiscó las propiedades de los cristianos. Destruyó tantos sobrevivientes descendientes del Rey David como pudo encontrar, y trató de erradicar la familia de Jesucristo. Se le acreditan las muertes de Andrés, Marco, Onésimo y Dionisio el areopagita. [6]

Aunque algunos piensan que fue Nerón quien desterró a Juan a Patmos, las primeras tradiciones le adjudican el exilio a Domiciano. [7] *Tradición* es la opinión histórica general en tales asuntos; sin embargo, la documentación apropiada para aclarar estos asuntos de manera concluyente no existe.

LA ETAPA ORGANIZADA

Trajano (98-117)

Trajano fue un hombre fuerte del ejército que no tenía nada en lo personal contra los cristianos. [8] Durante su reinado, el cristianismo estaba difundiéndose a través del imperio. Sin ninguna política, los magistrados locales estaban lidiando con los cristianos sobre una base desorganizada. Al emitir una política para tratar con los cristianos, Trajano se convirtió en el primero en acarrear su persecución por política imperial.

El problema de lidiar con los cristianos fue llevado a su clímax por Plinio el Joven, quien gobernó Bitinia en Asia Menor en el periodo 109-111 d.C. Plinio se dio cuenta del crecimiento fenomenal del cristianismo y comentó que los templos paganos estaban mayormente siendo abandonados y que la venta de animales para sacrificios había desaparecido prácticamente. Para parar el progreso del cristianismo, Plinio condenó a muerte a muchos cristianos. [9]

Plinio le escribió al Emperador Trajano para que le aclarara cómo lidiar con los cristianos. Aquí está la respuesta de Trajano:

"Has tomado la línea correcta, mi querido Plinio, examinando los casos de esos denunciados a ti por ser cristianos, no pueden ser determinados por ninguna regla dura ni rápida, de aplicación universal. [2] No deben ser buscados; si se informa de alguno, y el cargo es probado, deben ser castigados, con esta reserva – que, si alguno niega ser cristiano, y de hecho lo pruebe, adorando a nuestros dioses, él será perdonado como resultado de su arrepentimiento, sin importar cual haya sido su pasado. Folletos publicados anónimamente no deben llevar peso en absoluto en ningún cargo. Constituyen un precedente muy malo, y, además, no van de acuerdo con esta época". [10]

Adriano (117-138)

Adriano era descendiente de españoles; era un hombre muy educado y erudito. Sin embargo, era corrupto moralmente y muy temperamental. Él sucumbió finalmente en el asco completo por la vida. [11]

Roma se enorgullecía de su tolerancia religiosa, y sus diferentes religiones eran conocidas por *religio licitas* o sectas legales; [12] no obstante, Adriano estaba particularmente ofendido por la circuncisión y no le agradaban los judíos. En 135 d.C., una significativa insurrección judía fue liderada por Bar Kosebá, contra Adriano. El mismo pensó que los cristianos no eran muy diferentes a los judíos por lo cual los persiguió junto con los judíos. El cristianismo fue visto como una *religio illicita* o secta ilegal o religión ilegal. [13]

El sentimiento público en contra de los cristianos fue particularmente alto durante el reinado de Adriano.

Antonino Pío (138-161)

El reinado de Antonino Pío fue caracterizado por un gran número de desastres naturales. El pueblo de Roma estaba lleno de odio por los cristianos y su *religio illicita*. Los romanos estaban seguros de que sus dioses estaban enojados y causaban esos desastres por los tantos que los abandonaron para convertirse en cristianos y practicar el cristianismo. Arrebatos y actividades parapoliciales en contra de los cristianos eran muy comunes en todos los lugares. Estos eran permitidos por Antonino Pío; no obstante, la persecución a los cristianos que él activamente cultivó, pudo haber sido mucho peor. [14]

Philip Schaff declaró que Policarpo fue quemado en la hoguera en Esmirna en 155 d.C. [15]

Era a estas alturas que los cristianos comenzaron a hacerse entender en escritos llamados *apologías*. Los cristianos no querían ser confundidos con otras religiones extranjeras. Explicaron sus creencias y prácticas con sus propias palabras. Estos dieron una mirada a los cristianos desde su propia perspectiva y constituyeron una contribución significativa para los registros históricos. Entre otras explicaciones, dejaron claro que no eran los causantes de los desastres naturales. [16]

> **Los apologistas comenzaron a surgir durante este periodo**

Marco Aurelio (161-180)

Marco Aurelio fue un estoico. El estoicismo es una filosofía griega la cual plantea que el hombre sabio debe estar libre de cualquier pasión y no debe ser afectado ni por el dolor o la alegría. A Marco Aurelio no le gustaba la emoción cristiana pues la veía como una debilidad. Por su negativa a adorarlo a él, consideró a los cristianos desleales. Para él la lealtad al emperador era una prioridad suprema.

Él incitó al pueblo a que persiguieran a los cristianos en cada oportunidad que tuvieran. "El apologista Melito escribió, 'La raza de los adoradores de Dios en Asia es ahora amenazada por nuevos decretos como nunca había sido hasta ahora; desvergonzados, adulones avariciosos, encontrando oportunidades en los decretos, saquean al inocente día y noche.' Más aún el imperio era azotado por fuegos devastadores, una inundación destructiva del Tíber, un terremoto, insurrecciones y particularmente por una pestilencia que se extendió desde Etiopía a Galia. Esto levantó sangrientas persecuciones, en las cuales el gobierno y el pueblo se unieron en contra de los enemigos de los dioses, los supuestos autores de esto infortunios". [17]

El famoso apologista Justino Mártir fue asesinado en Roma durante esta época (166 d.C.)

Cómodo (180-193)

Cómodo fue un militar brutal. El Imperio Romano estaba en un obvio descenso. Se necesitaba un chivo expiatorio y Cómodo hizo de los cristianos ese chivo expiatorio. [18]

"Solo el afecto que sentía por una cristiana llamada Marcia, redujo algo el grado de su furia y brutalidad en contra de los cristianos". [19]

> ### El Imperio Romano se había degenerado grandemente para este periodo

Septimio Severo (193-211)

Enfrentándose a un imperio lleno de grupos disidentes y con la amenaza constante de guerra civil, Septimio Severo decidió utilizar una política para llegar a una armonía religiosa. Él propuso la unión de todos bajo la veneración a *Sol Invictus,* "el Sol Invicto". Todos los dioses serán aceptados mientras alguno reconociera al Sol que reinaba sobre todos. [20] Esta política fue conocida como sincretismo. Los cristianos rehusaron esa idea y su práctica.

En 202, Septimio Severo "promulgó una ley rígida en contra de la propagación extendida tanto del cristianismo y del judaísmo". [21] Severo creyó que esta ley detendría el proselitismo cristiano y así terminar con la difusión del cristianismo. Fue el primer intento de silenciar a los cristianos. [22] El intento fracasó miserablemente.

La respuesta de Severo fue brutal y la persecución generalizada a los cristianos se dio. Clemente de Alejandría escribió, "Muchos mártires son quemados a diario, confinados, o decapitados, frente a nuestros ojos". [23]

LA ETAPA UNIVERSAL

Decio (249-251)

Decio decidió que Roma retornara a su antigua religión y desarraigar al cristianismo como una secta atea y sediciosa. En el año 250 d.C., él publicó un decreto para todos los gobernadores de provincias ordenándoles retornar a la religión estatal bajo las penalidades más pesadas. "Esta fue la señal para una persecución, la cual, en magnitud, consistencia, y crueldad, excedió a todas las anteriores". [24] Esta persecución fue la primera en abarcar todo el imperio, y consecuentemente produjo una gran cantidad de mártires mucho mayor que cualquier otra persecución anterior.

El decreto obligaba a cada ciudadano romano a que anualmente (1) sacrificara a los dioses romanos y (2) al emperador romano. Cuando alguien sacrificaba a los dioses, se le otorgaba un certificado firmado llamado *libellus* el cual decía que había sacrificado. Un *libellus* era un certificado de lealtad y conformidad con la postura religiosa de Roma. Sin un *libellus*, uno estaba sujeto a ejecución. [25] "Lo que las autoridades hacían era arrestar a los cristianos y luego, a través de una combinación de promesas, amenazas y torturas, trataban de forzarlos a abandonar su fe". [26] Muchos lo hicieron, pero multitudes no.

Esta persecución duró solamente hasta la muerte de Decio en 251; no obstante, muchos quedaron lisiados para toda la vida y muchos murieron como resultado de la misma.

Diocleciano (284-305)

Después de Decio hubo una pausa en la persecución por casi cuarenta años. Entonces vino Diocleciano, un fuerte líder miliar cuya ambición era restaurar la gloria anterior de Roma. Diocleciano terminó el gobierno en conjunto con el senado, y se convirtió en un dictador total. Al principio fue comprensivo con los cristianos, pero su hijo adoptivo, Galerio, lo convenció de que los cristianos eran una gran amenaza para la restauración del imperio. Galerio fue un pagano radical, cruel y fanático. [27]

A pesar del hecho de que su esposa, su hija, y muchos de los más leales y fieles de su corte eran cristianos, Diocleciano determinó que destruiría completamente el cristianismo. Estaba decidido a erradicar el cristianismo de la Tierra, ese fue su objetivo. Estaba empeñado en destruir cada edificio cristiano, matar cada predicador, confiscar y quemar todas las Escrituras y materiales cristianos y sacar a cada ser humano del cristianismo ya fuera por retractación o muerte. [28]

Esta etapa superior de persecución comenzó en el ejército. La mayoría de los líderes de las iglesias pensó que los cristianos no debían ser soldados; sin embargo, había muchos cristianos en las legiones romanas. Alrededor de 295 d.C., algunos cristianos fueron condenados a muerte, unos por negarse a formar parte del ejército y otros por tratar de abandonarlo. Galerio supuso que, en un momento crítico de combate, soldados cristianos podrían no obedecer órdenes. Los comandantes en su celo ordenaron a los soldados cristianos que abjuraran. Cuando se negaron, muchos en el ejército del Danubio fueron ejecutados. Diocleciano ordenó que los cristianos fueran expulsados de las legiones. Las cosas empeoraron y fueron en espiral descendente para los cristianos en dondequiera. [29]

En 303, expidió tres decretos uno tras otro, cada uno más severo que su predecesor. Su homólogo oriental expidió el cuarto y peor de todos el 30 de abril del año 304. "Las iglesias cristianas serán destruidas; todas las copias de la Biblia serán quemadas; los cristianos serán privados de cargos públicos y derechos civiles; y, por último, sin excepción, han de sacrificar a los dioses so pena de muerte". [30]

Los líderes de las iglesias fueron afectados primeramente y con más fuerza. Como los cristianos huyeron, se escondieron, y se rehusaron a abjurar y a entregar sus escrituras sagradas, el caos estalló. Diocleciano intensificó la persecución y los cristianos "fueron torturados con una crueldad refinada y finalmente eran asesinados de varias maneras". [31] El *libellus* resurgió y se utilizó para hacer cumplir la persecución. Fue en esta época que matar cristianos vino a ser deporte en el Coliseo y otros anfiteatros por todo el imperio. [32]

El 303 d.C. fue el año de mayor persecución. En el 304 Diocleciano se enfermó. Galerio fue a verlo, y lo forzó a abdicar y tomó el trono. Sin embargo, esto no fue muy bien recibido en las legiones, de las cuales muchos eran leales a Constantino I. La disputa civil llegó a ser tan intensa que Galerio regresó a Diocleciano para pedirle que restaurara el orden. Diocleciano se rehusó y dijo que "él estaba muy contento cultivando coles en su retiro". [33]

La persecución continuó, pero sin la intensidad de antes. Galerio enfermó con una dolorosa enfermedad. Muchos piensan que los cristianos lo convencieron de que su enfermedad era el castigo de Dios. El 30 de abril de 311, hizo una proclamación para que los cristianos fueran perdonados y pudieran de nuevo hacer cultos y practicar el cristianismo. [34] Dos años después, Constantino I y Licinio promulgaron el Edicto de Milán culminando formalmente con la política de persecución. Aun después de este edicto, la persecución siguió en todo el imperio por varios años.

> **Tres millones de muertos más los destrozados y los lisiados**

RESULTADOS DE LA PERSECUCIÓN PAGANA

A pesar de la magnitud y crueldad de la persecución pagana a los cristianos, cuando terminó, había muchos más cristianos que nunca. Para el año 300 d.C. los cálculos aproximados reflejan que entre el 10 y el 15 por ciento de la población profesó el cristianismo. Eso es aproximadamente 10 millones de cristianos. [35] Alrededor de tres millones de personas fueron martirizados a muerte durante esta etapa de persecución. [36] Esto sin mencionar los destrozados, los lisiados y los que fueron marcados de por vida de una manera u otra como resultado de torturas y abusos.

Hubo resultados positivos, negativos y mezclados a raíz de las persecuciones a los cristianos por romanos paganos.

Positivos

La vasta mayoría de los cristianos se mantuvo fiel a su fe. La persecución extirpó a los fingidores.

Las Escrituras fueron canonizadas. Los cristianos tuvieron que decidir cuáles serían las *escrituras sagradas* por las que morirían defendiéndolas.

El cristianismo creció y las iglesias proliferaron.

Negativos

Tres millones murieron en el lapso de aproximadamente 300 años.

Muchos entregaron sus Escrituras. Registros irremplazables se perdieron para siempre.

Divisiones profundas entre cristianos se crearon debidas principalmente a la postura a tomar con respecto a los que se alejaron y aquellos que negaron su fe.

Se formó una actitud anómala, un deseo de ser perseguido. Muchos creían que el martirio les ganaría una mejor posición en el cielo.

Mixtos

Mientras miles huyeron de las persecuciones, el evangelio se difundió a lo largo y ancho.

Si bien tres millones murieron por su fe, proveyeron un testimonio muy efectivo. Muchos vinieron a Cristo como resultado directo de la buena voluntad de aquellos cristianos dispuestos a dar la vida por la causa. Mientras los cristianos dejaban a un lado su vida por Cristo, las multitudes que observaban desde las gradas, fueron profundamente convencidas. Comúnmente se preguntaban, "¿Hay algo lo suficientemente importante en mi vida, por lo cual moriría?"

[1] Juan Foxe, *Foxe´s Book of Martyrs (Libro de Mártires, por Foxe)*, ed. W. Grinton Berry, (Grand Rapids, Michigan: Fleming H. Revell, 2000), 18.

[2] Ibid., 30.

[3] Justo L. Gonzalez, *The Story of Christianity (La Historia del Cristianismo)*, vol. 1, (San Francisco: HarperCollins Publishers, 1984), 33.

[4] Ibid., 34.

[5] Tácito, Annals *(Crónicas)*, xv. 44, *Documents of the Christian Church (Documentos de la Iglesia Cristiana)*, New edition (Nueva edición), eds. Henry Bettenson y Chris Maunder, (Oxford y New York: Oxford University Press, 1999), 1-2.

[6] Philip Schaff, *History of the Christian Church (Historia de la Iglesia Cristiana)*, vol. 2, (Peabody, Massachusetts: Hendrickson Publishers, 2002), 44-45.

[7] Ibid., 45.

[8] Carl Deimer, Professor, *History of Christianity I (Historia del Cristianismo I)*, Videoconference 6, Liberty University DLP, 2004.

[9] Schaff, 46.

[10] Trajano a Plinio, Plin. Epp. X. xcvii, *Documents of the Christian Church (Documentos de la Iglesia Cristiana)*, 4-5.

[11] Schaff, 49.

[12] Earle E. Cairns, *Christianity Through the Centuries: A History of the*

Christian Church (El Cristianismo a Través de Los Siglos: Una Historia de la Iglesia Cristiana), 3rd ed., (Grand Rapids, Michigan: Zondervan, 1996), 87.

[13] Deimer.

[14] Ibid.

[15] Schaff, 51.

[16] Deimer.

[17] Schaff, 54-55.

[18] Deimer.

[19] Ibid.

[20] Gonzalez, 83.

[21] Schaff, 57.

[22] Deimer.

[23] Schaff, 57.

[24] Ibid., 60.

[25] Deimer.

[26] Gonzalez, 86-87.

[27] Schaff, 60.

[28] Deimer.

[29] Gonzalez, 103-104.

[30] Schaff, 60.

[31] Gonzalez, 104.

[32] Deimer.

[33] Gonzalez, 105.

[34] Ibid., 106.

[35] Cairns, 93.

[36] Deimer.

[37] Ibid.

Emperadores Romanos y Persecución

Año de Reinado	Emperadores	Eventos
27 a.C. -14 d.C.	Augusto	
14-37	Tiberio	Jesús
37-41	Calígula	
41-54	Claudio	
54-68	Nerón	Fuego en Roma; Muertes de Pablo y Pedro
69-79	Vespasiano	Caída de Jerusalén
81-96	Domiciano	Juan en exilio
98-117	Trajano	El estado se despierta ante el cristianismo
117-138	Adriano	Rebelión de Bar Koseba; *religio ilícita*
138-161	Antonino Pío	Desastres naturales; Los cristianos fueron culpados
161-180	Marco Aurelio	Pensó que los cristianos eran desleales
180-192	Cómodo	Roma en decadencia; Los cristianos fueron chivos expiatorios
193-211	Septimio Severo	Severo, Prohibió el evangelismo
222-235	Decio	Regresar a Roma a su gloria anterior; *libelo*
284-305	Diocleciano	Su meta: Erradicar al cristianismo

[1] Justo L. Gonzalez, *The Story of Christianity (La Historia del Cristianismo)*, vol. 1 (San Francisco, California: Harper-Collins Publishers, 1984)

Capítulo 4

Algo Salió Terriblemente Mal

CIZAÑAS Y TRIGO DESDE EL COMIENZO

Jesús profetizó que el error se infiltraría en el cristianismo. Él asemejó la difusión del cristianismo a un campo de trigo (cristianos verdaderos y el cristianismo) intercalado con cultivos florecientes de cizañas (falsos pretendientes y errores), **Mateo 13:24-30.** Desde los días de Cristo y los apóstoles, la verdad de esta profecía es evidente. El verdadero cristianismo se encontraba a sí mismo bajo un rechazo y desprecio general. Jesús fue crucificado, a los apóstoles se les opusieron violentamente, los cristianos estaban sujetos al desprecio y falsificadores se infiltraron en el cristianismo. Pablo advirtió, *"Porque yo sé que después de mi partida entrarán en medio de vosotros lobos rapaces, que no perdonarán al rebaño. Y de vosotros mismos se levantarán hombres que hablen cosas perversas para arrastrar tras sí a los discípulos,"* **Hechos 20:29-30.** *"Mas los malos hombres y los engañadores irán de mal en peor, engañando y siendo engañados. Pero persiste tú en lo que has aprendido y te persuadiste, sabiendo de quién has aprendido;"* **2 Timoteo 3:13-14.** El apóstol Juan escribió, *"Hijitos, ya es el último tiempo; y según vosotros oísteis que el anticristo viene, así ahora han surgido muchos anticristos; por esto conocemos que es el último tiempo. Salieron de nosotros, pero no eran de nosotros; porque si hubiesen sido de nosotros, habrían permanecido con nosotros; pero salieron para que se manifestase que no todos son de nosotros,"* **1 Juan 2:18-19.** *"Y todo espíritu que no confiesa que Jesucristo ha venido en carne, no es de Dios; y este es el espíritu del anticristo, el* *cual vosotros habéis oído que viene, y que ahora ya está en el mundo,"* **1 Juan 4:3.** Los apóstoles estaban vivos aún y *ya* comprometidos; el error y la desviación de la verdad estaban avanzando a pasos agigantados. Esa tendencia no ha cesado nunca; y aumentó al paso de los siglos.

Estos cristianos e iglesias falsificados hicieron cada vez más difícil distinguir a los cristianos reales e iglesias verdaderas de estos pretendientes que se desviaron grandemente del cristianismo bíblico verdadero. En pocos años, las filas del cristianismo profesante se dividieron en dos categorías principales: (1) iglesias fieles a las enseñanzas de Cristo y los apóstoles e (2) iglesias que se habían separado ampliamente de aquellas enseñanzas. Hubo una gran variedad de posiciones diferenciadas, así como prácticas incluso en estas dos clasificaciones. Así ha sido la historia de las iglesias y el cristianismo.

IGLESIAS LEGÍTIMAS VERDADERAS

Cuando se entrena para descubrir dinero falsificado, no se gasta tiempo estudiando el dinero falso. El entrenamiento se basa en estudiar el dinero legítimo para convertirse expertos del mismo, del dinero genuino. Una vez convertidos en expertos de lo real, es mucho más sencillo descubrir las falsificaciones. Aplicaremos este principio a las iglesias. Lo siguiente es una foto instantánea a la iglesia de Jerusalén, la única personalmente establecida por Jesucristo durante Su ministerio terrenal. Muchas iglesias surgieron en poco tiempo después de esta. Esta vista es un indicativo de la mayoría de las iglesias hasta el final del siguiente siglo (segundo).

El nombre

- Sencillamente *"iglesia"* o *"cuerpo de Cristo".*

- En el Nuevo Testamento, el nombre **"iglesia"** fue utilizado en dos, y solo dos, sentidos.

  Cien veces fue utilizada para referirse a iglesias específicas tales como *la iglesia en Éfeso, la iglesia en Corinto* o a *"las iglesias de Galacia,"* **1 Corintios 16:1.**

  Fue utilizada catorce veces en sentido general o abstracto para referirse a la institución, así como uno podría hablar del carro, del caballo o del maní; *"Edificaré mi iglesia,"* **Mateo 16:18;** *"a él* *sea gloria en la iglesia,"* **Efesios 3:21.** ¡Dondequiera que haya una iglesia, Él ha de recibir la gloria en ella!

Las relaciones entre miembros

- **Cada miembro tenía una relación interna, personal con Jesucristo.**

  La salvación no era por asociación a la iglesia o por rituales sacramentales.

- **Los miembros tenían una relación externa con otros miembros.**

  Ellos eran un cuerpo organizado de creyentes unidos juntamente para mantener las ordenanzas y llevar a cabo la Gran Comisión. **Mateo 28:19-20**

  Ellos se reunían regularmente para la adoración y el compañerismo. **Hechos 2:42**

- **Los miembros tenían una relación hacia el mundo.**

  Su ministerio era evangelizar al mundo. **Hechos 1:8**

  Ellos vieron como su tarea llegar al mundo. Ellos no estaban aislados ni desprendidos del mundo.

El gobierno de las iglesias

- **El liderazgo pastoral era elegido por Dios.**

  Los pastores y los misioneros no se elegían a sí mismos. *"Ministrando estos al Señor, y ayunando, dijo el Espíritu Santo: Apartadme a Bernabé y a Saulo para la obra a que los he llamado,"* **Hechos 13:2.** *"Doy gracias al que me fortaleció, a Cristo Jesús nuestro Señor, porque me tuvo por fiel, poniéndome en el ministerio,"* **1 Timoteo 1:12.**

- **Cada iglesia escogía sus sirvientes generales**

  Diáconos. *"Buscad, pues, hermanos, de entre vosotros a siete varones de buen testimonio, llenos del Espíritu Santo y de sabiduría, a quienes encarguemos de este trabajo,"* **Hechos 6:3.**

  Nota: (1) honestos con buena reputación, (2) hombres espirituales y (3) sabios.

- **Sin jerarquía**

No había clasificación de creyentes. Había diferentes cargos y ministerios, pero todos los miembros eran de igual importancia para Dios. Los pastores no eran más preciados para Dios que el miembro más débil.

No había ninguna idea de sucesión apostólica. De acuerdo a este concepto, sólo a los que recibían la autoridad de una línea sucesiva de obispos de iglesias que se remontaban a los tiempos de los apóstoles, les era permitido servir como sacerdotes u obispos. Aquellos en esta jerarquía eran considerados sucesores espirituales directos de los apóstoles y eran vistos como separados y por encima de los miembros comunes. Esta jerarquía controló el liderazgo de las iglesias y pasó de generación en generación. En las iglesias verdaderas, Dios a veces seleccionaba candidatos menos esperados para papeles de liderazgo en la iglesia. **1 Corintios 1:26-31**

Las ordenanzas de las iglesias

- **Las ordenanzas eran memoriales (recordatorios regulares).**

No fueron nunca para transmitir o garantizar la salvación o la gracia de Dios.

Para calificar, una ordenanza debía reunir tres pruebas.

o Tenía que ser ordenada por Cristo.

o Tenía que presentar el evangelio.

o Tenía que ser practicada por las primeras iglesias.

- **Las iglesias en el año 100 d.C. mantuvieron dos ordenanzas más los cultos los domingos.**

Bautismo (Énfasis en la sepultura de Cristo)

o ¿Quién? Sólo creyentes. Ningún infante.

o ¿Cómo? *Baptizo*. Siempre por inmersión.

o Sin periodo de espera. **Hechos 16:33** *"Inmediatamente"* o Siempre se consideró la puerta a la iglesia local

La Cena del Señor (Énfasis en la muerte de Cristo)

o ¿Quién? Sólo miembros de una iglesia local

o Los elementos nunca fueron considerados literales.

Los cultos en los domingos (énfasis en la resurrección de Cristo)

o Siempre domingo y cada domingo. **Hebreo 10:24-25**

o Otras reuniones no eran sustitutas de los domingos.

Los cultos de las iglesias

- Los lugares de reunión eran dondequiera y por todos lados, incluyendo las casas. En aquella época, el concepto de edificios eclesiásticos grandes y cómodos no existió.

- **Había cinco tipos de actos formales de adoración.**

  Ellos cantaron. *"La palabra de Cristo more en abundancia en vosotros, enseñándoos y exhortándoos unos a otros en toda sabiduría, cantando con gracia en vuestros corazones al Señor con salmos e himnos y cánticos espirituales,"* **Colosenses 3:16.**

  Ellos oraron. *"Cuando hubieron orado, el lugar en que estaban congregados tembló; y todos fueron llenos del Espíritu Santo, y hablaban con denuedo la palabra de Dios,"* **Hechos 4:31.**

  Ellos dieron. *"Cada primer día de la semana cada uno de vosotros ponga aparte algo, según haya prosperado, guardándolo, para que cuando yo llegue no se recojan entonces ofrendas,"* **1 Corintios 16:2.**

  Ellos observaron la Cena del Señor. *"El primer día de la semana, reunidos los discípulos para partir el pan, Pablo les enseñaba, habiendo de salir al día siguiente; y alargó el discurso hasta la medianoche,"* **Hechos 20:7.**

  Ellos predicaron la Palabra del Señor. Predicar era por encima de todo. *"Pues ya que en la sabiduría de Dios, el mundo no conoció a Dios mediante la sabiduría, agradó a Dios salvar a los creyentes por la locura de la predicación,"* **1 Corintios 1:21.** *"Te encarezco delante de Dios y del Señor Jesucristo, que juzgará a los vivos y a los muertos en su* *manifestación y en su reino, que prediques la palabra; que instes a tiempo y fuera de tiempo; redarguye, reprende, exhorta con toda paciencia y doctrina,"* **2 Timoteo 4:1-2.**

El evangelio era el centro. Las reuniones no contaban si el evangelio estaba ausente.

SUS CREENCIAS ESENCIALES

Había una uniformidad de creencias entre las iglesias desde el principio. No es decir que cada iglesia creía exactamente lo mismo en todos los puntos. Una mirada a las siete iglesias de Asia Menor, **Apocalipsis 2-3,** muestra graves diferencias; sin embargo, había un núcleo de creencias esenciales mantenidas comúnmente por todas. Al principio todas las iglesias y los cristianos creían que:

- Jesucristo fue el fundador de la institución y la cabeza de cada iglesia en particular. **Mateo 16:18; Colosenses 1:18**

- La Biblia era la única regla de fe y práctica de los cristianos y las iglesias. **2 Timoteo 3:15-17**

- El nombre de la institución y de las congregaciones individuales era "iglesia". **Mateo 16-18; Apocalipsis 22:16**

- El gobierno de la iglesia era congregacional. **Hechos 6:2-6**

- La salvación era por gracia a través de la fe personal en Cristo. **Efesios 2:8-9**

- La membresía de cada iglesia consistía de personas salvas por una relación personal con Jesucristo a través de la fe. **Hechos 2:47**

- El bautizo del creyente era esencial para ser miembro de la iglesia. **Hechos 2:41**

- Sólo creyentes eran elegibles para el bautismo. **Hechos 8:36-37**

- El bautismo era por inmersión. **Hechos 8:38-39**

- Las ordenanzas de las iglesias eran conmemorativas, no redentoras, **1 Corintios 11:24-25**, y consistían en el bautismo del creyente seguido por la Cena del Señor. Ellas también mantenían el domingo como día del culto. **1 Corintios 16:2**

- Los oficios permanentes de las iglesias eran los de pastores y diáconos. **Filipenses 1:1**

- La misión y el trabajo de cada iglesia era lograr que la gente fuera salva, se bautizara, y fuera enseñada hasta la madurez. **Mateo 28:19-20**

- El plan de Dios para financiar la iglesia y su trabajo eran los diezmos y las ofrendas de la membresía. **2 Corintios 9:6-7**

- Cada iglesia sería autónoma de control externo, tanto eclesiástico y secular. **Mateo 22:21**

- Las armas de la guerra cristiana eran espirituales, no carnales. **2 Corintios 10:4; Efesios 6:10-20** [1]

UNA VISTA A LAS IGLESIAS FALSAS EN EL AÑO 325 d.C.

En menos de 300 años, un gran número de cristianos se alejaban de los anclajes originales del cristianismo. He aquí un resumen de las creencias esenciales y prácticas adoptadas ampliamente por los cristianos profesantes e iglesias para el año 325 d.C. Por favor note el contraste asombroso con el cristianismo de primer siglo. Vea que estos representan a muchas iglesias y cristianos profesantes, no a cada iglesia ni a cada cristiano, individualmente. Había un número vasto de iglesias que se mantuvieron fieles al cristianismo de primer siglo.

Sacramentalismo (Un cambio en la naturaleza de la fe y la salvación)

45

El sacramentalismo es la creencia que la salvación viene a través del bautizo y la Cena del Señor. La salvación llegó a ser institucional a través de la Iglesia en lugar de ser por medio de la fe personal en Cristo.

El bautismo vino a ser esencial para la salvación; dejó de ser sólo la figura de la muerte, la sepultura, y la resurrección de Cristo y la puerta a la membresía de la iglesia.

El bautismo por aspersión. Para esa época se practicaban tres métodos de bautizo: afusión (vertimiento de agua sobre el cuerpo), aspersión (salpicadura, rociar gotas de agua) e inmersión (sumergirse en agua).

El bautismo de infantes. Desde que muchos creyeron que el bautizo salvaba, dedujeron que los bebes debían ser bautizados para así ser salvos. Les preocupaba que en una inmersión se pudieran ahogar. Por seguridad decidieron utilizar la aspersión con los bebes. La aspersión fue entonces utilizada para los enfermos y los adultos mayores. Con el tiempo la práctica llegó a ser común.

Últimos Ritos o Extremaunción. Este bautismo era al final de la vida sólo para estar seguro de la salvación del individuo. Era administrado en caso de que el primer bautizo del individuo fuera inválido o la salvación fuera perdida a lo largo del camino de su vida.

Sacerdotalismo (Un cambio en la naturaleza y percepción de la *ekklesia* o iglesia)

El sacerdotalismo es la idea que un conjunto de sacerdotes especiales es necesario para administrar los sacramentos. El sacramentalismo demanda el sacerdotalismo.

El Nuevo Testamento habla del sacerdocio de cada creyente. **Apocalipsis 1:6.** No obstante la nueva forma de pensar razonó, que un grupo selecto de líderes de las iglesias serían los sacerdotes que administrarían la salvación a los individuos mediante el bautismo y la Cena del Señor.

Este razonamiento fue seguido por una creencia de que debería haber un obispo por encima de los sacerdotes. Entonces vinieron los obispos metropolitanos (autoridad sobre dos o más iglesias en una ciudad), los arzobispos (autoridad sobre los obispos metropolitanos de varias ciudades y regiones) y los cardenales (sobre una amplia región de arzobispos). Luego llegó el papa quien era la cabeza de todo el sistema.

Así fue establecida una jerarquía en las iglesias. Todos los miembros ya no eran iguales ante Dios; algunos eran más importantes que otros. El papa estaba sobre los cardenales que estaban sobre los arzobispos los cuales estaban sobre los obispos metropolitanos los cuales estaban sobre los obispos regulares los cuales estaban sobre los sacerdotes los cuales estaban sobre los ancianos los cuales estaban sobre los diáconos los cuales estaban sobre la gente en las bancas.

Culto ritualista (Un cambio en la forma en que el culto era conducido)

El pastor pasó a ser sacerdote. Un sacerdote es quien está entre el hombre y Dios. La creencia evolucionó a que un hombre sólo podía llegar a Dios mediante el sacerdote. Los sacerdotes asumieron poder para separar al hombre de Dios. De esto nació la "Confesión Auricular", lo que significaba confesar al oído del sacerdote. La idea es que los fieles tienen que ir a la iglesia a confesarse con un sacerdote de la Iglesia para que se le perdonen sus pecados.

La Misa nació. Misa es de la palabra del latín <u>missa</u> que significa "despedir". Los sacerdotes conducían un servicio de adoración que incluía cantar, un mensaje y una celebración del cuerpo partido y la sangre derramada de Cristo. En cierto punto del servicio, la gente común era despedida con la exhortación de que fuera en paz. Con el tiempo el servicio de adoración completo se conoció como "la Misa" el cual es el nombre para la despedida.

Ya para el siglo XIII, la Misa se había desarrollado completamente con la utilización de toda la pompa y ceremonia y vino a ser la parte principal del servicio de culto. Por toda Europa se decía siempre en latín incluso si otros no entendían latín. El sacerdote tomaba el pan habitualmente en la Misa, se ponía de espalda al público, levantaba el pan al altar y decía *hoc est enim corpus meum* que significa "esto es mi cuerpo". A estas alturas se pensó que el pan por algún medio mágico literalmente se volvía el cuerpo de Cristo. Es de ahí que algunos creen que se originó el término *hocus-pocus,* término para "magia". [2]

COMPARACIÓN PUNTO A PUNTO

La profunda desviación de muchas iglesias de las creencias esenciales y las prácticas del cristianismo bíblico, es evidente cuando se comparan las iglesias originales con las de 300 años después.

IGLESIAS ORIGINALES	IGLESIAS EN EL 325 d.C.
Iglesia e iglesias	Iglesia visible y universal
Jesús la cabeza de cada iglesia	Iglesia dirigida por un sistema de sacerdotes
Cada miembro igual; sin jerarquía	Miembros desiguales; jerarquía
La Biblia como única regla de fe y práctica	Tradición la regla principal
Gobierno congregacional	Gobierno episcopal
Salvación por la fe en Cristo sólo	Salvación a través de ritos y rituales
Membresía de salvos solamente	Membresía de partícipes en rituales
Miembros eran creyentes bautizados	Miembros por bautizo, no por creer
Sólo creyentes eran elegibles para bautizar	Fe en Cristo no un requisito esencial para el bautismo
Bautizo sólo después de la profesión de fe	Bautismo de infantes
Bautizo por inmersión	Bautizo por aspersión o salpicadura de agua
Ordenanzas memoriales	Ordenanzas redentoras
Oficios permanentes: pastores y diáconos	Oficios permanentes: un sistema de sacerdotes
Dar por propia voluntad	Dar obligatoriamente
Cada iglesia autónoma	Iglesia estatal
Guerra espiritual	Fuerza física

[1] J.M. Carroll, *The Trail of Blood (El Rastro de Sangre)*, (Lexington, Kentucky: Ashland Avenue Baptist Church, 1992), 4-5.

[2] Carl Deimer, Professor, *History of Christianity I (Historia del Cristianismo I)*, Videoconference 11, Liberty University DLP, 2004.

Creencias Esenciales de las Iglesias Verdaderas

Referencia	Creencia
Mateo 16:18	Jesucristo es el fundador y líder de cada iglesia
2 Timoteo 3:15-17	La Biblia es la única regla de fe y práctica para los cristianos e iglesias
Apocalipsis 22:16	El nombre de la institución y de las congregaciones individuales es iglesia
Hechos 6:2-6	El gobierno de la iglesia es congregacional
Efesios 2:8-9	La salvación viene solo por gracia a través de una fe personal en Cristo
Hechos 2:47	La membresía está compuesta por salvos solamente por una relación personal con Jesucristo a través de la fe
Hechos 2:41	El bautizo del creyente es esencial para la membresía en una iglesia
Hechos 8:36-37	Solo los creyentes son elegibles para el bautizo
Hechos 8:38-39	Bautismo por inmersión
I Corintios 11:24-25	Las ordenanzas de la iglesia son memoriales, no redentoras, y consisten en el bautizo del creyente seguido de la Cena del Señor
I Corintios 16:2	Ellos mantienen el domingo como día de culto

Una Historia de las Iglesias

Creencias Esenciales de las Iglesias Verdaderas

Filipenses 1:1	Los oficios permanentes de cada iglesia son pastor y diácono
Mateo 28:19-20	La misión y obra de cada iglesia es hacer que las personas lleguen a ser salvas, y enseñarles hacia la madurez
2 Corintios 9:6-7	El plan financiero de Dios para la iglesia y su obra es diezmos y ofrendas de la membresía
Mateo 22:21	Cada iglesia es autónoma del control externo eclesiástico y secular
Efesios 6:10-20	Las armas de la guerra cristiana son espirituales no carnales

Capítulo 5

El Aumento y las Ramificaciones de la Falsa Doctrina y Práctica

Hemos considerado el hecho de que, desde los tiempos de las primeras iglesias en Jerusalén y en aquellas iglesias apostólicas que proliferaron en el siglo primero hasta el Concilio de Nicea en 325 d.C., algo salió terriblemente mal. La doctrina cambió radicalmente y también las políticas y prácticas. Este capítulo le dará un vistazo a algunos de aquellos cambios específicos que fueron para mal. Demostrará la veracidad de la profecía de Pablo en **2 Timoteo 3:13,** *"mas los malos hombres y los engañadores irán de mal en peor, engañando y siendo engañados".*

Los sentimientos del pueblo romano en general eran abrumadoramente anti-cristianos. Al pasar el tiempo, el gobierno romano persiguió oficialmente a los cristianos y batalló en contra del cristianismo. El cristianismo también experimentó la oposición y la corrupción dentro de sus filas, de aquellos que profesaban ser cristianos. Ten en cuenta que aquellas luchas internas ocurrían al mismo tiempo que las persecuciones se extendían y eran intensas. Los ataques internos y la corrupción del cristianismo puro y bíblico en términos generales pueden ser divididos en cuatro grupos de encabezamientos, los cuales son herejías, corrupciones paganas, falsos conceptos de Cristo y la Trinidad, y estándares cristianos inferiores.

51

Desde un punto de vista bíblico, la herejía es una posición contraria a las Escrituras. Pedro dijo, *"Pero hubo también falsos profetas entre el pueblo, como habrá entre vosotros falsos maestros, que introducirán encubiertamente herejías destructoras, y aun negarán al Señor que los rescató, atrayendo sobre sí mismos destrucción repentina. Y muchos seguirán sus disoluciones, por causa de los cuales el camino de la verdad será blasfemado,"* **2 Pedro 2:1-2.**

Muchos historiadores han torcido la definición verdadera. Ellos definen herejía como la posición contraria a la afirmada por el cristianismo ortodoxo. [1] Un hereje es visto por esos pensadores como todo aquel que no mantiene las mismas posiciones del cristianismo ortodoxo y el "cristianismo ortodoxo" se considera que son las posiciones y las prácticas de aquellos con mayor poder y de organizaciones mayores. Una persona puede suscribirse completamente a las posiciones de la Biblia, pero si sus posiciones están en conflicto con aquellos que reclaman ser ortodoxos o de la línea principal, es tildado de hereje. Sus posiciones y prácticas son vistas como herejía. El patrón en la historia ha sido que los que profesan ser cristianos en posiciones de gran poder han definido la *"herejía"* y al *"hereje"* como han querido y han actuado en contra de sus opositores de igual forma. Los que están en el poder siempre se miran como los cristianos *"ortodoxos"* y lo que dicen como lo correcto. Aquellos que se les oponían son vistos como *herejes*.

En este estudio la palabra *herejía* es principalmente utilizada en el sentido bíblico, el cual es la creencia de que cualquier posición en contra de las Escrituras es herejía. La palabra hereje es utilizada para referirse a una persona que afirma una posición contraria a las Escrituras.

> **La herejía es una posición contraria a las Escrituras.**
>
> **Un hereje es una persona que afirma una posición contraria a las Escrituras.**

Muy pronto dos tipos principales de herejías surgieron en los tempranos días del cristianismo. Uno era judío, el otro gentil. Ambos comenzaron a invadir y corromper al cristianismo.

Legalismo judío

La herejía judía era el legalismo. El judaísmo enseñó que la salvación era por mantener la ley levítica. Muchos judíos rechazaron el concepto cristiano de la gracia, la cual es un regalo gratuito de Dios para la salvación de cada individuo a través de creer (fe) en Jesucristo como Salvador personal. Ellos insistían en que para ser salva una persona debía mantener ciertos aspectos de la ley como la circuncisión y el Sabbat. Ideas acerca de qué tan exigentes eran los requisitos eran variadas, pero la creencia general de los líderes judíos era que la salvación no era posible solo por gracia a través de la fe en Cristo. El legalismo contiene el concepto de que hay algo que uno debe hacer para lograr una relación correcta con Dios. El legalismo expresa el concepto de las obras. Está basado en la creencia de que Dios reconoce las cosas buenas que la gente hace y le da crédito para salvación por sus obras. Es el elemento e idea claves de todas las religiones mundanas concebidas por el ser humano, que la salvación está en lo que el hombre hace para Dios.

Este concepto dice que la salvación no es por gracia a través de sólo la fe. Contradice completamente la clásica enseñanza cristiana de que la salvación no se logra por lo que el hombre hace para Dios ni se mantiene por ello. Una idea y elemento clave en el cristianismo es que la salvación es lo que Dios hace para el hombre.

Una forma del legalismo continúa floreciendo en medio del cristianismo profesante. En los tempranos días del cristianismo, había dos grupos de legalistas judíos.

> **Legalismo es un concepto de obras**

- **Judaizantes**

  Los judaizantes eran judíos de Judea que enseñaron que la salvación era imposible sin cumplir ciertas partes de la ley. Enseñaron que la fe en Cristo no era suficiente aparte de ciertas obras. Son identificados y descritos brevemente en **Hechos 15:1,** *"Entonces algunos que venían de Judea enseñaban a los hermanos: Si no os circuncidáis conforme al rito de Moisés, no podéis ser* *salvos"*. Sus puntos principales de énfasis eran que la salvación dependía de (1) obediencia a la ley, (2) circuncisión, (3) bautismo.

El libro de Gálatas es dedicado en gran parte a una refutación de los judaizantes.

- **Ebionitas**

Estos judíos llevaban la herejía de las "obras" al siglo segundo. *Ebionita* proviene del hebreo la cual significa "pobre". Se cree que asumieron este nombre de **Mateo 5:3**, *"Bienaventurados los pobres en espíritu, porque de ellos es el reino de los cielos"*. Se vieron a sí mismos exclusivamente como los pobres y necesitados de los que Jesús hablo.

La principal característica de los ebionitas era su negación a creer que Jesús nació de una virgen. Ellos pensaron que Jesús era el Mesías, pero Él había tenido un parto ordinario, y no era divino. [2] Alegaban que la aceptación de Jesús como Dios era creer en dos Dioses. Para ellos Jesús debía ser menos que Dios. [3]

Los ebionitas creían que el poder divino llegó a Jesús en Su bautizo por Su santidad perfecta pero esa divinidad Lo abandonó cuando Él murió en la cruz. Ellos acreditaron sus milagros y sabiduría divina a este poder divino. [4]

Los ebionitas rechazaron todos los libros del Nuevo Testamento y aceptaron solo un libro espurio llamado *El Evangelio a los Hebreos*. Creían que la circuncisión y guardar la ley completamente eran necesarios para la salvación, que Pablo era un apóstata y hereje, y que Cristo vendría pronto de nuevo y montaría el Reino del Milenio. [5] Esta herejía impidió a muchos judíos venir a Cristo.

Filosofía gentil

En los tempranos días del cristianismo tres principales herejías filosóficas falsas de los gentiles se infiltraron al cristianismo.

- **Gnosticismo**

El gnosticismo fue la herejía más ampliamente difundida y corruptiva del cristianismo primitivo. Bien antes del fin del Nuevo Testamento, sus semillas echaban raíces. El gnosticismo proviene de la palabra griega para conocimiento la cual es gnosis. El gnóstico afirmaba tener los conocimientos más altos que cualquier otro. Su mentalidad era la de que *Yo conozco lo que tú no conoces*. Su fuente era un misterio; sin embargo, ellos afirmaban su conocimiento superior. Pablo advirtió sobre este problema. *"Oh Timoteo, guarda lo que se te ha encomendado, evitando las profanas pláticas sobre cosas vanas, y los argumentos de la falsamente llamada ciencia, la cual profesando algunos, se desviaron de la fe,..."* **1 Timoteo 6:20-21.**

El gnosticismo se centró en el asunto del mal y su fuente. Los gnósticos decían tener la respuesta. Dijeron que el mal es residente en las cosas materiales. Por consiguiente, las cosas materiales son malas y las espirituales son buenas. Simbolizaron las Escrituras e impusieron significados ocultos. Malinterpretaron la utilización bíblica de *la carne* para que significara *el tejido actual*, no la vieja naturaleza. Alegaron que desde que Jehová hizo la carne, Jehová era malo. Ellos eran por lo tanto anti-judíos y anti-veterotestamentarios. Particularmente rechazaron la creación y que Dios creó el mundo natural.

Los gnósticos creían que había un dios bueno pero que no era Jehová. Pensaron que el dios bueno precedió a Jehová y las Escrituras. Dijeron que a través del tiempo el dios bueno generó una serie de espíritus (divinidades menores) entre los cuales estaba el espíritu femenino Sofía (sabiduría). Dijeron que Sofía había tenido un aborto que resultó en el *Demiurgo* el que se identifica como Jehová. Ya que Jehová es la fuente de toda la materia y la materia es maligna, ellos creyeron que él era el mal supremo y la fuente de toda maldad. [6]

Ellos creían en Cristo, pero no en Jesús. Decían que Cristo era puro pues era un espíritu, pero Jesús era maligno porque Él era carne. No creían que el Cristo se hizo carne. Jesucristo para ellos era realmente solo un fantasma; Él solo parecía ser carne.

Esta creencia es llamada "Docetismo" de la palabra griega dakeo lo cual significa "Parezco ser, pero no soy". Por lo tanto, los gnósticos creían que Cristo no tenía encarnación, ni vida humana, ni cuerpo, ni crucifixión, ni muerte, ni sepultura, ni resurrección, ni ascensión. Tampoco creían en Su segunda venida. Por lo que los gnósticos eran acéticos, negando el cuerpo para mejorar el espíritu. [7]

Marción fue el campeón de los gnósticos. Por reorganizar las Escrituras y establecer un canon de su propio gusto, Marción fue excomulgado de la iglesia en Roma en el 144 d.C. (Para esta época la madre iglesia de Roma había tomado el control de la mayoría de las iglesias en la ciudad y ellas eran vistas como parte de una Iglesia en Roma. Esto es comúnmente conocido históricamente como *la Iglesia de Roma*.) Marción rechazó todo lo del Antiguo Testamento y borró de los libros del Nuevo Testamento que circulaban, todas las partes que él consideró judías. Él entonces "formó un canon propio conformado por solo once libros, un abreviado y mutilado evangelio de Lucas, y diez de las epístolas de Pablo". [8]

Valentín le siguió a Marción y fue el más influyente de los gnósticos. Estableció una escuela en Roma y difundió el gnosticismo ampliamente en el oeste. [9] Él es el autor del infame y espurio *Evangelio de Tomás*. [10]

A pesar de lo corrupto que era el gnosticismo, causó tres impactos positivos en el cristianismo.

o   Forzó al cristianismo a definirse doctrinalmente.

o   Logró el surgimiento de escuelas cristianas tales como la de Alejandría, Egipto.

o   Generó el movimiento que produjo la canonización del Nuevo Testamento.

El gnosticismo también instigó una tendencia muy negativa en el cristianismo. Algunos líderes cristianos comenzaron a mirar a otras fuentes en lugar de las Escrituras en búsqueda de orientación y dirección. Esta tendencia llevó a la sucesión apostólica. Ciertos líderes cristianos afirmaban ser de la línea directa de sucesión de los apóstoles. Ellos alegaron que ello les daba más poder y autoridad que aquellos que no pertenecían a dicha línea.

- **Neoplatonismo**

El neoplatonismo (nuevo platonismo) comenzó con el hombre llamado Plotino, un profesor del siglo tercero en Roma. Afirmaba haber mejorado a Platón.

El neoplatonismo es una forma de misticismo en el cual la carne es algo malo. Se sostiene, como el hinduismo, que un día seremos absorbidos todos por el gran "todo" el cual es puramente espíritu. El objetivo de aquellos que adoptan esto es despojarse de todo lo físico. [11] Es también un sistema de creencia ascético.

Esto va en contra del cristianismo, que promete la resurrección del cuerpo.

- **Maniqueísmo**

En muchos aspectos el maniqueísmo es muy similar al cristianismo, lo cual era una de las razones por las que era tan peligroso e infeccioso.

o   Era sacramental en que creyó que ciertos actos eran sagrados.

o   Era ascético y no apelaba a la carne.

o   Afirmaba ser cristiano, pero no lo era en lo absoluto. [12]

Su fundador persa fue Mani quien afirmaba creer en Jesucristo. También afirmaba ser el *Paracleto* (un intercesor como el Espíritu Santo) prometido por Cristo y tener revelación divina. La enseñanza fundamental del maniqueísmo es que los poderes reales son la luz y la oscuridad y que el asunto principal de la vida es la lucha entre ambas. Esta creencia guio a sus seguidores a un estilo de vida muy moral y ascética. Se reunían los domingos para el culto, pero su adoración no era del Salvador resucitado, sino del sol. [13]

Su impacto principal sobre el cristianismo fue negativo. El sacramentalismo (la salvación a través del bautizo y la Cena del

Señor) estaba creciendo y el maniqueísmo fomentó su crecimiento. Hizo que los hombres abandonaran la salvación a través de solo la fe en Cristo y les hizo creer que podían obtenerla haciendo un bien sagrado o sacramentos. La idea de ley sobre gracia se afirma constantemente a través de las páginas de la historia.

CORRUPCIONES PAGANAS

El cristianismo se esparcía rápidamente. La gente, que por todo el imperio practicaba todo tipo de cultos falsos, abrazó el cristianismo. Muchos de ellos no abandonaron completamente sus falsedades antiguas; ellos las trajeron justo a la iglesia y a los círculos cristianos.

Había muchas de aquellas corrupciones; consideraremos solo aquellas con mayores ramificaciones.

Fetichismo

El fetichismo consiste en poner gran énfasis sobre la importancia de los objetos tales como un sudario, huesos o la cueva de un santo difunto. Las Catacumbas de Roma son un ejemplo del excesivo énfasis sobre un lugar de sepultura.

El fetichismo hace mucho hincapíe en señales como persignarse y sobre objetos de adoración como los crucifijos y otros íconos religiosos. Estos íconos y señales llegaron a ser parte de su vida religiosa.

Deidades femeninas

Había diosas en casi todas las religiones paganas. Los gnósticos creían que la diosa Sofía tuvo un aborto que produjo a Jehová. Se creía que Isis era la esposa del dios egipcio principal, Osiris. Hera era la esposa del dios supremo griego Zeus. La gente en Asia Menor, donde Pablo hizo tanto de su trabajo como misionero, creía que Cibeles era la gran madre de todos los dioses. [14]

Los paganos llegando al cristianismo estaban listos para una diosa femenina en el cristianismo. Ellos gradualmente fueron arrastrados hacia el culto a la Virgen María. Esta corrupción se expandió y creció rápidamente.

Profesionalismo

El profesionalismo es la existencia de una jerarquía religiosa. A diferencia de las iglesias según el orden neotestamentario, las religiones paganas tenían jerarquías o líderes que controlaban la religión. Esta jerarquía de liderazgo determinaba quien podía o no llegar a ser líder. En las iglesias según el orden neotestamentario, Dios escogía líderes que eran luego confirmados en las congregaciones, democráticamente por la membresía, no por un grupo de líderes autoseleccionados y preservados.

Tal corrupción brotó en el cristianismo y pronto hubo obispos, que estuvieron por encima de los presbíteros (pastores), que estuvieron por encima de los diáconos, que estuvieron por encima de la gente. Una vez que la idea de una clase profesional echó raíces, esta creció. Tiempo después los obispos estuvieron debajo de los arzobispos, que estuvieron debajo de los cardenales, que estuvieron debajo de un papa.

Sacramentalismo

El sacramentalismo es una posición acerca de las ordenanzas eclesiásticas. Todas las religiones paganas tenían ritos y rituales sagrados. Muchos predicadores e iglesias consintieron los deseos de los convertidos entrantes. Pronto las ordenanzas conmemorativas del bautismo y la Cena del Señor fueron vistas por muchos como ritos sagrados con poderes salvíficos.

Con el tiempo no fueron más vistas como ordenanzas conmemorativas sino como sacramentos esenciales para la salvación. Esto pronto fomentó el bautizo de los bebes con la idea de garantizarles la salvación. Estos rituales fueron conocidos por varios nombres, pero el resultado final era que eran vacíos, y no podían salvar. Solo una fe personal en Jesucristo puede producir y garantizar la salvación.

Sacerdotalismo

"Sacerdotalismo es una palabra formal que significa "control por sacerdotes". [15] Si el sacramentalismo es aceptado y ciertos sacramentos otorgan la gracia de Dios, entonces las personas correctas han de administrar los sacramentos (la Cena del Señor y el bautismo). Esto significa que solamente una clase pre-selecta de oficiales pueden administrar los sacramentos. El sacerdotalismo es un accesorio necesario del sacramentalismo.

Esto está en contradicción directa con el concepto del sacerdocio de cada creyente enseñado en las Escrituras. *"Y de Jesucristo el testigo fiel, el primogénito de los muertos, y el soberano de los reyes de la tierra. Al que nos amó, y nos lavó de nuestros pecados con su sangre, y nos hizo reyes y sacerdotes para Dios, su Padre; a él sea gloria e imperio por los siglos de los siglos. Amén,"* **Apocalipsis 1:5-6.**

> **Un sacramento es algo esencial para la salvación.**
>
> **Una ordenanza es una conmemoración.**

FALSAS CONCEPTOS DE CRISTO Y LA TRINIDAD

Desde el principio, los falsos conceptos de quien era Jesucristo comenzaban a desarrollarse. Quien era Cristo continuaba siendo un asunto controversial a lo largo de Su ministerio terrenal. Él decía ser Dios por lo que Él fue acusado de blasfemia. Ver **Mateo 26:64-65.** El corazón del problema es el tema del monoteísmo. ¿Podía el Padre ser Dios y Jesús ser Dios y haber aún un solo Dios como fue declarado en **Deuteronomio 6:4,** *"Oye, Israel: Jehová nuestro Dios, Jehová uno es"*? Este Dios claramente dijo, *"No tendrás dioses ajenos delante de mí,"* **Éxodo 20:3.**

Un entendimiento del Padre, del Hijo y del Espíritu Santo, siendo un Dios, ha preocupado a los cristianos desde el principio hasta el presente. Cuatro conceptos principales se desarrollaron en los primeros años del cristianismo. Cada uno era extremadamente inadecuado.

Alogi

Alogi es una transcripción de la palabra griega logos en su forma plural con una alfa primitiva ("A") la cual niega la palabra. Logos significa "verbo" y es utilizado en la Biblia para referirse al Verbo de Dios. Jesús fue el Verbo de Dios encarnado. Los alogianos eran un grupo de cristianos profesantes que sencillamente rechazaban la afirmación de que Jesús era Dios. [16]

Adopcionismo

El adopcionismo es la creencia de que Jesús fue el Hijo de Dios adoptivo, no el eterno, Hijo de Dios. Los adopcionistas pensaron que Él llegó a ser Dios en algún momento. Es la idea de que Dios es uno, pero por cortos periodos de tiempo se convierte en dos.

Los adopcionistas pensaron que Jesús vino a ser Dios en Su bautizo y dejó de ser Dios cuando fue a la cruz como se evidencia por Su declaración, *"Dios mío, Dios mío, ¿por qué me has desamparado?"* **Mateo 27:46.**

Los adopcionistas no tenían explicación para el nacimiento virginal, la resurrección, la ascensión y la segunda venida. [17]

Modalismo

Este es llamado monarquianismo modalista con "monarquianismo" refiriéndose a la unidad de Dios. Algunas veces es llamado sabelianismo por su defensor principal, Sabelio. Sabelio vivió alrededor de 200 d.C.

El modalismo es la idea de que, en Cristo, Dios el Padre sencillamente cambió nombres y asumió el nombre de Jesús. Este concepto dice que Dios es solo una persona, no tres, quien cambia de formas para satisfacer Sus propósitos. [18]

Subordinación

El subordinacionismo decía que Jesús era una deidad, pero subordinada y de un tipo menor que el Padre. Era la idea de que Jehová era una deidad con "D" mayúscula y Jesús como deidad con "d" minúscula. Este concepto dice que Jesús no era igual al Padre. [19]

El concepto bíblico de Dios es que Él es Trino, un Dios en tres personas. Jesús está siempre en sumisión voluntaria al Padre, lo que no significa que sea de ninguna manera inferior o desigual al Padre.

ESTÁNDARES CRISTIANOS INFERIORES

No solo cayeron muchos cristianos e iglesias en falsas doctrinas y en la herejía en los inicios del cristianismo, sino también los estándares cristianos fueron comprometidos grandemente. Muchos cristianos comenzaron a disociarse de aquellos que se estaban desviando tanto del modelo apostólico. Algunos de aquellos cristianos eran excesivamente celosos y había una gran diversidad de predicadores y sus seguidores, pero ellos reconocían la falsa doctrina. Algunos de ellos se desviaron en problemas secundarios, pero generalmente se mantenían fieles a las enseñanzas esenciales originales de Jesucristo. Aun así, una lealtad intacta a las enseñanzas esenciales de Cristo y los apóstoles es claramente identificable en ellos. Esta fidelidad a las creencias esenciales puede ser rastreada en diferentes grupos (muchas veces identificados por diferentes nombres) desde la iglesia de Jerusalén hasta la actualidad.

Más adelante en este libro, muchas de aquellas iglesias y cristianos de los inicios serán identificados junto con su descendencia hasta el presente. Miraremos más profundamente en lo que ellos creían y a mucha de la evidencia que dice que ellos son nuestros ancestros espirituales.

Dejemos enfatizado aquí que, desde el principio, multitudes de cristianos e iglesias se desviaron, muchos en total herejía. Enfaticemos igualmente que no todos los cristianos e iglesias se extraviaron. Multitudes se mantuvieron fieles a la fe como se presenta en las Escrituras. Mientras el error proliferaba y más de los desviados que decían ser cristianos llegaron al poder, el precio de mantenerse fiel a la Palabra de Dios aumentó. No solo fueron perseguidos por los paganos romanos (el pueblo y el gobierno), sino también por los cristianos herejes. Incluso así, multitudes nunca hincaron la rodilla ante la Roma pagana. Es más, rehusaron seguir a aquellos que desertaron de la fe pero que siguieron identificándose con el nombre de cristianos.

[1] Carl Deimer, Professor, *History of Christianity I (Historia del Cristianismo I)*, Videoconference 7, Liberty University DLP, 2004.

[2] J.E.H. Thompson, *The International Standard Bible Encyclopaedia (Enciclopedia Estándar Internacional de la Biblia)*, ed. James Orr, vol. 2, s.v. "Ebionism" ("Ebionismo"), (Grand Rapids: Wm. B. Eerdmans Publishing Co., 1956), 890-891.

[3] Deimer.

[4] Thompson.

[5] Philip Schaff, *History of the Christian Church (Historia de la Iglesia Cristiana)*, vol. 2, (Peabody, Massachusetts: Hendrickson Publishers, 2002), 433.

[6] Deimer.

[7] John Rutherfurd, *The International Standard Bible Encyclopaedia (Enciclopedia Estándar Internacional de la Biblia)*, ed. James Orr, vol. 2, s.v. "Gnosticism" ("Gnosticismo"), (Grand Rapids: Wm. B. Eerdmans Publishing Co., 1956), 1244-1245.

[8] Schaff, 485-486.

[9] Ibid, 472-481.

[10] Deimer.

[11] Ibid.

[12] Ibid.

[13] Schaff, 500-508.

[14] Justo L. Gonzalez, *The Story of Christianity (La Historia del Cristianismo)*, vol. 1, (San Francisco: HarperCollins Publishers, 1984), 15-16.

[15] Deimer, Conferencia 8.

[16] Ibid.

[17] Ibid.

[18] Ibid.

[19] Ibid.

El Desarrollo de las Herejías

Año (en d.C.)	
27	Primera Iglesia establecida en Jerusalén.
Antes del 48	Legalismo - Salvación por obras, mantener algunos aspectos de la ley. (ver Gálatas y Hechos 15)
Antes del 61	Cristo no era deidad - Docetismo afirma que Cristo no estaba en un cuerpo. Ascetismo afirma que las cosas materiales son malas. (ver I Timoteo 6:20-21)
107	Sacramentalismo, Regeneración Bautismal - Ignacio de Antioquía. Las ordenanzas tienen poder para salvar y son esenciales para la salvación.
Inicios del siglo 2do	Sacerdotalismo - Solo sacerdotes especiales pueden administrar los sacramentos.
Siglo 2do	Jerarquía - Sistema Episcopal > metropolitano > patriarcal > papal
	Deidades femeninas - Sofía gnóstica, Isis egipcia y otras diosas paganas prepararon el camino hasta la adoración de María.
	Visión de la iglesia visible y universal - Cambió de la visión local, visible.
Alrede dor del 155	Fetichismo - Culto a los mártires, héroes y reliquias.
Cerca del 170	Unitarismo - Alogi (Herejía cristiana en Asia Menor) - Rechazo de la doctrina de la Trinidad.
Cerca del 180	Tradición + Escritura - Desviación de la dependencia total sobre las Escrituras.
Antes del 200	Bautismo infantil - Sin fecha certera, pero nació de la regeneración bautismal.

[1] Philip Schaff, *History of the Christian Church (Historia de la Iglesia Cristiana)*, vol. 2, (Peabody, Massachusetts: Hendrickson Publishers, 2002)

[2] J.M. Carroll, *The Trail of Blood (El Rastro de Sangre)*, (Lexington, Kentucky: Ashland Avenue Baptist Church, 1992)

El Desarrollo de las Herejías

Year (in A.D.)	
Cerca del 200	Modalismo - Dios no es tres en uno sino uno que simplemente cambia de formas.
235	Misticismo con la Naturaleza - Maniqueísmo (mayor religión dualista). Adoptó el sacramentalismo.
Antes del 258	Bautismo por verter y rociar
270	Adopcionismo - Jesús fue adoptado al bautizarse. No era el Hijo eterno.

Capítulo 6

Una Autoridad Central Acreditada

La vasta mayoría de los cristianos en los primeros tres siglos creyó que los 27 libros que ahora reconocemos como el Nuevo Testamento eran Escrituras inspiradas divinamente. Algunos que se llamaban a sí mismos cristianos no. Como las herejías y las controversias proliferaban, la necesidad de una autoridad central se hizo cada vez más obvia.

Antes del final del siglo primero, los 27 libros del Nuevo Testamento habían sido escritos. La comunidad cristiana y las iglesias en su inmensa mayoría las aceptaron y las reconocieron a ellas y solo ellas como divinas y autorizadas. Copias circularon y fueron leídas entre las iglesias. En su carta a los colosenses Pablo dio instrucciones, *"Cuando esta carta haya sido leída entre vosotros, haced que también se lea en la iglesia de los laodicenses, y que la de Laodicea la leáis también vosotros,"* **Colosenses 4:16.**

Debe tenerse en cuenta que durante estos años los libros no estaban aún canonizados ni eran vistos como un documento finalizado consistente de 27 libros separados. Cada uno era un libro separado circulando solo por su cuenta.

Este capítulo tratará acerca de la necesidad y las circunstancias que concluyeron en el Nuevo Testamento.

ENTENDIENDO EL CANON

Utilizamos la palabra canon para comunicar la idea de que junto con el Antiguo Testamento aceptamos que los 27, y solo los 27, libros del Nuevo Testamento, son inspirados divinamente. Los mismos han sido agrupados como una unidad y constituye la regla más alta y final de la fe y práctica para los cristianos.

La palabra canon proviene de la palabra griega <u>kanon</u> y es utilizada metafóricamente para referirse a una medida, norma, o estándar. [1] El apóstol Pablo utilizó la palabra en referencia al estándar o *regla* de conducta esperada de cada creyente, **Gálatas 6:16.** Atanasio [2] mencionó los "libros que han sido canonizados". [3] Esta es la utilización de canon en el sentido de un estándar de documentos divinamente revelados y autoritativos. [4] La mayoría del cristianismo ha estado de acuerdo durante siglos con los libros del Nuevo Testamento. Solo un número pequeño está en desacuerdo.

RECONOCIMIENTO TEMPRANO EN LA COMUNIDAD CRISTIANA

Poco después de la vida y ministerio terrenales de Cristo, unos libros fueron escritos y fueron casi unánimemente reconocidos como Escritura autoritativa. La aceptación de libros canonizados no era el trabajo de los concilios; era "un proceso espontáneo que ocurrió por toda la Iglesia". [5] Hacia los finales del siglo primero los cuatro evangelios fueron escritos y "parecen haber sido reunidos en una colección". [6] Hechos y Lucas compartían la misma autoridad. Desde ser escritos inicialmente, posiblemente unos pocos años antes que los evangelios, las cartas de Pablo fueron circuladas y leídas entres las iglesias, **Colosenses 4:16.** Las cartas de Pablo fueron reunidas en una colección bajo el título de *El Apóstol.* [7] Pedro mencionó múltiples escritos de Pablo, todos los cuales él asumió como autoritativos, **2 Pedro 3:15-16.** De las siete cartas generales conocidas como las cartas católicas, 1 Pedro y 1 Juan estaban sin cuestionamientos. Santiago, 2 Juan, 3 Juan, 2 Pedro y Judas, lucharon por la aceptación, y muchas iglesias, particularmente en el Este, rechazaron Apocalipsis. [8] Todos los libros neotestamentarios estaban completos, o substancialmente completos, ya para el año 100 d.C. La mayoría de los escritos estaban en existencia de veinte a cuarenta años antes. [9] El debate sobre Santiago, 2 Juan, 3 Juan, 2 Pedro, Judas y Apocalipsis continuó por más de 200 años, pero había una amplia aceptación de todos excepto aquellos seis libros. El hecho es que estos eran solamente cuestionados, no rechazados, por la mayoría.

MARCIÓN Y LOS GNÓSTICOS

Aun antes de que los libros neotestamentarios fueran escritos, la teología herética del gnosticismo emergió y aquellos que la abrazaron afirmaban ser cristianos. El gnosticismo tomó elementos del judaísmo, de religiones orientales y del cristianismo. [10] A principios del siglo segundo Marción era el líder carismático de los gnósticos. Era famoso y altamente influyente. Estuvo en Roma en 140 d.C. Fue entonces y donde él confeccionó "la primera lista de los libros del Nuevo Testamento de la cual tenemos conocimiento definido". [11] Marción era apasionadamente anti-judío, su canon incluía solo once de los libros del Nuevo Testamento, e incluso los que él mismo incluyó, había sido despojados de todo lo judío y todo vestigio del creacionismo. Se presume que trajo consigo el texto del Nuevo Testamento que había usado en el área del Mar Negro donde él creció hasta su adultez. [12]

Después de la muerte de Marción, sus seguidores formaron un grupo muy influyente durante muchos años. Atrajeron a un gran séquito, muchos de la antigua línea de las iglesias. Por causa de la iniciativa audaz de Marción en anunciar un canon y su influencia en el mundo cristiano, los líderes cristianos vieron la necesidad de definir explícitamente un canon verdadero de la Escritura del Nuevo Testamento. El canon de Marción hizo necesario una refutación. [13] Su canon hizo obvia la necesidad de un canon verdadero.

LA NECESIDAD DE UN CANON

Uno no debe saltar a la conclusión prematura de que el establecimiento de un canon del Nuevo Testamento fue solo una respuesta a Marción. Hubo muchos otros factores.

Doctrinas y prácticas falsas dentro de las filas del cristianismo

Por ejemplo, algunos montanistas (no todos) hicieron hincapié en que las profecías continuaban. Esta fuerte influencia forzó a otros líderes de iglesias a declarar qué profecía era legítima y cual no. [14] Muchas herejías se estaban infiltrando en el cristianismo. Se destacó la necesidad de una regla estándar de la fe y la práctica.

Persecución y martirio

La persecución y el martirio de multitudes de cristianos intensificaron el clima por la clara identificación de un cuerpo estandarizado de Escrituras aceptadas. Durante los cientos de años de grandes persecuciones, las autoridades romanas les ordenaron a los cristianos que entregaran sus escritos. Para los romanos era importante destruir aquellos escritos cristianos. Es más, la comunidad cristiana veía el entregar las Escrituras a las autoridades como un pecado de extrema gravedad. La presión sobre los cristianos para decidir qué era Escritura, y qué no, era enorme. A menudo escritos considerados no canónicos fueron entregados a las autoridades romanas mientras se ocultaban los que se creían que eran Escritura.

Llamado de Constantino para múltiples copias

Otra fuerza que agudizó la necesidad de un canon claramente reconocido fue el llamado de Constantino (emperador romano del 306 al 337 quien era cristiano) a multiplicar copias de las Escrituras. Es obvio que identificar qué eran llegó a ser altamente importante. [15]

OTROS FACTORES QUE LLEVARON A UN CANON

Había factores externos acentuando la necesidad de un canon, pero "factores externos no determinaron que habría un canon del Nuevo Testamento ni dictaron su contenido. Sin embargo, los factores externos influenciaron el proceso de definición y probablemente aceleraron el proceso". [16] El canon estaba bien encaminado hacia su forma clara antes de que la actividad de Marción empezara. [17] Algunos de los factores que llevaron al canon incluyen:

La necesidad de un estándar autoritativo

El cristianismo necesitaba materiales autoritativos para varios propósitos, tales como guía en la vida moral de los miembros, materiales confesionales y prácticas de cultos. "Materiales aceptados como revelaciones divinas habrían sido autoritativos desde su recepción". [18] Por ello, "lo traspasado" o "recibido" vino a ser frases del lenguaje normal utilizado por los primeros escritores cristianos acerca de los libros canónicos. [19]

El transcurso del tiempo

Los escritores inspirados y aquellos que los siguieron comenzaron a desaparecer. "El aumento del tiempo disminuyó el contacto directo con los testigos vivientes y puso más importancia en los archivos escritos como ayudas a la memoria, y una norma por la cual evaluar las enseñanzas". [20]

Los historiadores detallan tres fases en el proceso de canonización.

- Primero, ciertos documentos del Nuevo Testamento fueron coleccionados localmente y citados en obras de teología sin ninguna intención de tener que argumentar su autenticidad.

- Segundo, en respuesta a Marción y a sus textos gnósticos falsos, los líderes cristianos comenzaron a investigar el canon y publicaron listas de libros genuinos.

- Por último, los concilios eclesiásticos se reunieron para validar los libros genuinos y revelar los que eran espurios. [21]

LA BASE DE LA AUTENTICIDAD

¿Cómo sabían los primeros cristianos que un libro era inspirado divinamente? Los libros que conforman el Nuevo Testamento fueron aceptados como Escritura por la vasta mayoría de los cristianos e iglesias desde el tiempo en que fueron escritos. Muchos otros libros que aparecieron en la escena no fueron aceptados. ¿Cuál era la base por la cual los primeros cristianos tomaron tales decisiones?

Para ser considerado como Escritura, un libro tenía que pasar tres pruebas principales.

Autoría apostólica

La autoría apostólica era el primer y principal criterio para la aceptación de un libro. Los apóstoles reclamaron la inspiración divina. Jesús prometió a los apóstoles que les revelaría Sus verdades a ellos a través de Su Espíritu Santo. Él dijo, *"Pero cuando venga el Espíritu de verdad, él os guiará a toda la verdad, porque no hablará por su propia cuenta, sino que hablará todo lo que oyere y os hará saber las cosas que habrán de venir. Él me glorificará, porque tomará de lo mío y os lo hará saber. Todo lo que tiene el Padre es mío; por eso dije que tomará de lo mío y os lo hará saber,"* **Juan 16:13-15.** Los primeros cristianos aceptaron eso como auténtico. Pablo capturó el sentimiento de aquel día en su carta a los tesalonicenses. *"Por lo cual también nosotros sin cesar damos gracias a Dios, de que cuando recibisteis la palabra de Dios que oísteis de nosotros, la recibisteis no como palabra de hombres, sino según es en verdad, la palabra de Dios, la cual actúa en vosotros los creyentes,"* **1 Tesalonicenses 2:13.**

No era siempre necesario para el apóstol escribir personalmente el libro. Por ejemplo, Romanos incluye el reconocimiento de que Tercio en realidad escribió Romanos; no obstante, las palabras son de Pablo. *"Yo Tercio, que escribí la epístola, os saludo en el Señor,"* **Romanos 16:22.** Ni Marcos ni Lucas eran apóstoles; sin embargo, eran contemporáneos y estaban involucrados profundamente con la vida de un apóstol (Marcos con Pedro y Lucas con Pablo). Por ellos los libros de Marcos, Lucas y Hechos fueron fácilmente aceptados como Escritura. Si un libro no era escrito por un apóstol, para ganar aceptación tenía que haber sido escrito por alguien muy cercano a los apóstoles.

Los libros pseudónimos eran mirados con gran escepticismo, si no rechazados completamente. [22]

Pseudónimo es una referencia a un autor anónimo

Conformidad con la regla de fe

Tan importante como la autoría apostólica era, es evidente que no era la única razón para la aceptación de un documento como divino. Otro requisito era la *conformidad con la regla de fe,*

71

"conformidad entre el documento y la ortodoxia, que es, verdad cristiana como normativa en las iglesias". [23] Era muy reconocido en la comunidad cristiana que cualquier libro que no alcanzara los estándares comunes de la fe y práctica no era aceptado como Escritura. Hubo otros escritos que fueron considerados buenos y provechosos, pero ni fueron contemplados como Escritura ni les dieron la misma posición de autoridad. En los días más tempranos la asociación entre la mayoría de las iglesias era lo suficientemente cercana como para permitirles aceptar generalmente ciertas creencias y prácticas como normativas. Desviarse de dicha norma normalmente fue percibido y rechazado en la mayoría de las iglesias. Eso puede decirse que era la verdad durante gran parte del siglo primero, tiempo en el que todos los libros del Nuevo Testamento estaban siendo escritos. Debe notarse que esta condición de una normativa de la fe y práctica entre las iglesias se evaporó rápidamente después de la muerte de los apóstoles. En lo sucesivo, muchas iglesias siguieron esta normativa estándar que se conformaba al patrón apostólico, no obstante, un número creciente no.

Una guía muy importante en cuanto a esto era la composición interna y las afirmaciones de un libro. El libro tiene que estar internamente en armonía consigo mismo y al mismo tiempo con la postura apostólica general. Tiene que llevar las marcas de la divinidad. La autoridad de un libro "tiene que ser confirmada por el testimonio interno del propio libro en sí". [24]

Aceptación generalizada y continua y utilización en las iglesias

Un tercer criterio, pero menos importante, fue la aceptación generalizada y continua, así como la utilización por las iglesias en todas partes. [25] Jerónimo aceptó tanto Hebreos y el Apocalipsis, "en parte porque gran cantidad de los escritores antiguos habían aceptados a ambos como canónicos". [26] Los libros canónicos fueron ampliamente leídos en las iglesias, pero otros libros no canónicos fueron leídos también lo que puede ayudar a explicar por qué algunas de las primeras copias de manuscritos de las Escrituras tienen libros no canónicos vinculados con los canónicos. [27] Es digno de notar que la inspiración no fue una consideración deliberada al determinar el estado canónico de un libro. No parecía haber cuestionamiento significativo de la inspiración divina de los apóstoles o de lo que escribieron. Los primeros cristianos asumieron que los apóstoles, y los más cercanos a ellos que escribieron, fueron inspirados. [28]

LIBROS CUESTIONABLES Y ESPURIOS

Cuando el canon con el tiempo fue cerrado, este incluyó los 27 libros que conformaron el Nuevo Testamento en español. Había muchos más libros que solo aquellos, y muchos cristianos fueron desviados por libros falsos que ellos equivocadamente pensaron que eran canónicos. Por ejemplo, Marción afirmaba que su libro mutilado de Lucas era canónico, y sus seguidores lo aceptaron como tal. Con la progresión del tiempo y la proliferación de libros, el tema de cuáles libros eran Escritura autoritativa, y cuáles no, creció.

Con la intención de hacerlos parecer autoritativos, muchos libros fueron acreditados a uno de los apóstoles por los que los escribieron y/o endosaron. Alrededor de 120 d.C. el *Didache*, también conocido como *La Enseñanza de los Doce Apóstoles*, fue considerado por Clemente de Alejandría y por Orígenes [29] como Escritura sagrada. [30] Escritos antiguos contemplados por algunos como Escritura incluían la *Epístola de Bernabé, Pastor de Hermas, Apocalipsis de Pedro, y Hechos de Pablo*. "Estos libros bordeaban los linderos del canon en algunas secciones del país por algún tiempo, pero todos fueron rechazados finalmente. Muchos otros evangelios, hechos, epístolas y apocalipsis aparecieron después bajo los nombres de apóstoles los cuales no recibieron la consideración seria de la Iglesia". [31] Eusebio [32] dividió los libros polémicos en tres categorías, clasificó Santiago, Judas, 2 Pedro, 2 Juan y 3 Juan como libros aceptados generalmente. En la categoría de libros que no son genuinos puso a los *Hechos de Pablo*, la *Epístola de Bernabé, Pastor de Hermas, Apocalipsis de Pedro*, y al *Didache*. Él no estaba muy seguro de Apocalipsis. Su tercera categoría, refiriéndose claramente a los escritos heréticos, incluyó a los evangelios tales como aquellos de Pedro y Tomás, hechos de Andrés y Juan, y escritos similares. [33] Es obvio que determinar canonicidad, llegó a ser un problema creciente. El potencial para la confusión aumentó. La necesidad de un canon autoritativo se hizo cada vez más clara.

ACEPTACIÓN DE LOS LIBROS DEL NUEVO TESTAMENTO

No asuma, como muchos escépticos modernos, que algún grupo de líderes cristianos se reunió y aleatoriamente decidieron cuáles libros deberían y cuáles no deberían ser parte del Nuevo Testamento. Eso sencillamente no sucedió y no hay evidencia válida para apoyar el argumento que sí. La evidencia sí prueba que mucho antes de Marción, y a partir de entonces aceleradamente, creció la necesidad de no solo libros autorizados, sino también de un conjunto de libros autorizados. "Generalmente hablando, desde los tiempos de Ireneo en adelante el Nuevo Testamento contenía prácticamente todos los mismos libros que recibimos hoy día, y fueron considerados con la misma reverencia que le damos a ellos en la actualidad". [34] Ireneo vivió aproximadamente de 130 d.C. a 200 d.C. [35] Incluso antes de Ireneo, Policarpo utilizaba mucho del Nuevo Testamento en su carta a los filipenses. El *Didache* de 120 d.C. hace referencia a la mayoría de los libros neotestamentarios. Melitón, quien fue pastor de Sardis en el siglo segundo, hace citas de todos los libros del Nuevo Testamento excepto Santiago, Judas, 2 Juan, y 3 Juan. El canon de Luciano de Antioquía, el cual es para muchos el padre de la gran mayoría de los manuscritos griegos actuales, incluye a todos los libros neotestamentarios excepto Apocalipsis, 2 Pedro, 2 Juan, 3 Juan y Judas. Eusebio parece haber aceptado todos los 27 libros, aunque no estaba seguro acerca de Apocalipsis. [36]

El canon muratoriano, nombrado así por Ludovico Antonio Muratori, quien lo descubrió, es una lista de libros canónicos originados en Roma alrededor de 190 d.C. [37] Menciona a Lucas como el tercer evangelio, aparentemente un reconocimiento de Mateo y Marcos. También "menciona a Juan, Hechos, nueve cartas de Pablo a las iglesias y cuatro a individuos (Filemón, Tito, 1 Timoteo y 2 Timoteo), Judas, dos epístolas de Juan, y al Apocalipsis de Juan y aquella de Pedro. *El Pastor de Hermas* es mencionado como digno de lectura (es decir, en iglesias) pero no como para ser incluido en el número de escritos proféticos o apostólicos". [38]

Es obvio que con el pasar del tiempo, creció el consenso en la comunidad cristiana acerca de cuáles libros eran canónicos. Incluso la mayoría de los predicadores e iglesias, que se iban apartando de las creencias y las prácticas de las Escrituras, estaban en total acuerdo acerca de cuáles libros eran auténticos y cuáles eran espurios. Había un reconocimiento creciente de un canon aceptado o cuerpo de libros considerado como Escrituras autoritativas.

CERRAR EL CANON

Mientras que la lista estuvo abierta, hubo libros individuales de Escritura, pero no había aún una colección autoritativa de libros, un canon. [39] Elementos esenciales en el concepto de canon son el de un criterio reflexivo y una lista exclusivamente cerrada. Mientras que estos elementos hacían falta, la comunidad cristiana tenía una colección de libros autoritativos como Escritura, pero aún no tenían un canon. [40] No se podía negar la necesidad de un estándar divino de fe y práctica.

Hacer de la colección de los 27 libros del Nuevo Testamento un canon, fue trabajo de los primeros cristianos. Estos libros eran diferentes a los apócrifos, pseudo-apostólicos u ortodoxos, pero que son meramente producciones humanas. Al ejecutar este trabajo ellos fueron "igualmente guiados por el Espíritu de Dios y por un sentido legítimo de la verdad". [41] Las acciones de zarandear, rechazar, y coleccionar a los libros, no fue una serie de eventos esporádicos. Fue un proceso largo y continuo. En lugar de ser el resultado de un decreto deliberado por un individuo o consejo cerca del principio de la época cristiana, la colección de los libros neotestamentarios tomó lugar gradualmente al cabo de muchos años debido a la presión de múltiples tipos de circunstancias e influencias. [42] Hay algo que debe ser declarado enfáticamente: los libros del Nuevo Testamento no pasaron a ser autoritativos porque líderes cristianos los incluyeron en una lista canonizada; al contrario, los líderes cristianos los incluyeron en el canon porque ya eran considerados como inspirados divinamente. Ellos reconocieron su valor innato y su autoridad apostólica general, directa o indirecta. [43]

La primera lista que incluye todos y solo los veintisiete libros, es la Carta de Pascua por Atanasio a los alejandrinos en 367. Esta carta es preceptiva en vez de descriptiva. [44] Él escribió, "De nuevo no es tedioso hablar de [libros] del Nuevo Testamento. Estos son los cuatro evangelios según Mateo, Marcos, Lucas y Juan. Después, los Hechos de los apóstoles y epístolas (llamadas católicas), siete, es decir de Santiago, una; de Pedro, dos; de Juan, tres; después de estos, una de Judas. Es más, hay catorce epístolas de Pablo, escritas en este orden: primero la epístola a los romanos; luego dos a los corintios; después de estas, a los gálatas; siguiente, a los efesios; luego a los filipenses; luego a los colosenses; después de estas, dos a los tesalonicenses; y aquella a los hebreos; y otra vez, dos más a Timoteo; una a Tito; y finalmente a Filemón. Y, además, el Apocalipsis de Juan". [45]

Dos de los primeros líderes cristianos prominentes y muy influyentes tuvieron una relación enorme con el cierre del canon neotestamentario y la aceptación del mismo. Uno fue Jerónimo quien nació en 346 d.C. Él era un erudito altamente educado y brillante. Vivió en Belén desde 386 hasta su muerte en 420 d.C. En 384 d.C. terminó la traducción del Nuevo Testamento al latín. "Contenía los libros que utilizamos, y, como llegó a ser más y más aceptada como la versión latina principal, los libros que contenía vinieron a ser los libros generalmente aceptados de la Iglesia occidental". [46]

La influencia de Agustín fue aún mayor que la de Jerónimo. Agustín nació en 354 d.C. y llegó a ser el obispo de la ciudad de Hipona en 395 d.C. En su tratado sobre el aprendizaje cristiano, listó los 27 libros del Nuevo Testamento. La mayor parte de este documento fue escrita entre 396 d.C. y 397 d.C. [47]

El gran debate de tantas generaciones estaba prácticamente terminado, pero hizo falta que alguien lo dijera. Fue Agustín quien, en tres sínodos provinciales, arrojó su peso en favor de los veintisiete libros ahora conocidos como las Escrituras cristianas. Tres sínodos fueron celebrados, uno en Hipona en 393 d.C., otro en Cartago en 397 d.C., y el último en Cartago en 419 d.C. [48] El sínodo de Cartago en 397 d.C. destaca. Agustín estaba allí y fue cuando los veintisiete libros fueron oficialmente reconocidos y declarados. [49] "Las primeras palabras del estatuto sobre el canon fueron sinceras y francas: 'Además de las Escrituras canónicas, nada será leído en las iglesias bajo el nombre de Escrituras divinas.'" [50] Otros libros podrían ser leídos, pero no como

Escritura. "Veintisiete libros, ni más, ni menos, es la consigna a partir de ahora por toda la Iglesia latina". [51]

Sería un error implicar que la decisión de este consejo solucionó finalmente el tema de la canonicidad en todas las comunidades cristianas. Pues no lo hizo, particularmente en el Este. [52] Hay aún varios segmentos en el cristianismo cuyos cánones difieren ligeramente del estándar de veintisiete. Un debate menor continúa. "A pesar de todo, la Iglesia mundial casi universalmente terminó por aceptar los veintisiete libros". [53]

Un sínodo es una reunión de oficiales de la iglesia.

En 397 d.C., el Sínodo de Cartago reconoció todos los veintisiete libros neotestamentarios.

RESUMEN

Ninguna persona ha impactado al mundo como Jesucristo. Él dramática y radicalmente cambió vidas. Él vino no solo por una generación, sino por toda la humanidad. Sus historias y refranes deben ser dichos y preservados en escritos. Dios levantó a hombres por ese preciso propósito y los guio con su Espíritu Santo para Su empresa, no la de ellos.

El canon del Nuevo Testamento es la obra de Dios. Él no solo utilizó instrumentos humanos para traerlo a la existencia, sino que la escritura y la recolección de los libros en un canon cerrado no fueron claramente orquestadas por una persona, o grupo de personas. Durante varios cientos de años actores entraron y salieron del gran escenario de Dios, mas su proyecto continuó. Estaba determinado a dar, luego consolidar y preservar, Su Palabra.

Desde el principio, la comunidad cristiana supo qué Jesús hizo y dijo y reconoció la veracidad de los veintisiete libros tales como fueron escritos. Ellos también reconocieron que muchos escritos con reclamos de inspiración eran espurios. El transcurso del tiempo hizo cada vez más evidente que un conjunto de documentos autoritativos tenía que ser declarado oficialmente. La vasta mayoría ya había reconocido cuáles eran. Por tanto, declararlos no fue tarea difícil, era sencillamente hacer lo obvio oficial. Una vez hecho, la mayoría de la comunidad cristiana reconoció que la declaración era correcta y que estaba en contacto con la realidad. La mayor parte aceptó el canon y el debate terminó. Justo como seleccionar los libros individuales tomó muchos años, amalgamarlos bajo una sola portada que fuera generalmente reconocida y aceptada como autoritativa y final, tomó tiempo, pero sucedió. La evidencia histórica que sustenta la autenticidad de la formación del canon es fuerte, y la evidencia interna del Nuevo Testamento que es la obra de Dios, permanece igual de evidente y convincente como lo fue a los primeros cristianos. Desde su comienzo el cristianismo necesitó un conjunto comúnmente reconocido de escritos autoritativos y fidedignos, lo cual es exactamente lo que tiene en el Nuevo Testamento.

[1] Henry Clarence Thiessen, *Introduction to the New Testament (Introducción al Nuevo Testamento),* (Peabody, Massachusetts: Hendrickson Publishers, Inc., 2002), 3.

[2] Atanasio fue uno de los primeros líderes cristianos influyentes de Alejandría, Egipto.

[3] Atanasio, *Athanasius: Select Words and Letters Letter XXXIX, Nicene and Post-Nicene Fathers,(Atanasio: Palabras y Cartas Selectas, Carta XXXIX, Padres Nicenos y Post-Nicenos)* eds. Philip Schaff y Enrique Wace, vol. 4, 2nd series, (Peabody, Massachusetts: Hendrickson Publishers, Inc., 2004), 552.

[4] Thiessen, 4.

[5] Ibid., 26.

[6] F.F. Bruce, *The Books and the Parchments (Los Libros y los Pergaminos),* (Old Tappan, New Jersey: Fleming H. Revell Company, 1984), 98.

[7] Ibid.

[8] Kurt Aland y Barbara Aland, *The Text of the New Testament (El Texto del Nuevo Testamento),* trans. Erroll F. Rhodes, 2nd ed., (Grand Rapids: William B. Eerdmans Publishing Company, 1995), 49.

[9] F.F. Bruce, *The New Testament Documents: Are They Reliable? (Los Documentos del Nuevo Testamento: ¿Son confiables?)* (Downers Grove, Illinois: InterVarsity Press, 1981), 7.

[10] Hans-Georg Link, *Glossary of Technical Terms, New International Dictionary of New Testament Theology (Glosario de Términos Técnicos, Nuevo Diccionario Internacional de la Teología del Nuevo Testamento),* ed. Colin Brown, vol. 1, s.v. "Gnosticism," (Grand Rapids, Michigan: Zondervan, 1986), 58.

[11] Bruce, *The New Testament Documents (Los Documentos del Nuevo Testamento)*, 17.

[12] Aland, 54.

[13] Bruce, *The Books and the Parchments (Los Libros y los Pergaminos)*, 100.

[14] Everett Ferguson, *Factors Leading to the Selection and Closure of the New Testament Canon: A Survey of Some Recent Studies, The Canon Debate (Factores Que Guiaron a la Selección y Clausura del Canon del Nuevo Testamento: Una Perspectiva General de Algunos Estudios Recientes, El Debate del Canon)*, (Peabody, Massachusetts: Hendrickson Publishers, Inc., 2004), 315.

[15] Ibid., 316-320.

[16] Ibid., 295.

[17] Bruce, *The Books and the Parchments (Los Libros y los Pergaminos)*, 100.

[18] Ferguson, 296.

[19] Ibid., 295.

[20] Ibid., 296.

[21] David A. Fiensy, *The College Press NIV Commentary: New Testament Introduction (La Prensa Universitaria Comentario de NIV: Introducción al Nuevo Testamento)*, (Joplin, Missouri: College Press Publishing Company, 1997), 369.

[22] Kent D. Clark, *The Problem of Pseudonymity in Biblical Literature and its Implications of Canon Formation, The Canon Debate (El Problema del Uso de Pseudónimos en la Literatura Bíblica y sus Implicaciones de la Formación del Canon), El Debate del Canon*, 454-455.

[23] D.A. Carson, Douglas J. Moo, y Leon Morris, *An Introduction to the New Testament (Una Introducción al Nuevo Testamento)*, (Grand Rapids, Michigan: Zondervan, 1992), 494.

[24] Philip Schaff, *History of the Christian Church (Historia de la Iglesia Cristiana)*, vol. 1, (Peabody, Massachusetts: Hendrickson Publishers, 2002), 572.

[25] Carson, Moo y Morris, 495.

[26] Ibid.

[27] Bruce, *The Books and the Parchments (Los Libros y los Pergaminos)*, 102.

[28] Bruce M. Metzer, *The Canon of the New Testament: Its Origin, Development and Significance (El Canon del Nuevo Testamento: Su Origen, Desarrollo y Significado)*, (Oxford: Clarendon Press, 1997), 254-257.

[29] Clemente de Alejandría y Orígenes fueron de los primeros líderes cristianos influyentes y muy conocidos.

[30] Thiessen, 6.

[31] Ibid., 7.

[32] Eusebio escribió en el principio del siglo cuarto y es considerado como el padre de la historia de la Iglesia.

[33] Carson, Moo y Morris, 493.

[34] Thiessen, 10.

[35] Hans-Georg Link, s.v. "Heilsgeschichte" ("Historia de la Salvación"), 59.

[36] Thiessen, 12-19.

[37] Aland, 48.

[38] Bruce, *The New Testament Documents (Los Documentos del Nuevo Testamento)*, 17-18.

[39] Eugene Urlich, *The Notion and Definition of Canon, The Canon Debate (La Noción y Definición de Canon, El Debate del Canon)*, 32.

[40] Ibid., 32-33.

[41] Schaff, 572.

[42] Metzer, 7.

[43] Bruce, *The New Testament Documents (Los Documentos del Nuevo Testamento)*, 22.

[44] Carson, Moo y Morris, 493.

[45] Atanasio, 552.

[46] Metzer, 234-235.

[47] Ibid., 236-237.

[48] Ibid., 237-238.

[49] Carson, Moo y Morris, 493.

[50] Metzer, 238.

[51] Ibid.

[52] Ibid.

[53] Carson, Moo y Morris, 494.

El Canon del Nuevo Testamento

Año (en d.C.)

27 — Primera iglesia establecida; La cruz; Pentecostés

36 — Pablo salvo

41 — Gentiles de Cornelio

45 — Pablo enviado de Antioquía

50 — Muchos libros espurios escritos durante este tiempo y aumenta la escritura de estos

(Mediados de los 40) Santiago
(48) Gálatas
52) 1 Tesalonicenses; 2 Tesalonicenses
(55) 1 Corintios (56) 2 Corintios; Romanos

60 — (Inicio de los 60) Lucas; Hechos
(60) Mateo; Marcos
(61) Colosenses; Efesios; Filemón; Filipenses
(62) Hebreos (62/63) 1 Timoteo; Tito
(Los 60) 1 Pedro (65-70) Juan

65 —
(67) 2 Timoteo
(68) 2 Pedro

70 — Las iglesias proliferan Hechos 8:4
(Antes de los 80) Judas
(Alrededor del 70) 1 Juan
2 Juan
3 Juan

80

90

100

(95-96) Apocalipsis

[1] Edward Reese, *The Chronological Bible (La Biblia Cronológica)*, (Nashville, Tennessee: E.E. Gaddy and Associates, Inc. Publishers, 1977)

[2] D.A. Carson, Douglas J. Moo, and Leon Morris, *An Introduction to the New Testament (Una Introducción al Nuevo Testamento)*, (Grand Rapids Zondervan, 1992)

Capítulo 7

Grandes Nombres, Primeros Escritos y una Desviación Continua

Parte 1

Retrocedemos para mirar los primeros días del cristianismo desde una perspectiva diferente. Ya está claro que mucho tiempo antes del año 325 d.C., multitudes de cristianos e iglesias se habían alejado mucho de *"la fe que ha sido una vez dada a los santos,"* **Judas 3.** La siguiente declaración de Judas hace un resumen de la desviación de la verdad que estaba en progreso en aquel entonces, y que aumentó dramáticamente durante los años que vinieron después. Él dijo, *"Porque algunos hombres han entrado encubiertamente, los que desde antes habían sido destinados para esta condenación, hombres impíos, que convierten en libertinaje la gracia de nuestro Dios, y niegan a Dios el único soberano, y a nuestro Señor Jesucristo,"* **Judas 4.** Muchos de aquellos hombres encajan realmente con la predicción de Jesús *"lobos rapaces"* que son *"con vestidos de ovejas,"* **Mateo 7:15.** Ellos afirmaron ser cristianos de gran conocimiento y autoridad y eran grandemente estimados por las masas en la comunidad cristiana. Mientras tanto, apartaban a multitudes de cristianos e iglesias de las enseñanzas de Jesús y de la fe apostólica.

No asuma que todo lo que ellos enseñaron fue una desviación repentina de la postura bíblica, pues no fue. La desviación de la verdad fue gradual, sutil e imperceptible para la mayoría de las personas. Las discordancias no eran suficientes como para establecer una diferencia para la mayoría de los que profesaban el cristianismo, y los desviados llegaron a ser bastante antagónicos contra aquellos que se resistieron, especialmente los que protestaron públicamente o en voz alta. Hasta el día de hoy la mayor parte de aquellos que se alejaron de Dios, a muchos de los que profesaban el cristianismo, son mantenidos en la más alta estima. Una mirada al alejamiento del cristianismo de la verdad en el segundo, tercero y cuarto siglo es verdaderamente una lección en como *"Un poco de levadura leuda toda la masa,"* **Gálatas 5:9.**

En este capítulo miraremos a algunos de los líderes mejores conocidos del cristianismo de los primeros años después del Nuevo Testamento. Consideraremos brevemente algunos puntos clave en sus escritos, con énfasis sobre las desviaciones del estándar apostólico. Tenga en cuenta que estos primeros escritores eran pastores que escribieron bajo condiciones enormemente adversas. Muchos de ellos fueron perseguidos y perdieron sus vidas por ser cristianos. También, tenga claramente en mente que esto es solo una muestra minúscula. Hubo cientos, y pronto miles de pastores e iglesias que se desviaron de la fe. Como verás en capítulos siguientes, grandes números de iglesias y pastores se mantuvieron fieles a la fe que ha sido una vez dada a los santos. Ellos nunca aceptaron las falsedades que vinieron a caracterizar lo que es conocido como *cristianismo permisivo*; sin embargo, los que analizamos aquí son mejor conocidos y ejercieron una influencia y poder excesivos sobre la dirección de la línea permisiva del cristianismo. Ellos son conocidos generalmente como *padres de la Iglesia* o "Patrística;" [1] el estudio de sus escritos es conocido como Patrología. Aquellos que vivieron y escribieron antes del Concilio de Nicea (325 d.C.) son conocidos como los *padres ante-nicenos,* aquellos que escribieron en el tiempo del Concilio Niceno son llamados *padres nicenos,* y los que siguieron después se les llaman *padres post-nicenos.*

COMPRENSIÓN DE LOS PRIMEROS ESCRITOS CRISTIANOS

Al describir el carácter general del cristianismo ante-niceno, Philip Schaff dijo, "Nosotros ahora descendemos de la iglesia apostólica primitiva a la greco-romana; del escenario de la creación a la obra de la preservación; de la fuente de la revelación divina a la corriente del desarrollo humano; de las inspiraciones de apóstoles y profetas a las producciones de profesores iluminados pero falibles". [2] Él continuó, "La corriente de la vida divina en su paso de la montaña de inspiración al valle de la tradición, durante un corto tiempo se pierde de nuestra vista, y parece correr bajo tierra". [3] Dentro de unas pocas décadas los cristianos volvieron a escribir nuevamente.

Los escritos ante-nicenos pueden organizarse en cuatro tipos principales. Coinciden en los períodos de tiempo.

Edificación (90-150)

El énfasis de los escritos de este periodo está sobre la edificación (enseñar o iluminar con el intento y la esperanza de fortalecer y animar). La persecución severa estaba creciendo. Los creyentes necesitaban ánimo. Estos escritos están caracterizados por su sentido práctico. Son informales y generalmente libres de filosofías paganas que aún no se habían infiltrado en el cristianismo. Reflejan una gran veneración al Antiguo Testamento. Los escritores de este periodo son llamados padres apostólicos porque conocieron a los apóstoles. [4]

> **Edificación es escribir para animar**

Apologética (140-180)

Los primeros escritores defendían el cristianismo.

Los documentos que escribieron explican cómo los cristianos respondieron a sus persecuciones. Durante este tiempo, los mismos fueron acusados ampliamente de ser personas ateas, caníbales, traidoras e inmorales. Los apologistas refutaron dichas acusaciones. Ellos explicaron qué es ser cristiano, qué es una iglesia, quién era Jesús, qué significa ser convertido, cómo los cristianos deben actuar y cuáles son sus creencias. Es importante destacar que estos escritores comenzaron a citar de los libros del Nuevo Testamento. La infiltración del cristianismo con filosofías e ideas paganas es cada vez más evidente en estos escritos. Para este periodo el estado romano se encontraba orquestando la persecución de los cristianos, por lo que estos escritos apologéticos estaban dirigidos a los líderes políticos, particularmente a los emperadores.

> **Apología es escribir para explicar y convencer de legitimidad**

Polémica (180-260)

Los escritos polémicos son un género diferente. La Real Academia de la Lengua Española define polémica así: "Arte que enseña los ardides con que se debe ofender y defender cualquier plaza". [6] Para esta época, las principales controversias y herejías se habían desarrollado dentro de las filas de los que profesaban el cristianismo. Estos escritos estaban en contra de aquellos otros escritos que se creían que eran heréticos. Los libros del Nuevo Testamento eran citados a menudo. La mayoría de los escritores polémicos eran occidentales que escribieron en latín.

Es destacable que este es el periodo cuando tiene su origen la idea de una Iglesia ortodoxa (la forma aprobada de la doctrina). Emergió una serie de desviaciones de la verdad eclesiástica. Primero, la idea bíblica de que una iglesia es local e independiente fue gradualmente reemplazada por el concepto de que el cristianismo es una Iglesia universal gigante. De este falso concepto se derivó otra creencia. Era el concepto de que las iglesias más grandes y fuertes que concordaran en doctrina y práctica constituían la verdadera Iglesia ortodoxa. Por consiguiente, lo que estas iglesias declaraban ser ortodoxo y verdadero era ortodoxo y verdadero. Todos los que no estuvieran de acuerdo o se opusieran a esta creciente coalición eran considerados heterodoxos (opuestos a la doctrina aceptada) y falsos. Ya la sola Escritura no constituía la verdad, y la Palabra de Dios dejó de ser el estándar final para la verdad. Lo que *la Iglesia* (aquellos en el poder) declarara verdad era considerada verdad. *La Iglesia* se convirtió en el estándar para la verdad; esta determinaba qué era correcto y qué era incorrecto. Los que no estaban de acuerdo eran herejes. Por todo lo anterior, emergió una nueva definición de ortodoxia y herejía. En la nueva forma de pensar, la ortodoxia y la herejía no son lo que la Biblia dice que son; estas son lo que *la Iglesia* dice que son. Muy pronto, *la Iglesia* con el respaldo del Estado empezaría a perseguir a los que consideraba herejes. Lo haría con tal crueldad que hizo que muchas de las tácticas de la Roma pagana parecieran dóciles.

> **Polémica es escribir para discutir y defender en contra de herejes y paganos**

Sistemática (200-260)

Durante esta época las teologías sistemáticas aparecieron por primera vez. Las teologías sistemáticas tratan de encontrar toda la información acerca de tópicos teológicos (como Cristo, los Ángeles, el Pecado, etc.) y organizar cada materia en un sistema de estudio que es coherente en su totalidad. En realidad, aquellas *teologías* son esfuerzos para socavar la teología de la Biblia. Las mismas están llenas de filosofías paganas. Cuando tratan con las Escrituras, utilizan el método alegórico de interpretación. En lugar de buscar el sentido literal de las palabras y pasajes de la Biblia; dicho método busca significados ocultos. Este impone nociones preconcebidas sobre las Escrituras y le adhiere toda clase de significados ocultos, especulativos y sin fundamento.

Dos teologías así fueron escritas. Los autores de ambas fueron de Alejandría, Egipto.

> **Teología sistemática es una presentación planificada y ordenada de todas las disciplinas teológicas de las Escrituras en una manera sistemática y armoniosa**

UN AVISO SOBRE LA TERMINOLOGÍA

Con el tiempo, la comprensión de las palabras tiende a cambiar. Esto puede ser una ocurrencia natural reflejando tendencias sociales cambiantes o puede ser una alteración deliberada del significado verdadero de una palabra. Mientras la desviación del cristianismo de primer siglo progresó, el significado de la palabra *iglesia* cambió.

La palabra iglesia

El punto a tratar es la utilización de la palabra *iglesia* y los títulos dados al oficial mortal principal de una iglesia. Jesucristo siempre fue considerado la cabeza y el oficial principal de cada iglesia, **Efesios 5:23.** En la Biblia, la palabra *iglesia* utilizada en el sentido principal, siempre se refiere a una asamblea local de creyentes bautizados pactados juntamente para guardar las ordenanzas y llevar a cabo la gran comisión. [7] Los cristianos del primer siglo entendieron *iglesia* en ese sentido. Dos o más congregaciones eran *iglesias* no *Iglesia*, **Gálatas 1:2.** Por ello, cuando ellos hablaron o escribieron acerca del oficial mortal principal de una iglesia, tenían en mente al oficial principal de una y solo una iglesia, no dos o más. El concepto de un hombre con autoridad sobre más de una congregación o asamblea era ajeno para ellos. No está en la Biblia. Fue durante el ministerio terrenal de Jesús que Él personalmente originó Su iglesia, **Mateo 16:18.** No existió antes de Jesús.

Los oficiales principales de las iglesias

Como el Nuevo Testamento define y explica las iglesias de Jesús (la primera se multiplicó inmediatamente en muchas), se hizo mención de sus oficiales mortales principales (algunas iglesias tuvieron más de uno). "Hay al menos siete títulos para el hombre de Dios que dirige la iglesia neotestamentaria: (1) anciano, (2) obispo, (3) pastor, (4) predicador, (5) maestro, (6) siervo y (7) mensajero. Cada título describe una calificación diferente del hombre y guía hacia un deber distinto". [8]

- **Anciano**

  Anciano transmite la idea de madurez espiritual. Proviene de la palabra griega <u>presbúteros</u>. Es por lo cual muchos de los primeros líderes de iglesias fueron conocidos como presbíteros. La palabra aparece por primera vez en **Hechos 11:30** y luego veintidós veces más.

- **Obispo**

  Con obispo viene la connotación de supervisar (sobreveedor). Esta palabra aparece cinco veces en el Nuevo Testamento. Dándole calificaciones a este oficio, Pablo utilizó esta palabra en **Timoteo 3:2.** Esta sencillamente significó ser el oficial mortal principal de una iglesia local.

- **Pastor**

  Proviene del sustantivo griego <u>poimen</u>. Transmite la idea de cuidar a las ovejas. Desde que las iglesias empezaron a ser vistas a veces como un rebaño, **Hechos 20:28-29**, la palabra *pastor* es un título adecuado para su funcionario principal.

  Este título adquirió una utilización común la cual continuó hasta el presente. Entre aquellos que continuaron practicando el cristianismo de primer siglo, este es el título más común que se utiliza para referirse al oficial mortal principal de una iglesia local.

- **Predicador y maestro**

  Predicador connota a alguien que proclama públicamente la Palabra de Dios. Puesto que la principal función del oficial principal de la iglesia es predicar, **2 Timoteo 4:2**, se le refiere a veces como el predicador. El oficial principal es un expositor de las Escrituras, por lo cual es llamado maestro, **Colosenses 3:16**.

- **Siervo**

  Porque él es un ministro a todos, las Escrituras llaman al líder principal de una iglesia siervo o ministro, **1 Corintios 9:13-14**.

- **Mensajero**

  Finalmente, el título de *"estrellas"* o mensajeros es dado a los hombres de Dios que guían las iglesias del Nuevo Testamento, **Apocalipsis 1:16, 20**. La palabra griega de la que proviene es <u>ángelos</u>. En la Biblia Reina Valera, se traduce <u>ángelos</u> siete veces como *"ángel"* haciendo referencia a los oficiales principales de las siete iglesias de Asia, **Apocalipsis 2-3**.

El sacerdocio de cada creyente

Es destacable que el cristianismo de primer siglo nunca se refirió a los líderes de iglesias como sacerdotes para denotar su oficio en la iglesia. Como en breve explicaremos, todos los creyentes son *sacerdotes* ante Dios. Los miembros regulares, ordinarios, son sacerdotes justo como los líderes de iglesias. En las iglesias según el orden neotestamentario, no hay jerarquía. Bajo el sistema levítico del Antiguo Testamento, hubo un oficio de sacerdote, **Éxodo 28:1.** Un trabajo del sacerdote era de ofrecer sacrificios, principalmente corderos. Estos sacrificios apuntaban hacia el sacrificio de Jesús para pagar nuestra deuda de pecado. **Hebreos 10:1-2, 10-14.** Cuando Jesús consumó Su obra de redención, no hubo más necesidad de sacrificios por los sacerdotes. En vista de Su obra en la cruz, Jesucristo una vez y por todas cumplió la figura profética del cordero sacrificial. Él es uno y el único sumo sacerdote. "...*Ahora bien, el punto principal de lo que venimos diciendo es que tenemos tal sumo sacerdote, el cual se sentó a la diestra del trono de la Majestad en los cielos, ministro del santuario, y de aquel verdadero tabernáculo que levantó el Señor, y no el hombre. Porque todo sumo sacerdote está constituido para presentar ofrendas y sacrificios...,*" **Hebreos 8:1-3.** Ningún hombre puede venir a Dios excepto a través de Cristo. Él dijo, "*Nadie viene al Padre, sino por mí,*" **Juan 14:6.** Este sumo sacerdote está en el Cielo, no sobre la Tierra, "*Así que, si estuviese sobre la tierra, ni siquiera sería sacerdote, habiendo aún sacerdotes que presentan las ofrendas según la ley,*" **Hebreos 8:4.**

Jesucristo cumplió el oficio de sumo sacerdote; sin embargo, la Biblia dice que cada creyente (no solo los líderes de las iglesias) es un sacerdote. Esta doctrina de la Biblia es conocida como *el sacerdocio de cada creyente.* "*Y de Jesucristo el testigo fiel, el primogénito de los muertos, y el soberano de los reyes de la tierra. Al que nos amó, y nos lavó de nuestros pecados con su sangre, y nos hizo reyes y sacerdotes para Dios, su Padre; a él sea gloria e imperio por los siglos de los siglos. Amén,*" **Apocalipsis 1:5-6.** Que todos los creyentes son sacerdotes es expresado otra vez en **Apocalipsis 5:10** y **Apocalipsis 20:6.** Como tal todos los creyentes (no solo los oficiales principales de la iglesia) pueden traer ofrendas y hacer sacrificios directamente a Dios a través de Jesús su alto sacerdote. Ellos no traen sacrificios de animales desde que estos fueron cumplidos en Cristo. "*Porque el fin de la ley es Cristo, para justicia a todo aquel que cree,*" **Romanos 10:4.** En vista de la obra culminada de Jesucristo de redención, los creyentes ofrecen un tipo diferente de sacrificios y ofrendas. "*Así que, ofrezcamos siempre a Dios, por medio de él, sacrificio de alabanza, es decir, fruto de labios que confiesan su nombre. Y de hacer bien y de la ayuda mutua no os olvidéis; porque de tales sacrificios se agrada Dios,*" **Hebreos 13:15.** Pablo habló de artículos enviados por la iglesia en Filipo para satisfacer sus necesidades materiales como, *"olor fragante, sacrificio acepto, agradable a Dios,"* **Filipenses 4:18.** En general, las personas salvas deben ofrecer sus vidas como *"sacrificio vivo, santo, agradable a Dios, que es vuestro culto racional,"* **Romanos 12:1.**

La idea de que miembros ordinarios de la iglesia no pudieran alcanzar a Dios, a menos que un oficial mortal de la iglesia intercediera por ellos, estaba en oposición total a la Biblia. Era una desviación total de *"la fe que ha sido una vez dada a los santos,"* **Judas 3.**

El cambio de definiciones y aplicaciones

Con el transcurso del tiempo, aquellos que se desviaron del cristianismo del Nuevo Testamento, comprometieron las definiciones correctas y aplicaciones de estas y otras palabras de la Biblia. Mientras que *iglesia* originalmente fue una referencia a una iglesia local o cuerpo, muchos comenzaron incorrectamente a definir y utilizar dicha palabra para referirse a dos o más iglesias locales. En menos de dos siglos, ellos escribieron abiertamente que todas las iglesias constituían una sola, lo cual es la idea de una Iglesia universal.

Con el cambio en esta definición vinieron también otros en referencia a los oficiales mortales principales de las iglesias. Aquellos que se desviaron del cristianismo neotestamentario se refirieron cada vez más a los líderes principales como obispos. En parte era porque un hombre tenía autoridad suprema sobre más de una congregación o iglesia. Los pastores o presbíteros dejaron de tener la autoridad suprema y liderazgo sobre sus propias congregaciones locales. Tenga presente que no todas las iglesias siguieron el alejamiento de la línea del cristianismo de primer siglo. Retuvieron las definiciones y aplicaciones originales de *iglesia, pastor* además de muchos otros términos.

Las definiciones cambiantes pueden confundir, por lo cual es importante considerar quién está usando un término dado y en qué sentido. La utilización retroactiva de los términos es fundamentalmente deshonesta. Considere el término *papa* que no fue utilizado para referirse al líder de una iglesia hasta varios cientos de años después del fin del Nuevo Testamento. El termino nunca aparece en la Biblia., Dicha palabra no se puede aplicar legítimamente a Pedro ni a ninguno de los primeros obispos de la iglesia de Roma. A lo largo de los siglos, aquellos que siguieron fieles al cristianismo de primer siglo, han enfrentado una batalla incesante con términos y definiciones. Muchas palabras de la Biblia han sido secuestradas y tergiversadas para significar algo muy diferente del significado bíblico. Esto ha hecho difícil que los fieles a las Escrituras comuniquen su identidad.

En este libro, es mi intención utilizar palabras en el sentido y aplicaciones bíblicos.

AQUELLOS QUE ESCRIBIERON Y SUS ESCRITOS

La era de edificación

- **Clemente de Roma** (30-100) [9]

  Se cree que Clemente estaba con Pablo en Filipo en el 57 d.C. Supuestamente fue el tercer obispo de la iglesia de Roma. Sin solicitación, el mismo escribió una breve carta a la iglesia de Corinto. Los corintios estaban aún experimentando los mismos problemas de los que Pablo hizo alusión en sus cartas. La carta escrita alrededor del 96 d.C. es conocida como *I Clemente* o *Primer Clemente*. [10]

  La carta era dulce y amable y fue enviada en el nombre de una congregación local en Roma; sin embargo, "apenas puede negarse que el documento revela un cierto sentido de superioridad sobre todas las congregaciones ordinarias". [11] La raíz de la idea de un sistema eclesiástico dominado por una autoridad superior ya había aparecido. Llegaría a ser una *Iglesia* mundial controlada desde Roma, Italia. En el momento de Clemente, la iglesia en Roma tenía un espíritu dominante, superior y jerárquico. Dentro de 100 años, el obispo de la iglesia romana (Víctor) "excomulgaría a las iglesias de Asia Menor por una insignificante diferencia de ritual" en su propio nombre. [12]

  Los católicos romanos consideran a Clemente el cuarto papa. Dicen que Pedro fue el primer papa, y que fue seguido por Lino, que a su vez fue seguido por Anacleto, al que le continuó

Clemente. El hecho es que es nula la evidencia que indica que Pedro fue alguna vez papa de la iglesia en Roma. La existencia de Lino y Anacleto está en una seria disputa. En el capítulo cinco de su carta, Clemente mencionó que Pedro y Pablo estaban muertos. No dice cómo y dónde murieron, mucho menos que Pedro fue pastor, obispo o papa de la iglesia en Roma. Aun así, los católicos concluyen que Pedro fue el primer papa y que murió en Roma. [13]

- **Ignacio** (30-107) [14]

Se cree que Ignacio había sido un discípulo de Juan y colega de Policarpo. Quince cartas llevan su nombre. [15] No hay un acuerdo universal acerca de que todas fueron escritas por él. Sus escritos son conocidos como *Las Epístolas de Ignacio*. El mismo fue obispo de la iglesia en Antioquía. [16]

En la carta nueve, Ignacio escribió acerca de las discordias en la iglesia y animó a los miembros a mirar a su pastor. "Su perspectiva comienza sencillamente a extenderse más allá de la dirección de una iglesia local. Él dio a entender que había una diferencia entre el obispo y el presbítero (pastor)". [17] El hecho es que no hay nada en el Nuevo Testamento que sostenga tal idea. Ignacio puso el fundamento para una jerarquía sobre y más allá de los confines de una iglesia local. Aquí está un buen ejemplo del alejamiento sutil y gradual de las enseñanzas de las Escrituras. Note bien estos profundos desvíos de la verdad en Ignacio:

o El concepto de clero separado de y en algún sentido espiritual elevado por encima y superior a la gente

o La idea de un obispo fuera de la iglesia local, pero con autoridad sobre la misma y de su pastor

o El concepto de que "el clero" es "el medio necesario de las personas para acceder a Dios" [18]

o El concepto de que el pan y el vino de la Cena del Señor son la carne y la sangre de Jesucristo y llegan a ser una parte de los medios de salvación [19]

- **Otros documentos**

  o *El Didache* (120)

  Este documento es también llamado *Las Enseñanzas de los Doce Apóstoles;* sin embargo, no fue escrito por los doce y el autor es desconocido. Eusebio se refirió a este documento, aunque el mismo no se descubrió hasta 1875, en Constantinopla. Es digno de mención que *El Didache* habla acerca de cómo los bautizos y la Cena del Señor eran conducidos en aquel tiempo, pero indica que aquellas ordenanzas no tienen nada que ver con la salvación. [20]

  o *La Epístola de Bernabé* (130)

  Este escrito está infectado con tendencias gnósticas y es antagonista hacia los judíos.

  o *El Pastor de Hermas* (140)

  Esta es una colección de visiones, mandatos y parábolas en las cuales un pastor supuestamente divino dio lecciones personales a un hombre llamado Hermas. La mayor parte del libro fue escrita como una alegoría.

La era apologética

- **Arístides** (c. 117-137)

  Arístides "era un filósofo elocuente en Atenas mencionado por Eusebio como contemporáneo con Cuadrato". [21] Cuadrato era obispo de una iglesia en Atenas, y su apología junto con la de Arístides son testimonio de que la obra de Pablo en Atenas echó raíces y produjo frutos.

  Arístides, como la mayoría de los apologistas, era un hombre erudito que se convirtió en cristiano como un adulto después de un cuidadoso análisis de las creencias y prácticas cristianas. Su apología al emperador Adriano es teología pura del Nuevo Testamento. Él comparó el cristianismo con el paganismo encontrando el primero infinitamente superior al segundo. [22] Su obra es conocido como la *Apología de Arístides.*

- **Justino Mártir** (c. 100-175)

  Este hombre fue un escritor prolífico que escribió a Antonino Pío entre 138 y 161. El creció en Samaria y estudió en la búsqueda de la verdad a los pies de muchos de los líderes religiosos principales. Como filósofo maduro, no vio la necesidad de Dios. Un día en un paseo solitario, se topó con un campesino de avanzada edad que confrontó a Justino por la debilidad de sus creencias. Él se quedó atónito y llevado a las Escrituras donde encontró a Cristo. Llegó a ser un defensor firme del cristianismo. Justino preguntó por qué los cristianos eran tratados de forma diferente a las demás personas. Él expresó que a los mismos se les negaba un trato igual bajo la ley romana. Mostró cómo el cristianismo era la fe superior y describió cómo los cristianos hacían los cultos. Dio informes detallados acerca de cómo ellos conducían la Cena del Señor, cómo bautizaban, predicaban, cantaban y cómo era su comunión. Explicó por qué se reunían los domingos, cómo hacían la asamblea y la pureza de sus vidas diarias.

  Quizás el escrito más famoso de Justino Mártir es su *Diálogo con Trifón*. Este era un judío, pero se conoce solo un poco acerca de él. En esta apología, Justino explica cómo fue salvado.

  Justino nunca exorcizó su filosofía platónica, es más tendía a ser farisaico; a pesar de esto, era él la voz más fuerte del cristianismo contra los romanos durante su tiempo. Finalmente murió como un mártir por su postura cristiana. [23]

La era polémica

Los hombres mencionados aquí fueron obispos de grandes iglesias. Escribieron mucho e influenciaron el curso de la historia de una forma tremenda. Es triste decir que mucha de su influencia fue extremadamente negativa para la causa de Cristo.

- **Ireneo** (130-202) [24]

  Ireneo estaba alejado a solo dos generaciones de los apóstoles. Nació en Esmirna y fue discípulo de Policarpo el que fue discípulo de Juan. [25] Vino a ser obispo de una iglesia en Lyon,

Galia (Francia) en 178. La tradición posterior sostiene que en 202 murió como un mártir a causa de la persecución de Septimio Severo. [26]

Ireneo era un fuerte defensor de la ortodoxia; no obstante, su idea de ortodoxia no fue únicamente la Palabra de Dios. Para él la misma estaba determinada por tres pruebas.

o **Las Escrituras**

Con las escrituras Ireneo quería decir tanto el Antiguo y el Nuevo Testamentos. Se refirió a 25 de los 27 libros del Nuevo Testamento, los cuales según su opinión eran inspirados.

o **La regla de la fe**

La regla de la fe es el nombre dado a un confesionario primitivo. Fue antes del credo de los apóstoles y fue considerado por muchos una expresión de confesión y creencias apostólicas.

o **Sucesión apostólica**

Ireneo creía que la legitimidad eclesiástica y pastoral y la autoridad dependían de la habilidad de rastrear el linaje hasta un apóstol. En uno de sus libros, él "enfatizó la unidad orgánica de la Iglesia a través de la sucesión apostólica de los líderes, desde Cristo, y la regla de la fe". [27] Las ramificaciones bíblicas negativas de esta postura son enormes. Él afirmó que la iglesia de Roma podía rastrear su linaje hasta Pedro. Es el hombre que dio nombres a aquellos que supuso que habían sido los tres primeros obispos de la iglesia en Roma. Reclamó que Pablo y Pedro fundaron la iglesia en Roma y que Pedro fue el primer pastor u obispo. Estos reclamos no pueden ser validados y la evidencia no sustenta tales afirmaciones. Pablo no pudo posiblemente haberla fundado. El mismo escribió una carta a la iglesia en Roma, **Romanos 1:7**, y dijo ahí que él anheló llegar allí, **Romanos 1:11**. La iglesia en Roma estaba en existencia obviamente antes de llegar Pablo allí, y no hay pruebas convincentes de que Pedro fue allá; no obstante, la Iglesia Católica utiliza las afirmaciones de Ireneo como prueba de que fue Pedro el primer obispo o pastor de la iglesia en Roma. Desde el comienzo del papado, los papas han afirmado que su posición, poder y autoridad provienen de una línea directa de obispos de la iglesia en Roma empezando con Pedro. La Iglesia Católica entonces retroactivamente declaró papa a Pedro, lo cual era inválido ya que no había evidencia legítima para corroborar esa afirmación.

Más que ningún otro, Ireneo sentó las bases para la Iglesia Católica.

- Cambió la definición de ortodoxia de que se enseña en las Escrituras pasando a ser la de las Escrituras más lo que la mayoría dominante declare que es.

- Elevó la tradición al nivel de Escritura.

- Él es el primero en referirse a la Iglesia Católica con la "C". en mayúscula. [28]

- Fomentó el concepto de jerarquía eclesiástica y la dominación del obispo sobre la Iglesia. Su dominio fomentó también la dominación de grandes Iglesias sobre las pequeñas.

- Es más, cambió la definición de la Biblia referente a "obispo". Bíblicamente el obispo es el pastor de una congregación. Ireneo tuvo autoridad sobre muchos pastores y muchas congregaciones. Fomentó grandemente el sistema episcopal de gobierno eclesiástico.

- Enseñó que el pan y el vino de la Cena del Señor son la carne y la sangre de Jesucristo y que recibirlos "fortalece el alma y el cuerpo (el germen del cuerpo de la resurrección) hasta la vida eterna". [29]

- En la mente de Ireneo, bautismo y regeneración estaban relacionados íntimamente. [30]

[1] Carl Deimer, Professor, *History of Christianity I (Historia del Cristianismo I),* Videoconference 9, Liberty University DLP, 2004.

[2] Philip Schaff, *History of the Christian Church (Historia de la Iglesia Cristiana),* vol. 2, (Peabody, Massachusetts: Hendrickson Publishers, 2002), 26.

[3] Ibid.

[4] Deimer.

[6] Ibid., s.v. "polemic," 535.

[7] Elmer L. Towns, *Theology for Today (Teología para Hoy),* (Orlando, Florida: Harcourt Custom Publishers, 1997), 452.

[8] Ibid., 485.

[9] A. Cleveland Coxe, *The Apostolic Father with Justin Martyr and Irenaeus,* vol. 1 of Ante-Nicene Fathes, *(Los Padres Apostólicos con Justino Mártir e Ireneo,* vol. 1 de Padres Ante-Nicenos,) eds. Alexander Roberts y James Donaldson, (Peabody, Massachusetts: Hendrickson Publishers, Inc., 2004), 1.

[10] Deimer.

[11] Schaff, 158.

[12] Ibid.

[13] Deimer.

[14] Coxe, 45.

[15] Ibid., 46.

[16] Deimer.

[17] Ibid.

[18] Schaff, 125.

[19] Ibid., 241.

[20] Deimer.

[21] Schaff, 709.

[22] Deimer.

[23] Coxe, 306.

[24] Deimer.

[25] Earle E. Cairns, *Christianity Through the Centuries: A History of the Christian Church (El Cristianismo a Través de Los Siglos: Una Historia de la Iglesia Cristiana),* 3rd ed., (Grand Rapids, Michigan: Zondervan, 1996), 107-108.

[26] Schaff, 748-749.

[27] Cairns, 108.

[28] Deimer.

[29] Schaff, 242.

[30] Ibid., 260.

Primeros Escritos Cristianos

Year

Year	
90	
100	96 La carta, *Clemente I*, fue enviada a la iglesia en Corinto
110	? *Las Epístolas de Ignacio*
120	120 *El Didache* habla acerca del bautismo y la Cena del Señor
130	130 *La Epístola de Bernabé*
140	140 *El Pastor de Hermas*
150	? *Apología de Arístides* (c. 117 - 137)
160	? *Diálogo con Trifón* por Justino Mártir (c. 100 - 175)
170	
180	178 Ireneo se convierte en pastor de una iglesia en Lyon, Galia
190	
200	202 Ireneo martirizado en la persecución de Septimio Severo
210	? *Un Dios en tres personas* por Tertuliano (145 - 220)
220	? Clemente de Alejandría (160 - c. 212) escribió un panfleto conmovedor y un manual de discipulado
230	
240	
250	248 Cipriano (200-258) se convirtió en obispo de Cartago
260	? Orígenes (185 - 254) escribió *Exaplos*, una traducción del Antiguo Testamento de seis columnas

Edificación

Apologética

Polémica

Sistemática

Capítulo 8

Grandes Nombres, Primeros Escritos y una Desviación Continua

Parte 2

Este capítulo continúa un vistazo de los líderes claves del cristianismo que vivieron y escribieron antes del Concilio de Nicea (325 d.c.), conocidos como los *padres ante-nicenos*. Por favor tenga en cuenta que estos eran tiempos desesperados mientras continuaba la persecución encarnizada de los cristianos por parte del Estado y del pueblo por todo el imperio romano.

Recuerde que los padres ante-nicenos y sus escritos pueden ser organizados en cuatro tipos principales: (1) edificación, (2) apologético, (3) polémico y (4) sistemático.

Los escritos ante-nicenos se superponen en los periodos de tiempo. En el último capítulo, consideramos los escritos de edificación de Clemente de Roma e Ignacio. Ambos comenzaron a distanciar el cristianismo de sus amarras en Cristo y Sus apóstoles. También consideramos los escritos apologéticos de Arístides y Justino Mártir. Miramos a Ireneo quien escribió polémicas que son argumentos sistemáticos. Hubo dos hombres famosos más que escribieron polémicas durante esta etapa.

La era polémica

- **Tertuliano** (145-200) [1]

Se cree que Tertuliano era natural de Cartago en África del Norte. Estando en Roma se convirtió al cristianismo alrededor de los 40 años de edad. Su entendimiento legal sugiere que era un abogado. [2]

Tertuliano es conocido mejor por su explicación de la relación entre el Padre, el Hijo y el Espíritu Santo. En su tiempo la controversia principal se encarnizó sobre quién era Jesús en relación al Padre. La doctrina de la Trinidad era un asunto de debate acalorado. Tertuliano dijo que la Trinidad era una substancia en tres personas y que Jesucristo era una persona y dos substancias o naturalezas, la divina y la humana. [3] Es debido a este hombre que tenemos la frase, *Un Dios en tres personas: Padre, Hijo y Espíritu Santo.*

Tertuliano fue "un campeón apasionado de la ortodoxia contra cada tipo de herejía". Irónicamente sus ideas fomentaron el establecimiento religioso creciente contra la cual se rebeló. Dejó el número vasto de iglesias que se estaban unificando a lo largo del imperio romano para unirse a los montanistas que enfatizaron la profecía y creyeron que Jesús regresaría pronto. [4] Los montanistas no eran herejes (creyentes que diferían grandemente de las enseñanzas de las Escrituras) pero eran cismáticos (creyentes que diferían de la desviación doctrinal no escritural de la iglesia).

No estaban de acuerdo con las iglesias del orden establecido, desviándose del cristianismo bíblico. [5] Tertuliano pensó que las iglesias que se apartaban eran herejes y alegó que "los herejes no tienen derecho a utilizar la Biblia. Son los últimos en llegar que además buscan cambiar y utilizar lo que legalmente pertenece a la iglesia. Con el objetivo de mostrar que las Escrituras pertenecen a la iglesia, basta con mirar a las varias iglesias antiguas donde las Escrituras han sido leídas e interpretadas en una forma consistente desde los tiempos de los apóstoles". [6] El continuó para alegar que Roma podría apuntar a una línea ininterrumpida de obispos de su propio tiempo hasta llegar a Pedro. Tertuliano era inconsistente, pues por una parte abogaba por la estricta adhesión a las Escrituras mientras que por la otra apoyaba el concepto de que las comunidades de iglesias antiguas deberían decidir que significaban las Escrituras. Sin querer apoyó ambas, la autoridad de las Escrituras y la autoridad de la tradición. Como la comunidad de las iglesias en desvío creció más fuerte, los escritos de Tertuliano fortalecieron su posición de tradición sobre Escritura.

A pesar de que Tertuliano estuviera profundamente en desacuerdo con muchos líderes de iglesias, a la vez estaba filosóficamente de acuerdo con ellos en el tema de sucesión y tradición. Su posición claramente se desvía del concepto apostólico de la autoridad única de la Escritura. Sus escritos estaban en latín y extremadamente convincentes. De su declaración de "lo que legalmente le pertenece a la Iglesia" es obvio que el mismo veía la Iglesia en cierto sentido como algo universal. En un sentido algo nebuloso, le parecía que había un núcleo de cristianos que eran los dueños legítimos de lo que era cristiano y cuyas opiniones colectivas constituían lo que era verdad, lo que era ortodoxo y lo que era correcto. Esta perspectiva se ajustó bien al creciente orden establecido de las iglesias más antiguas, grandes y fuertes, posibilitando que las mismas decidieran qué era ortodoxia y que declararan hereje a todos los que estuvieran en desacuerdo. La verdad dejó de ser lo que determinaran las Escrituras; la ortodoxia era lo que la *Iglesia* dijera que era. A pesar del fuerte apoyo de muchas verdades por parte de Tertuliano, ayudó a muchas corrupciones.

o   "Tertuliano fue el primero que hace valer de forma explícita y directa, un oficio sacerdotal en nombre del ministerio cristiano y lo llama *sacerdocium*". [7] *Sacerdocium* es el oficio de los sacerdotes que administran los sacramentos para proveer salvación.

o   Su suposición de una jerarquía ministerial sobre la gente dio gran ayuda a su desarrollo.

o   Aunque sin percatarse, él influyó grandemente la idea de que la ortodoxia puede ser encontrada fuera de las Escrituras.

o Su creencia en la primacía de la iglesia en Roma fue soporte y fundamento para el poder y la supremacía de esa iglesia sobre todas las demás.

o Tertuliano se inclinó "hacia la noción de una operación mágica del agua bautismal". [8] Definitivamente tuvo una inclinación hacia la regeneración bautismal (salvación a través del bautismo).

o El mismo, aunque no era partidario del bautizo de los niños, sugirió que tenía fundamentos bíblicos porque Jesús dijo, *"Dejad a los niños venir a mí, y no se lo impidáis,"* **Lucas 18:16**. [9]

Tertuliano acuñó la frase "Un Dios en tres personas: Padre, Hijo y Espíritu Santo"

- **Cipriano** (200-258) [10]

Cipriano era el hijo más altamente educado de una familia pagana acomodada de Cartago. Se convirtió en cristiano en 246 y luego en obispo de Cartago en 248. Continuó como obispo hasta su martirio en 258. En ese tiempo Esteban, obispo de Roma, reclamó la supremacía sobre todos los obispos; Cipriano se le opuso. [11] Este se encontraba "al mismo tiempo ubicado en la cabeza de todo el clero de África del Norte". [12] Su fuerte apoyo a la jerarquía eclesiástica es obvio.

Cada nueva generación de liderazgo del orden establecido vio cada vez más al cristianismo como una Iglesia universal. La unidad entre todas las congregaciones locales y el mando central por algún sistema autoritativo se volvió la pasión y esfuerzo entre las congregaciones más grandes unificadas. Aumentaron los esfuerzos por imponer la ortodoxia (aquella que los líderes de las iglesias más poderosas definieron como ortodoxo), y se hicieron movimientos severos contra los herejes (aquellos que fueron determinados como tal por los líderes dominantes).

Cipriano estaba apasionado por la unidad en el cristianismo, que vio como una Iglesia. Él "hizo una distinción clara entre obispo y anciano y enfatizó al obispo como el centro de unidad en la Iglesia y una garantía contra el cisma". [13] Cuando los novacianos se opusieron a las tendencias no escriturales de aquellos días, Cipriano las vio como una amenaza severa a la unidad de la Iglesia y escribió contra ellas.

Cipriano era igualmente apasionado en su creencia en una Iglesia universal, visible, y que fuera de ella la salvación era imposible. El historiador Philip Schaff resumió la posición de Cipriano, "Como solamente la Iglesia Católica es la única depositaria de toda gracia, no puede haber ningún perdón de los pecados, ninguna regeneración o comunicación del Espíritu, ninguna salvación, y por consiguiente ningún sacramento válido, fuera de su seno". [14]

Este hombre era un arquitecto principal en guiar a multitudes de cristianos profesantes, lejos de las enseñanzas del Nuevo Testamento. Él estableció las fundaciones de la Iglesia Católica Romana significativamente. Por ejemplo, Cipriano dijo, "Ningún hombre puede tener a Dios como su Padre sin la Iglesia como su madre," y "Donde el obispo esté está la Iglesia". [15] Esto es como el sacerdotalismo donde un obispo controla la relación de una persona con Dios. Cipriano no dijo directamente que una persona no pudiera venir a Dios sin un obispo; sin embargo, la implicación es inevitable.

Algunas de sus corrupciones más notorias incluyen:

o El concepto de una Iglesia Católica con una "C" mayúscula

o La elevación fuerte de *puestos eclesiásticos* a la ortodoxia

o Todos los que se opusieron a la ortodoxia como se definió por la Iglesia fueron denunciados como herejes

o La exaltación de una jerarquía y sacerdocio eclesiásticos

o La sucesión apostólica de los obispos en Roma desde Pedro

o La primacía de la iglesia en Roma por encima de todas las demás o La creencia de que el clero tiene sacerdotes vicarios (aquellos que supervisan los sacramentos) quienes ofrecen el cuerpo de Cristo y Su sangre en el culto de Comunión. Esta idea desarrolló después en el concepto de transubstanciación (un concepto doctrinal que reclama que el pan y el vino ofrecido en el sacramento literalmente se convierten en el cuerpo y la sangre de Jesús). [16]

o El concepto de que la salvación viene a través de la Iglesia y que el hombre no puede tener salvación sin el obispo de Roma y de igual forma sin la Iglesia romana [17]

o El concepto de regeneración bautismal. En el testimonio de salvación de Cipriano, él escribió que "por la ayuda del agua regenerativa, la mancha de mi vida anterior fue quitada". [18]

La era sistemática

• **Clemente de Alejandría** (160-C 212) [19]

Clemente de Alejandría no debe confundirse con Clemente de Roma. Clemente fue convertido por un hombre que empezó una escuela cristiana en Alejandría. Había también otra en Antioquía de Siria y unas más pequeñas en otras partes. Muchas de las controversias doctrinales que plagaron al cristianismo por los años que siguieron a este periodo, crecieron entre los teólogos de Alejandría y aquellos de Antioquía.

Clemente era elocuente y especulativo. Él escribió un panfleto evangelístico titulado *A los Griegos* y un manual del discipulado titulado *El Instructor*.

La teología de Clemente es "una mezcla ecléctica confusa de verdaderos elementos cristianos con muchos ingredientes estoicos, platónicos y filónicos". [20] Clemente también elevó el oficio del obispo y apoyó las desviaciones doctrinales contemporáneas de su tiempo. Él estaba contra los montanistas que se opusieron a las corrupciones que se estaban infiltrando en el cristianismo. [21]

> **Clemente también elevó el oficio del obispo y apoyó las desviaciones doctrinales contemporáneas de su tiempo**

- **Orígenes** (185-254) [22]

Orígenes nació de padres cristianos en Alejandría, Egipto. Él profesó a Cristo a una edad temprana y era muy devoto. Cuando su padre, Leónidas, fue martirizado, Orígenes, quién tenía 17, buscó morir como un mártir con él; sin embargo, su madre frustró sus esfuerzos escondiendo su ropa. [23] Era un estudiante brillante. Rápidamente se volvió un renombrado estudiante perito en hebreo y griego. Vivió una vida muy ascética e incluso se practicó la auto emasculación en sus esfuerzos por separarse del mundo y asegurarse contra las tentaciones femeninas. [24] Debido a esto, fue excomulgado de la iglesia en Alejandría y fue rumbo a Jerusalén, donde fue torturado severamente durante la persecución de Decio. Debido principalmente a la violencia contra él, murió a la edad de 69. [25]

Orígenes era un genio apasionado que carecía de sentido común. Él es el autor de la *Hexapla*, una traducción del Antiguo Testamento en seis columnas. Él escribió comentarios de muchos libros de la Biblia y una teología sistemática titulada *De principiis (Los Principios)*. Como muchos predicadores principales de su tiempo, Orígenes creyó que todo el cristianismo era realmente una Iglesia. Su teología está plagada con la filosofía griega. Aunque él es considerado por muchos la voz teológica más poderosa de su tiempo, sus posiciones anti-bíblicas incluyen:

o   La filosofía ascética (abnegación) de Platón

o   Rechazo de la resurrección material de Jesucristo

o   La extensión de la obra de redención a los habitantes de las estrellas

o   La restitución final de todos los hombres y los ángeles caídos

o   El Hijo era un ser subordinado al Padre [26]

o   La validez de bautismo infantil [27]

Aunque la mayoría de los historiadores considera a Orígenes como un rebelde, no puede haber rechazo legítimo de que él fomentó el desarrollo del sistema universal y muchas de las herejías que se desarrollaron con el mismo. Él vio a todas las iglesias como una unidad y cooperó con el sistema jerárquico anti-bíblico de gobierno y mando que estaba emergiendo.

DESVIACIÓN CONTINUA

Incluso antes de escribirse los libros finales del Nuevo Testamento, el cumplimiento de la profecía de Pablo a Timoteo estaba en marcha. *"Pero el Espíritu dice claramente que en los postreros tiempos algunos apostatarán de la fe, escuchando a espíritus engañadores y a doctrinas de demonios; por la hipocresía de mentirosos que, teniendo cauterizada la conciencia,"* **1 Timoteo 4:1-2.** Para el año 325 las herejías se habían disparado en proporciones asombrosas. El cristianismo de manera global estaba plagado con doctrinas y prácticas falsas. Cada vez llegó a ser más visto como una entidad poderosa a controlarse y gobernarse por una mayoría gobernante. El movimiento continuo era hacia la centralización de autoridad; no basado en las Escrituras, sino en las opiniones y tradiciones del más fuerte y más influyente. La mayoría gobernante se vio cada vez más como la *Iglesia ortodoxa, verdadera.* Se vieron a los disidentes como *herejes.* Las desviaciones específicas de las enseñanzas neotestamentarias son demasiado numerosas para catalogarlas en este estudio; sin embargo, sería apropiado a estas alturas nombrar algunas. Dejemos recordado que no cada predicador ni cada iglesia, se apartó de la fe ni se dejó llevar por estas herejías. Incluso en esta era de una desviación enorme, muchos permanecieron fieles a Dios. De estos hablaremos en próximos capítulos; sin embargo, a estas alturas nos corresponde resumir algunas de las mayores desviaciones de la fe cristiana que echaron raíces y crecieron aproximadamente del 100 d.C. al 325 d.C.

- El sistema episcopal de gobierno eclesiástico.

  o "La distinción entre clero y los laicos, y la perspectiva sacerdotal del ministerio pasan a ser sobresalientes y permanentes; se multiplican los oficios subordinados de la Iglesia; el episcopado surge; los inicios de la primacía romana aparecen; y la unidad exclusiva de la Iglesia Católica se desarrolla a sí misma en oposición a los herejes y los cismáticos". [28]

o "La consolidación de la Iglesia y su organización compacta implicó una restricción de libertad individual, en el interés del orden, y una tentación al abuso de autoridad". [29]

o "La idea e institución de un sacerdocio especial, distinto del cuerpo del pueblo, con la noción acompañada de sacrificio y altar". [30]

o Había una proliferación de nuevos oficios y oficiales eclesiásticos. En muchas iglesias además de los obispos, presbíteros y diáconos, había sub-diáconos, lectores y *acólitos* (sirvientes de los obispos en sus deberes oficiales y procesiones), exorcistas, *precentores* (para música), sacristanes (conserjes), *catequistas* (maestros), e intérpretes. [31]

o El poder, autoridad y mando de iglesias grandes sobre las más pequeñas y débiles eran "posiblemente la primera desviación grave del orden del Nuevo Testamento". [32]

o El ascenso de los obispos ocurrió. Este sistema se volvió el germen del papado. Muchos de los líderes famosos de las iglesias más grandes (Clemente de Roma, Ignacio, Ireneo, Tertuliano, Cipriano y otros) apoyaron y fomentaron el sistema episcopal. [33]

- Surgieron obispos que gobernaron sobre los grupos de las iglesias pequeñas y pastores del campo y las aldeas. Los obispos mediaban entre ellos y las iglesias grandes de las ciudades.

- Surgieron obispos citadinos que gobernaron sobre todas las iglesias y pastores dentro de sus ciudades.

- Surgieron obispos metropolitanos que se levantaron por encima y gobernaron al resto debido a su residencia y prominencia en las capitales de las provincias.

- Sobre los obispos metropolitanos estaban los obispos de las *iglesias madres apostólicas* (Jerusalén, Antioquía, Alejandría, Efeso, Corinto y Roma).

- Cada vez más la iglesia en Roma subió en prestigio y poder. Prevaleció finalmente sobre otras iglesias y llegó a ser la cabeza del sistema católico romano, que estaba alejándose del verdadero cristianismo original.

• La adopción de la tradición y opinión de la mayoría (no la Escritura únicamente) llegó a ser la autoridad final para la verdad y la ortodoxia.

• Prevaleció el concepto de la Iglesia como más de una sola congregación.

• Un concepto derivado desarrolló que la disciplina de la iglesia no es una acción por una congregación local contra uno de sus miembros, sino más bien la acción de una Iglesia universal contra una persona. [34]

• El concepto de salvación institucional, ritualista se desarrolló. Esta es la idea de que la salvación no está en una relación personal con Jesucristo, sino más bien en algo que uno hace en conexión a la Iglesia.

  o La perspectiva de que la salvación está ligada a la Cena del Señor.

    - El desarrollo de la idea de que el pan y el vino de la Cena del Señor realmente se convierten en el cuerpo y la sangre de Jesucristo.

    - El desarrollo de la idea de que la salvación está ligada a comer la Cena de Señor.

    - La Cena de Señor comenzó a verse como un sacrificio, primero como una *ofrenda por agradecimiento* y luego como una *ofrenda por pecado*, dejando de ser una ordenanza conmemorativa. Esto conllevó a la misa católica. [35]

  o La perspectiva de que la salvación estaba ligada al bautismo emergió.

    - El desarrollo y la aceptación de la regeneración bautismal.

- El concepto de que el bautismo lavaba solo los pecados cometidos antes del bautizo. "Los bautismos del lecho de muerte eran entonces lo que hoy son los arrepentimientos de lecho de muerte". [36]

- La introducción del bautismo infantil.

  o Desde que las iglesias erradas decidieron que el bautismo es esencial para la salvación, ellas concluyeron que mientras más pronto uno se bautiza, más pronto uno se salva. De ahí surgió el bautismo infantil.

  o Era supuesto por algunos que un bebé podría ahogarse por la vía de la inmersión. [37] Poco tiempo después, escritos referentes a rociar y verter, empezaron a aparecer, especialmente relacionados con los bebés.

---

[1] A. Cleveland Coxe, *Latin Christianity: Its Founder, Tertullian (Cristianismo Latino: Su Fundador, Tertuliano)*, vol. 3 Ante-Nicene Fathers, eds. Alexander Roberts y James Donaldson, (Peabody, Massachusetts: Hendrickson Publishers, Inc., 2004), 3.

[2] Justo L. Gonzalez, *The Story of Christianity (La Historia del Cristianismo)*, vol. 1, (San Francisco: HarperCollins Publishers, 1984), 73-74.

[3] Ibid., 77.

[4] Ibid., 76.

[5] Carl Deimer, Professor, *History of Christianity I (Historia del Cristianismo I)*, Videoconference 10, Liberty University DLP, 2004.

[6] Gonzalez, 74.

[7] Philip Schaff, *History of the Christian Church (Historia de la Iglesia Cristiana)*, vol. 2, (Peabody, Massachusetts: Hendrickson Publishers, 2002), 26.

[8] Ibid., 253.

[9] Ibid., 259.

[10] Coxe, vol. 5, *Introductory Notice to Cipriano (Aviso Preliminar a Cipriano)*, 263.

[11] Earle E. Cairns, *Christianity Through the Centuries: A History of the Christian Church (El Cristianismo a Través de Los Siglos: Una Historia de la Iglesia Cristiana)*, 3rd ed., (Grand Rapids, Michigan: Zondervan, 1996), 110.

[12] Schaff, 845.

[13] Cairns, 110-111.

[14] Schaff, 262.

[15] Deimer.

[16] Cairns, 111.

[17] Deimer.

[18] Schaff, 844.

[19] Deimer.

[20] Schaff, 783.

[21] Ibid, 785.

[22] Allan Menzies, *Ante-Nicene Fathers, (Los Padres Ante-Nicenos)*, vol. 9, 291.

[23] Schaff, 787.

[24] Ibid., 788.

[25] Ibid., 790.

[26] Ibid., 791.

[27] Ibid., 260.

[28] Ibid., 121.

[29] Ibid., 122.

[30] Ibid., 123.

[31] Ibid., 132.

[32] J.M. Carroll, *The Trail of Blood (El Rastro de Sangre)*, (Lexington, Kentucky: Ashland Avenue Baptist Church, 1992), 12.

[33] Schaff, 152-163.

[34] Ibid., 187-193.

[35] Ibid., 245-247.

[36] Ibid., 254.

[37] Carroll, 13.

Principales Desviaciones de la Fe Cristiana

El sistema episcopal de gobierno de la iglesia enraizó y creció

Surgimiento de los obispos: Este sistema se vuelve la semilla del papado

Proliferación de los cargos y funcionarios de la nueva iglesia

Las iglesias grandes tenían poder, autoridad y control sobre las más pequeñas y débiles

El abrazo de la tradición y la opinión mayoritaria, y no la Escritura únicamente, como la autoridad final para la verdad y la ortodoxia

El concepto de iglesia pasa a significar más que una congregación local

La salvación institucional, ritualista, la cual está atada a la Cena del Señor y al bautismo

La introducción del bautismo infantil

Capítulo 9

La Gran Boda

UN CAMBIO RADICAL EN DESARROLLO

La Roma pagana hizo lo mejor que pudo para tratar de erradicar al cristianismo. El gobierno y el pueblo se opusieron y persiguieron a los cristianos en una gran variedad de maneras. El martirio era algo común. Los más grandes esfuerzos por borrar el cristianismo de la faz de la tierra vinieron mientras el tercer siglo le abrió camino al cuarto en lo que algunos estudiosos llaman "La Gran Persecución". [1] El Emperador romano Diocleciano "determinó que, en su gobierno, él destruiría la Iglesia completamente, que la erradicaría. Él determinó destruir cada edificio, matar a cada obispo y hacer que todos recibieran un *libellus* o murieran". [2] Se confiscaron y se quemaron Escrituras y otros tipos de literatura cristiana, la matanza de cristianos se volvió un deporte en el Coliseo, y cada esfuerzo fue hecho para eliminar al cristianismo. El peor año fue el 303; Diocleciano determinó que habría ningún cristiano a finales de ese año. [3]

Los esfuerzos de la Roma pagana fallaron miserablemente. Mientras los espectadores vieron a los cristianos morir por su fe, muchos fueron acusados por sus consciencias. Muchos se dieron cuenta que ellos no tenían nada en sus propias vidas por lo cual estarían dispuestos a vivir y dar la vida por ello. La proporción de personas convirtiéndose en cristianas era más grande que la proporción de cristianos ejecutados por los romanos. Diocleciano abdicó en 305. Admitió que él era un fracaso, principalmente porque no logró erradicar a los cristianos. "Había más cristianos cuando él abdicó que cuando él empezó su gobierno". [4]

El cambio estaba en el horizonte, cambio que tuvo un impacto dramático y profundo en el cristianismo. El gobierno romano estaba a punto de hacer un giro de 180 grados en su postura hacia el cristianismo. Lo que no pudo erradicar, lo adoptaría. Se fusionaría con el cristianismo en un esfuerzo poderoso por fortalecer el imperio y unir al gobierno y a la religión como una autoridad central. En las fases tempranas de la unión que pronto se formó, el Emperador romano se vio como la cabeza de la nueva unión; con el tiempo el liderazgo cambió de un lado a otro, entre el emperador y la cabeza de la iglesia en Roma. En momentos la dirección del gobierno ejerció el dominio superior sobre la Iglesia mientras que en otros momentos el liderazgo de la Iglesia ejerció el dominio superior sobre el gobierno.

La unión del cristianismo y el Estado romano parece haber sido una cuestión de oportunismo por parte de Roma, no una verdadera adopción de los elementos fundamentales apostólicos de la fe cristiana. El gobierno romano fue fragmentado y débil. El cristianismo durante tres siglos había demostrado ser una fuerza formidable y de alto perfil que Roma no podía eliminar. Muchos creen fuertemente que el carismático emperador romano Constantino hizo al cristianismo la religión estatal oficial de Roma debido a los enormes beneficios políticos que devengaron de dicha unión. Constantino "comprendió que, si el Estado no pudo acabar con el cristianismo por la fuerza, podría utilizar a la Iglesia como un aliado para preservar la cultura clásica". [5]

CONSTANTINO (C. 274-337) [6]

Es imposible comprender el cristianismo desde los días bíblicos sin un conocimiento práctico de Constantino. Él era el hijo ilegítimo de un líder militar pagano nombrado Constancio y su mujer Helena. Helena profesó a Cristo como su Salvador personal. [7] En 285, Diocleciano reorganizó el imperio romano bajo la dirección de un equipo de cuatro emperadores con él como principal. Diocleciano dominó la parte oriental del imperio, y Maximiano la parte occidental. Bajo cada uno se encontraba un emperador menor: Galerio bajo Diocleciano y Constancio bajo Maximiano. [8] Galerio era un militar fuerte y ambicioso que tuvo éxito forzando las abdicaciones (renunciar a ser emperador) de Diocleciano y

Maximiano en 305. Después de ser mantenido como rehén durante algún tiempo por Galerio, Constantino escapó y se unió a su padre en el extremo occidental del imperio. A la muerte del padre de Constantino, sus tropas lo proclamaron como su líder. [9] Entretanto el hijo de Maximiano, Majencio, llegó al poder y tomó la ciudad de Roma. Caudillos menores tomaron el poder en determinados lugares del imperio; sin embargo, Constantino y Majencio fueron los dos poderes occidentales principales, y una confrontación entre ambos era inminente. Constantino cruzó los Alpes con su ejército y marchó contra Roma, la capital de Majencio. En 312, ellos se encontraron en la batalla famosa del Puente Milvio. Mientras Majencio luchaba, cayó del puente al río Tíber y se ahogó. Su ejército fue derrotado, y Constantino llegó a ser el poder dominante en la parte occidental del imperio. [10]

Antes de la batalla del Puente Milvio, parecía que los enemigos de Constantino estaban a punto de derrotarlo. Se dice que él tuvo una visión de una cruz en el cielo y oyó una voz diciendo, *con este signo vencerás*. [11] En su visión, Constantino vio una *ro* latina que se parece a una "P" y una *ji* latina que se parece a una "X". Estas son las primeras dos letras de la palabra griega para Cristo. Constantino tomó esto como una visión desde el Dios cristiano. Él interpretó la visión con el significado de que, si él se aliaba con el Dios cristiano en lugar de seguir siendo un opositor, él saldría victorioso. Sus soldados pusieron el emblema de xP en sus escudos y fueron a batallar como un *ejército cristiano*. Constantino ganó y proclamó el cristianismo como su fe. [12]

Labarum o Chi-Rho

Cristo (Español)

Χριστός (Griego)

Chi-Rho son las dos primeras letras griegas de "Cristo"

Solo Dios conoce al corazón; sin embargo, muchos aspectos de la vida de Constantino después de su adopción abierta del cristianismo contradicen su profesión. Él atrasó su bautismo hasta poco antes de su muerte y guardó el título pagano de *Máximo Pontífice*, sacerdote principal de la religión estatal pagana. [13] Él continuó rindiéndole culto al Sol Invicto [14] y apoyó la mayoría de las herejías que habían invadido al cristianismo por este tiempo, incluso la creencia de que el bautismo salva. Él ni siquiera renunció a los dioses falsos del panteón romano ni al misterio de los dioses paganos. [15] "Es probable que el favoritismo de Constantino a la Iglesia era una cuestión de oportunismo". [16]

EL EDICTO DE MILÁN

Para el tiempo que Constantino se estableció como el líder indiscutible en el sector occidental del imperio, Licinio se había hecho gobernante supremo en el sector oriental. En 313, estos dos se encontraron en Milán, Italia y firmaron un documento que concede la libertad de religión a todos. Este es el famoso Edicto de Milán. "Durante los pocos años próximos Constantino emitió decretos que provocaron la restauración de propiedades confiscadas a la Iglesia, el subsidio de la Iglesia por el Estado, la exoneración del clero del servicio público, una prohibición a la adivinación, y la separación del 'Día del Sol' (domingo) como un día de reposo y culto". [17] Los cristianos habían guardado el domingo como un día de culto desde el tiempo de Cristo.

EL MARIDAJE DE LA IGLESIA Y EL ESTADO

Licinio no era cristiano de ninguna manera, pero él cedió al más poderoso Constantino. Estos dos hombres fuertes iban hacia una lucha por la supremacía total. Esa lucha vino en 323. Constantino ganó, y llegó a ser el gobernante supremo del imperio romano y rápidamente hizo al cristianismo la preferida o la religión estatal del imperio. En lo que se llama *césar* o *papado* (gobierno estatal de la Iglesia), Constantino se colocó como dirigente de la Iglesia, pero se negó a estar sujeto o sometido a ella. Él se declaró obispo principal o gobernante de la Iglesia. [18]

> *César* o *papado* es el gobierno estatal de la iglesia

¡Recuerde la fecha! ¡323 d.C.! ¡El maridaje de la Iglesia con el Estado fue uno de los días más oscuros en la historia del cristianismo! Este maridaje fue responsable de las persecuciones de muchos cristianos verdaderos. Era un día oscuro cuando Jesús murió en la cruz, pero desde esa oscuridad vino la esperanza, el perdón de los pecados y la vida eterna.

En los días antes de 323, la Roma pagana persiguió a todo el cristianismo. En los días que siguen a 323, la Roma "cristiana" perseguiría a los verdaderos cristianos en nombre del cristianismo. En términos de magnitud y crueldad, su persecución eclipsaría las persecuciones de los romanos paganos. Como nosotros ya hemos visto, una gran desviación del cristianismo verdadero, apostólico, ya estaba bien en marcha dentro de las filas de la *cristiandad*. Dos bandos principales estaban emergiendo, cada uno profesando ser los verdaderos cristianos mientras denunciaban al otro bando. El abismo entre ellos se ensancharía dramáticamente dentro de los próximos años. Un bando se alinearía con y capitalizaría con los poderes políticos del Estado; el otro no lo haría. Al pasar las generaciones, la mayoría de los historiadores se fueron enfocando sobre la Iglesia estatal y la fueron viendo como la Iglesia real o verdadera. La otra categoría de creyentes no formaría una *Iglesia* unida, centralmente controlada; cada iglesia permanecería autónoma y rechazaría enredarse en alianzas. En el ámbito histórico de las cosas, estas serían mayormente pasadas por alto, se ignorarían y se descontarían. A pesar de su gran desviación del cristianismo apostólico de las Escrituras, un lado se llamaría *ortodoxo* mientras acusaría y perseguiría a los del otro lado por ser *herejes*. Dicho lado lo haría con el apoyo del poder del Estado. A pesar de estar conforme a las Escrituras y ser fieles a las mismas, los del otro se volverían los claramente oprimidos, los alborotadores, los herejes. La historia los trataría principalmente con desprecio. Este último grupo se vio a sí mismo como los verdaderos cristianos y supo que la Iglesia estatal abandonó la verdad y práctica de la Biblia. Las generaciones posteriores, incluyendo la nuestra propia, verían a la Iglesia estatal como el cristianismo de la corriente dominante. Ellos también verían a aquellas iglesias como inexistentes, radicales o de casi ninguna consecuencia o importancia. Gracias a Dios que tiene un estándar de juicio muy diferente, y el Suyo es el que vale.

> **323 d.C. es el año en que el Estado hace el maridaje con la Iglesia**

EL CONCILIO DE NICEA

En los primeros años del cristianismo, la división entre las iglesias que se adhirieron estrechamente al modelo apostólico y aquellas que se apartaron de la fe para estar a favor de la tradición no siempre estuvo clara y distinta. Había una predisposición hacia la tolerancia, unidad y compañerismo dentro de las filas del cristianismo. Tomó tiempo y muchas provocaciones para que hermanos e iglesias rompieran el compañerismo. Entonces como ahora, los cristianos e iglesias quisieron extender el beneficio de la duda a otros y otras respectivamente. El hecho de que los lados no se habían polarizado todavía y habían hecho rupturas claras entre sí, no necesariamente significa que estuvieron en mutuo acuerdo.

Ese fue seguramente el caso cuando Constantino unió al Estado con el cristianismo que él vio como una Iglesia. No todos los pastores e iglesias abrazaron al movimiento. Ellos dieron la bienvenida al fin de la persecución pagana aprobada por el Estado, pero es dudoso que ellos comprendieran las ramificaciones de una Iglesia estatal. Durante algún tiempo, esfuerzos hacia la paz y la cooperación fueron hechos por aquellos que discreparon con las creencias y prácticas heréticas que estaban en ascenso por parte de aquellos que aceptaron la Iglesia del Estado.

Esto fue evidenciado cuando pronto Constantino llamó un concilio de pastores y líderes de la Iglesia para tratar un cisma dentro de las filas del cristianismo. El concilio se llevó a cabo en Nicea a principios del verano de 325. Dos líderes bien conocidos en la iglesia en Alejandría, Egipto, encabezaron una controversia acerca de la deidad de Cristo. Arrio dijo que Jesús no era el Dios real de la Biblia. Él planteó que ese Jesús fue un dios menor. Negó la Trinidad y afirmó que Jesús era una descendencia de Dios en el mismo sentido que un niño es una descendencia de un padre. Es más, dijo que Jesús no era eterno. Atanasio era un diácono en la iglesia de Alejandría, Egipto (después pastor) quien se opuso a Arrio. La controversia se extendió a lo largo de muchas de las iglesias en el imperio y los cristianos empezaron a tomar partido. Constantino fue bastante perturbado por el cisma y llamó al Concilio de Nicea para resolver el asunto. Además de los 318 obispos o pastores en esta conferencia, había centenares de diáconos y otros oficiales de la Iglesia más miles de espectadores.

La mayoría de ellos fue mutilada, se encontraba con miembros rotos, con cicatrices profundas y cuerpos dañados por la persecución. [19] Constantino "presidió sobre la primera sesión y pagó todos los costos. Por primera vez la Iglesia se encontró dominada por el liderazgo político de la cabeza del Estado. El problema perenne de la relación entre la Iglesia y el Estado emergió claramente aquí, pero los obispos estaban demasiado ocupados lidiando con la herejía teológica para pensar en ese problema en particular". [20] Se acordaron muchas cosas, incluso la fecha de Pascua, aunque la afirmación principal era la Trinidad y la deidad de Jesucristo.

Muchos concilios han seguido al de Nicea en 325. La mayoría de ellos se han llamado y organizado por la Iglesia estatal. Aquellas iglesias no alineadas con la Iglesia estatal dejaron de participar.

No asuma que los acuerdos hechos en el Concilio de Nicea o los concilios posteriores se aceptaron por y reflejan el pensamiento de todos los pastores e iglesias. Es más, no imagine tampoco que todos los pastores e iglesias que rechazaron la unión de la Iglesia con el Estado rechazaron también todo lo creído por la Iglesia estatal, y acordado en los concilios. El hecho es que a veces la postura de la Iglesia de Estado fue correcta y fue atinada en los concilios. Tal fue seguramente el caso en el Concilio de Nicea donde la Trinidad y la deidad de Cristo fueron afirmadas claramente. Muchos cristianos, que nunca habían estado de acuerdo con, ni habían sido parte de, una Iglesia estatal, aceptan esta teología. De hecho, esta es la postura bíblica sobre el tema. La misma era verdad desde mucho antes de que Constantino uniera la Iglesia al Estado y siglos antes del Concilio de Nicea. En nuestro próximo capítulo centraremos nuestra atención sobre algunos de aquellos primeros pastores e Iglesias que se negaron a ser parte de este gran maridaje de la Iglesia al Estado.

---

[1] Justo L. Gonzalez, *The Story of Christianity (La Historia del Cristianismo)*, vol. 1, (San Francisco: HarperCollins Publishers, 1984), 102.

[2] Carl Deimer, Professor, *History of Christianity I (Historia del Cristianismo I)*, Videoconference 6, Liberty University DLP, 2004.

[3] Ibid.

[4] Ibid.

[5] Earle E. Cairns, *Christianity Through the Centuries: A History of the Christian Church (El Cristianismo a Través de Los Siglos: Una Historia de la Iglesia Cristiana)*, 3rd ed., (Grand Rapids, Michigan: Zondervan, 1996), 119.

[6] Deimer, Lecture 12.

[7] Ibid.

[8] Gonzalez, 102.

[9] Ibid., 104-105.

[10] Ibid., 104-107.

[11] Cairns, 119.

[12] Deimer, Lecture 12.

[13] Cairns, 119.

[14] Gonzalez, 107.

[15] Deimer, Lecture 10.

[16] Cairns, 119.

[17] Ibid., 119.

[18] Deimer, Lecture 12.

[19] Ibid.

[20] Cairns, 119.

El Maridaje de la Iglesia y el Estado

Año	
285	Diocleciano reorganizó al imperio romano bajo la dirección de un grupo de cuatro emperadores con el como supremo
303	La gran persecución - El emperador romano Diocleciano decidió erradicar a las iglesias y los cristianos en este año.
305	Diocleciano y Maximiano abdicaron. Esto fue forzado por Galerio, quien fue un caudillo fuerte y ambicioso.
312	Batalla del Puente Milvio - Constantino y Majencio lucharon en este lugar de Roma. Constantino ganó y Majencio se ahogó.
313	Edicto de Milán - Constantino (líder del sector occidental del imperio romano y Licinio (líder del sector oriental) se encontraron en Milán, Italia y firmaron un documento garantizando la libertad de religión para todos.
323	Constantino se convierte en el único gobernador del imperio romano y rápidamente hizo al cristianismo la religión preferida o estatal del imperio
325	El Concilio de Nicea afirmó la Trinidad y la deidad de Jesucristo

Capítulo 10

No Todo el Mundo se Subió al Tren

UNA DIVISIÓN EN EL HORIZONTE

Mucho antes de la gran boda de la Iglesia con el Estado, tensiones mayores estaban creciendo dentro de las filas de la cristiandad. Como algunas iglesias (las más grandes y prestigiosas) se alejaban de la Escritura y de la práctica apostólica, otras se mantuvieron fieles. Estas rechazaron la aceptación creciente de la tradición sobre la Escritura, el alejamiento de la idea neotestamentaria del gobierno del obispo y la iglesia, el cambio de la salvación por gracia a través de la fe en Jesucristo a la regeneración bautismal y la salvación institucional, el bautizo de infantes y otras creencias y prácticas anti-bíblicas. Como lo hace la Biblia, ellos se mantuvieron firmes en la separación e independencia de las iglesias, el carácter subordinado de sus líderes (obispos y otros), la salvación exclusivamente por una fe personal en Jesucristo y el bautizo de creyentes solamente. [1] Las tensiones aumentaron a la vez que los falsos conceptos se fortalecían y se aceptaban más ampliamente por muchos predicadores y en muchas iglesias. Muchos pastores e iglesias permanecieron fieles al cristianismo bíblico y prestaron atención a la advertencia de Judas. *"Amados, por la gran solicitud que tenía de escribiros acerca de nuestra común salvación, me ha sido necesario escribiros exhortándoos que contendáis ardientemente por la fe que ha sido una vez dada a los santos. Porque algunos hombres han entrado encubiertamente, los que desde antes habían sido destinados para esta condenación, hombres*

121

impíos, que convierten en libertinaje la gracia de nuestro Dios, y niegan a Dios el único soberano, y a nuestro Señor Jesucristo," **Judas 3-4.** Estos resistieron la desviación herética y se distanciaron.

Como se indicó previamente muchos de ellos lo hicieron con renuencia y solo se separaron después de esfuerzos para rescatar a los desviados. Los que se apegan a las Escrituras buscan paz y armonía dentro de la cristiandad, no divisiones. Pablo expresó esta idea insigne del cristianismo cuando dijo, *"Con todo eso, si alguno quiere ser contencioso, nosotros no tenemos tal costumbre, ni las iglesias de Dios,"* **1 Corintios 11:16.**

Incluso así, la herejía se fortaleció y proliferó. La división en las filas de la cristiandad pasó a ser inevitable. El maridaje de la Iglesia con el Estado simplemente la impulsó y aceleró. Con el tiempo las iglesias fieles a las Escrituras y prácticas apostólicas se disociarían informal o formalmente, de aquellas que no se mantuvieron fieles.

ENTENDIENDO *"ORTODOXIA"*

Muy a menudo aquellos más grandes y fuertes subyugan y gobiernan a sus iguales. Esto no los hace estar en lo correcto, aunque declaren que lo están. Desafortunadamente la historia a menudo se pone de su lado. Eso sucedió en los primeros años del cristianismo y encontró una aceleración tremenda con la unión del Estado romano con las iglesias que se apartaron de las Escrituras y prácticas apostólicas.

Para muchos la *ortodoxia* es un término que se aplicaría adecuadamente a los que creen y se apegan a las Escrituras. Webster define ortodoxo como "guardar las creencias habituales o permanentes, costumbres, etc., especialmente en la religión". [2] Mientras muchas iglesias se apartaron de las doctrinas y prácticas bíblicas, también crecieron en tamaño y fortaleza. Ejercieron cada vez más control dentro de y entre las iglesias. Comenzaron a pensar en términos de *Iglesia,* no de *iglesias.* Los sínodos y los concilios eran celebrados periódicamente para determinar la posición de la *Iglesia* en determinados asuntos. (Esto es evidenciado en el Concilio de Nicea y la creencia de Constantino de que la Iglesia era una, no muchas). No todos los pastores e iglesias sostuvieron esta perspectiva.

En el pensamiento de aquellos que crecían en poder e influencia, las creencias y las posiciones tomadas por las iglesias más fuertes se convirtieron en la ortodoxia. Para los poderosos, la ortodoxia ya no fue vista como lo que decía las Escrituras, sino lo que la Iglesia decía que era. Una vez unida la Iglesia con el Estado, la Iglesia tenía el poder del Estado para imponer sus posiciones. Aquellos que discreparon rápidamente se encontraron en gran peligro.

Una vez que dicho concepto estuvo completamente ubicado la Iglesia estatal determinó qué era ortodoxo y qué herético. La misma además determinó quién era un ortodoxo y quién era un hereje. La tradición eclesiástica en vez de las Escrituras vino a ser la regla de fe y práctica. Este tipo distintivo del *cristianismo* dejó de ser gobernado bíblicamente. Gobernó la tradición, no la Palabra de Dios. Este elemento del *cristianismo* cada vez más creció en poder, y el *cristianismo* se convirtió en evolutivo y gobernado por el pensamiento humano. No fue más definida y gobernada por Dios. [3] La Caja de Pandora ya estaba abierta. Como podremos ver posteriormente, esta variación llegó a ser un medio poderoso de control y opresión. Fue usada para perseguir y matar a millones que permanecieron fieles a *la fe que ha sido una vez dada a los santos.* ¡Sí! Hubo millones que no adoptaron este tipo distintivo del *cristianismo* sino se mantuvieron fieles a las Escrituras.

VERDADES INELUDIBLES Y RAMIFICACIONES

Si escucha las afirmaciones de la *Iglesia establecida* o a muchas de las autoridades en la historia del cristianismo, tendrá la idea de que las que se alejaron de la Biblia eran la verdadera Iglesia. Le harían pensar que aquellas que no estuvieron de acuerdo con o no se unieron al movimiento que surgía, ni existieron o ni eran cristianos auténticos, ni legítimos, ni orientados bíblicamente. Por ello es importante establecer ciertas realidades acerca de la existencia de estas que no se desviaron y no se unieron a la Iglesia estatal.

• **Las iglesias que se mantuvieron fieles a las prácticas y doctrinas de Jesús y los apóstoles han existido continuamente desde la iglesia en Jerusalén hasta el presente.** Jesús prometió la perpetuidad de la institución que Él estableció personalmente. El prometió que continuaría hasta Su regreso. *"Y yo también te digo, que tú eres Pedro, y sobre esta roca edificaré mi iglesia; y las puertas del Hades no prevalecerán contra ella,"* **Mateo 16:18**. Si no tuviéramos ninguna prueba histórica de que ha existido desde entonces hasta hoy (y sí tenemos pruebas), basadas en la integridad de la palabra de Jesucristo quien fue y es Dios, aún así sabríamos que existió. Basado en la promesa de Jesús, "debe haber, en cada época, un grupo que enseña y practica los estándares del Nuevo Testamento". [4]

Más aún Pablo dijo, *"A él sea gloria en la iglesia en Cristo Jesús por todas las edades, por los siglos de los siglos. Amén,"* **Efesios 3:21**.

Dicho verso garantiza la permanencia de la Iglesia *"a lo largo de todas las épocas"*. Desde el día que Jesús estableció la institución que Él llamó *mi iglesia* y hasta su retorno, ha habido y siempre habrá una iglesia según el orden de la que personalmente estableció.

Porque una determinada iglesia no pueda vincular su iglesia madre con la madre de su madre, y así hasta llegar de vuelta a la de Jerusalén, muchos liberales y escépticos ridiculizan y desprecian la idea de la perpetuidad de la iglesia. El hecho es que no es necesario que ninguna persona rastrase su descendencia hasta Adán para probar que es descendiente de Adán. Asimismo, ninguna iglesia que se adhiere a la doctrina principal y prácticas de Jesucristo y los apóstoles necesita comprobar históricamente su legitimidad.

* **La legitimidad no está en el nombre, sino en las creencias y prácticas de una iglesia.** Muchas iglesias bautistas en la actualidad afirman las creencias y prácticas esenciales de Jesús y los apóstoles; sin embargo, desde Jesucristo al presente, han existido multitudes que con estas mismas creencias y prácticas no fueron llamadas *bautistas*. Las que se han mantenido fieles a las enseñanzas esenciales de Jesús y Sus apóstoles han permanecido en existencia hasta hoy, pero han sido llamadas e identificadas por muchos, muchos nombres tales como Montanistas, Paulicianos, Albigenses, Cátaros y Anabaptistas. Mientras vamos avanzando en este estudio iremos identificando estas iglesias a la vez que documentaremos su existencia.

Al movernos a través de los siglos es importante tener en cuenta que estamos mirando a la misma corriente de personas, una línea continua desde Cristo hasta el presente. A menudo se encontraban en áreas ampliamente separadas geográficamente y sin saber de otros de su tipo. Tenían nombres diferentes y no estaban de acuerdo en cada detalle, pero mantenían las creencias fundamentales del cristianismo de primer siglo.

Muchos bautistas modernos se han encaprichado en exceso con el nombre de *bautista*. En demasiados casos, cualquier iglesia que porte el nombre de *bautista* es aceptada como legítima, aunque sus prácticas y creencias estén apartadas de Jesús y los apóstoles. Por otra parte, cualquier iglesia que no tenga dicho nombre es rechazada como ilegítima, aunque sus creencias y prácticas estén en armonía básica con las de Jesús y Sus apóstoles. Tal postura está claramente desalineada con la Biblia la cual insiste firmemente en la verdad en las prácticas, no simplemente la pretensión de un título o nombre vacío.

Hubo iglesias a lo largo de la historia (y algunas aún existen) que han creído y actuado como las del Nuevo Testamento. No importa cómo fueron (o son) llamadas, ellas son las verdaderas iglesias de Jesucristo. A la inversa hubo otras (algunas de las que también aún existen) que no han creído y actuado como las del Nuevo Testamento. Sin importar sus nombres, estas no son las verdaderas iglesias de Jesús. "Si las así llamadas iglesias bautistas de hoy no actúan ni creen como las del Nuevo Testamento, no son más iglesias bautistas que cualquier otra denominación que salió de la reforma". [5] (Dejemos resaltado debidamente que las iglesias en el Nuevo Testamento eran bautistas en la práctica no en el nombre). El final opuesto a esa ecuación es igualmente cierto: una iglesia con otro nombre que crea y actúe como las del Nuevo Testamento es legítima. La legitimidad está en la esencia, no en la etiqueta; en creencias y prácticas, no en la pretensión hueca.

**Una iglesia del Nuevo Testamento no se determina
por el nombre**

125

- Solo aquellas vinculadas a la línea de iglesias que se apegaron a las enseñanzas y prácticas de Jesús y Sus apóstoles son las iglesias neotestamentarias, verdaderas y legítimas. La promesa de perpetuidad de Jesús "elimina la licencia para que algún grupo se inicie en años posteriores, habiendo concebido su propio conjunto de normas doctrinales. Dicho clara y sencillamente, esto *demanda perpetuidad* para un grupo que lleva a cabo esa comisión de acuerdo a las normas expuestas en los escritos neotestamentarios. No puede fallar y comenzar de nuevo de siglo a siglo; debe estar aquí siempre 'a través de todas las épocas,' y 'hasta el final de la era.'" [6]

  Las iglesias y las denominaciones han proliferado desde la reforma protestante y particularmente en los años recientes. En lugar de vincularse a la línea que se remonta a Cristo y Su iglesia en Jerusalén, la mayoría de ellas han establecido nuevos credos, y nuevas doctrinas y creencias. Muchas fueron establecidas por un hombre, o una mujer, lejos del tiempo de Jesucristo y su linaje se puede rastrear directamente a esa persona. Cualquier grupo como ese no puede ser considerado legítimo. Todas las iglesias legítimas tienen una conexión doctrinal histórica continua con Jesús.

- No hay ninguna iglesia o grupo de iglesias en ninguna época, comenzando con la de Jerusalén hasta la actualidad, que estuviera siempre en lo correcto con respecto a todo. Incluso la de Jerusalén pronto desarrolló problemas internos, **Hechos 6**. Cada una de las siete iglesias de Asia tenía imperfecciones, **Apocalipsis 2-3**, incluyendo la doctrina, **Apocalipsis 2:14**, y prácticas, **Apocalipsis 2:20**. La iglesia en Corinto estaba equivocada en el entendimiento y la práctica de los dones espirituales, especialmente el don de lenguas, **1 Corintios 12-14**.

  Mucha gente condena y rechaza completamente las iglesias neotestamentarias porque ven errores en sus creencias y prácticas, y por no aceptar la tradición por encima de la Escritura. Ellos plantean que iglesias impuras no podrían constituir el linaje de iglesias verdaderas desde Cristo hasta la actualidad. Dicha postura presenta serios retos:

o Si Jesús estaba en lo correcto en Su promesa acerca de la perpetuidad de la iglesia que Él estableció, entonces:

- O las iglesias que abandonaron la Escritura en favor de la tradición y se unieron con el Estado son las verdaderas iglesias de Jesucristo, constituyendo estas la línea verdadera.

- O las que mantuvieron fieles a la Escritura y rehusaron unirse con el Estado son las verdaderas iglesias de Jesucristo, y ellas constituyen la línea verdadera.

- Uno no puede tenerlo de ambas maneras. "No hay otra forma de atravesar aquellas épocas oscuras. O aceptamos identificarnos con estos pueblos perseguidos, o de lo contrario declaramos que la iglesia llegó a corromperse irremediablemente y que el Señor no pudo protegerla contra 'las puertas del Hades.'" [7]

o ¿Si las impurezas en una iglesia que adopta la doctrina y las prácticas esenciales de Jesucristo y los apóstoles, la descalifican para ser una de las que Jesús llama Suyas, cuánto más descalificarían para ser llamadas así las que a gran escala abandonaron las enseñanzas de Jesús? Aquellos que rechazan las iglesias que no se alinearon con la del Estado romano, las cuales con el tiempo llegaron a ser la Iglesia Católica, tienen un problema. Rechazan a las que no se aliaron al Estado porque eran menos perfectas, estando a favor de una Iglesia estatal que fue la personificación de las doctrinas y prácticas falsas y la corrupción. En esencia, aquellos que toman esa postura están diciendo que Jesús estaba equivocado y que no ha habido una línea ininterrumpida de iglesias verdaderas que remontan hasta la que Él estableció en Jerusalén.

o Si la Iglesia estatal romana, la cual finalmente vino a ser la Iglesia Católica, constituye la línea verdadera, pero se ha desviado tanto hasta ahora como para necesitar una reforma protestante, entonces la línea de perpetuidad fue rota y Jesús se equivocó en Su promesa.

o Si la Iglesia Católica constituye la línea verdadera, entonces todas las que partieron de ella, incluyendo todas las Iglesias protestantes y sus hijas, no son parte de la línea ininterrumpida y por tanto no son verdaderas.

o Si los bautistas son protestantes, entonces los bautistas no están en la línea o corriente de las verdaderas iglesias que se remontan a Cristo y de esta forma tampoco son verdaderas iglesias.

o Si las iglesias que se mantuvieron fieles a la Escrituras y no se unieron con el Estado fueron las verdaderas iglesias y constituyen la línea ininterrumpida que se remonta a de Cristo, entonces todas las demás que no son parte de la doctrina y prácticas de esa línea no son verdaderas iglesias.

El hecho es que una iglesia no tiene necesariamente que ser perfectamente correcta en cada punto para que Dios la considere verdadera, legítima, y Suya. Esto se evidencia en cada una de las iglesias mencionadas anteriormente en las referencias del Nuevo Testamento. Cada una era menos que perfecta, pero la Biblia refiere a cada una como una iglesia. Parece seguro creer que cuando Dios llama a una iglesia, una *iglesia* es. Dios advirtió a la iglesia en Éfeso que, bajo ciertas circunstancias, *"quitaré tu candelero,"* **Apocalipsis 2:5.** Una iglesia puede dejar de ser una iglesia, aunque todavía podría llamarse a sí misma iglesia. No está claramente enunciado en las Escrituras, qué precisamente provocaría a Dios para que dejara de reconocer una iglesia como Suya; sin embargo, puede suceder. Pablo advirtió a las iglesias de Galacia que aquellos que pervierten el mensaje del evangelio de Cristo como está determinado en las Escrituras, han de ser *"anatema,"* **Gálatas 1:6-9.** Es obvio que ninguna iglesia que falle en predicar el mensaje del evangelio como está definido en las Escrituras puede constituir una iglesia legítima.

Hay enseñanzas bíblicas fundamentales (listadas adelante). De ninguna manera constituyen estas todo lo que se enseña en las Escrituras. Una iglesia puede estar fuera de base en muchos puntos de doctrina y prácticas, aunque es obvio que Dios la considerará suya mientras sea fiel a estas enseñanzas fundamentales (posiblemente incluso no todas ellas). Una cosa es cierta, una iglesia debe ser fiel al evangelio para seguir siendo de Jesucristo. El evangelio encarna la persona y obra de Jesucristo.

- **Históricamente multitudes de individuos e iglesias que se vincularon anteriormente a la Iglesia falsa han visto el error de sus caminos y tomado los pasos necesarios para ser parte de la línea continua de las iglesias vinculadas a la que Jesús estableció.** Gente como Pablo que tenía un concepto falso de Dios han visto el error de sus creencias y prácticas y se volvieron hacia la verdad determinada por las Escrituras. Vastos números de sacerdotes católicos han abandonado sus creencias y prácticas falsas que tenían anteriormente y se han unido a la línea ininterrumpida de iglesias que se mantuvieron fieles, a las neotestamentarias. Muchos de los que han entrado a esta línea ininterrumpida, antes fueron pastores y líderes de iglesias falsas. En casos numerosos, estos guiaron a la iglesia donde ellos servían hacia la verdad e iglesias enteras abandonaron sus creencias y prácticas anteriores para unirse a la línea de verdaderas iglesias. Como estudios próximos mostrarán, el testimonio externo de semejante cambio radical ha sido el bautismo. Los que se despertaron a la verdad se han percatado repetidamente de que el bautizo tiene que (1) seguir (no preceder) la fe personal en Cristo, (2) ser por inmersión y (3) ser administrado por una autoridad adecuada. Aquellos que administran el bautizo a personas que previamente fueron rociadas, o inmersas por una iglesia de enseñanzas inconsistentes con el modelo neotestamentario, han sido llamados anabaptistas (significando re-bautizados) durante muchos siglos. De ahí que el nombre de *bautista* a través de los siglos ha sido el más común asociado a la línea continua de iglesias fieles a la doctrina y prácticas de Jesús y los apóstoles.

Decir que una persona o iglesia no es legítima porque tuvo una afiliación previa con una iglesia falsa carece de base o sentido. Para estar en la línea legítima, una iglesia no necesariamente debe provenir de una descendiente directamente de la de Jerusalén; sin embargo, ella o su(s) ancestro(s) debe(n) haber roto su relación con las creencias y prácticas falsas uniéndose luego a la corriente de iglesias que se mantuvieron fieles al Nuevo Testamento. En resumen, la forma para hacer esto es el arrepentimiento abierto y el bautismo bíblico. Recuerde que la corriente que se remonta hacia Cristo es una corriente doctrinal, no una sucesión de una iglesia específica a otra.

- **Es imposible ser neutral en el tema de las iglesias verdaderas y legítimas.** "Algo necesita aclararse justo aquí. O aquellos grupos a los que se le hizo referencia como 'herejes' por aproximadamente 1200 años antes de la reforma eran ciertamente iglesias verdaderas, o de lo contrario estamos forzados a aceptar la Iglesia estatal, que llegó a ser la ramera de Roma buscando imponer su tipo de ortodoxia por la espada, como el cuerpo verdadero". [8]

ENSEÑANZAS BÍBLICAS ESENCIALES

En este libro ya ha sido afirmado que hay un núcleo de enseñanzas bíblicas a las que las verdaderas iglesias se han apegado a través de los siglos desde que Jesucristo estableció aquella primera iglesia en Jerusalén, Israel. Estas creencias deben ser repetidas para asegurar una línea continua de iglesias verdaderas hasta la actualidad. No cada iglesia que llevaba un nombre determinado adoptó cada enseñanza. De hecho, grupos de individuos o iglesias que llevaban el nombre de un grupo generalmente sano de iglesias podrían rechazar cada enseñanza esencial de ese grupo. No debe ser la gran sorpresa, tampoco que un grupo entero sea condenado por los errores o herejías de uno o unos pocos. Hoy hay un abismo que separa las creencias y prácticas de muchos grupos incluyendo los bautistas. Es el peor tipo de discriminación, marcar al grupo entero por unos pocos que están en desfase. Tanto en aquel momento como ahora, las creencias y prácticas de unos pocos con un nombre en particular no necesariamente representan las de todos los que lleven el mismo nombre. Hoy día hay bautistas que tienen un amplio espectro de creencias y prácticas. Lo que son los bautistas en modo general, no puede ser determinado con precisión por lo que uno o unos pocos bautistas o iglesias creen o practican. Por ejemplo, que unos pocos bautistas tengan pastoras y diaconisas no prueba que todos los bautistas las tengan. Entre casi cada grupo que próximamente analizaremos, hubo algunos que le dieron mala reputación al nombre. Esto no justifica la discriminación de un grupo entero, más que una persona corrupta e inmoral con su nombre le haga a usted corrupto e inmoral.

He aquí una lista de enseñanzas bíblicas esenciales que han sido afirmadas por una línea continua de iglesias de modo general que se remonta hasta Jesucristo. [9]

- Jesucristo fundó personalmente aquella organización llamada iglesia.

- Jesucristo es Dios y la cabeza de la iglesia. Las iglesias verdaderas siempre han creído en la deidad de Cristo.

- La iglesia tiene dos tipos de oficios permanentes: pastores y diáconos.

- El gobierno de la iglesia es congregacional.

- En el gobierno congregacional y disciplina, todas las iglesias han de estar completamente separadas e independientes de cada otra.

- En el gobierno congregacional y disciplina, todas las iglesias han de estar completamente separadas e independientes del Estado. Las verdaderas iglesias siempre se han opuesto a una Iglesia estatal.

- La iglesia ha de guardar las ordenanzas del bautismo y la Cena del Señor y se reúne los domingos.

- La salvación es exclusivamente por gracias, a través de la fe personal solamente en Jesucristo.

- Solo salvos han de bautizarse. Esto requiere el re-bautizo de las personas que fueron *bautizadas* antes de que fueran salvas.

- Solo salvos pueden ser miembros de una iglesia. Esto descarta el bautismo infantil.

- Cada creyente es de igual valor antes Dios y en la iglesia no hay jerarquía eclesiástica. Esto es creer en el sacerdocio de cada creyente.

- Las Escrituras y solamente las Escrituras son inspiradas por Dios.

- Las Escrituras son la regla final de fe y práctica para cada creyente y la iglesia.

Hay muchísimas otras creencias y prácticas determinadas en el Nuevo Testamento. Sin embargo, estas constituyen un núcleo de creencias y prácticas distintivas. Al estar sujetas a estas se excluye a la mayoría de las creencias y prácticas del grupo de iglesias que abandonó las Escrituras por la tradición y se unió con el gobierno romano como una Iglesia estatal. Una brecha irreconciliable se formó y creció entre la estatal y aquellas iglesias que mantuvieron estas creencias y prácticas. Con el respaldo y el poder del Estado romano, ese grupo de iglesias creció poderosamente y pronto se vio como una sola. Pronto comenzó a oprimir, a perseguir y a buscar destruir cada iglesia e individuo que no se alineara con ella. Para los cristianos verdaderos y las iglesias los días porvenir serían ciertamente desoladores.

---

[1] J.M. Carroll, *The Trail of Blood (El Rastro de Sangre)*, (Lexington, Kentucky: Ashland Avenue Baptist Church, 1992), 4.

[2] *Webster's New World Dictionary with Student Handbook: Young People's Edition (Diccionario Nuevo Mundo de Webster con Manual Estudiantil: Edicion Juvenil)*, s.v. "orthodox (ortodoxia)," (Nashville, Tennessee: The World Publishing Company, 1973), 490.

[3] Carl Deimer, Professor, *History of Christianity I (Historia del Cristianismo I)*, Videoconference 6, Liberty University DLP, 2004.

[4] I.K. Cross, *The Battle for Baptist History (La Batalla por la Historia Bautista)*, (Columbus, Georgia: Brentwood Christian Press, 1990), 29.

[5] Ibid., 33.

[6] Ibid., 29.

[7] Ibid., 42.

[8] Ibid., 42.

[9] Los puntos siguientes han sido adaptados libremente de J.M. Carroll, *The Trail of Blood (El Rastro de Sangre)*, 8-9.

Verdades Ineludibles y las Ramificaciones

Existencia Continua ~ Las iglesias, que se mantuvieron fieles a la doctrina y las prácticas esenciales de Jesús y los apóstoles, han existido continuamente desde la iglesia de Jerusalén hasta el presente.

Legitimidad en las Creencias ~ La legitimidad en la iglesia no está en el nombre sino en sus creencias y prácticas.

Abrazar las Enseñanzas de Jesús ~ Solo aquellas conectadas a la línea de iglesias que han adoptado las enseñanzas y prácticas de Jesús y Sus apóstoles son iglesias verdaderas y legítimas del Nuevo Testamento.

No Siempre en lo Correcto ~ No hay ninguna iglesia o grupo de ellas en ninguna época, empezando con la de Jerusalén hasta la actualidad, que estuviera siempre en lo correcto en todo y todas las veces.

Arrepentimiento ~ Históricamente, multitudes de individuos e iglesias conectadas anteriormente a una iglesia falsa han visto el error en sus caminos y han dado los pasos necesarios para ser parte de la línea continua de iglesias conectadas a la que Jesús estableció.

No se puede ser Neutral ~ Es imposible ser neutral cuando se trata de este tema acerca de las iglesias verdaderas y legítimas.

Enseñanzas Esenciales de las Escrituras

El Fundador ~ Jesucristo fundó personalmente esta organización llamada iglesia.

Líder de la Iglesia ~ Jesucristo es Dios y cabeza de la iglesia. Las iglesias verdaderas siempre han creído en la deidad de Cristo.

Cargos Permanentes ~ La iglesia tiene dos tipos de oficios permanentes: pastores y diáconos.

Gobierno ~ El gobierno de una iglesia es congregacional.

Separación entre Iglesias ~ En el gobierno y disciplina congregacional, todas las iglesias han de estar completamente separadas e independientes una de la otra.

Separación de la Iglesia y el Estado ~ En el gobierno y disciplina congregacional, todas las iglesias han de estar completamente separadas e independientes del estado.

Ordenanzas ~ La iglesia mantiene las ordenanzas del bautismo y la Cena del Señor y la asamblea el domingo.

Una Historia de las Iglesias

Enseñanzas Esenciales de las Escrituras

Salvado por Gracia ~ La salvación es exclusivamente por gracia únicamente por medio de la fe personal en Jesucristo.

El Bautismo ~ Únicamente las personas salvas han de ser bautizadas. Esto requiere el rebautizar personas que fueron "bautizadas" antes de ser salvas.

Membresía por Salvación ~ Solamente las personas salvas pueden ser miembros de una iglesia. Esto impide el bautismo de infantes.

Creyentes de Igual Valor ~ Todo creyente es de igual valor para Dios y en la iglesia no ha de existir jerarquía eclesiástica.

La Palabra Inspirada ~ Las Escrituras y solamente las Escrituras están inspiradas por Dios.

La Última Palabra ~ Las Escrituras son la regla definitiva de fe y práctica para los creyentes y la iglesia.

Una Historia de las Iglesias

Capítulo 11

La Línea Verdadera de las Iglesias se Separa de la Línea Corrupta

El profeta Amós preguntó, *"¿Andarán dos juntos, si no estuvieren de acuerdo?"* **Amós 3:3.** La respuesta a esta pregunta retórica es un resonante *No.* Una división era inevitable debido al movimiento por parte de muchas iglesias dejando a las Escrituras e yendo hacia la tradición como su autoridad para la fe y prácticas. Los que se aferraron a las Escrituras y los que la abandonaron no podían caminar juntos. Una falla dentro de la cristiandad iba creciendo justamente debajo de la superficie. Esta había estado allí durante muchos años. Pablo habló de esta grieta. *"Porque yo sé que después de mi partida entrarán en medio de vosotros lobos rapaces, que no perdonarán al rebaño. Y de vosotros mismos se levantarán hombres que hablen cosas perversas para arrastrar tras sí a los discípulos,"* **Hechos 20:29-30.** Para cuando Constantino unió a la Iglesia con el Estado, la brecha era enorme, entre las iglesias fieles a las Escrituras y las otras inclinadas por la tradición. El maridaje fue el catalizador que hizo que se abrieran pronto estas grietas.

Muchas iglesias, por su fidelidad a las creencias y prácticas neotestamentarias, son vistas por parte de muchos historiadores modernos como *herejes.* Ellas se disociaron de las iglesias que abandonaron las Escrituras en favor de la tradición, y se unieron con el Estado. Estas iglesias que se alejaron no eran herejes. Eran las tradicionalistas las que se apartaron de las Escrituras. Cualquier persona razonable debe admitir que la línea principal original del cristianismo fue de la clase apostólica presentada en el Nuevo Testamento. Los grupos que se desprendieron fueron los que se alejaron de este modelo, no los que siguieron fieles. Las iglesias que se unieron al Estado se apartaron de las Escrituras y se hicieron cada vez más corruptas. Con los siglos varias otras también se volvieron corruptas. Es importante tener en mente quien dejó a quien.

PREÁMBULO DE LA HISTORIA DE LOS FIELES A LA DOCTRINA Y PRÁCTICA DEL NUEVO TESTAMENTO

No pasó mucho tiempo, para que aquellas iglesias que rechazaron ser parte de la Iglesia estatal romana, perdieran aceptación tanto de los líderes políticos como los de la Iglesia estatal en Roma. Constantino quería utilizar al cristianismo como cemento para su imperio. [1] Él soñó con restaurar la antigua gloria del imperio y "creía que podía ser mejor lograda sobre la base del cristianismo". [2] Naturalmente, tener a todas las iglesias en su redil servía a sus propósitos. No le agradaba cuando surgió la división en la cristiandad. El Concilio de Nicea fue su esfuerzo directo por terminar la controversia y unir a todas bajo su liderazgo estatal. [3] La brecha entre las apóstatas y las fieles era mucho más grande de lo que Constantino pudo percatarse. El Concilio de Nicea no logró incluir en su redil a las iglesias fieles a la doctrina y práctica neotestamentaria. "Dejemos recordado categóricamente que cuando Constantino hizo su llamado al concilio, hubo muchos de los cristianos (bautistas) e iglesias que no acudieron a dicha cita. No querían ningún maridaje con el Estado, ni un gobierno religioso centralizado, ni tampoco un gobierno eclesiástico superior de ningún tipo, más que el de la iglesia individual". [4]

La mayoría de los historiadores modernos describen a estos creyentes e iglesias neotestamentarias como herejes, corruptas e ilegítimas. Si eso fuera cierto, las iglesias que dejaron las Escrituras por la tradición constituyen la línea verdadera del cristianismo, que se remonta a Jesucristo. No hay cómo evitar esa conclusión; sin embargo, la misma no es válida. Los hombres herejes no lo son por adoptar y mantener las enseñanzas de Jesucristo y Sus apóstoles como presentadas en el Nuevo Testamento. Como podremos ver, hubo una línea ininterrumpida de creyentes e iglesias neotestamentarias fieles que se remonta a Cristo.

La existencia de aquellas iglesias verdaderas ha sido documentada en registros históricos durante muchos siglos. Por ser pobre e iletrada la mayoría de la gente de estas iglesias, ellos no escribieron registros históricos. Más aún, lo que era escrito era quemado o destruido por la Iglesia estatal que se oponía a ellos y los perseguía. La mayoría de los registros de aquellos creyentes verdaderos y sus iglesias provienen de sus opresores; no obstante, algunos en esta línea sí dejaron registros. Como ellos eran torturados, mutilados, y masacrados por cifras millonarias, se dejó constancia de los cargos formulados en contra de ellos. Fueron perseguidos, a menudo hasta darles muerte, por creer en las Escrituras como la única autoridad para la fe y práctica; por creer que la salvación es solamente por gracia a través de la fe personal en Cristo, no de rituales institucionales; por rechazar el bautismo de infantes; por rebautizar a los convertidos que habían sido bautizados por las iglesias estatales antes de que fueran salvos, y por otras creencias bíblicas semejantes. Los cargos de sus adversarios identifican a esta gente como existente y perteneciente a la línea de creyentes e iglesias que se mantuvo fiel a la fe y práctica del Nuevo Testamento, desde Jesús hasta el presente.

Historias extensas catalogando su existencia, creencias y prácticas han sido escritas, particularmente en los siglos dieciocho y diecinueve. Hombres como J.M. Cramp (*Historia Bautista*, 1856-58), D.B. Ray (*La Sucesión Bautista*, 1870), J.R. Graves (*Viejo Landmarkismo*, 1880), William Cathcart (*La Enciclopedia Bautista*, 1883), Thomas Armitage (*Historia de los Bautistas*, 1887), W.A. Jarrel (*Historia o Perpetuidad de la Iglesia Bautista*, 1894), Juan T. Christian (*Una Historia de los Bautistas*, 1922), J.M. Carroll (*El Rastro de Sangre*, 1931) y G.H. Orchard (*Una Historia Concisa de los Bautistas*, 1938) son solo unos pocos de los que documentaron esto. Ellos fueron comprensivos con esta línea de creyentes e iglesias, pero eran también muchos de los que no fueron comprensivos y no obstante verificaron su existencia, creencias y prácticas. Entre estos estuvieron hombres tales como John Lawrence Mosheim (*Una Historia Eclesiástica, Antigua y Moderna*, 1821), Augustus Neander (*Historia General de la Religión e Iglesia Cristiana*, 1851), Edward Gibbon (*El Decline y la*

Caída del Imperio Romano, 1899), y Philip Schaff (*Historia de la Iglesia Cristiana*, 1910). Tenga por seguro que gran cantidad de otras fuentes abundan.

Una nueva generación de historiadores emergió en el siglo veinte. La misma se propuso y aun se propone negar y desacreditar todas las historias previas que dieron credibilidad a la línea de iglesias que a través de los siglos se mantuvo fiel al cristianismo de primer siglo. Lo hacen en nombre de la erudición científica. W. Morgan Patterson fue uno de los principales proponentes de este nuevo tipo de historia. Este escribió que aquellos historiadores de años anteriores no ejercieron una "aplicación de la precisión e investigación objetiva". [5] Él los acusó de "dependencia indebida de fuentes secundarias (y su habitual acompañante, la falta de fuentes primarias)". [5] Patterson y los de su clase acusaron de no tener rigor científico a los historiadores de la generación pasada. "Todos los registros de aquellos hombres piadosos, algunos de los cuales emplearon gran parte de sus vidas ministeriales investigando en bibliotecas polvorientas para los hechos que registraron, fueron apartados caprichosamente por 'carecer de rigor científico.'" [6]

No es de sorprender a alguno que aquellos grandes historiadores que investigaron la línea verdadera durante tantos siglos no citaron más fuentes *primarias*. La Iglesia estatal se aseguró tanto como pudo de que no hubiera fuentes *primarias*. Las destruyeron y entonces escribieron relatos de su propia invención haciendo ver a aquellos creyentes de la Biblia lo peor posible. A pesar de esto, sus propios relatos validan la existencia y las posiciones de estos cristianos. Observar la propia mano al frente de su rostro puede que no sea una *prueba científica*, pero para la gente razonable es prueba suficiente. Asimismo, los registros de la gente que los persiguió son prueba suficiente. "Para *Comentarios sobre la guerra de las Galias* de César (compuesta entre el 59 a.C. y el 17 d.C.) hay varios manuscritos existentes, pero solo nueve o diez son buenos, y el más viejo es de algunos 900 años después de los tiempos de César". [7] Es extraño que la nueva generación de historiadores no tenga problema con aceptar este escrito acerca de César. No lo rechazan por *carecer de rigor científico* debido a la escasez de *fuentes primarias*. Lo mismo se puede argumentar sobre muchos otros documentos viejos, pero ampliamente aceptados. Estos nuevos historiadores también citan razonando *a priori* (conclusiones no apoyadas por hechos) como justificación para rechazar la investigación de estudiosos del pasado que escribieron historias sobre la línea de iglesias que se negaron a alinearse con Roma. Para los cristianos creyentes en la Biblia, la promesa de Jesús acerca de que las iglesias como la que Él estableció en Jerusalén continuarían hasta Su retorno es razón suficiente para presuponer que lo ha hecho y continuará existiendo. Cuando miramos la historia, esperamos encontrar evidencia histórica que compruebe la afirmación de Jesús. El hecho de que Jesús hizo la promesa, y nos anticipemos a encontrar pruebas históricas para validar la promesa, no hace a la evidencia falsa, inválida o no apta para afirmaciones históricas. Aun así, las posiciones tomadas en este libro son altamente desestimadas y rechazadas debido a las razones escolásticas ya citadas.

LOS MONTANISTAS

Uno de los primeros grupos de iglesias en adoptar una postura mayor en contra del alejamiento creciente del cristianismo de primer siglo fue el de los montanistas. (No asuma que estos necesariamente fueron las primeras o las únicas iglesias en disentir, o que la pureza era el único problema involucrado. La amplia popularidad de los montanistas es indicativa del descontento ampliamente difundido a causa de las desviaciones de tantos pastores e iglesias del cristianismo de primer siglo).

Montano "era un frigio que surgió aproximadamente el año 156 d.C.". [8] Montano y aquellos que lo siguieron, se desilusionaron cada vez más con la carnalidad que impregnaba cada vez más la cristiandad. "Montanismo no era, originalmente, una desviación de la fe"; [9] "No era una nueva forma del cristianismo: era un rescate de lo antiguo, la iglesia primitiva puesta en contra de las corrupciones obvias de la cristiandad actual". [10]

Los montanistas se sostuvieron muy firmemente a la regla tradicional de la fe. Ellos creyeron en la salvación por la fe personal en Jesucristo y se opusieron al bautismo infantil. Los montanistas también hicieron hincapié en el sacerdocio universal de todo cristiano, y así rechazaron el episcopado (una jerarquía eclesiástica sobre la gente común) que crecía en muchas iglesias. También eran fuertes creyentes en el Reino Milenario venidero. Esperaron el retorno de Cristo y el establecimiento de Su reino en cualquier momento. Su énfasis en cosas terrenales, materiales era mínimo. También hicieron hincapié en la pureza de vida. Mucho antes de Constantino, los montanistas se opusieron fuertemente al gobierno externo encima de una iglesia particular. Eso incluiría a ningún control gubernamental sobre una iglesia, y a ningún control de alguna iglesia sobre otra. En conformidad con su posición habitual, ellos se negaron a formar parte del maridaje constantino entre Iglesia y Estado. [11] "Los montanistas estuvieron profundamente arraigados en la fe, y sus antagonistas admitieron que ellos aceptaron las Escrituras del Antiguo y Nuevo Testamentos completamente, y ellos eran sanos en sus conceptos del Padre, y del Hijo, y del Espíritu Santo". [12]

Como las iglesias de cada edad, el montanismo no estaba exento de debilidades. Montano "buscó una continuidad forzada de los DONES MILAGROSOS de la iglesia apostólica". [13] Esto incluyó "la continuidad de la profecía" y "enunciados oraculares extasiados". [14] Fueron fanáticamente ascéticos y severos en la disciplina de la iglesia. "Insistieron en que aquellos que se habían 'deslizado' de la fe verdadera, deberían rebautizarse, porque ellos habían negado a Cristo y tendrían que ser bautizados nuevamente. Por esta razón ellos eran denominados 'Anabaptistas.'" [15]

El montanismo encontró simpatía extensa a lo largo del imperio, sobre todo en África del Norte. Los montanistas continuaron en África hasta el siglo sexto. Ellos también "tenían muchos adherentes en Frigia, Galacia, Capadocia, Cilicia y en Constantinopla". [16] "Montanismo continuó durante siglos, y finalmente se conoció bajo otros nombres". [17] Tertuliano se volvió montanista y abanderó muchas posiciones del montanismo. [18]

Las iglesias que se desviaron más del cristianismo de primer siglo se opusieron vigorosamente a los montanistas. Ellos fueron condenados por muchos concilios. [19] Como otros grupos de iglesias que se opusieron al abandono de la cristiandad de primer siglo, los montanistas llegaron a ser *herejes* y crearon iglesias corruptas, según los que crecían en poder. Se volvieron los objetos de desprecio y de persecución. Una vez que las iglesias corruptas del momento se unieron con el Estado romano y tuvieron el poder del Estado de respaldo, hacían guerra cada vez más en contra de todos los que no se les unían. Esto incluyó a los montanistas, que con el tiempo también se desviaron de sus raíces.

LOS NOVACIANOS

Debe tenerse presente que los cristianos estaban bajo la persecución severa antes del Edicto de Milán en 313. Multitudes fueron martirizados. Ante tal coacción muchos cristianos huyeron, se deslizaron e incluso se retractaron. Alrededor de 250, un cisma surgió en Cartago acerca de la elección de Cipriano como obispo. Cipriano vio a las iglesias como una, no como muchas. Él también creyó que el pastoreado de la iglesia en Roma era rastreable hasta Pedro. Es más, sentó las bases a favor de la transubstanciación enseñando que los clérigos son sacerdotes sacrificiales que ofrecen el cuerpo y la sangre de Cristo en el servicio de la comunión. [20] Cipriano encontró oposición en Novatus, un líder de la iglesia de carácter y espíritu cuestionables. [21] La oposición de Novatus era principalmente a la reincorporación de Cipriano después de haber huido en las persecuciones; sin embargo, su oposición no se limitó a un solo problema. Muchas veces aquellos que se oponen están esperando por una excusa, una clavija en que colgar un sombrero, un catalizador. Cipriano huyó poco después de que fuera elegido obispo debido a la persecución. Cuando intentó volver, el cisma se convirtió en una división que centró en si aquellos deslizados ante la persecución deberían re-admitirse en la iglesia, o no. Cipriano fue cuestionado por la iglesia en Roma.

Cornelio, el obispo de Roma, favoreció la readmisión de aquellos deslizados. Novaciano era un predicador de la iglesia romana que discrepaba del obispo Cornelio. [22] El mismo pensó que Cornelio se eligió bajo falsas pretensiones, por lo que convocó a unos obispos rápidamente para hacerse obispo de Roma. Cornelio llamó un concilio sobre esta elección apresurada. Sesenta obispos asistieron y Novaciano fue excomulgado. [23] El cisma se extendió. Muchos de los montanistas corrieron hacia Novaciano. [24] Aunque el cisma inicial de Novaciano había tratado sobre la pureza y la readmisión a la iglesia, muchos de los novacianos afirmaron la doctrina y prácticas neotestamentarias de los montanistas. Debido a las persecuciones severas a las que se enfrentaron, los novacianos fueron forzados a esconderse; sin embargo, ellos continuaron floreciendo durante muchos siglos. Ellos fueron llamados por una variedad de nombres, incluso cátaros, que quiere decir puros. Ellos también se llamaron anabaptistas porque ellos bautizaron aquellos que acudieron a ellos provenientes de iglesias falsas. [25]

> **Cátaro significa puro**

LOS DONATISTAS

El donatismo desarrolló hacia el final del siglo tercero y llegó a la madurez poco después del final del siglo cuarto. Al igual que el novacianismo, también estaba arraigado en la controversia sobre la disciplina de la iglesia y el martirio. En 311 Ceciliano fue elegido obispo de Cartago. Un movimiento anteriormente originado por un hombre nombrado Donato rechazó a Ceciliano y logró deponerlo y reemplazarlo con Majoriano. Cuando Majoriano murió dos años después, otro hombre llamado Donato tomó su lugar. Este Donato era un hombre dotado de gran carisma, y es de él que el movimiento tomó su nombre. [26] "Los obispos de Roma y de otras varias ciudades importantes declararon a Ceciliano como el verdadero obispo de Cartago, y que Majoriano y Donato eran usurpadores". [27] Sin éxito, los donatistas intentaron conseguir la aprobación de Constantino. Este no solo se negó a estar de su lado, sino que además les advirtió que detuvieran el cisma o enfrentarían penalidades severas. [28]

Los donatistas rechazaron el bautismo infantil y eran congregacionales en su forma de gobierno. Un gran esfuerzo se ha hecho para desacreditar a los donatistas. Así como hay hoy entre los bautistas gran diversidad, y algunos bautistas se han desviado de la fe, igualmente había donatistas que se desviaron del camino. Esto no los hace corruptos a todos. Durante varios siglos los donatistas afirmaron que solo ellos constituían la iglesia pura. En doctrina y prácticas, su línea principal fue anabaptista y una parte de la línea de iglesias verdaderas que se remonta hasta Jesucristo. [29]

RESUMEN Y DECLARACIÓN

Como un número creciente de iglesias se alejó más y más de la cristiandad de primer siglo, algunos se apartaron y se hicieron ermitaños. "Otros simplemente declararon que la Iglesia en general se había corrompido, y que ellos eran la verdadera Iglesia... Hubo muchos cristianos que permanecieron firmes en su fe, y como resultado sufrieron encarcelamiento, tortura e incluso la muerte". [30] Los que fueron mencionados aquí no son todos los que se mantuvieron fieles; ellos son ejemplos específicos y documentables de aquellos que lo hicieron. Estos cristianos e iglesias fieles continuaron con varios nombres y en varios lugares a través de los siglos siguientes. Al avanzar en este libro, identificaremos a muchos de ellos. Para entender y apreciar apropiadamente la situación en la que estas iglesias verdaderas se encontraron, será también necesario seguir el desarrollo y la historia de la Iglesia estatal romana que llegó a ser eventualmente la Iglesia Católica.

---

[1] Carl Deimer, Professor, *History of Christianity I (Historia del Cristianismo I)*, Videoconference 6, Liberty University DLP, 2004.

[2] Justo L. Gonzalez, *The Story of Christianity (La Historia del Cristianismo)*, vol. 1, (San Francisco: HarperCollins Publishers, 1984), 118.

[3] Deimer.

[4] J.M. Carroll, *The Trail of Blood (El Rastro de Sangre)*, (Lexington, Kentucky: Ashland Avenue Baptist Church, 1992), 16.

[5] Morgan W. Patterson, *Baptist Successionism: A Critical View (Sucesionismo Bautista: Una Perspectiva Crítica)*, (Valley Forge, Pennsylvania: Judson Press, 1969), 23.

[6] I.K. Cross, *The Battle for Baptist History (La Batalla por la Historia Bautista)*, (Columbus, Georgia: Brentwood Christian Press, 1990), 119.

[7] F.F. Bruce, *The New Testament Documents: Are They Reliable? (Los Documentos del Nuevo Testamento: ¿Son confiables?)* (Downers Grove, Illinois: InterVarsity Press, 1981), 11.

[8] John T. Christian, *A History of the Baptists (Una Historia de los Bautistas)*, vol. 1, (Texarkana, Ark.-Tex.: Bogard Press, 1922), 43.

[9] Philip Schaff, *History of the Christian Church (Historia de la Iglesia Cristiana)*, vol. 2, (Peabody, Massachusetts: Hendrickson Publishers, 2002), 417.

[10] Christian,

[11] Schaff, 421-427.

[12] Christian, 43-44.

[13] Schaff, 423.
[14] Ibid.
[15] Christian, 43.
[16] Schaff, 421.
[17] Christian, 44.
[18] Schaff, 420.
[19] Deimer, Conferencia 8.
[20] Earle E. Cairns, *Christianity Through the Centuries: A History of the Christian Church (El Cristianismo a Través de Los Siglos: Una Historia de la Iglesia Cristiana)*, 3rd ed., (Grand Rapids, Michigan: Zondervan, 1996), 107-108.
[21] Schaff, 194.
[22] Gonzalez, 88-90.
[23] Schaff, 196-197.
[24] Deimer.
[25] Christian, 44-45.
[26] Schaff, vol. 3, 360-361.
[27] Gonzalez, 152.
[28] Deimer.
[29] Christian, 45-47.
[30] Gonzalez, 151-152.

Libros Sobre las Iglesias Verdaderas

Estas historias exhaustivas de iglesias verdaderas catalogan su existencia, sus creencia y sus prácticas.

Año		
1856-58	J.M. Cramp	*Historia Bautista*
1870	D.B. Ray	*La Sucesión Bautista*
1880	J.R. Graves	*Landmarkismo Antiguo*
1883	William Cathcart	*La Enciclopedia Bautista*
1887	Thomas Armitage	*Historia de los Bautistas*
1894	W.A. Jarrel	*Historia o Perpetuidad de la Iglesia Bautista*
1922	John T. Christian	*Una Historia de los Bautistas*
1931	J.M. Carroll	*El Rastro de Sangre*
1938	G.H. Orchard	*Una Historia Concisa de los Bautistas*

Estos libros verifican la existencia, las creencias y prácticas de las iglesias verdaderas.

1821	John Lawrence Mosheim	*Una Historia Eclesiástica, Antigua y Moderna*
1851	Augustus Neander	*Historia General de la Religión e Iglesia Cristiana*
1899	Edward Gibbon	*El Declive y la Caída del Imperio Romano*
1910	Philip Schaff	*Historia de la Iglesia Cristiana*

Montanistas (D. C. 156)

Su Postura:

Muy firmemente se aferraron a la regla tradicional de la fe

Creyeron en la salvación por una fe personal en Jesucristo

Se opusieron al bautismo infantil

Enfatizaron fuertemente el sacerdocio universal de todos los cristianos

Rechazaron al episcopado y la jerarquía que estaba creciendo en muchas iglesias

Creyeron fuertemente en el Reino venidero del Milenio

Mínimo énfasis en las cosas terrenales y materiales

Enfatizaron en la pureza de vida

Hicieron hincapié en el estilo de vida devoto en la gente de Dios

Se opusieron categóricamente al gobierno externo sobre una iglesia

Montanistas (D. C. 156)

Sus Debilidades:

Quisieron la continuación de los dones milagrosos de la iglesia apostólica

Esto incluyó la continuación de la profecía y las manifestaciones divinas inspiradas

Eran fanáticamente ascéticos y severos en la disciplina de la iglesia

Re-bautizaron a personas que no pertenecían a la verdadera fe porque no habían aceptado originalmente a Cristo como su Salvador personal y debían bautizarse otra vez. Fueron llamados Anabaptistas por causa de esto.

Capítulo 12

El Mal Fortalece su Control

Entender y apreciar a los verdaderos cristianos e iglesias requiere de conocimiento acerca de los cristianos e iglesias falsos. Los verdaderos cristianos e iglesias intentaron, con mucha diligencia, quedarse fieles al cristianismo de primer siglo. Los falsos afirmaron ser la línea principal del cristianismo, pero suplantaron las Escrituras a favor de sus propias ideas o tradiciones. Por consiguiente, mientras este libro avanza cronológicamente, se le prestará atención a los verdaderos y a los falsos. Ambos grupos afirmaban ser los verdaderos cristianos. El grupo falso creció cada vez más fuerte y buscó el control total. Cada vez más este grupo se vio como una Iglesia, no como muchas. Este grupo eligió como blanco a todos los que se negaron a estar de acuerdo con, apoyar a, y unirse a sus filas. Aquellos que rehusaron fueron marcados como herejes. La Iglesia estatal establecida creció más fuerte y buscó eliminarlos por cualquier medio necesario, y hacerlo con poder estatal. La conexión de depredador y presa se desarrolló; por cientos de años se volvió imposible entender el uno sin el otro.

LA ASCENSIÓN DE LA IGLESIA CATÓLICA

Antes de Constantino, la iglesia en Roma se había elevado en prestigio, influencia y poder. Esa elevación aceleró cuando él vino al poder. A principios del siglo 13ro, la iglesia falsa con sede en Roma dominó el mundo occidental y gran parte del este. Aunque no había ningún papa verdadero antes de 600, [1] el fundamento fue establecido el cual facilitaría el desarrollo y crecimiento de una organización eclesiástica que dominaría gran parte del mundo durante muchos siglos. Desde que esta organización agresivamente persiguió a los cristianos e iglesias verdaderos, es importante entender cómo se formó y creció.

CONSTANTINO

Constantino vio la cristiandad como una valiosa herramienta con el potencial de unir una fuerza religiosa poderosa con el poder del Estado. Cuando él profesó que se había vuelto un cristiano y proporcionó el apoyo estatal al cristianismo uniendo la iglesia cristiana con el Estado romano, la Iglesia estatal tuvo autoridad y poder inmediatos. Cuando Constantino se hizo gobernante único en 323, hizo al cristianismo la religión preferida del imperio inmediatamente y se declaró obispo principal. [2] En aquellos momentos Constantino residía en Roma. Su ubicación dictó obviamente que sus comunicaciones y tratos con personas de la iglesia eran principalmente con el pastor y oficiales de la iglesia en Roma. El pastor en Roma, generalmente llamado obispo de Roma, llegó a se una persona importante en los esfuerzos de Constantino por controlar el inmenso número de iglesias a lo largo del imperio, las cuales vio como una. La política exigió un apoyo unificado por parte de las iglesias, y eso requirió una línea abierta de comunicación. El pastor en Roma era el más fácilmente accesible y renombrado de todos los líderes eclesiásticos. Naturalmente, el prestigio e influencia que ganó debido a su acceso e influencia sobre el emperador era enorme.

> **Constantino tuvo autoridad y poder inmediatos como el obispo principal del cristianismo**

PASTORES FUERTES Y CARISMÁTICOS EN ROMA

Aniceto (157 C. – 168 C.) [3]

Incluso antes de Constantino, los pastores en Roma crecieron en prestigio y poder. Roma era la capital y ciudad principal en el imperio. La iglesia creció allí y se reprodujo. Varios pastores de la iglesia en Roma establecieron precedentes con ramificaciones enormes. Uno de aquellos hombres era Aniceto que ganó el título de obispo monárquico (uno que está por encima de varios *presbíteros* o pastores). Por este tiempo había varias congregaciones en Roma. A la luz de la eclesiología corrupta creciente (teología con respecto a la iglesia) de esa época, la iglesia grande en Roma no vio las iglesias más pequeñas como congregaciones separadas y autónomas. En cambio, ellas se vieron meramente como extensiones de una iglesia romana. Este concepto fue imitado por todo el imperio. El concepto bíblico de cuerpos locales y autónomos, estaba desapareciendo del pensamiento de la línea principal.

La apropiación de poder por encima de otras iglesias por parte de pastores en Roma estaba imponiéndose. En 190, Víctor era obispo de Roma. Porque él se opuso a Polícrates de Éfeso, Víctor excomulgó las iglesias de Asia. [4] Las iglesias más grandes buscaron dominar a las iglesias más pequeñas.

> **Un obispo monárquico es un obispo con autoridad sobre varios pastores**

Inocente (402-417) [5]

Otro pastor notable u obispo de la iglesia en Roma era Inocente, primer obispo de Roma en afirmar que Pedro tenía una tradición y que él estaba en ella. Sin pruebas o evidencias, Inocente creó una lista de pastores de la iglesia en Roma los quienes él afirmó que eran de sucesión y autoridad directas de Simón Pedro. Esta línea es llamada *Tradición Petrina* y se mantiene hasta el presente como un pilar de la Iglesia Católica y su papa. Esta es la evidencia clave de los católicos para su afirmación de que ellos son la iglesia verdadera y que el papa es la cabeza suprema de toda la cristiandad.

En la controversia pelagiana que agitó al cristianismo durante la época de Inocente, tanto Pelagio como cinco de los obispos más influyentes de África del Norte enviaron cartas a Inocente para su opinión. "Él elogió a los africanos por haberse dirigido a la iglesia de San Pedro, ante la cual era apropiado que debieran traerse todos los asuntos de la Cristiandad". [6] Es obvio que la mano de la iglesia romana estaba fortaleciendo más.

La *Tradición Petrina* es una lista de pastores de la iglesia en Roma que supuestamente tenían sucesión y autoridad directas de Simón Pedro

---

León I (440-461) [7]

León I sacó provecho de la afirmación de que los pastores de la iglesia de Roma estaban en la línea de sucesión directa de Simón Pedro. Citó Escrituras para fundamentar su reclamo incluyendo a **Mateo 16:18-19, Lucas 22:31-32 y Juan 21:15-18.** [8] Aunque no hay ninguna razón hermenéutica válida por hacerlo, León I afirmó que aquellos pasajes enseñaban que la Iglesia se edificaba sobre Pedro. Él hizo la conjetura de que Pedro era así la cabeza de todo el cristianismo, y que cada siguiente pastor de la iglesia en Roma ocupa ese papel y estatus.

León I tenía "una habilidad, una audacia, y una unción no desplegadas por ninguno de sus predecesores, ni por algunos de sus sucesores". [9] Cuando la corrupción y la inmoralidad amenazaron con destruir la Iglesia estatal, un concilio de más de 700 obispos fue convocado en Calcedonia (cerca de Constantinopla). El 10 de octubre de 451 se leyó a la asamblea la *Epístola Dogmática*. Se leyeron las decisiones de León acerca de los problemas pertinentes a la asamblea. "¡Esa es la fe de los Padres! ¡Esa es la fe de los apóstoles! ¡Así todos nosotros creemos! ¡Así el ortodoxo cree! ¡Sea anatema aquel que crea de otra manera! Pedro ha hablado así por boca de León. ¡Incluso así Cirilo enseñó! Esa es la verdadera fe". [10] Está claro que la voz del pastor de la iglesia en Roma estaba subiendo en primacía sobre todas las otras voces. También está claro que pastores de la Iglesia estatal del imperio estaban pensando en términos de una Iglesia, no de muchas. Ellos también vieron que lo que la Iglesia estatal enseñó era la verdad y la ortodoxia. Todos los que creyeron diferente fueron malditos. Es más, lo que la Iglesia (nunca más las iglesias) como un todo creyó fue expresado mejor por el obispo de Roma cuya voz cargó la autoridad suprema. La posición de León estaba clara: cuando él habló, Pedro había hablado. Increíblemente, la multitud de obispos en Calcedonia estaba ovacionando cuando lo dijo. No es difícil ver cuál fue la postura de los donatistas, novacianos y otros, que nunca fueron parte de la Iglesia del Estado y rechazaron tal doctrina anti-bíblica.

Gregorio I (590-604) [11]

Gregorio I era uno de varios pastores de la iglesia en Roma que hizo alianzas políticas y militares con los nuevos poderes políticos que surgieron mientras el gobierno político romano se hacía más débil. Durante el reinado de Gregorio, por primera vez la Iglesia dirigió al Estado, en lugar del Estado dirigir a la Iglesia como en los tiempos de Constantino. "Para mí esto lo hace justificadamente el primer papa porque él hizo lo que, según mi parecer, es esencial para el núcleo de la institución del papado católico romano; esta es la unión de la Iglesia y el Estado". [12]

Debido a su poder enorme y su posición en cuanto a que todos los que no apoyaron sus creencias y prácticas eran herejes rebeldes, es entendible que los cristianos e iglesias, que no sometieron al poder y las posiciones de Gregorio, fueron rechazados y rigurosamente perseguidos.

Puede decirse seguramente que por esta etapa la Iglesia Católica había entrado en existencia y que había subido a una posición de gran poder.

LA POSICIÓN GEOGRÁFICA DE ROMA

Los líderes de muchas iglesias en el imperio romano estaban rivalizando por la posición de supremacía. Los de Jerusalén sostenían que la iglesia de Jerusalén y su pastor debían tener autoridad suprema y la principal, la voz gobernante sobre *la Iglesia* porque fue la primera iglesia en existir. Los de Antioquía buscaron supremacía debido a Pablo y la reputación de esta iglesia como un centro misionero. Una escuela poderosa e influyente había surgido en Alejandría. Éfeso también deseó supremacía como lo hizo Constantinopla.

Una de las grandes razones por las que Roma prevaleció finalmente era su situación geográfica. Al instante que se hizo emperador Constantino, el obispo de Roma se hizo el obispo más importante, poderoso e influyente en el imperio entero. La capital estaba allí y el emperador consideró que la voz del obispo de Roma sería la voz de la Iglesia como un todo. Es más, cuando el emperador decía algo al obispo de Roma, consideraba haberlo dicho a la Iglesia entera. Con Constantino en el poder, el pastor de la iglesia en

Roma tenía el poderío estatal de respaldo. El forcejeo grande entre las iglesias por la supremacía había continuado por décadas; con el maridaje de la Iglesia y el Estado, la competición acabó. Roma era la suprema entre las iglesias que aceptaron la idea de una Iglesia universal y el concepto de la iglesia estatal.

EL TRASLADO DE LA CAPITAL A CONSTANTINOPLA

Primeramente, puede parecer extraño decir que el traslado de la capital de Roma a Constantinopla fortaleció la mano del obispo de Roma grandemente, pero sí lo hizo.

Constantino "chocó con los intereses del senado romano". [13] Además los germanos y otros grupos bárbaros estaban poniendo presión significante en sus fronteras norteñas. El traslado a Bizancio reubicó su capital del borde de su reino, acercándolo más a su centro. [14] En el 330, Constantino movió su capital de la ciudad de Roma a Bizancio y renombró la nueva ciudad denominándola "Constantinopla" que significa "la ciudad de Constantino". [15] Debido a su proximidad al Bósforo a través del cual toda la navegación entre los Mares Negro y Mediterráneo pasaban, Constantinopla fue una ubicación muy estratégica.

Por esta época el obispo de Roma era respetado como el obispo superior y principal del imperio. Mientras que Constantino vivió en Roma, tuvo dominio sobre el obispo; sin embargo, eso cambió dramáticamente cuando Constantino se marchó tan lejos. Con la tremenda autoridad que había logrado, el obispo de Roma tenía de repente el poder para hacer cualquier cosa a su antojo. Por defecto este se volvió la cabeza de la política en Roma, así como la de la Iglesia. Cuando Constantino salió, los gobernantes germanos se instalaron y los obispos carismáticos de la iglesia en Roma empezaron a hacer tratos con ellos. A estas alturas la Iglesia empezó a dictar al Estado; no al Estado romano viejo, sino a los Estados germánicos y franceses que se encontraban recientemente surgiendo. Desde su ubicación oriental distante en Constantinopla había muy poco que los emperadores romanos feudales y debilitados pudieran hacer acerca de la creciente base de poder de la Iglesia romana. El obispo romano llegó a ser rápidamente el superior del oeste. [16]

CONTROVERSIAS DOCTRINALES

Mucho antes de Constantino, las controversias doctrinales continuaban encarnizadamente en las filas de la cristiandad. Muchas eran sobre la deidad de Cristo.

La controversia arriana

Ario argumentó que Jesús era diferente y no igual a Dios el Padre. Ario dijo que Jesús fue creado y no eterno. Atanasio de Alejandría argumentó que Jesucristo era idéntico al Padre en substancia. Los cristianos a lo largo del imperio tomaron partido. Eusebio, que estaba cerca de Constantino y quién se llama a menudo el padre de la historia eclesiástica, ofreció una solución intermedia. Dijo que Jesús es similar al Padre.

Atanasio prevaleció. En el Concilio de Nicea la mayoría votó unánimemente por que Cristo era "la misma substancia, el mismo ser, coeterno con el Padre, distinto del Padre solo personalmente". [17]

El obispo de Roma estaba en el lado premiado; su mano fue fortalecida.

La controversia nestoriana

Esta controversia fue acerca de cómo Jesús podía ser tanto completamente Dios como completamente hombre. El término griego theotokos era confuso para muchos. Theos es la palabra para "Dios" y tokos es la palabra para "portador". La controversia tuvo que ver con si María era la portadora de Dios o no. El debate se extendió por lo largo del imperio.

En 451 León I, quién era el obispo de Roma, envió una carta al Concilio de Calcedonia declarando que "Cristo tiene dos naturalezas, sin confusión, sin el cambio, sin la división, sin la separación". [18] Esto es generalmente conocido como la unión hipostática.

De nuevo el obispo de Roma asumió una alta autoridad. El hecho de que su posición prevaleció aumentó su prestigio.

La controversia pelagiana

Pelagio defendió que los hombres tienen libertad de opción y que ellos son responsables ante Dios de tomar buenas decisiones. Pelagio ignoró el pecado original y dijo que el mismo es solamente opcional. Una ramificación de esta posición es que, si ellos escogieran hacerlo así, las personas (incluso los niños) podrían vivir vidas libres de pecado. Haciéndolo de esa manera ellos nunca morirían.

Agustín encabezó el lado contrario en esta controversia. Él defendió el pecado original y contra el libre albedrío del hombre. Defendió fuertemente las doctrinas de la gracia soberana que fueron enunciadas después por Juan Calvino. También tomó la postura de que deben bautizarse niños para lavar la mancha del pecado original. El bautismo se vio, así como un sacramento necesario para el lavado de pecados. Esto obviamente encajó con la teología de la salvación institucional en desarrollo de la Iglesia estatal.

La controversia iconoclasta

El problema en esta controversia tenía que ver con cuándo un icono se vuelve un ídolo. Los católicos occidentales que simpatizaron con Roma tomaron la posición de que una figura completa de una imagen es solo un icono, no un ídolo. Los católicos orientales que simpatizaron con Constantinopla tomaron la posición de que las figuras completas son ídolos, pero las figuras de superficie plana son iconos.

Las iglesias occidentales estaban repletas de imágenes de figuras completas, así como las figuras planas. Los iconoclastas quisieron destruir a los iconos. Muchos de ellos lo hicieron así dramáticamente con hachas y martillos, y con el apoyo de su iglesia y líderes políticos. La controversia dividió agudamente a las iglesias estatales orientales y occidentales. Un hombre sugirió que "si usted puede con dos dedos sacar las imágenes de la pared," usted debe destruirlas. [19]

ORIENTE VERSUS OCCIDENTE

El cristianismo de la Iglesia del Estado estaba llegando a ser severamente dividido de muchas maneras, entre el este y el oeste. Muchas de las controversias hicieron que los dos lados se vieran enfrentados. El movimiento de la capital dividió la Iglesia estatal del imperio en dos campamentos, el occidental con su sede en Roma y el oriental con su sede en Constantinopla. La alineación gradual del imperio en dos entidades políticas exacerbó la división.

Mientras las iglesias orientales continuaron encontrándose bajo el mando de los emperadores del viejo imperio romano, las iglesias occidentales se encontraron cada vez más bajo el poder del obispo de Roma. Como veremos en capítulos que están justamente adelante, eventos mayores estaban sobre el horizonte que impactarían dramáticamente al panorama político global de la Iglesia estatal.

Aunque las iglesias que continuaron practicando el cristianismo de primer siglo y fueron impactadas e influenciadas hasta cierto punto por todos estos desarrollos, por la mayor parte ellas ni fueron involucradas en las controversias, ni arrastradas bajo el control del obispo de Roma. No importó cuán distanciadas ellas intentaron estar, finalmente no pudieron salir ilesas del daño. Las iglesias del orden establecido las buscaron y las persiguieron activamente.

---

[1] Gregorio I fue el primer obispo de la iglesia romana en subyugar con éxito políticamente y militarmente a las autoridades estatales. Hasta que esta posición de poder se lograse, el término *papa* no podría ser utilizado legítimamente en referencia al oficial principal de la Iglesia Católica Romana; sin embargo, la referencia al obispo de Roma como el papa ocurrió mucho tiempo antes de 600 d.C.

[2] Carl Deimer, Professor, *History of Christianity I (Historia del Cristianismo I)*, Videoconference 12, Liberty University, DLP, 2004.

[3] *Wikipedia*, [en.wikipedia.org/wiki/Pope_Anicetus (Papa_Aniceto)].

[4] Earle E. Cairns, *Christianity Through the Centuries: A History of the Christian Church (El Cristianismo a Través de Los Siglos: Una Historia de la Iglesia Cristiana)*, 3rd ed., (Grand Rapids, Michigan: Zondervan, 1996), 101.

[5] Deimer.

[6] Philip Schaff, *History of the Christian Church (Historia de la Iglesia Cristiana)*, vol. 2, (Peabody, Massachusetts: Hendrickson Publishers, 2002), 797.

[7] Ibid., 740.

[8] Deimer.

[9] Schaff, 740.

[10] Ibid., 744.

[11] Ibid., 328.

[12] Deimer.

[13] Justo L. Gonzalez, *The Story of Christianity (La Historia del Cristianismo)*, vol. 1, (San Francisco: HarperCollins Publishers, 1984), 118.

[14] Deimer.

[15] Gonzalez.

[16] Deimer.

[17] Ibid., Estudio 13.
[18] Ibid.
[19] Ibid.

Pastores Fuertes y Carismáticos de Roma

Aniceto (154-165)

Ganó el título de obispo monárquico (uno que está por encima de varios *presbíteros*). La eclesiología corrupta de una gran Iglesia comenzaba a crecer.

Inocente (402-417)

Creó una lista de pastores (llamada la *Tradición Petrina*) quienes él afirmó que tenían sucesión y autoridad directas de Simón Pedro. Esta lista se utiliza para afirmar que el papa es cabeza suprema de toda la cristiandad.

León I (440-461)

Citó Escrituras que afirmaban que la iglesia es construida sobre Pedro, lo cual guió hacia su conjetura de que Pedro era cabeza de toda la cristiandad.

Gregorio I (590-604)

Hizo alianzas políticas y militares. Durante su gobierno, la iglesia gobernó sobre el Estado.

Controversias Doctrinales

Controversia Arriana

Ario arguyó que Jesús era diferente y no igual a Dios el Padre, diciendo que Jesús fue creado y no eterno. El Concilio de Nicea votó unánimemente que Jesucristo era idéntico al Padre en substancia.

Controversia Nestoriana

Esta fue sobre cómo Jesús podía ser ambos, completamente Dios y completamente hombre. León I, obispo de Roma, envió una carta al Concilio de Calcedonia declarando que Jesucristo tenía ambas naturalezas, la divina y la humana (llamada unión hipostática).

Controversia Pelagiana

Pelagio arguyó que los hombres tenían libertad de decisión y que eran responsables ante Dios de tomar buenas decisiones. Dijo que pecar es por elección. Agustín encabezó la parte opositora y arguyó sobre el pecado original y en contra del libre albedrío del hombre.

Controversia Iconoclasta

Esta tenía que ver con cuándo un icono se convierte en ídolo. Los católicos occidentales tomaron la postura de que una figura completa es solo un icono, no un ídolo. Los orientales tomaron la de que las figuras completas son ídolos, pero las de superficie plana son iconos.

Una Historia de las Iglesias

Capítulo 13

El Crecimiento y la Tiranía de la Iglesia Católica

La formación y desarrollo de una iglesia mundialmente dominante parecería ser la fantasía de una imaginación salvaje. Visualice muchas iglesias en una ciudad y multitudes de otras iglesias en otras ciudades. La idea de que la mayoría de las iglesias en una ciudad particular se sometiera al liderazgo y la dominación de una iglesia y un pastor en una ciudad es incomprensible, pero así pasó en Roma, Italia. Es más, durante los años aquella iglesia dominante de Roma tuvo éxito en someter multitudes de iglesias a lo largo del imperio y el mundo bajo su dirección, dominación y autoridad. Que alguna vez haya sucedido es un fenómeno de los más asombrosos. Tan improbable como puede parecer, ocurrió y esa iglesia dominante es llamada Iglesia Católica ahora.

Muchos factores contribuyeron al surgimiento y crecimiento de catolicismo. Nosotros hemos considerado (1) Constantino, (2) una serie de obispos fuertes e imaginativos en Roma, (3) la posición geográfica de Roma, (4) el traslado de la capital del imperio romano a Constantinopla y (5) una serie de controversias doctrinales en las que el obispo de Roma siempre estaba en el lado triunfante. Estos fueron los contribuyentes mayores; no obstante, no fueron todos, por lo que deben considerarse otros factores.

EL NUEVO PANORAMA POLÍTICO

Ya hemos considerado cómo el traslado de la capital de Roma a Constantinopla fortaleció la mano del obispo de Roma grandemente. El se hizo el jefe político y la figura religiosa suprema en el oeste. Al mismo tiempo el poder del emperador romano empezó a disminuir, sobre todo en esta región occidental. El gobierno se volvió cada vez más dividido, inepto y débil. La distancia y debilidad hicieron imposible para los emperadores romanos gobernar adecuadamente y defender los alcances lejanos del imperio, particularmente en el oeste. Al mismo tiempo las fuerzas políticas y militares fuertes estaban desarrollando al norte de las partes occidentales del imperio.

Cuando Constantino se trasladó, los obispos romanos lograron la hazaña notable de ser capaces de mantener su teología, sus iglesias y sus posiciones. Lo hicieron principalmente transfiriendo su lealtad del viejo imperio romano a los nuevos poderes políticos germánicos que vinieron sobre ellos. [1]

Los nuevos jugadores políticos y militares

Tan temprano como el siglo segundo, grandes migraciones de personas del territorio al este y norte de los ríos Rin y Danubio estaban dirigiéndose hacia el sur pasando a la Europa norteña. Las personas bárbaras teutónicas de origen germánico que vivieron allí empezaron a sentir la presión de los hunos, los mongoles y otros invasores. Ellos se movieron al sur y al oeste. Los emperadores romanos fueron obligados a mantener gran número de tropas en sus fronteras norteñas para mantener alejadas estas personas germánicas. Por el siglo cuarto, era una conclusión generalmente aceptada que estos invasores tomarían mando del imperio occidental en el futuro. Esta es una de las razones por las que Constantino trasladó su capital de Roma a Constantinopla, a la parte oriental del imperio. [2]

Estos bárbaros merodeadores estaban conformados por varios grupos, pero no estaban unidos. Los más conocidos fueron los vándalos, los francos, los lombardos, los godos, los burgundios y los anglosajones. Los visigodos (godos occidentales) vinieron primero; ellos finalmente quedaron establecidos en España. Los visigodos fueron seguidos por los vándalos que se hicieron camino hacia África del Norte haciendo estragos en muchas de las comunidades cristianas localizadas allí. Los ostrogodos (godos orientales) fueron los siguientes, tomando el control del gobierno romano en bancarrota. Los lombardos, burgundios y francos se movieron hacia lo que es ahora la Francia moderna, y los anglosajones se establecieron en Inglaterra. [3]

Después de la controversia arriana, muchas personas todavía afirmaban la doctrina falsa de Ario. Debe recordarse que este, enseñó que Jesús no era de la misma substancia o ser, como el Padre, sino que fue un dios menor que no era todopoderoso o eterno. Muchos de los que adoptaron esta doctrina falsa continuaron extendiéndolo con celo misionero, particularmente en el este. Antes de que ellos invadieran el oeste, la mayoría de las personas teutónicas bárbaras se habían convertido a este tipo de Cristiandad; sin embargo, ellos no eran fuertes en sus creencias. El misionero principal de los godos era Ulfilas que "rechazó a Cristo meramente como un Dios secundario y el Espíritu Santo como un poder santificado". [4] Porque su cristianismo arriano era débil y debido a su deseo de adoptar el estilo de vida más civilizado y abundante de los romanos quienes ellos estaban conquistando, la mayoría de estas personas bárbaras estaban listas para convertirse al cristianismo del estilo occidental de los obispos de Roma. Este estilo fue extensamente conocido como cristianismo niceno. En este punto del tiempo el cristianismo institucional basado en los sacramentos y rituales prevaleció. Por ejemplo, en el siglo quinto un rey franco nombrado Clodoveo enfrentaría una batalla crucial al día siguiente. Juró que si ganaba la batalla, él abandonaría el arrianismo y se volvería un cristiano niceno. Posteriormente ganó, y no solo se convirtió él, sino que determinó que su ejército completo se volvería cristiano. Alineó a todos sus soldados por un río y seleccionó a un sacerdote para bautizarlos. Para lograr esto, el sacerdote cortó una rama grande de un árbol. Mientras las tropas de Clodoveo marchaban, estando a un lado el sacerdote zambullía la rama en el río y vertía el agua encima de ellos al mismo tiempo que repetía las palabras "yo te bautizo en nombre del Padre, del Hijo y del Espíritu Santo". Supuestamente el ejército completo se volvió cristiano en un día. [5] Nadie que sea fiel a las Escrituras podría aceptar esto como verdadera conversión; sin embargo, es típico de la manera en que la Iglesia estatal que se volvió la Iglesia Católica, hizo las conversiones. Según su teología y prácticas, la salvación pasó a ser a través de la iglesia por los sacramentos, no por una relación personal con Jesucristo a través de fe.

Mucho antes, las iglesias que se identificaron con la iglesia en Roma habían perdido su conexión personal con Jesucristo. Ellos enseñaron que la salvación viene a través de la identificación con la iglesia por el bautismo y la comunión. Por consiguiente, era fácil para las masas pasar por aquellos rituales y convertirse en "cristianos". Desde un punto de vista bíblico es cierto que uno llega a ser un cristiano por colocar su fe personal en Jesucristo en vista de Su muerte, sepultura y resurrección.

> **El cristianismo niceno acepta la deidad de Cristo**

Convertir a los conquistadores

Constantino tenía razón. Los invasores alcanzaron Roma. Bajo la liderazgo de Alarico, los visigodos tomaron a Roma en el 410. [6] Los obispos de la iglesia en Roma eran oportunistas. Ellos no tenían ningún principio real o lealtad; ellos estaban preparados para ir con quienquiera que pudiera ofrecerles mayor poder. A estas alturas eran obviamente los nuevos conquistadores, no los gobernantes romanos débiles y distantes en Constantinopla. El líder político y religioso principal con quien los invasores victoriosos debieron negociar fue el obispo de Roma. En lugar de resistirse a los nuevos conquistadores, los obispos convencieron a estos ganadores repetidamente, de que la lealtad de la Iglesia cristiana no era a la antigua Roma. Al contrario, ellos prometieron trabajar con los nuevos conquistadores. A cambio de la conversión de los invasores a la cristiandad nicena (occidental), los obispos de Roma les traerían el apoyo del pueblo. Las masas de personas y pueblos enteros a lo largo del imperio occidental se convirtieron a la clase del cristianismo de la iglesia romana. [7] Por supuesto, el obispo de Roma ya era la cabeza de la Iglesia. Ahora la Iglesia estaba dirigiendo al Estado. Increíblemente, los nuevos conquistadores estaban de acuerdo y se instalaron como los convertidos y partidarios de los obispos en Roma. Este no era el caso en cada situación a lo largo del imperio occidental, pero era el caso de la inmensa mayoría de las situaciones.

La continuación de la relación de la Iglesia del estado

Los obispos de Roma ya habían saboreado el poder que acompaña una relación de Iglesia del Estado. Para ellos no había ninguna marcha atrás. Si el Estado romano antiguo estaba muriendo, la iglesia debía unirse con el nuevo Estado. Sin importar quién estuviera en el poder, estos gobernantes asegurarían que este tipo de cristianismo siempre sería la religión oficial y única permitida dentro del Estado. Si fuese necesario, perseguirían a todas las otras, incluso hasta la muerte. La ola masiva de persecución y martirio que proliferó durante este tiempo es testimonio de una corriente firme de personas que nunca llegó a ser parte de la Iglesia estatal. Jamás adoptaron la teología que continuamente se alejaba más y más de la Biblia. Esto fue cientos de años antes de la reforma protestante.

La unión del obispo de Roma con los francos ilustra la determinación de los obispos romanos por asegurar su posición y poder. En el 751 el obispo romano Zacarías depuso al impopular Childerico III, rey de los francos, y coronó a Pipino (el Breve) en su lugar. [8] Este reconocimiento era un honor grande a los francos, pero también reforzó el prestigio y poder del obispo de Roma. Este se vio ahora como un creador de reyes. [9] En cambio por hacerlo rey, Pipino dio al obispo el gran territorio italiano llamado los Estados Papales. Ahora el obispo de Roma no solo era la cabeza de la iglesia, también era gobernante de un territorio enorme, aproximadamente un quinto de la Italia moderna. [10]

Del tiempo de Pipino, "la alianza entre los francos y los papas creció íntimamente, hasta que el papa León III coronó a Carlomagno como emperador del oeste en el Día de Navidad, 800 d. C". [11]

MONACATO

Aunque parezca extraño, el monacato surgió al mismo tiempo que la Iglesia Católica tomó forma y se desarrolló. Al paso del tiempo, el monacato le convino al obispo de Roma que podría ser llamado papa debidamente, después del tiempo de Gregorio I.

El monacato es la práctica de dejar placeres mundanos para enfocarse en lo religioso. Al principio del movimiento los practicantes se separaron de los males que percibieron y de aquellos que practicaban dichos males. Con el tiempo muchos se retiraron a las cuevas, desiertos y otros lugares remotos. Después los individuos se congregaron en sociedades de personas que pensaran de forma similar. El monacato llegó a ser por tres razones principales. Una, fue por las misiones. La segunda, fue por falta de persecución contra los miembros de la Iglesia del Estado. (Ellos eran los que hacían la persecución.) Y la tercera razón fue por la mundanidad en la Iglesia estatal. [12] Había muchos celosos por extender el evangelio a cada extremo de la tierra. Para ser un misionero, uno tenía que abandonar la mayoría de las comodidades de la vida, incluso la riqueza y familia. La persecución había producido una gran pureza dentro de la cristiandad. La corrupción proliferó cuando la persecución cesó. Aquellos que entraron en una vida de monacato pensaron que castigando al cuerpo purificarían el alma. Muchos que vieron a la Iglesia convirtiéndose en corrupta y mundana, se unieron a monasterios donde vivieron estilos de vida extremadamente ascéticos. El monacato fue su respuesta a la corrupción, a la vida acomodada y a la mundanalidad en la Iglesia Católica.

Con el tiempo, el monacato pasó por cuatro fases. Al principio, las prácticas ascéticas fueron llevadas a cabo por personas dentro de la Iglesia de Estado. Después, los hombres empezaron a retirarse hacia lugares remotos como las cuevas del desierto, sobre todo en Egipto donde ellos vivieron al estilo de vida más precario. Ellos se llamaron ermitaños. En la tercera fase, aquellos que se opusieron a la corrupción, vida fácil y mundanalidad vista en la Iglesia, pasaron a buscar proximidad con los ermitaños a quienes buscaban por liderazgo. Aunque vivieron vidas separadas, ellos se enclaustraron para los ejercicios comunes. Finalmente, estos ermitaños se organizaron y empezaron a vivir en monasterios. [13] Los monjes hicieron todo tipo de ejercicios extraños. Uno "conocido como Simón el Estilita (390-459 C.), después de haber vivido enterrado hasta el cuello en la tierra durante varios meses, decidió alcanzar santidad volviéndose un eclesiástico 'sentado en un poste' Este se pasó más de treinta años en la cima de un pilar de sesenta pies de altura cerca de Antioquía". [14] Algunos comieron césped como el ganado, otros nunca se bañaron y uno "vagó desnudo en la vecindad del Monte Sinaí durante cincuenta años". [15]

Pacomio fue el primero en reunir un grupo de ermitaños en un arreglo comunal llamado monasterio. [16] A diferencia del monacato oriental, el monacato occidental no castigó el cuerpo para el único propósito de renuncia. Entrenó a monjes para misiones y la obra apologética. En el 529 Benedicto fundó un monasterio justo al sur de Roma. [17] Benedicto estableció la *regla* para los monjes, la cual dio forma al monacato durante siglos. Los rasgos principales de la *regla* eran la permanencia y la obediencia. Cada monje debe permanecer en su monasterio inicial por el resto de su vida y la *regla* debe obedecerse rígidamente. Eso significó obedecer al abad que era la cabeza del monasterio. Lo que fortaleció más a la Iglesia Católica fue poner al gobierno de cada monasterio bajo la autoridad del gobierno local del obispo. [18] Esto ató al monacato a la Iglesia Católica y contribuyó grandemente al surgimiento del papado. Este hecho sentó las bases para el control completo de todos los monasterios por el papa u obispo de Roma.

Los monasterios tienden a ponerse poco estrictos y mundanos con el tiempo. Por la llegada del 10mo siglo, el monacato se había vuelto grandemente adinerado, inmoral y corrupto. En el 909, el duque Guillermo III de Aquitania estableció un monasterio en sus tierras favoritas de caza en Cluny, Francia; y designó a un monje firme llamado Bernón en un esfuerzo por reformar al monacato. El duque Guillermo donó al monasterio y las tierras alrededor del mismo para "los santos Pedro y Pablo". [19] Esto puso al nuevo monasterio y a la comunidad monacal bajo la jurisdicción directa y protección del papa u obispo de Roma. Antes de que pasara mucho tiempo, allí apareció una red completa de segundos monasterios que se unieron a los cluniacenses, bajo la jurisdicción directa del papa. Este esfuerzo de reforma fue el primero en abrir la puerta a las comunidades monacales femeninas.

Con el tiempo, todo el monacato siguió la dirección de Cluny y fue sometido bajo el control directo del obispo de Roma. Ahora el obispo de Roma tenía el control personal y completo de los monasterios por toda Europa Occidental y Bretaña. Bajo su orden, con miles de monjes, el obispo de Roma tenía un ejército para utilizar cuando él lo estimara necesario. Muchos de ellos salieron como misioneros. Multitudes sirvieron como militares, sobre todo en las próximas cruzadas. Hicieron dinero, persiguieron a los que no eran católicos e hicieron cualquier cosa que el papa deseara. El poder del obispo de Roma estaba volviéndose enorme.

> **Los principales rasgos de la *regla* benedictina son la permanencia y la obediencia**

LA IGLESIA CATÓLICA A FINALES DEL SIGLO SEXTO

Un vistazo del poder del obispo de Roma en los albores del siglo séptimo puede ayudar con una perspectiva. El obispo en ese momento era Gregorio I, quien era el obispo de Roma desde el 590 hasta el 604. Lo siguiente es una lista de prácticas comenzadas por Gregorio. Aunque el mismo no pudo imponerlas todas, luego se volvieron normales y universales en la Iglesia Católica.

- Gregorio creó el canto gregoriano.

- Él estableció permanentemente el sistema sacramental. Después fue refinado para incluir siete sacramentos, pero Gregorio lo estableció como un sistema.

- También instituyó el celibato en el clero.

- Estableció que se debe tener el consentimiento del obispo romano para ser ordenado como obispo.

- Hizo del sacramentalismo la forma oficial de la Iglesia Católica. [20]

Las políticas que Gregorio estableció dieron más poder a la Iglesia estatal. La misma ganó aún más poder cambiando las filiaciones políticas cuando el pueblo germáno tomó la mayor parte de Europa. El poder de la Iglesia estatal romana aumentó porque la mayoría de los invasores se convirtieron del cristianismo arriano al niceno. La Iglesia tuvo así influencia sobre un número más grande de personas. La introducción del monacato les permitió a más personas introducirse en la Iglesia del Estado de una manera segura. Algunas de las tierras en la que los monasterios fueron construidos fueron donadas a la iglesia, por lo que su poder y riquezas crecieron mucho más aún. La Iglesia estatal había alcanzado madurez. A pesar de que muchas de sus doctrinas y prácticas no estaban de acuerdo con las enseñanzas esenciales de Jesucristo y Sus apóstoles, la Iglesia del Estado ahora tenía el poder necesario para hacer valer la idea de que era la única Iglesia verdadera.

Monacato

El monacato es la práctica de renunciar a los placeres mundanos para concentrarse en la actividad religiosa.

El monacato apareció por tres razones principales:

1. Misiones
2. Falta de persecuciones contra los miembros de la iglesia estatal
3. La mundanalidad en la iglesia estatal

El monacato pasó por cuatro etapas:

1. Las prácticas ascéticas eran llevadas a cabo por gente dentro de la iglesia estatal
2. Luego, los hombres comenzaron a retirarse hacia lugares remotos como cuevas desiertas donde vivieron los estilos de vida más precarios. Estos fueron llamados ermitaños.
3. Aquellos que se opusieron a la corrupción, la buena vida y la mundanalidad que veían en la iglesia, se aproximaron con estrecheza a un ermitaño a quienes buscaban por liderazgo
4. Estos ermitaños se organizaron y comenzaron a vivir en monasterios

La *Regla*

En el 529, Benedicto publicó la *Regla* para los monjes, tratando la permanencia y la obediencia, cada monje debía permanecer el resto de su vida en su monasterio inicial y la *Regla* debía obedecerse rígidamente.

Capítulo 14

Mantenerse Fieles Ante la Enorme Opresión

Hemos conocido a los montanistas, a los novacianos y a los donatistas. Todos estos cristianos tuvieron defectos, pero su compromiso tenaz con la "autoridad absoluta e incondicional del Nuevo Testamento como única regla de fe y práctica en asuntos religiosos" les dio "un poderoso preventivo contra el error y un correctivo específico" cuando hubiera una aberración de la verdad. [1] No imagine que estos cristianos fueron los únicos que rechazaron el camino que tomó Roma y el gran alejamiento del cristianismo del Nuevo Testamento de primer siglo. Por todo el imperio romano, en el este, oeste, norte y sur, hubo multitudes de creyentes e iglesias que no se afiliaron manteniéndose fieles a *"la fe que ha sido una vez dada a los santos"* **Judas 3.**

REGISTROS OBSCUROS

Debe decirse más sobre los registros de aquellos cristianos e iglesias que se negaron a abandonar el patrón bíblico. Unos pocos de sus propios documentos han sobrevivido, pero no muchos. Como J.M. Carroll resumió, su existencia es principalmente un *Rastro de Sangre*. Una explicación dada por Juan T. Christian en el prólogo de su historia acerca de estas personas, refleja muy bien la situación. "Nosotros estamos distantes de muchas de las circunstancias bajo escrutinio: las representaciones de los bautistas fueron hechas a menudo por enemigos que no tuvieron escrúpulos, cuando hacerlo así sirvió su propósito, de manchar la reputación; y de ahí el testimonio de tales fuentes debe recibirse con discriminación y cuidado respecto a muchas de las declaraciones; en algunos casos se hicieron esfuerzos continuos y vigilantes con el objetivo de destruir cada documento relacionado a estas personas; el material que resta está disperso entre muchas bibliotecas y archivos, en muchas tierras, y no siempre accesible de forma fácil; a menudo, a causa de las persecuciones, los bautistas estaban mucho más interesados en esconderse que dar cuenta de sí ellos o su paradero; estaban dispersos por muchos países, en ciudades y cuevas, y por donde pudieran encontrar un lugar de ocultación; frecuentemente fueron llamados con nombres diferentes por sus enemigos, lo cuál es confuso". [2]

Debe ser obvio para cada observador que la cobertura del estudio en marcha no es exhaustiva. Los estudiantes serios podrían y deberían dirigir muchos estudios más profundos en muchas áreas. Por ejemplo, un curso entero se podría enseñar fácilmente sobre los montanistas. El movimiento donatista era enorme y duró varios siglos. David Benedict escribió un libro grande sobre los donatistas. [3] No piense que los paulicianos, los albigenses o docenas de otros que podrían nombrarse, fueron grupos pequeños fraccionados. Había millones de estas personas, y se esparcieron por Europa Oriental y Occidental, África del Norte, Islas Británicas y dondequiera que la Cristiandad llegara. Es más, los breves vistazos que hacemos a menudo en este libro abarcan varios siglos. Las comunidades fieles de cristianos e iglesias que permanecieron fieles a la fe en los temas esenciales, florecieron en el Valle de Piamonte de Francia, por mucho más de mil años. No hay ninguna manera de que nosotros pudiéramos cubrir su historia completamente por unas menciones breves en un libro así. Estos hechos se mencionan para que usted pueda comprender que está viendo solo la punta pequeña de un iceberg grande, muy grande. La idea de que solo un grupo pequeño de herejes no se unieron al movimiento de la iglesia romana ni adoptaron su doctrina, está lejos, muy lejos de la verdad. La evidencia de lo contrario es abrumadora y puede ser fácilmente accesada. [4]

ALGUNOS DE AQUELLOS QUE SE MANTUVIERON FIRMES EN LA POSICIÓN BÍBLICA ESENCIAL

Tenga presente que no puede decirse que existió algún grupo de cristianos sin deficiencias. (Tal es el caso todavía.) Incluso con sus debilidades, la inmensa, muy inmensa mayoría de estos *disidentes* insistió en la autoridad de las Escrituras, la deidad de Cristo, la salvación a través de una relación personal con Jesucristo, el bautismo solamente de creyentes, una iglesia pura separada del Estado, gobierno eclesiástico congregacional y autónomo, y una vida santa por los creyentes.

Los montanistas le dieron paso a los novacianos quienes se mezclan pasando a ser los donatistas. Nosotros hemos visto que los grupos difirieron ligeramente en varios asuntos, pero cuando se refiere a la mayoría de las creencias esenciales, aquellos que se negaron a abandonar la Escritura en favor de la tradición, estaban de acuerdo. Ellos eran en esencia el mismo pueblo.

No debe ser difícil para un pensador razonable poner el cuadro en perspectiva. Las personas que abogaron por las Escrituras y el cristianismo de primer siglo estaban a menudo separadas unas de otras por inmensas distancias geográficas en una era en la que la comunicación a larga distancia era lenta y muchas veces inexistente. Los animales salvajes, bandoleros y la falta de alojamiento y transporte hicieron a los viajes arriesgados. Cuando la Iglesia del Estado creció y la Iglesia romana maduró, aquellos cristianos e iglesias que no eran una parte del orden establecido, fueron cazados, perseguidos y asesinados como si fueran criminales y una amenaza para el mundo. Esto normalmente hizo la cautela y el secretismo necesarios para la supervivencia. No es difícil ver porqué muchos de estos cristianos e iglesias no eran conscientes de otros que creyeron esencialmente lo mismo que ellos. Adoptaron a menudo el nombre del área donde vivían. Fue así con los albigenses que vivían en y alrededor de Albi, Francia. Los montanistas y donatistas asumieron el nombre de su líder fuerte. Que estos creyentes primitivos no pasaran por un nombre común como bautista no debe ser sorpresa a alguien. La cuerda que los unió como un solo pueblo, a pesar del nombre o la ubicación, era su doctrina común: la autoridad de las Escrituras, la deidad de Cristo, la necesidad de regeneración personal por gracia a través de la fe en Cristo solamente, ninguna Iglesia estatal, la autonomía de cada iglesia, la pureza en la vida privada y eclesiástica, y la libertad de conciencia y expresión. La doctrina y la práctica son los vínculos que transcienden los siglos. Esta es la línea ininterrumpida desde la iglesia que Jesús estableció personalmente en Jerusalén, Israel hasta el presente. Ellos estuvieron aquí y estuvieron allí, ellos se llamaron esto o aquello, pero ellos siempre estuvieron en alguna parte.

El mayor denominador común entre ellos era su práctica de solo bautizar a los creyentes. Dentro de sus propias filas una persona tenía que ser suficientemente madura para tomar una decisión personal de fe en Cristo antes del bautismo. Así no había ningún bautizo de bebés. Si ellos recibieran a cualquiera que o había sido bautizado como un bebé o antes de ser salvo, rebautizaban a aquella persona. Es más, cuando alguien iba a ellos de la Iglesia del Estado u otra iglesia falsa, ellos rebautizaban a esa persona. No creian que una iglesia falsa tenía la autoridad para bautizar y así concluyeron que tales nunca habían sido bautizados según las Escrituras. Era Cristo antes de la iglesia y la sangre antes del agua. No es difícil ver porqué se les apodó rápidamente anabaptistas a estos creyentes e iglesias.

> **El común denominador era el bautismo de creyentes solamente**

NOMBRES GENERALES

Normalmente grupos específicos de creyentes e iglesias eran conocidos por más de un nombre. Había nombres generales arropados que se utilizaban para denotar un gran número de iglesias con similitudes. Había también nombres específicos que denotaban grupos de iglesias con creencias y prácticas similares, especialmente aquellos que vivían dentro de áreas geográficas específicas.

Esto no será difícil de entender cuando se compare al cristianismo actual. Por ejemplo, el nombre de bautista abarca un espectro muy amplio de iglesias. Bajo ese nombre se aglutinan los Bautistas del Sur, la Asociación General de los Bautistas Regulares, bautistas no afiliados y bautistas que componen el Compañerismo Bautista Bíblico. Hay muchos otros. Dentro de cada uno de estos grupos hay muchas congregaciones específicas. A través de los siglos las mismas iglesias y grupos de creyentes han pasado por varios nombres diferentes. No asuma que un nombre diferente significa automáticamente un grupo de personas totalmente diferente con creencias y prácticas sumamente diferentes. A veces asumir esto puede ser correcto; pero muchas otras veces no lo es.

Para el periodo de tiempo primitivo cubierto por este capítulo, dos de los nombres generales más comunes para aquellos que abrazaron y practicaron el cristianismo de primer siglo y quienes nunca se volvieron parte de la Iglesia estatal son los cátaros y los anabaptistas.

Los cátaros

El nombre cátaro quiere decir puro. Una característica común de muchos de aquellos que mantuvieron el cristianismo de primer siglo era la pureza de vida. Reinerio Sacco, que era un cátaro antes de volverse inquisidor católico, hizo estas imputaciones contra aquellos a los que él abrazó una vez. "Los herejes son distinguidos por sus modales y sus palabras, porque ellos tienen serenidad y modestia en sus modales. Ellos no se enorgullecen de su ropa, porque ellos la usan ni costosas ni malas. Para evitar falsedades, juramentos, y fraudes, ellos no se ocupan de negocios, pero solo viven de labores como obreros. Sus maestros también son zapateros y tejedores. Ellos no multiplican riquezas, pero están satisfechos con lo que es necesario, y ellos son castos, sobre todo los leonences. También son moderados con respecto a comer y beber pues no van a las tabernas, bailes, u otras vanidades". [5]

Hasta más recientemente en el cristianismo, los nombres no parecían importar grandemente entre la mayoría de los cristianos e iglesias. Los cristianos a través de los siglos han estado mucho más interesados en lo que un hombre o una iglesia creía y practicaba que en su nombre. Una vez que los grupos de cristianos con diferentes nombres se percataban de que defendían las mismas verdades, normalmente se aceptaban los unos a los otros.

Cátaro es un nombre dado a lo largo de los siglos a muchos grupos que no estuvieron de acuerdo con la iglesia romana. Ese nombre no significa que todos ellos estaban de acuerdo por completo en la doctrina y las prácticas; pero sí significa que tenían una reputación de pureza. No se confunda cuando usted escuche de novacianos, paulicianos, albigenses y otros grupos que también se negaron a la dirección romana, llamados igualmente *cátaros*.

Los anabaptistas

Anabaptista también era un nombre utilizado ampliamente para denotar a los creyentes e iglesias disidentes. El nombre raramente fue auto-aplicado; fue dado por sus enemigos a aquellos que rebautizaban a otros que venían de las iglesias falsas o a quien se había bautizado antes de haber sido salvo. Mientras la palabra *cristiano* se utilizó originalmente con desprecio a aquellos que eran imitadores de Cristo, **Hechos 11:26**, igualmente *anabaptista* era un nombre de hostilidad contra cristianos e iglesias fieles a las enseñanzas del Nuevo Testamento con respecto al bautismo. Los montanistas se mantuvieron firmes sobre "el rebautizo de aquellos provenientes de sociedades heréticas, y una disciplina de la iglesia sumamente pura". [6] Los novacianos insistieron en una disciplina eclesiástica estricta y "requirieron, a aquellos provenientes de comuniones que practican tal disciplina de manera disoluta, el ser rebautizados". [7] Los donatistas también rebautizaban a los provenientes de las iglesias estatales. [8] La práctica de rebautizar por aquellos que rechazaron la dirección romana era casi universal. A pesar de sus nombres específicos y locales, se vieron generalmente y fueron identificados con el nombre *anabaptista*, bajo el cual se aglutinan estos grupos. Por ejemplo, los albigenses y los paulicianos también eran conocidos como anabaptistas.

> **Anabaptista significa rebautizar**

NOMBRES ESPECÍFICOS

Es tiempo ahora de tomar un vistazo más específico y cercano a algunos de aquellos creyentes e iglesias que se aferraron al cristianismo de primer siglo incluso mientras la Iglesia estatal se desarrollaba en la Iglesia Católica Romana.

Los paulicianos

La mayoría de la información sobre los paulicianos viene de dos fuentes principales. Primero, hubo dos escritores griegos que escribieron muy maliciosamente contra los paulicianos. Y segundo hubo una fuente armenia descubierta y traducida por Fred C. Conybeare de la Universidad de Oxford. Este es un libro viejo escrito por los paulicianos llamado *La Llave de la Verdad*. [9] Las iglesias paulicianas se originaron en el siglo primero en el área de Armenia y "se difundieron en las montañas de Tauro hasta llegar a Ararat". [10] Constantino (no debe ser confundido con el Emperador romano, Constantino) avanzó grandemente a esta secta de creyentes a mediados del siglo séptimo.

Ellos han sido calumniados de ser maniqueos, [11] pero no lo eran. Rechazaron la tradición y se aferraron a las Escrituras, También rechazaron las reliquias e imágenes de los católicos, y mantuvieron al bautismo y la Cena del Señor como las únicas dos ordenanzas de la iglesia. Bautizaban solo a los adultos, y la Cena del Señor se restringió a los creyentes. [12] Ellos eran creyentes de la Trinidad y no conocían otro mediador que Jesucristo. [13] El Dr. I.K. Cross lista diez características distintivas de los paulicianos.

- Se aferraron tenazmente a las sagradas escrituras.

- Estaban especialmente interesados por los escritos del apóstol Pablo y determinaron construir sus iglesias basadas en sus enseñanzas. Sus ministros intentaron seguir sus pasos a tal punto de que ellos como sus seguidores adoptaron el nombre como suyo propio.

- Rechazaron totalmente todas las reliquias y adoración de imágenes.

- Exigieron una experiencia genuina de salvación antes de admitir cualquiera para el bautismo. Esto es lo que normalmente se llama 'el bautismo del creyente'.

- Sus iglesias eran independientes y auto-gobernadas.

- Aceptaron solo al bautismo y la Cena del Señor como ordenanzas de la iglesia y bautizaron zambullendo a la persona o por medio de la inmersión.

- Rebautizaron a aquellos que vinieron a ellos desde otras comuniones, identificándose así a los ojos de sus enemigos como anabaptistas.

- Creyeron que ellos estaban en la sucesión de las iglesias del Nuevo Testamento.

- Creyeron y practicaron la pureza de la disciplina eclesiástica, causándoles ser llamados cátaros.

- Desde los días del Nuevo Testamento, trajeron su fe por toda Europa y dentro de la Reforma, la que era un rechazo de la iglesia estatal y su doctrina. La Reforma condujo a muchos otros nuevos movimientos eclesiásticos. [14]

Los paulicianos fueron cazados despiadadamente y perseguidos violentamente por la Iglesia estatal. Los mismos pudieron emigrar por Europa, donde encontraron consuelo y se plantaron profundamente con los albigenses. [15] El estilo de vida puro de los paulicianos les hizo ganar respeto entre los árabes que los llamaron Sabians (una palabra árabe que significa bautistas). "Ellos literalmente ocuparon con sus miembros a Siria, Palestina, y Babilonia". [16] La inmoral emperatriz Teodora "instituyó una persecución en la cual se dice que cien mil paulicianos en Armenia Griega perdieron sus vidas". [17] Bajo la persecución severa tomaron refugio entre los árabes donde fueron tolerados. Los árabes los reconocieron por ser diferentes de la Iglesia estatal romana. En el siglo noveno algunos de los paulicianos se restablecieron en Armenia y enviaron a una gran cantidad de misioneros que ganaron convertidos y establecieron iglesias entre las tribus de eslavas de Bulgaria, Bosnia y Serbia. [18]

"Ellos son los paulicianos de Armenia, la secta de bogomilos alrededor de Moscú cuyos miembros se llamaron a sí mismos de Cristo, los bautizadores de adultos (aquellos que practican bautismo del adulto) entre los sirios del Valle Tigris superior, y quizás, aunque no tan ciertamente, los popelikanos, los menonitas, y las grandes comunidades bautistas de Europa". [19] Ellos eran conocidos como bogomilos en los Balcanes donde ellos a veces se llamaron Acephali que significa *acéfalo* porque no tenían ningún orden distintivo de clero, o alguna persona que presidiera en sus asambleas. En Francia ellos se llamaron búlgaros, publicanos, y boni homines que significa *hombres buenos*. Muchos de ellos se agruparon alrededor de Milán, Italia, donde fueron llamados patarini y cátaros. [20] Ellos eran anabaptistas en práctica. El nombre de paulicianos vino del apóstol Pablo. [21]

Los albigenses

Los Alpes, particularmente los Alpes franceses, se volvieron un refugio para muchos grupos de cristianos e iglesias que permanecían fieles a la doctrina y práctica de la cristiandad de primer siglo. Parece que Dios preparó un lugar de ocultación que sirvió en alguna medida como fortaleza para la preservación de Su pueblo. La Iglesia estatal que llegó a ser la Iglesia Católica, los cazó y buscó erradicarlos. Ellos incluso lanzaron cruzadas contra ellos. Dios utilizó los Alpes escabrosos para preservarlos. Había otros refugios bastante seguros, pero los Alpes resultaron ser el mejor lugar de seguridad para los fieles.

Algunos historiadores argumentan que los albigenses vinieron de los paulicianos, aunque hay evidencia substancial de que las comunidades de iglesias que practicaron el cristianismo de primer siglo, existieron en los valles de Francia desde las eras más tempranas de la Cristiandad. Cuando llegaron los paulicianos, "ellos se extendieron rápidamente a través de Francia del Sur y la ciudad pequeña de Albi, en el distrito de Albigeois, se volvió el centro del grupo". [22] De esta locación los albigenses obtuvieron su nombre. Los mismos también eran conocidos por muchos nombres: cátaros, patarines, publicanos, paulicianos, hombres buenos, bogomilos y otros. [23] Estas personas fueron tan numerosas y existieron por tantos centenares de años que esta discusión breve ni siquiera puede hacerles justicia.

Los albigenses y paulicianos estaban en acuerdo esencial; con el tiempo ellos se volvieron un solo pueblo. Los mismos fueron bien conocidos por su rechazo del bautismo infantil y su pureza de vida. Sus estilos de vida piadosos ganaron para ellos el respeto de muchos que se unieron a sus filas. Esto disgustó a los católicos que los condenaron y lanzaron cruzadas y guerras contra ellos. En la segunda cruzada, Béziers, con una población de aproximadamente 40,000, cayó. "Cuando Simón de Monforte, Conde de Leicester, le preguntó al Abad de Císter, el legado papal, lo que él iba a hacer con los habitantes, el legado respondió: 'Mátalos a todos. Dios reconoce a los Suyos'. De esta manera la guerra continuó durante veinte años. Pueblo tras pueblo fue tomado, saqueado y quemado. Nada quedó excepto desechos humeantes". [24]

Los valdenses

Los valdenses se mezclaron con los albigenses para volverse el mismo pueblo esencialmente.El Dr. Cross cita al historiador William Jones al decir de los valdenses, "ellos existieron 500 años por lo menos antes de Pedro Valdo". [25] Valdo era de Lyon, Francia en las décadas finales del siglo duodécimo, también era conocido como Valdense. Su llegada a este grupo, que llevaba largo tiempo existiendo, hizo que tomara energía y luego el mismo asume su nombre. [26]

Pedro Valdo era un hombre rico que obtuvo una copia de las Escrituras, la que abrazó y empezó a practicar. Pronto tuvo un séquito, También ganó la atención de la jerarquía católica romana, que le prohibió predicar. Cuando se negó, fue expelido de Lyon. Él y sus seguidores, junto con sus familias, partieron como misioneros vestidos con ropas de lana y los zapatos de madera. Ellos se adentraron en Suiza y el norte de Italia. Allí se encontraron con una calurosa respuesta, y sus números se multiplicaron por miles. Su fortaleza principal estuvo en las laderas de los Alpes Cotios y al este de Piamonte, Provenza Oriental y Delfinado. [27]

Aquí está una lista de algunas de sus creencias más prominentes:

- Ellos creyeron en el sacerdocio universal del creyente.

- Creyeron que ellos eran distinguidos por su gran conocimiento de la Biblia. Fue dicho que raramente podría encontrar un hombre o mujer que no pudiera repetir el Nuevo Testamento completo en el idioma vernáculo.

- Creyeron en el tener gran piedad. Rechazaron juramentos, falsedad y fraude.

- Fueron obreros aguerridos y no creyeron en acumular riquezas.

- Fueron muy evangelísticos. Extendieron el evangelio particularmente e hicieron convertidos a través del propio comercio.

- Creyeron solo en las Escrituras como fuente y autoridad para la fe y la práctica.

179

- Creyeron que el perdón viene exclusivamente de Dios a través de la mediación de Cristo, y no a través del sacerdote o la iglesia.

- Ellos creyeron que la salvación es por gracia a través de la fe en Jesucristo. [28]

Los valdenses eran muy parecidos a sus hermanos de otros valles en los Alpes; y como sus hermanos en fe y práctica, fueron odiados, cazados y perseguidos por los católicos.

OBSERVACIONES

No imagine que los grupos, mencionados aquí brevemente, fueron todos los cristianos e iglesias que practicaron desde Cristo en adelante el cristianismo neotestamentario. Asumirlo sería un concepto grandemente erróneo. Las verdaderas iglesias existieron desde extremo oriental de Europa hasta las Islas Británicas y por África del Norte. En cada época ellas existieron en grandes números.

Como todas las iglesias verdaderas de hoy, tenían debilidades y no estuvieron de acuerdo en cada punto, pero por la mayor parte concordaban en los asuntos esenciales. Aquí y allá las iglesias que abandonaron completamente la fe y la práctica del Nuevo Testamento continuarían usando el nombre de iglesias verdaderas. Estas iglesias renegadas dieron un mal nombre a las verdaderas. Estos son los que muchos historiadores modernos tienden a resaltar como el indicativo de los cátaros, paulicianos, albigenses y otros grupos legítimos. Hacerlo así es deshonestidad histórica. La inmensa mayoría de estos grupos afirmó las creencias y prácticas cristianas fundamentales.

Es más, todo lo que un grupo con un cierto nombre creyó en un momento dado del tiempo no puede ser el indicativo de aquellos que llevaron el mismo nombre estando separados a 100 millas o por 100 años. Es engañoso y discriminatorio condenar a todos dentro de un grupo debido a las creencias y prácticas de algunos dentro de ese grupo. Desafortunadamente la condenación de todos debido a las fallas de unos, ha sido la práctica extendida de muchos historiadores modernos, particularmente cuando al hacerlo así sirve a sus propósitos torcidos. Cuando las condiciones causaron que adoptaran un nuevo nombre, aquellos cristianos primitivos fieles a la doctrina y prácticas del Nuevo Testamento, no cambiaron sus creencias, solo el nombre. Por consiguiente, un cambio como este no era un elemento de disuasión para la hermandad de creyentes con nombres diferentes. Su hermandad se basó en las enseñanzas esenciales de Jesucristo, no en nombres.

Por favor tenga presente que el panorama cubierto de las personas en esta lección es de aproximadamente 1,600 años. Debe recalcarse que un libro tan corto como este no puede ser tan profundo. Se espera que la evidencia e información mostrada aquí sea suficiente para demostrar que una línea ininterrumpida de iglesias verdaderas ha continuado desde Jesús hasta la actualidad. Próximamente en este libro visitaremos a muchas de estas iglesias de nuevo en mayor detalle.

Lo que creyeron hizo la diferencia, no cómo se llamaron

[1] John T. Christian, *A History of the Baptists (Una Historia de los Bautistas)*, vol. 1, (Texarkana, Ark.-Tex.: Bogard Press, 1922), 4.

[2] Ibid., 3.

[3] David Benedict, *History of the Donatists (Historia de los Donatistas)*, (Paris, Arkansas: The Baptist Standard Bearer, Inc., 1875.)

[4] Recomiendo fuertemente a *The Baptist History Collection (La Colección de la Historia Bautista)* disponible con el Baptist Standard Bearer, Inc.(Portador del Estandarte Bautista), en www.standardbearer.org.

[5] William Cathcart, *Baptist Encyclopaedia*, vol. 1, (Paris, Arkansas: The Baptist Standard Bearer, Inc., 1887), 51-52.

[6] I.K. Cross, *The Battle for Baptist History (La Batalla por la Historia Bautista)*, (Columbus, Georgia: Brentwood Christian Press, 1990), 90.

[7] Ibid., 93.

[8] Ibid., 97.

[9] Christian, 48-49.

[10] Ibid., 49.

[11] Maniqueísmo es un compuesto de elementos dualistas, panteístas, gnósticos y ascéticos. Se derivó del zoroastraismo pérsico y daba énfasis a la luz y a la oscuridad como las dos grandes fuerzas de la naturaleza. Al admitir el poder de la naturaleza, este sistema religioso rechazó la encarnación, la humanidad y la resurrección de Cristo. El Antiguo Testamento era

completamente rechazado como era la mayoría del Nuevo Testamento. La autoridad para los abogados de este sistema era las escrituras de Mani.

[12] George Herbert Orchard, *A Concise History of Baptists (Una Historia Concisa de los Bautistas),* CD Rom, version 1, (Paris, Arkansas: The Baptist Standard Bearer, Inc., 2005), 91.

[13] Ibid.

[14] Cross, 104.

[15] Cross, 100-101.

[16] Christian, 50-51.

[17] Ibid., 51.

[18] Ibid.

[19] Ibid., 53.

[20] Orchard, 91.

[21] Christian, 50.

[22] Ibid., 60.

[23] Cathcart, 18.

[24] Christian, 63.

[25] Cross, 105.

[26] Christian, 69.

[27] Ibid., 70.

[28] Cross, 106-107.

Grupos Que se Mantuvieron Fieles

Cataros

El nombre cátaro significa puro. Fue el nombre dado a través de los siglos a muchos grupos que disintieron de la iglesia romana. Tenían una reputación de pureza.

Anabaptistas

Anabaptista fue también un nombre ampliamente utilizado para denotar a los cristianos e iglesias disidentes. Este nombre rara vez fue auto aplicado; fue dado por sus enemigos a los que re-bautizaban a los que provenían de iglesias falsas.

Paulicianos

El nombre paulicianos vino del apóstol Pablo. Ellos rechazaron a la tradición y se aferraron a las Escrituras. Ellos también rechazaron las reliquias e imágenes de los católicos aferrándose al bautismo y la Cena del Señor como únicas dos ordenanzas de la iglesia.

Albigenses

Los Alpes se convirtieron en refugio para muchos grupos de cristianos. Este grupo es muy conocido por su rechazo al bautismo infantil y su pureza de vida.

Valdenses

Estos se distinguían por su gran conocimiento de la Biblia. Trabajaban duro y eran muy evangelísticos. Creían en las Escrituras solamente como la fuente y autoridad para la fe y práctica. Creían que la salvación viene por gracia a través de la fe en Jesucristo.

Capítulo 15

El Nacimiento del Islam

Al mismo tiempo que el antiguo imperio romano seguía debilitándose, un principal nuevo y dinámico se desarrolló que impactó grandemente a toda Europa, al Medio Oriente y África del Norte. El islam aparece en la escena. A principios del siglo séptimo, la Iglesia Católica Romana había alcanzado la madurez. La iglesia se había atrincherado como la entidad dominante, tanto política como religiosamente, en la región entera. Nadie, incluso el patriarca en Constantinopla, podía rivalizar al obispo de Roma. Mientras el imperio romano se desintegraba políticamente, en disputas y divisiones, el obispo en Constantinopla (conocido como el patriarca) cuyo poder e influencia estaban atados estrechamente al emperador romano, se debilitó cada vez más. Entretanto el obispo de Roma se fortaleció, particularmente en vista de las alianzas que hizo con los invasores y los nuevos poderes políticos. Estos no tenían ninguna conexión con la antigua Roma. Gobernaron en el Oeste donde el imperio romano antiguo fue una vez. El antiguo imperio sobrevivió débilmente pero solo en el este. En virtud de las alianzas con los nuevos poderes occidentales, y como cabeza de la Iglesia estatal, los obispos creativos e innovadores de la iglesia romana pudieron mantener la Iglesia casada con el Estado. La Iglesia estatal cambió a sus amantes simplemente: los del imperio romano viejo por los del nuevo que surgía.

Cuando el siglo sexto acabó y el séptimo amaneció, el obispo de Roma se había afianzado firmemente de poder tanto que controló la mayor parte de Europa Occidental y África del Norte. El obispo de Roma controló las iglesias que profesaban ser cristianas que se habían establecido a lo largo de toda esa área, salvo los disidentes de quienes ya hemos hablado. Por este tiempo la Iglesia estatal había llegado a ser la Iglesia Católica Romana. Debido al poder y dominación de la Iglesia estatal, los individuos e iglesias disidentes (herejes como fueron llamados por los católicos) fueron obligados a huir y esconderse. Los Alpes se convirtieron en su refugio; sin embargo, ellos existieron por toda Europa del Oeste y del Este. Millares de millares de ellos fueron asesinados por los católicos.

Cuando el viejo poder romano marchitó, el nuevo poder político central que se desarrolló en su lugar fue la Iglesia. El territorio que nosotros conocemos hoy como Francia, Alemania, Italia, Inglaterra y otros de los países europeos fue gradualmente fragmentado, gobernados localmente por fuertes caudillos militares. El único poder central reconocido fue el obispo de Roma que se conoció como el papa. Gobernó la Iglesia y con ello vino enorme poder político. ya hemos visto algunos de los factores que lo trajeron al poder: su asociación con Constantino, el traslado de la capital hacia Constantinopla, los muchos cismas doctrinales y sus alianzas con los nuevos poderes políticos que tomaron control del Oeste. Hubo otros factores.

Continuando, volveremos al surgimiento del papado y veremos cómo llegó a ser cada vez más corrupto y poderoso; sin embargo, el cuadro de lo que pasó en el teatro mediterráneo no puede entenderse adecuadamente aparte del nacimiento y el surgimiento meteórico del islam. Por tanto, abriremos un paréntesis aquí y hablaremos de Mahoma y el islam. Luego volveremos al papado, al catolicismo romano, y a aquellos hombres y mujeres fieles a Dios a quienes intentaron erradicar. Tenga presente, que, por todo Europa, el Medio Oriente y África del Norte había millares de millares de cristianos que continuaron practicando el cristianismo de primer siglo. Como creyeron y practicaron la teología de la iglesia local y autónoma, no fueron centralizados. Los musulmanes no los vieron como adversarios de la misma forma en que vieron a los católicos. El sufrimiento principal y la persecución de estos verdaderos creyentes vinieron a manos de los católicos en lugar de los musulmanes.

CONOCIENDO A MAHOMA

Mahoma fue el fundador de una nueva religión que llamó islam. En Europa se llamó Mahometismo. La fecha de su nacimiento es incierta; sin embargo, murió el 7 de junio del 632. Debió tener 63 o 65 años. [1] Este niño árabe, que nació en o alrededor de La Meca en una familia nómada de caravana, vivió una vida de violencia y tragedia. En la cultura árabe de aquel tiempo, las mujeres eran poco más que esclavas. El femicidio infantil fue comunmente practicado. [2]

Su vida temprana coincidió con una serie de tragedias. Nació póstumamente (después de la muerte de su padre). [3] A la edad de cuatro Mahoma tuvo un ataque epiléptico. Mientras crecía tuvo episodios en que perdía el control; algunos interpretaron estos como experiencias extáticas con Dios. Su madre murió cuando tenía seis años. [4] Fue tomado por su abuelo que era un comerciante adinerado de caravana; y durante tres años, viajó por las rutas de comercio. Cuando Mahoma tenía nueve años, su abuelo murió, y entonces fue tomado por el hermano de su tío, Abu. [5] Este también era un comerciante; y durante estos años, Mahoma acompañó a comerciantes de La Meca a Siria y Sur de Arabia. También aprendió las costumbres e idioma beduinos. Es probable que estuviera en Egipto y Mesopotamia. [6] Mientras viajaba, Mahoma se familiarizó con el judaísmo y el cristianismo. Los árabes de aquella era eran paganos que rindieron culto a la luna y a muchos otros dioses. Mahoma se familiarizó mucho con los tres sistemas religiosos: el judaísmo, el cristianismo y el paganismo árabe. [7]

A los 25 se casó con una viuda rica de cuarenta años llamada Khadijah que le llevaba 15 años. [8] Khadijah le dio a Mahoma tres hijos y cuatro hijas. Los varones murieron. [9] Aunque pudo escasamente leer o escribir, ganó una reputación por su gran sabiduría práctica. Algunos creen que no podía leer o escribir en absoluto. (Esta es una de las razones por las que sus seguidores creen que lo que dijo y escribió fueron revelaciones divinas milagrosas.) [10] En el 610, Mahoma tuvo una experiencia religiosa en la que afirmó que el profeta Gabriel apareció y le dijo que empezara un nuevo tipo de religión. [11] En *El Corán*, a veces llamado *El Quran*, Mahoma dio cuatro versiones contradictorias de este evento. En un lugar afirmó que Alá personalmente apareció ante él en forma de hombre (Sura 53:2-8). [12] En otro lugar dijo que el Espíritu Santo apareció ante él (Sura 16:102). Aun en otro lugar dijo que los ángeles se le aparecieron (Sura 15:8). Solo al final dice que fue Gabriel que se le apareció (Sura 2:97). [13]

Durante los próximos 20 años, Mahoma caería periódicamente al suelo, echaría espuma por la boca, tendría ataques epilépticos y afirmaría recibir la revelación de Alá. [14] En el 619 Khadijah murió. Mahoma se casó con otras 12 mujeres. De todas estas mujeres, tuvo solo un hijo, que murió en la infancia. [15]

> **Los ataques epilépticos eran los medios de Mahoma de revelación divina**

LA RÁPIDA DIFUSIÓN DEL ISLAM

La nueva religión de Mahoma era una mezcla de judaísmo y cristianismo en el paganismo árabe con su énfasis en culto a la luna. La nueva religión no contuvo ningún elemento verdaderamente original, aunque distorsionó y pervirtió las enseñanzas de cada uno de sus religiones padres. Por ejemplo, los musulmanes afirman que en los tiempos pre-islámicos Alá era el Dios bíblico de los patriarcas y profetas de quienes Mahoma es el último. "La evidencia concreta demuestra que el dios Alá era una deidad pagana. De hecho, era el dios luna, estuvo casado con la diosa sol, y las estrellas eran sus hijas...El dios luna se llamó Allhá, que se acortó a Alá". [16]

Al principio la nueva religión de mezcolanza de Mahoma, no gozaba de popularidad entre sus compañeros. Mahoma afirmó ser el portavoz de Dios. Los gobernantes de La Meca percibieron que el reclamo de Mahoma era que él debería ser un dictador o autócrata; y fue ridiculizado por ellos. [17] Las tensiones subieron rápidamente, y Mahoma fue obligado a huir de La Meca. La huída que lo llevó a Yathrib, después conocido como *al-Medina* (Medina, que significa *la Ciudad*), aproximadamente a 250 millas de distancia, es llamada la Hégira de Mahoma. Este evento "empezó la era mahometana, el 16 de julio del 622". [18]

En Medina, por medio de artimañas y engaños, Mahoma reunió seguidores con los que formó una fuerza militar. *Islam* quiere decir sumisión, y Mahoma desarrolló el lema: *islam o la espada.* [19] En Medina, todos sus enemigos fueron eliminados por la fuerza. Atacó entonces y conquistó La Meca; donde estableció el templo musulmán llamado *Kaaba.* Luego La Meca llegó a ser la sede del islam. Mahoma había unificado exitosamente un gran número de árabes en una teocracia con su religión que dominaba lo militar. Desde La Meca él comenzó a planear la conquista mundial. [20] Su muerte en el 632 interrumpió sus planes, pero sus seguidores los asumieron con pasión.

La muerte de Mahoma fue seguida por 100 años de conquista mundial por los musulmanes. Jerusalén y Cesarea cayeron en el 638. La mitad oriental de Asia Menor (actualmente Turquía) cayó luego en ese año. La resistencia que los invasores encontraron en Constantinopla cambió su marcha hacia África del Norte. En el 642, derrotaron a Alejandría y conquistaron a todo Egipto. Toda Mesopotamia y Persia cayeron en el 646. Cartago fue conquistado en el 697 y los musulmanes entraron en España en el 715. Finalmente, los musulmanes (moros) fueron derrotados por Carlos Martel en Tours, Francia en el 732. [21]

Tenga por seguro que la invasión musulmana tenía la atención completa del papa y la Iglesia Católica. Los musulmanes habían conquistado en el Este y estaban al umbral de Constantinopla. En el Oeste, estuvieron en España y al umbral de Francia. El imperio de la Iglesia Católica fue amenazado en el Este, en el Oeste y desde el Sur. El clima que llevaría pronto a las cruzadas se formaba.

Islam quiere decir sumisión; su lema es "islam o la espada"

EL SISTEMA DE CREENCIA ISLÁMICO

Tenga presente que lo que se dice aquí no llega al fondo. Muchos en el mundo han adoptado este sistema religioso y miles de miles de páginas han sido escritas relacionadas con él. No todos los musulmanes están de acuerdo por completo en todos los aspectos de la religión del islam. El tiempo ha producido tres tipos principales de musulmanes. Están los *Secularistas* que tienen muy poco conocimiento de las creencias y prácticas del islam. El islam es para ellos solo una religión en nombre. También los *Moderados* quienes conocen el Corán pero buscan hacer sus enseñanzas relevantes para la vida moderna. Ellos son generalmente tolerantes con los que no son musulmanes. Ellos buscan paz a pesar de las enseñanzas del Corán. Hay además los *Fundamentalistas* que buscan aplicar los versos extremos del Corán al pie de la letra. [22] En este libro se dará consideración al islam como fue originalmente determinado por Mahoma, en el Corán.

Principales posturas doctrinales

• **El islam es monoteísta**

La posición clave del islam es que, "no hay más dios que Alá y Mahoma es su profeta". [23] El islam se opone a todos los tipos de politeísmo. Alá es un dios impersonal que no puede ser conocido. Aunque el Corán habla del amor de Dios, el énfasis está en el juicio, no la gracia, poder o misericordia. [24]

Mahoma negó la Trinidad. Aunque mencionó al Espíritu Santo, rechazó Su existencia como una persona. También negó que Jesucristo fuera deidad. En el Corán escribió, "Originador de los cielos y de la tierra ¿Cómo habría de tener hijos si no tiene compañera y lo ha creado todo? Él es Conocedor de todas las cosas (Sura 6:101).

• **Islam cree en profetas**

La creencia es que Dios ha hablado a través de 28 profetas. Se piensa que Abraham, Jesús y Mahoma están entre los más grandes de los profetas, y se piensa que Mahoma es el último y más grande de todos. [25] Mahoma consideró la docilidad, mansedumbre y abnegación de Cristo, como señales de debilidad. El islam dice que Jesucristo no murió en la cruz, y por esto no puede ser el Redentor. Mahoma enseñó, "que Dios hizo que fuera crucificado otro parecido, probablemente Judas, y que, en lugar de haberse crucificado, Jesús fue subido por Alá al cielo". [26] Mahoma escribió, "… no lo mataron ni lo crucificaron…solo siguen conjeturas... pues con toda certeza no lo mataron, sino que Alá lo elevó hacia Sí..." (Sura 4:157-158).

o **El islam cree que Mahoma era solo un profeta, no dios**

Mahoma se vio como el cumplimiento de la promesa de Jesús que él enviaría a otro Consolador. [27]

o **El islam cree en un día final de juicio**

Mahoma enseñó que, al último día, habrá un tiempo de resurrección y juicio. Aquellos que siguen y obedecen a Alá y Mahoma irán al Paraíso, una clase de cielo islámico. Aquellos que se oponen a Alá y Mahoma serán torturados en el infierno. [28]

o **El islam cree en salvación a través de obras**

Mahoma enseñó que la salvación viene por sumisión a Alá y por hacer buenas obras. Las buenas obras incluyen el recitar diario de la *Shahada* que dice "hay un dios; su nombre es Alá; y Mahoma es su profeta". [29] Las buenas obras también incluyen dar limosnas y orar cinco veces diariamente hacia La Meca; sin embargo, la salvación es una clase de fatalismo. Uno solo puede salvarse si Alá decide salvarlo. Alá que es soberano salva a quién quiere salvar. No hay ninguna garantía de salvación a excepción de aquellos que mueran en *Yihad* o "guerra santa". El Corán indica que Dios se inclinará para salvar a todos estos. "Y si os matan en el camino de Alá o morís, El perdón de Alá y Su misericordia es mejor que lo que vosotros atesoráis. Si morís u os matan, Tened por cierto que seréis reunidos para volver a Alá". (Sura 3:157-158). "Es cierto que Alá les ha comprado a los creyentes sus personas y bienes a cambio de tener el Jardín, combaten en el camino de Alá, matan y mueren. Es una promesa verdadera que Él asumió en la Torá, en el Inyil y en el Corán. ¿Y quién cumple su pacto mejor que Alá?" (Sura 9:111).

Al final de la vida hay un puente largo según Mahoma, y uno debe cruzarlo para heredar la vida eterna. El puente es largo y estrecho, y es difícil de mantener equilibrio; pero uno debe cruzarlo para tener vida eterna. Aquellos que Alá no ha seleccionado caerán del puente en los fosos del infierno; los electos lo lograrán cruzar. A aquellos que cruzaron, les espera el deleite sensual ilimitado. Hay una piscina de vino que no embriaga. Según este sistema religioso, el cielo es principalmente para los varones; hay allí sin embargo, mujeres terrenales suficientes para cumplir todas las lujurias sexuales de los hombres que van allí; estas vírgenes son llamadas *huríes*. [30] Esta afirmación es hecha en el Corán, Sura 52:17-20, 22.

- **El libro más sagrado del islam es el Corán**

Corán quiere decir "la recitación". Está conformado grandemente del Antiguo Testamento; sin embargo, ideas del Nuevo Testamento también son incluidas. "Se afirma que fue dictado a Mahoma por el ángel Gabriel entre el 610 y su muerte en el 632". [31] Es difícil entender cómo pudiera ser este el caso, ya que Mahoma apenas podía, o no podía en lo absoluto, leer o escribir.

Los musulmanes también creen que los libros de Moisés (el Torá), de David (el Zabur) y el Evangelio de Jesucristo (el Inyil) son inspirados; no obstante, creen que estos libros han sido corrompidos por judíos y cristianos. Es más, creen que el Corán supera a los otros libros santos. [32]

Los musulmanes creen que Mahoma fue arrebatado por Gabriel en el Monte del Templo en Jerusalén y fue cuando le fue dado el Corán. Mientras lo arrebataba supuestamente deja allí a su caballo *Barack* (que significa *relámpago*). Sin evidencia para probar su afirmación, enseñan que fue Ismael, no Isaac el que fue ofrecido sobre la piedra grande del Monte del Templo. La mezquita de Umar actualmente alberga este lugar que está bajo el control de palestinos islámicos. Esto explica porque Jerusalén, y sobre todo el Monte del Templo, es tan importante y sagrado para los musulmanes.

> **Corán quiere decir la recitación**

Los cinco artículos principales de fe en el Islam

- **La creencia en Alá como el único verdadero dios**

- **La creencia en ángeles como los instrumentos de la voluntad de dios**

- **La creencia en los cuatro libros inspirados:**
  - o El Torá (libros de Moisés)
  - o El Zabur (Los Salmos de David)
  - o El Inyil (El Evangelio de Cristo)
  - o El Corán que es la revelación final y la revelación más completa de Dios.

- **La creencia en los 28 profetas de Alá de quien Mahoma es el último**

- **La creencia en el día final de juicio** [33]

Cinco normas de comportamiento obligatorias para los musulmanes

"Al pueblo occidental se le hace muy difícil comprender el islam porque no entienden que es una forma de imperialismo cultural en el que la religión y la cultura de la Arabia del siglo séptimo se ha levantado al estatus de ley divina". [34] La meta del islam es un solo Estado islámico mundial. [35] Los musulmanes han de luchar contra los que no son musulmanes hasta que todas las otras religiones sean exterminadas, y el islam sea la única religión en el mundo. "Luchad contra ellos hasta que no haya más oposición y la Adoración debida sea sólo para Alá. Pero si cesan, que no haya entonces hostilidad excepto contra los injustos". (Sura 2:193). "Los fundamentalistas ven a los judíos, cristianos y todos los que no son musulmanes como infieles que deben morir porque no tienen valor como seres humanos y deben exterminarse de la faz de la tierra". [36] Las siguientes cinco normas de comportamiento que son obligatorias a los musulmanes fomentan esta perspectiva islámica cultural y religiosa antigua.

- **El recitar de la *Shahada* o lema islámico.**

- **Las oraciones diarias hacia Meca.** Cinco veces al día los musulmanes se arrodillan con sus frentes tocando la tierra mientras recitan oraciones ritualistas. Las mezquitas por todo el mundo están orientadas hacia Meca.

- **Dar limosnas.** La caridad es un impuesto institucionalizado en la mayoría de los países musulmanes.

- **Ayunar durante el mes de Ramadán.** Durante este mes, se prohíbe a los musulmanes comer o beber entre la salida del sol y ocaso. Este no es un verdadero ayuno y los musulmanes rutinariamente abusan de él comiendo en abundancia y bebiendo por la noche.

- **Una peregrinación a Meca.** Para facilitar su salvación, cada musulmán debe intentar hacer un viaje una vez en su vida a La Meca. Una vez allí paseará siete veces alrededor del Kaaba (templo) que sostiene una roca negra. De ser posible, besará la piedra, la que ellos creen fue llevada a tierra por Gabriel. [37]

El pueblo occidental que desconoce del Corán halla difícil creer que el islam es una religión de odio y violencia. Mahoma instó a los musulmanes a que lucharan por la causa de Alá. "¡Profeta! Anima a los creyentes para que luchen. Si hay veinte de vosotros constantes podrán vencer a doscientos; y cien, vencerán a mil de los que no creen; porque ellos son gente que no comprende. (Sura 8:65). "Se os ha prescrito combatir (yihad), aunque os sea odioso, pero puede que os disguste algo que sea un bien para vosotros y que améis algo que es un mal. Alá sabe y vosotros no sabéis". (Sura 2:216). *Yihad* que quiere decir "guerra santa" en la causa de Alá es la palabra utilizada en este verso del Corán. [38] El Corán les ordena a los musulmanes luchar contra los judíos y cristianos (Sura 9:29) y no serles amigos (Sura 5:51).

> **El Corán les ordena a los musulmanes luchar contra los judíos y cristianos**

UNA FUERZA QUE NO PODRÍA IGNORARSE

El islam irrumpió en la escena con una violencia y un objetivo de conquista mundial que no podría ignorarse. La meta del islam nunca ha cambiado y actualmente es más cerca del logro que nunca antes. En aquel tiempo de Mahoma y sus seguidores inmediatos, la Iglesia Católica había tomado el poder de un extremo del Mar Mediterráneo al otro. La Iglesia Católica era la fuerza dominante desde Mesopotamia a Inglaterra y de África del Norte al Mar del Norte. La escena cambió dramáticamente con el nacimiento y explosión del islam. El papa y sus multitudes estaban en peligro de perder su imperio. La guerra era inminente y las cruzadas venideras serían un tiempo de guerra.

Aquellos que continuaron practicando el cristianismo de primer siglo no eran un blanco claro y unido para los musulmanes. Ellos se esparcieron por todo el imperio en pueblos pequeños y los lugares remotos. Muchos de ellos estaban en los Alpes y no eran fácilmente accesibles. La cautela y el ocultamiento eran sus prácticas comunes debido a la persecución severa que enfrentaron a manos de la Iglesia Católica. Los musulmanes no vieron a la mayoría de ellos de la misma forma en que vieron a los católicos. Particularmente al extremo oriental del mundo mediterráneo, los árabes vieron la persecución por parte de los católicos que soportaron los disidentes. En muchos de los casos los árabes se hicieron amigos de ellos y les ofrecieron santuario. Es más, cuando el islam nació, no todos los árabes se unieron al movimiento; tomó muchos años para que su posición en contra de cristianos y judíos se unificara. También debe tenerse presente que la invasión musulmana se detuvo a ambos extremos de Europa; sin embargo, incluso aquellos impactados no directamente por el islam no podían y no pudieron ignorar el hecho de que ellos estaban en peligro.

> **El objetivo del islam es la conquista mundial**

---

[1] David Samuel Margoliouth, *Encyclopaedia Britannica*, vol. 15, s.v. "Mohammed or Muhammad or Mahomet," (Chicago: William Benton, Publishers: 1960), 646.

[2] Carl Deimer, Professor, *History of Christianity I (Historia del Cristianismo I)*, Video Lecture 17, Liberty University DLP, 2004.

[3] Margoliouth.

[4] Deimer.

[5] Ibid.

[6] Margoliouth.

[7] Deimer.

[8] Margoliouth.

9 Deimer.
10 Margoliouth.
11 Deimer.
12 Surah es la palabra coránica por capítulo.
13 Todas las referencias al Quran en este libro son del sitio web siguiente: http://www.quranonline.net/html/trans/options/span/9.html
14 Deimer.
15 Ibid.
16 Sheldon Smith, 2002, "Islam: A Raging Storm (El Islam, Una Tormenta Furiosa)," *The Sword of the Lord (La Espada del Señor)*, 1 febrero, 3ro en la serie.
17 Margoliouth, 647.
18 Ibid.
19 Deimer.
20 Ibid.
21 Ibid.
22 Labib Mikhail, 2002, "Understanding Islam (Comprendiendo el Islam)," *The Jerusalem Connection*, March.
23 Deimer.
24 Smith.
25 Ibid.
26 Jim Vineyard, 2002, "What We As Born-Again Christians Should Know About the Religion of Islam (Lo que Nostros como Cristianos Renacidos Debemos Saber acerca de la Religión de Islam)," *Fundamental Baptist World Missions (Misiones Mundiales Bautistas Fundamentales)*, January.
27 Deimer.
28 Smith.
29 Ibid.
30 Deimer.
31 Ibid.
32 Smith.
33 Vineyard.
34 Robert Morey, *The Islamic Invasion: Confronting the World's Fastest Growing Religion (La Invasión Islámica: Confrontando la Religión de Más Rápido Crecimiento en el Mundo)*, (Las Vegas, Nevada: Christian Scholars Press, 1992), 19.
35 DVD video, *Islam: Religion of Peace?(El Islam:¿Religión de Paz?)*, (Fort Lauderdale, Florida: Coral Ridge Ministries).
36 Mikhail.
37 Smith.
38 Mikhail.

Posturas Doctrinales Principales del Islam

Monoteísta

La posición fundamental del Islam es que el único dios es Alá y Mahoma sirve como su profeta.

Creencia en Profetas

La creencia es que Dios ha hablado a través de 28 profetas. Abraham, Jesús y Mahoma se enseña que son los más grandes entre los profetas, y se considera a Mahoma como el último y más grande de todos.

Mahoma Fue Solo un Profeta, No Dios

Mahoma se vio a sí mismo como el cumplimiento de la promesa de Jesús de que enviaría a otro consolador.

Juicio del Día Final

Aquellos que sigan y obedezcan a Alá y Mahoma irán al paraíso, un tipo de cielo islámico. Aquellos que se les opongan serán torturados en el infierno.

Salvación Por Obras

Mahoma enseñó que la salvación viene por la sumisión a Alá y hacer buenas obras.

El Libro Más Sagrado es el Corán

Corán significa recitación. Está construido en gran manera por el Antiguo Testamento; sin embargo, se incluyen además ideas del Nuevo Testamento.

Cinco Reglas de la Conducta para Musulmanes

El recitar de la *Shahada* o lema islámico

El *Shahada* dice, "Solo hay un dios, su nombre es Alá, y Mahoma es su profeta".

Las Oraciones Diarias Hacia la Meca

Cinco veces al día los musulmanes se arrodillan con sus frentes tocando la tierra mientras recitan oraciones ritualistas. Todas las mezquitas alrededor del mundo miran hacia la Meca.

Dar Limosnas

La caridad es un impuesto institucionalizado en la mayoría de los países musulmanes.

Ayunar Durante el Mes de Ramadán

Durante este mes, se prohíbe a los musulmanes comer o beber entre la salida del sol y el ocaso.

Una Peregrinación a la Meca

Para facilitar su salvación, cada musulmán debe intentar hacer un viaje una vez en su vida a La Meca.

Capítulo 16

Ramificaciones de una Iglesia Estatal Más la Gran División Católica

Hemos mirado siete siglos de desarrollos grandes que ocurrieron como un resultado directo de la cristiandad. Desde un punto de vista práctico el maridaje de la Iglesia con el Estado sentó las bases para la dominación, la corrupción, el abuso de poder y la persecución en una escala sin precedentes en la historia de la humanidad. "Desde ese tiempo la Iglesia y el Estado, aunque frecuentemente discordantes, han permanecido unidos en Europa, o sobre la base jerárquica, con el poder temporal bajo el tutelaje de lo espiritual, o sobre *el césar y el papa*, con el poder espiritual mezclado en el temporal... La Iglesia podría actuar ahora sobre el Estado; pero igual podría el Estado actuar sobre la Iglesia..." [1] La Iglesia con que se unió el Estado romano fue aquella alianza de iglesias que, por el tiempo del maridaje, se había alejado grandemente de la doctrina y prácticas del cristianismo neotestamentario del primer siglo. Con la autoridad y poder nuevo encontrados del estado respaldándola, esta Iglesia corrupta creció muy rápidamente. Fue el deseo del emperador Constantino y la mayoría de sus seguidores tener todo el cristianismo unido en esta *única Iglesia*. Esto se ajustó absolutamente a las ambiciones y propósitos de ambos líderes, los del Estado y los de la Iglesia. Estaban hambrientos de poder y control. Se aprovecharon de cada oportunidad y medio para fortalecer su posición. En el forcejeo resultante por obtener la dominación y la supremacía, la iglesia en Roma prevaleció finalmente. Al final, esta Iglesia estatal llegó a ser la Iglesia Católica Romana. Durante muchos siglos, esta Iglesia dominó Europa, África del Norte y gran parte del Medio Oriente.

RAMIFICACIONES PRÁCTICAS DE LA IGLESIA ESTATAL

Jesús enseñó que el poder político y el religioso no son lo mismo. Él dijo, *"Dad, pues, a César lo que es de César, y a Dios lo que es de Dios.,"* **Mateo 22:21**. Como el trigo y las cizañas que crecen juntos en el mismo campo, Jesús habló de los salvos y las personas perdidas viviendo lado a lado dentro de la misma sociedad. *"Dejad crecer juntamente lo uno y lo otro hasta la siega,"* **Mateo 13:30**. Él enseñó que las personas salvas viven en el mundo, pero son de Su reino espiritual, **Juan 15:18-19**. Los reinos políticos y espirituales coexisten, pero son entidades separadas. La sociedad es compuesta, no monolítica. Se conforma por dos componentes separados: un reino espiritual y un reino político. La posición bíblica con respecto a los cristianos del Nuevo Testamento que viven en cualquier nación o sociedad es que por encima de todo son cristianos de acuerdo al orden de la Biblia. Ellos son ciudadanos que acatan la ley y buscan lealtad a su gobierno político; pero su obediencia es primeramente a Dios, luego al Estado. Cuando algo se contrapone a las enseñanzas de la Escritura, ellos deben obedecer Dios, *"Es necesario obedecer a Dios antes que a los hombres,"* **Hechos 5:29**.

Ya sea cristiano o no, el concepto de Iglesia estatal desafía y contradice esta posición bíblica. Tales estados ven a la sociedad como monolítica en lugar de compuesta. ² La religión y el Estado son vistos como uno. Cuando los gobiernos de este tipo conquistan territorios, se espera que las personas dentro de estos territorios adopten la religión estatal. No hacerlo se considera como deslealtad y desafío al Estado. No hay lugar para una Iglesia o religión fuera de la del Estado en tales sociedades. Típicamente mientras las iglesias estatales y las religiones se fortalecieron, imponían su teología y prácticas a los ciudadanos del Estado por medio de la fuerza. Deciden lo que es ortodoxo y aceptable y señalan como herejes a todos los que no aceptan sus ideas. Estos *herejes* entonces llegan a ser enemigos de la Iglesia y del Estado y han de ser perseguidos hasta que estén de acuerdo con los mismos o sean exterminados. Tal fue el caso cuando la cristiandad vino a ser la religión estatal de Roma. El emperador Teodosio lo declaró de una manera bastante brusca, "Todos los pueblos sobre los cuales nuestro gobierno se extiende vivirán con esa religión que fue revelada a San Pedro... Nosotros damos órdenes de que todos han de adoptar el nombre de 'cristianos católicos'; el resto los dejaremos pasar por insensatos y no tendrán que llevar el reproche de ser llamados herejes. Han de venir primero bajo la ira de Dios y luego también la nuestra". [3] Un gran número de estados musulmanes actuales proporciona ilustraciones clásicas de esta realidad. No hay libertad religiosa. Con el islam hay que someterse. No hacerlo es enfrentar severa persecución y posiblemente muerte.

Tan pronto como la *Iglesia cristiana* corrupta se unió con el Estado, los esfuerzos por forzar a todos los cristianos e iglesias para que se unieran a ella comenzaron. Ella negoció rápidamente leyes estatales que exigían membresía y obediencia completas a ella e hicieron que el negarse fuera un crimen. Se delegaron oficiales de la Iglesia y autoridades del Estado para hacer cumplir las leyes.

Empezando con Constantino, los emperadores romanos comenzaron a pasar nuevas leyes, muchas de las cuales eran buenas: la abolición de la crucifixión, la prohibición del combate de gladiadores y frenar el infanticidio. [4] Con el tiempo, dos grandes colecciones de códigos legales llegaron a ser la ley central de la tierra: el teodosiano (429-438) [5] y los códigos justinianos (527-534) [6]. A pesar de lo bueno que eran muchas de estas leyes, eran "limitadas... exclusivamente a la Iglesia católica u ortodoxa". [7] Sin embargo estas leyes, que surgieron de la Iglesia estatal no proporcionaron cobertura y protección universales para todos los ciudadanos; aquellas multitudes de cristianos e iglesias a lo largo del imperio que se negaron a la teología y prácticas de la Iglesia estatal, no tenían protección alguna. Al contrario, ejercieron cada medio imaginable de opresión contra ellos con una crueldad que no se sospecharía incluso del salvaje más bárbaro; sin embargo, los católicos lo hicieron en nombre de Dios con el poder del Estado. "Las sectas heréticas y cismáticas sin distinción alguna, con excepción de la de los arrianos durante su ascendencia breve bajo los emperadores arrianos, estaban mucho peor ahora que como habían estado antes, y se prohibió el ejercicio libre de su adoración incluso bajo Constantino so pena de multas y confiscación, y en el tiempo de Teodosio y Justiniano so pena de muerte". [8] La igualdad de protección religiosa para todos los grupos cristianos fue un concepto totalmente ajeno a todos los emperadores bizantinos y a cada papa.

Las iglesias estatales imponen su teología y prácticas por la fuerza

---

Para entender mejor el impacto práctico de la unión de la Iglesia y el Estado en la vida cotidiana de los ciudadanos del imperio, tanto el este como el oeste, es útil considerar algunas de las leyes que surgieron durante los años. [9]

La exoneración del clero de la mayoría de las cargas públicas

Fueron exentos los sacerdotes de la Iglesia estatal, obispos y otros oficiales, del servicio del ejército, la mayoría de los impuestos, de labores manuales inferiores y otros servicios públicos. Estos privilegios fueron otorgados primero por Constantino al clero de la Iglesia estatal en África del Norte en el 313 y fueron extendidos por él a lo largo del imperio en el 319.

El enriquecimiento y dote de la Iglesia estatal

Empezando por Constantino y fortaleciéndose durante los años, se les fue dando a las iglesias propiedades y edificios, incluyendo aquellos confiscados a los paganos y herejes. La Iglesia estatal comenzó a amasar grandes propiedades y riquezas, incluso sitios en la Tierra Santa. Las personas ricas empezaron a darle y la Iglesia comenzó a heredar muchas tierras y dinero. La que pasó a ser la Iglesia Católica rápidamente se hizo muy rica.

Apoyo de la Iglesia estatal al clero

La Iglesia estatal empezó a apoyar al clero económicamente. El método del Nuevo Testamento de apoyo pastoral se basa en los diezmos y ofrendas del pueblo. Antes de Constantino el clero había sido totalmente dependiente de los diezmos y las ofrendas del pueblo. Ahora ellos recibían un ingreso fijo de los fondos de la Iglesia y de las tesorerías imperiales y municipales. El apoyo voluntario de la iglesia desapareció. Se les impuso a las personas diezmar.

La Iglesia estatal asumió jurisdicción legal sobre el pueblo

Tan temprano como Constantino la Iglesia vino a ser el sistema judicial. Las personas llevarían sus asuntos espirituales (y después muchos civiles e incluso los asuntos delictivos) ante las cortes de la Iglesia en lugar de llevarlos a los tribunales civiles. Los tribunales eclesiásticos tenían ahora fuerza legal; y en los asuntos espirituales, ninguna apelación podría llevarse de ellos a las cortes civiles. Se consideraron los juicios de los sacerdotes como los juicios del propio Cristo.

Es fácil de ver la situación difícil de aquellos que rechazaron la Iglesia estatal corrupta con su sistema de salvación institucional. Cuando ellos fueron llevados a juicio por su negativa a apoyar la Iglesia corrupta, fueron juzgados por y estaban sujetos a la jurisdicción de los mismos a quienes rechazaron. En el sistema no había imparcialidad ni justicia alguna.

El derecho episcopal de intercesión

El derecho de interceder por los criminales, los rebeldes y otras personas acusadas llegó a ser el derecho de los sacerdotes. Muy a menudo esto producía justicia obstruida. Era poco probable que estos sacerdotes católicos defendieran la causa de cualquiera considerado hereje por la Iglesia estatal.

El derecho de asilo en iglesias

Cualquiera que maltratara a un fugitivo desarmado en una iglesia estaba sujeto a la pena de muerte. En una iglesia, un esclavo podría encontrar refugio de la ira de un amo, un deudor podría encontrar refugio de la persecución de un acreedor, las personas conquistadas podrían encontrar seguridad de las espadas de sus conquistadores y mujeres y vírgenes podrían encontrar seguridad de libertinos (aquellos con intenciones inmorales).

Por supuesto, esta protección no se aplicó a aquellos que rechazaron la Iglesia estatal.

La observancia del domingo y otras fiestas de la Iglesia se hizo obligatorio

Con el paso de tiempo se esperaba que todos los ciudadanos en el imperio fueran a la iglesia los domingos. Se impusieron a menudo multas a aquellos que faltaban. Muchas actividades que chocaban con la asistencia a la iglesia los domingos, se prohibieron.

RESUMEN

Aun por este breve listado de desarrollos legales dentro del imperio, no es difícil ver la influencia y control enormes que la Iglesia estatal comenzó a ejercer sobre el día a día de las personas. Con los años una multitud de leyes y decretos detallados les exigieron a las personas adoptar el sistema de la Iglesia estatal. Se exigieron rituales específicos, prohibiciones y actividades con respecto al comportamiento en los domingos; fiestas religiosas a lo largo del año (Navidad, Pascua, Pentecostés, etc.); la adoración y exaltación de María; la adoración a santos; la adoración de mártires; la adoración de reliquias; procesiones y peregrinaciones; sacramentos; bautismo y la lista sigue. [10] "La Iglesia y el Estado se asociaron rápidamente, y no tardó mucho que el poder del Estado estuviera a disposición de aquellos que lideraban la Iglesia, para hacer cumplir sus decisiones". [11]

Ojalá una imagen esté emergiendo en su mente. La Iglesia estatal lo hizo extremadamente difícil para todos los que se quedaron aferrados a las Escrituras y al cristianismo de primer siglo. Fuera en el este o en el oeste, los oficiales de la Iglesia y del Estado hicieron leyes que gobernaron al pueblo. Los oficiales estaban de acuerdo fundamental, y tenían el poder para hacer cumplir las leyes que hicieron. Este no era un tiempo de democracia, y no había pesos y contrapesos. Para aquellos que se alinearon con la Iglesia oficial del Estado, todo les fue bien. Para los que se mantuvieron fieles a Dios y Su Palabra, la vida fue extremadamente dura. Cuando no bautizaban a sus bebés, eran culpables de un crimen. Si no asistían a una iglesia estatal el domingo, rompían la ley. Si decían a su hijo o a un vecino que la salvación es solo por medio de gracia a través de la fe en Jesucristo, ellos eran culpables de herejía y corrían el riesgo de la hoguera.

Fueron vistos oficialmente como herejes y criminales. Se consideraba que eran enemigos de Dios y del Estado. Fueron cazados y enjuiciados con pasión y celo por la Iglesia oficial y el gobierno. Ellos fueron juzgados y condenados por leyes que la Iglesia corrupta y el Estado habían hecho; y por no ser miembros de la iglesia estatal, no tenían ninguna protección bajo la ley. Las cortes que los enjuiciaban eran las de la Iglesia estatal y sus fiscales, sus defensores y sus jueces eran todos agentes de la Iglesia del Estado. No había imparcialidad, ni justicia, ni misericordia. Llevaban todas las de perder siempre. Para sobrevivir, tuvieron que vivir como fugitivos. No es maravilla que tuvieran que retirarse a menudo a los desfiladeros, a los cañones y a lo escabroso de las montañas más altas e hicieran sus moradas en lugares donde era difícil para sus opresores encontrarlos.

> **La vida fue extremadamente dura para aquellos que siguieron fieles a Dios y Su Palabra**

BIZANCIO

Por razones previamente discutidas, la iglesia en Roma creció cada vez más fuerte; sin embargo, la elevación de tradición encima de la Escritura por sus líderes produjo alejamientos mayores del cristianismo del Nuevo Testamento en frentes múltiples. Las iglesias orientales eran más lentas en sus desviaciones, pero llegaron allí. A principios del siglo cuarto Papa ben Agai federó muchas de las iglesias en Persia, Siria y Mesopotamia bajo su gobierno como obispo de Seleucia-Ctesifonte, la capital. Para el 498 este obispo se llamó el *patriarca*. Con el tiempo, el oriente aceptó cinco patriarcas como cabeza de su Iglesia: Roma, Constantinopla, Alejandría, Antioquía y Jerusalén. Después el obispo de Moscú fue hecho patriarca, y Roma fue retirada. Para los católicos orientales, los patriarcas son la cabeza de la Iglesia; ellos rechazaron la idea de que el papa de Roma fuera la cabeza exclusiva de la Iglesia. El papa se acepta como el único gobernante entre las iglesias católicas del occidente. [12]

Con la mudanza por Constantino de la capital del imperio romano a Constantinopla, dos centros mayores surgieron en la Iglesia estatal: uno en Roma, otro en Constantinopla. Aunque Roma creció mucho más fuerte y dominó el catolicismo durante siglos hasta el presente, no asuma que el catolicismo oriental era pequeño e insignificante. Aunque estos dos centros vinieron a ser cada vez más independientes y hostiles el uno hacia el otro, la inmensa mayoría de sus creencias y costumbres seguían siendo las mismas. Los católicos orientales y occidentales estaban de acuerdo básicamente con la autoridad de la tradición eclesiástica junta con las Escrituras Sagradas como regla de fe, la adoración a la Virgen María y a los santos, justificación por fe más las buenas obras, los siete sacramentos, regeneración bautismal y la necesidad del bautismo de agua para la salvación, la transubstanciación, el sacrificio de la misa por los vivos y los muertos, absolución sacerdotal por autoridad divina, una jerarquía del episcopado y un inmenso número de ritos y ceremonias. Ambos también afirmaron una doctrina de purgatorio. Los dos discreparon acerca del Espíritu Santo con el oriente diciendo, Él procede solo del Padre, mientras el occidente enseñó que Él procede del Padre y del Hijo. El oriente negó la autoridad universal e infalibilidad del papa y la concepción inmaculada de la Virgen María (la mariolatría se practica abundantemente). Los orientales permiten el matrimonio de su clero inferior, que el laicado reciba el pan consagrado zambullido en vino, la comunión infantil, la utilización del pan leudado en su eucaristía y el uso de productos lácteos en cuaresma; los católicos occidentales difieren en estos y muchos otros puntos menores. [13]

Por un periodo de varios centenares de años las leyes del imperio que rigieron las vidas cotidianas de los ciudadanos se hicieron cumplir con mucho más rigor en el oriente que en el occidente. Constantinopla (Bizancio) llegó a ser la sede deslumbrante de un imperio cristiano militante de largo alcance, que se enorgullecía por su pomposidad, su ceremonia y su esplendor. Con celo fanático, los líderes orientales determinaron imponer sus ideas acerca de la cristiandad sobre las personas hasta el último detalle. Los emperadores romanos que vinieron después de Constantino, residieron en la nueva capital de Constantinopla. Continuaron gobernando la parte oriental de lo que después fue el imperio romano y eran muy ricos. Bizancio se renombró a Constantinopla, y el imperio floreció desde el 395 hasta 1435. [14]

Mientras la Iglesia y el Estado se fundieron en uno, determinaron hacer Bizancio (Constantinopla) una atracción de riqueza y extravagancia. Estos emperadores se comportaron como dioses en tierra y llamaron a sus leyes, decretos y palacios *divinos*. Bizancio fue la cúspide de las pretensiones huecas del cristianismo. "La cristiandad de la corte bizantina vivió en la atmósfera de intrigas, disimulaciones, y lisonja". [15] La fastuosidad, el exceso y la vanidad de los gobernantes estatales y eclesiásticos son difíciles de comprender. Se dice que la casa del gobernante Constancio "albergó no menos de mil barberos, mil servidores de bebidas, mil cocineros, y tantos eunucos que el número total de ellos solo podría compararse con insectos en un día de verano". [16] Bizancio llegó a ser una atracción. Aunque el cristianismo fue forzado y mecánico, estaba lleno de glamour. Los edificios eran magníficos, las obras de arte con mosaicos bonitos abundaban, la pomposidad y ceremonia reinaron y el impacto de este imperio bizantino permanece hoy día en lugares tan lejanos como Israel, Jordania, Turquía y Rusia.

> **Bizancio fue la cúspide de las pretensiones huecas del cristianismo**

LA GRAN DIVISIÓN

Aunque eran gemelos casi idénticos en doctrina y práctica, las tensiones entre el oriente y el occidente continuaron aumentando. Las controversias arrianas, nestorianas, pelagianas e iconoclastas habían abierto brechas profundas. Ambos lados pensaban que tenían razón y que eran la Iglesia real, verdadera y que los del otro lado no lo eran. Los celos, las ambiciones y el orgullo abundaron. El 25 de diciembre del 800 Carlomagno llegó al poder. Él no quiso que el poder en el oriente lo amenazara o lo influenciara. Los patriarcas orientales comenzaron a afirmar que Roma era herética en doctrina y práctica. El problema continuaba urdiendo. Los musulmanes amenazaron en el este, y el oeste estaba enfrentando una invasión germana. Ambos lados estaban ocupados resistiendo estos poderes y necesitaban al uno del otro. A pesar de que internamente se habían fracturado mortalmente, durante 250 años, fueron capaces de continuar siendo una Iglesia oficial y formal.

La brecha entre los católicos orientales y occidentales llegó a su punto crítico en el 1054. El patriarca de Constantinopla (Bizancio) en aquel momento era Miguel Cerulario. El buscó de hecho una ocasión para separarse del oeste. Se opuso a León IX quien era el papa en Roma desde el 1049 al 1054. En julio del 1054 Cerulario se negó a recibir a un representante papal que fue enviado a su corte por León. Cuando se negó, León excomulgó a Cerulario formalmente. Excomunión literalmente significa consignar al excomulgado al infierno. El 16 de julio del 1054, Cerulario a su vez depositó una bula formal [17] en el altar de la iglesia de Santa Sofía en Constantinopla, consignando formalmente al papa León IX al infierno. Al mismo tiempo en Roma, el papa León IX estaba depositando una bula formal de excomunión de Cerulario en el altar de la Basílica de San Pedro en Roma, consignando al patriarca Cerulario al infierno. [18]

Así fue formada la que es normalmente conocida como Iglesia Católica Ortodoxa Oriental. El nombre formal de esta Iglesia es Santa Iglesia Apostólica Ortodoxa Oriental. Durante los años esta Iglesia enfrentó muchas presiones. Se ha reorganizado y ahora tiene tres divisiones principales: La Iglesia Ortodoxa en Turquía, la Iglesia Estatal de Rusia y La Iglesia del Reino de Grecia. [19]

---

[1] Philip Schaff, *History of the Christian Church (Historia de la Iglesia Cristiana),* vol. 3, (Peabody, Massachusetts: Hendrickson Publishers, 2002), 91.

[2] Leonard Verduin, *The Reformers and Their Stepchildren (Los Reformadores y Sus Hijastros),* (Grand Rapids, Michigan: William B. Eerdmans Publishing Company, 1964), 23.

[3] Ibid., 34.

[4] Schaff, 108.

[5] Ibid., 110.

[6] Ibid.

[7] Ibid., 95.

[8] Ibid., 95-96.

[9] La siguiente lista es adaptada de Philip Schaff's *History of the Christian Church (Historia de la Iglesia Cristiana)*, vol. 3, pages 96-106.

[10] Recomiendo la lectura de Schaff's *History of the Christian Church (Historia de la Iglesia Cristiana)*, vol. 3, chapter VII.

[11] E.H. Broadbent, *The Pilgrim Church (La Iglesia Peregrina)*, (Grand Rapids, Michigan: GOSPEL FOLIO PRESS, 1999), 43.

[12] Ibid., 90-91.

[13] Schaff, vol. 4, 306-309.

[14] *Webster's New World Dictionary with Student Handbook: Young People's Edition (Diccionario Nuevo Mundo de Webster con Manual Estudiantil: Edicion Juvenil)*, s.v. "Byzantium," (Nashville, Tennessee: The World Publishing Company, 1973), 98.

[15] Schaff, vol. 3, 130.

[16] Ibid., 129.

[17]Una bula es una proclamación oficial de un papa o patriarca. Se llama asi por el sello de plomo (bulla) que fue adjuntado al final para autenticarla. Se entiende que la autoridad de la Iglesia y Dios respaldan la proclamación.

[18]Carl Deimer, Professor, *History of Christianity I (Historia del Cristianismo I)*, Video lecture 18, Liberty University DLP, 2004.

[19] Schaff, vol. 4, 309.

Ramificaciones de la Iglesia Estatal

La Exoneración del Clero Respecto a la Mayoría de las Obligaciones Públicas

Los sacerdotes, obispos y otros funcionarios de la Iglesia del estado, eran exonerados del servicio militar, la mayoría de los impuestos, trabajos manuales menores y otros servicios públicos.

El Enriquecimiento y la Dote de la Iglesia Estatal

Con el tiempo se le fue otorgando a las iglesias propiedades y edificios, incluyendo los confiscados a los paganos y a los herejes. La Iglesia estatal comenzó a amontonar gran riqueza y propiedades.

La Iglesia Estatal Sostiene al Clero

La Iglesia del estado sostenía financieramente al clero con un ingreso fijo proveniente de su tesorería.

La Iglesia Estatal Asumió Jurisdicción Legal Sobre la Gente

Los tribunales de la Iglesia ahora tenían la fuerza de la ley, y en asuntos espirituales, ninguna apelación podía ser tomada de ellos. Los juicios de los sacerdotes eran considerados como juicios del mismo Cristo.

El Derecho Episcopal de Intercesión

El derecho de interceder por criminales y rebeldes se convirtió en derecho de los sacerdotes.

El Derecho de Asilo en Iglesias

Cualquiera que maltratara a un fugitivo en una iglesia era sujeto a pena de muerte.

La Observancia del Domingo y Otros Festejos Fueron Hechos Obligatorios

Todos en el imperio debían ir a la iglesia el domingo. A menudo se le imponían multas a aquellos que no asistían.

Una Historia de las Iglesias

Católicos Orientales vs. Occidentales

Ambos estuvieron de acuerdo con estas creencias	Los católicos occidentales estuvieron en desacuerdo con estas creencias de los orientales
La autoridad eclesiástica de la tradición como regla de fe conjuntamente con las Escrituras	El Espíritu Santo proviene del Padre
El culto a la Virgen María y los santos	Niega la autoridad universal y la infalibilidad del papa
Justificación por fe y buenas obras	Niega la concepción inmaculada de la Virgen María
Los siete sacramentos	
Regeneración bautismal	Permite el matrimonio de su clero de menor jerarquía
Bautizo con agua para la salvación	Los laicos pueden recibir pan consagrado mojado de vino
Transubstanciación	
El sacrificio de la misa para los vivos y los muertos	Comunión infantil
Absolución sacerdotal por autoridad divina	La utilización de pan leudado en su eucaristía
Una jerarquía episcopal	La utilización de productos lácteos en cuaresma
Un número vasto de ritos y ceremonias	
Una doctrina de purgatorio	

Capítulo 17

La Consolidación del Poder Papal

Para comprender adecuadamente la nefasta situación enfrentada por aquellos creyentes que desde el siglo primero hasta el presente permanecieron fieles al cristianismo neotestamentario, es importante entender la Iglesia Católica Romana, su papa y el poder enorme y control implacable que esta entidad obtuvo. En este capítulo miraremos el surgimiento de la Iglesia Católica Romana y del papado. Veremos más adelante cómo el papado alcanzó tal poder y dominación.

Hemos visto como durante cinco siglos los obispos en Roma y Constantinopla fomentaron la idea de una Iglesia universal en contraste con el concepto del Nuevo Testamento de iglesias locales. Las iglesias individuales a través del imperio fueron vistas cada vez más como las partes pequeñas de una gran Iglesia universal compuesta colectivamente por iglesias individuales. No se pensaba que las iglesias individuales fueran autónomas; eran meramente partes de la Iglesia universal y como tal habían de ser gobernadas por obispos o episcopados. Muchas iglesias a través del imperio romano empezaron a aceptar la tradición eclesiástica como igual a, o superior a, la autoridad de la Escritura. La iglesia en Roma creció en prestigio e influencia debido a su ubicación y la conexión de los pastores a los emperadores romanos anteriores. Muchos de los pastores u obispos carismáticos se aprovecharon de cada oportunidad para hacer la iglesia en Roma dominante entre todas las iglesias.

Negociaron acuerdos políticos con los nuevos conquistadores germánicos y afirmaron tener derecho a gobernar sobre todos los otros debido a su conexión directa con Pedro quien según ellos fue el primer papa. Su tradición les permitió desarrollar la teología de que la salvación está en, y es a través de, la Iglesia por sacramentos tales como el bautismo y la eucaristía (la Cena del Señor). También razonaron que, para ser válidos, los sacramentos debían ser administrados por sacerdotes de la Iglesia y que uno solo podría hacerse sacerdote por la autoridad del obispo en Roma. Con el tiempo sacaron la conclusión, como la salvación estaba en la Iglesia, la Iglesia podría conceder, negar o retirar la salvación de cualquiera.

Es fácil ver cómo el sistema católico romano fue concebido y desarrollado. Antes del siglo séptimo, aún no se había formado totalmente y no podría llamarse legítimamente *la Iglesia Católica Romana* más que un renacuajo podría llamarse rana o un huevo llamarse pollo; sin embargo, las bases ya estaban sentadas. Para el año 600 la Iglesia Católica estaba ubicada y había alcanzado la madurez. Prestaremos atención ahora a cómo la Iglesia Católica Romana logró tal fenomenal poder y control. Esto les permitirá comprender mejor la grave situación de aquellos que se negaron a ser una parte de la Iglesia Católica Romana, porque estaba totalmente fuera de la mente de los líderes de la Iglesia incluso permitirle a una persona existir que no aceptara y apoyara totalmente sus doctrinas y prácticas. Mientras la Iglesia crecía más en poder, sus líderes se volvieron cada vez más determinados o bien por fuerza, a doblegar o a matar a cada persona.

Tenga presente que estas condiciones no sucedieron instantánea o incluso rápidamente. Ninguna guerra entre naciones ni ningún golpe gubernamental resultando en nuevo gobernante y cambio radical en la sociedad, provocó el catolicismo. El movimiento de la cristiandad neotestamentaria a la existencia de la Iglesia Católica y su corrupción, poder, y control enorme sobre la sociedad fue lento, sutil y gradual durante centenares de años. El alejamiento del cristianismo neotestamentario comenzó antes del fin de primer siglo, pero el mayor impulso para esta Iglesia corrupta vino temprano en el siglo cuarto cuando la Iglesia se unió con el Estado. La Iglesia llegó a la madurez cuando el papado se consolidó totalmente al principio del siglo séptimo, pero su apogeo de poder no fue alcanzado hasta la mitad del siglo undécimo. A través de todos estos años esta Iglesia falsa se estaba desarrollando y volviendo aún más dominante tanto en la religión como en la política. Mientras su poder y control crecían, vino a ser cada vez más corrupta, degenerada, inmoral, opresiva y cruel.

GREGORIO I

Se ha hecho mención del vacío en la dirección política que se creó en Roma cuando Constantino trasladó la capital del imperio a Constantinopla. Los obispos de la Iglesia en Roma no eran tímidos. Mientras mantenían su poder religioso, se adelantaron inmediatamente y asumieron el poder político también. Las alianzas con los invasores continuaron durante varios siglos.

Entre aquellos primeros invasores estaban los francos. Uno de sus reyes era Clodoveo que gobernó desde el 481 hasta su muerte en el 511. Él también enfrentó una batalla decisiva y juró convertirse un cristiano niceno, si ganaba. Cuando lo logró, decidió que su ejército entero se volvería cristiano. Lo logró poniendo a un sacerdote en un árbol al lado de un río. Mientras las tropas de Clodoveo marchaban, el sacerdote sumergía una rama larga del árbol en el río y salpicaba agua sobre las tropas mientras repetía, "yo te bautizo en nombre del Padre, del Hijo y del Espíritu Santo". [1] Esto revela la naturaleza de la Iglesia estatal. Es obvio que una fe personal en Cristo y una relación con Él en vista de Su muerte, sepultura y resurrección no era un prerrequisito para hacerse miembro de la Iglesia estatal corrupta. No es sorpresa que hubiese multitudes de creyentes (la Iglesia estatal los llamó los *herejes* y modernos historiadores revisionistas los llaman *disidentes* e incluso *protestantes*) que rechazaron este bautismo inválido y re-bautizaron a estas personas cuando ellos confiaban en Cristo de verdad. Debido a la supuesta conversión de Clodoveo al cristianismo, los católicos lo llaman el hijo mayor de la Iglesia y con él la historia de la nación francesa comienza. [2]

Gregorio I, quién también fue llamado Gregorio el Grande, fue obispo de Roma del 3 de septiembre del 590 hasta el 12 de marzo del 604. Durante años los obispos de Roma consistentemente tenían grandes ambiciones, sobre todo la difusión de la cristiandad y una jerarquía independiente. En ese momento los lombardos salvajes asolaban a Europa que incluía a Roma. Aunque estaba a menudo postrado en cama y con gran dolor debido a la gota, Gregorio I era sumamente enérgico y tuvo éxito convirtiendo a los lombardos a su tipo de cristiandad. [3] Debido a su éxito en unir los poderes políticos alemanes en una teocracia con el poder eclesiástico romano, él es considerado por muchos como el primer papa verdadero. [4] Gregorio I también fue el padre de varias otras prácticas que finalmente pasaron a ser normas en la Iglesia Católica. Creó el canto gregoriano, hizo al sistema sacramental una parte oficial y permanente del catolicismo, estableció el celibato en el clero e hizo el consentimiento del obispo romano necesario para cualquiera que fuera ordenado obispo. [5] Pocos han establecido y fortalecido la autoridad del trono papal como este hombre. Estableció el episcopado universal de la Iglesia Católica Latina; sin embargo, no exigió jurisdicción sobre las iglesias católicas orientales. [6]

Gregorio I fue el primer papa

LA EXPANSIÓN DEL PAPADO

El papado se expandió grandemente desde el tiempo de Gregorio I hasta 1054, cuando se dividieron los católicos orientales y occidentales. Aquí están algunas de las razones.

Alianzas políticas y militares

La Iglesia Católica Romana es caracterizada por la unión con el Estado. El papa siempre pensó que la Iglesia debe dominar al Estado; no obstante, el Estado normalmente quiso que la Iglesia fomentara los propósitos del Estado. Dos casos sirven para ilustrar este forcejeo continuo entre la Iglesia y el Estado por la dominación.

- **Pipino el Breve**

  En el 751 el papa Zacarías [7] coronó a Pipino como rey de los francos. Esta acción halagó el ego de Pipino y al mismo tiempo reforzó grandemente el prestigio del papa (obispo de Roma). Pipino ya era el gobernante de los francos; sin embargo, el título de rey infló su ego. Después de esto el papa se veía con el poder para hacer reyes. A cambio del favor del papa, Pipino dio a Zacarías un territorio grande llamado los Estados Papales. Este territorio constituyó alrededor de un quinto de la Italia moderna. Después de esto el papa no solo era el obispo de Roma, también era el gobernante indiscutible sobre un gran territorio. [8] Claramente la Iglesia y el Estado estaban unidos totalmente.

- **Carlomagno**

  El 25 de diciembre del 800, el papa León III coronó a Carlos el Grande como "El Sacro Emperador Romano". [9] Se piensa que un rey está sobre una nación o pueblo; un emperador está sobre muchos. Carlomagno no podía unir a todos los pueblos en su dominio pues no tenía conexión alguna con el imperio romano de antes, cuyos remanentes continuaron en el oriente. Es más, Carlomagno no era un gobernante sacro, y no había nada sacro acerca de su dominio; sin embargo, cuando conquistaba, trajo sus súbditos bajo la influencia de la iglesia en Roma y bajo el poder del papa que dominaba el área. El papa hizo a Carlomagno gobernante y ejerció una amplia dominación sobre él. El poder del papado estaba creciendo.

  > **El papa fue visto como si tuviera el poder para hacer reyes**

Documentos falsificados

Muchos de los papas eran mentirosos y engañadores deliberados. Algunos de sus esfuerzos engañosos para aumentar el papado han sido expuestos.

- **La Donación de Constantino**

  Un documento de tal índole afirmó que cuando Constantino trasladó su capital de Roma a Constantinopla en el 330, le otorgó autoridad secular al obispo de Roma sobre Roma y su contorno. En el siglo decimosexto, un católico llamado Lorenzo Valla halló que este era un documento falso. La evidencia demostró que el documento que supuestamente le concede autoridad secular al obispo por Constantino realmente era del siglo octavo; no obstante, Valla escondió sus hallazgos, y la verdad no se reveló hasta pasados 100 años por los protestantes. A pesar del hecho de que el papa Zacarías supo que el documento fue falsificado, no obstante, lo utilizó como afirmación de su poder político y secular. [10]

La deshonestidad deliberada de los católicos a través de los siglos es escandalosa. Para gran número de ellos, la verdad y honestidad parecían ser totalmente insignificantes. El fin ha sido utilizado repetidamente para justificar los medios. Ya fuera para obtener tierras o poder, para mantener sus posiciones, para ganar dinero o eliminar aquellos que discrepen o se opongan, cualquier mal, por más cruel y deshonesto fuera, ha sido aceptable.

- **Los decretales pseudo-isidoreanos**

Los Decretales Pseudo-Isidoreanos son una serie de documentos, leyes y credos eclesiásticos ilegítimos y falsificados. Estos documentos fueron incorporados de alguna manera en la colección de un hombre llamado Isidro. Fueron hallados falsos durante el siglo decimoctavo. Aunque eran documentos falsos, hay razones para creer que fueron utilizados por los papas para su beneficio. Tanto el documento falso de Constantino y los Decretales Pseudo-Isidoreanos, parecen haber sido utilizados por Zacarías para obtener los Estados Papales de Pipino. [11]

Feudalismo

Cuando Carlomagno murió, su dominio entero cayó en manos de sus muchos hijos. Ninguno de ellos pudo prevalecer sobre los otros y la anarquía creció. Con la ausencia de autoridad central, toda Europa se fraccionó en pequeños reinos feudales independientes. Cada uno dependía de la fuerza de su líder que era monarca sobre su dominio. Había cambios de poder con el paso del tiempo. Algunos señores pusieron parcelas de su tierra en manos de vasallos a cambio de ayuda en la guerra y otros servicios. La tierra fue trabajada por siervos o campesinos. [12]

Este sistema de gobierno político fue una de rivalidades interminables, guerras feudales y forcejeos de poder. Había muchas similitudes entre los reinos feudales. Cada señor feudal controlaba tierras y las disputas fronterizas eran constantes. Cada rey tenía un castillo rodeado por un foso (a veces dos) con un puente levadizo que llevaba a un camino. En ambos lados del camino había chozas con pisos de tierra donde los siervos o campesinos vivían. Al final del camino opuesto del castillo, había habitualmente una iglesia católica donde vivía un sacerdote.

En este sistema, había solo dos clases. La clase alta conformada por los ricos quienes vivían en el castillo: el señor o rey y su familia que eran los aristócratas o la nobleza, los caballeros que eran principalmente guerreros, y los leudes que eran los sirvientes de la clase alta. Los sacerdotes y otros oficiales de la Iglesia también eran de la clase alta. Todos los demás constituyeron la clase baja. Estos vivían en chozas y en los bosques en las afueras del castillo. Los mismos tenían muy poco y sus vidas significaban casi nada para la clase alta. Estos campesinos fueron tratados de las peores maneras posibles. Para la aristocracia (clase alta) matar a un campesino era como matar a un animal salvaje. En las excursiones de cacería en los inviernos europeos fríos, los registros hablan de cómo los señores feudales a veces ordenaban a sus sirvientes abrir el estómago de un campesino para que el señor pudiera calentar sus pies dentro de la cavidad. [13] El sistema feudal era enormemente malvado y cruel.

En el sistema feudal, no había clase media y casi ninguna posibilidad para ascender socialmente. Aquellos que nacieron siervos no podían escapar de su estrato social. Para ellos no había sistema educativo, ni siquiera trabajos disponibles. Estaban encerrados en la pobreza de por vida y de generación a generación. El único lugar de posibilidad para ellos era la Iglesia Católica. Si un muchacho campesino pudiera ganar favor con el sacerdote local, él podría moverse hacia arriba en la jerarquía de la Iglesia Católica. No es difícil ver por qué fueron atraídos a la Iglesia tantos muchachos del campesinado. (Hasta mucho tiempo después no hubo lugar para las campesinas.)

Los reyes y vasallos eran casi todos católicos; No lo malentienda. En muchos lugares de Europa, desde los Estados Balcánicos y Rusia hasta Inglaterra y Gales, había personas que no estaban bajo un señor feudal. En muchos casos ellos vivieron en áreas montañosas donde pudieron esconderse con seguridad relativa. Tenían sus propias aldeas y comunidades. La tierra donde vivían normalmente era reclamada por un señor feudal, pero muchos señores no tenían la fuerza para controlar totalmente el territorio que reclamaban. Aun en este ambiente desesperadamente malo y peligroso, el cristianismo verdadero de primer siglo neotestamentario prevaleció y hasta floreció en muchos lugares.

Durante este tiempo la Iglesia estatal que con el tiempo llegó a ser la Iglesia católica, dominaba Europa con una mano pesada y revestida de hierro; y desde Constantino en adelante, dicha empuñadura arreció continuamente. Mucho antes de Carlomagno, el sistema feudal estaba surgiendo. Con su muerte, pasó a ser el sistema político dominante de Europa, y facilitó directamente las ambiciones del papado y la Iglesia Católica Romana. Sin una dirección política central en Europa y poco sentido de nacionalidad, el papa se volvió la única figura generalmente reconocida de prestigio y poder centrales. El papa (el obispo de Roma) surgió como el obispo más poderoso entre todos los obispos. Tuvo tremendo poder e influencia con los nuevos poderes germánicos que gobernaron Europa Occidental. Él solo gobernó una gran área de tierra y tuvo una riqueza fabulosa. La inmensa mayoría de los señores feudales fue católica y lo apoyó. Esto agregó mucho más poder e influencia al papa. La doctrina falsa de que la salvación estaba en las manos de la Iglesia normalmente se aceptó; y como veremos después en mayor detalle, el papa tuvo el poder de excomulgar. La excomunión significaba condenación al infierno. El papa tuvo gran poder sobre los reyes feudales, señores y vasallos. En sus mentes el papa (obispo de Roma), tenía el poder para condenarlos al infierno, más el poder de convocar a otros reyes, señores y vasallos a la acción militar contra cualquiera de ellos que se saliera de la línea y se ganara su desagrado.

El papa tuvo gran poder sobre los reyes feudales, señores y vasallos

---

Desarrollos internos en la Iglesia estatal

* **Adoración estandarizada**

   Durante los años la Iglesia estatal trabajó para estandarizar la adoración a lo largo de su dominio. Con el canto Gregoriano, la música se volvió la misma independiente del lugar. La característica central de la adoración pasó a ser la misa. La teología occidental fue universal y las prácticas de la adoración eran las mismas en todas estas iglesias. El latín llegó a ser el idioma estándar de la Iglesia. Aunque una persona hablara español, alemán o italiano, siempre que fuera a la iglesia, la adoración que oía era en latín. La inmensa mayoría de las personas no entendía el latín. Eso no interesaba, porqué la salvación estaba en el ritual y la forma, no en un conocimiento personal de corazón de Dios y Sus verdades.

- **Las controversias doctrinales**

Las controversias doctrinales ya discutidas (y otras) se intensificaron entre el oriente y el occidente. Finalmente, el papa excomulgó a los patriarcas del oriente. Esto quitó eficazmente la disconformidad en la Iglesia Católica y fortaleció más al papado.

LA CODICIA Y LA EXPLOTACIÓN ECONÓMICA

Una comprensión apropiada de la degradación y corrupción de la Iglesia Católica Romana no estaría completa sin dar por lo menos una breve mirada a su codicia y explotación económica. Estas prácticas se expandieron desde el gobierno de Gregorio I (alrededor del 600) y vinieron a ser la práctica dominante y común entre el 1054 y 1215.

La explotación económica religiosa se llama *Simonía* debido a Simón que en Hechos 8 pensó que podía comprar el poder del Espíritu Santo con dinero. La jerarquía católica romana se aprovechó económicamente de Europa durante centenares de años. Lo siguiente es un breve listado de algunas de las prácticas en las que el papa tuvo éxito al imponer sobre aquellos bajo su poder. [14] Mientras nos movemos por esta lista, tenga presente que la mayoría de estas prácticas tienen que ver con sacerdotes y otros oficiales dentro de la jerarquía eclesiástica. El pueblo, tanto la clase superior y la baja, se les exigió diezmar y apoyar con ofrendas a las iglesias que conformaban el sistema católico. Los campesinos (clase baja) tenían casi nada. Ellos debían dar; sin embargo, eran los reyes, los señores y la clase alta los que trajeron gran riqueza a las iglesias locales y a sus oficiales. Como la lista mostrará, por prácticas malévolas el papa desvió tanta riqueza como pudo de las iglesias locales. Por las prácticas siguientes, el papado sangró a Europa de su riqueza y se hizo rico asombrosamente a sus expensas.

Anatas

"El requisito de que tanto, del obispo o un abad (cabeza de un monasterio) el ingreso del 1er año sea dado al papa". Los papas controlaron y dieron estos trabajos; era imposible llegar a ser obispo o abad sin la confirmación del papa. "Cuando un obispo comenzaba un obispado durante el primer año, la ANATA quiso decir que el papa obtendría el sueldo de su primer año". [15]

Colaciones

No todas las áreas u obispados eran del mismo tamaño. Un obispado pequeño podía estar al lado de uno grande. ¡Mientras más grande el obispado, más grande era el pago! Muchos obispos quisieron obispados más grandes y pagos más grandes. Cada vez que el papa ponía un obispo en un nuevo obispado, recibía el sueldo anual de ese obispo durante un año. El movimiento también abriría otro obispado al que el papa movería a otro obispo, el cual pagaría su sueldo del primer año al papa. El papa estaba ansioso por pasar obispos a nuevos obispados. Cada vez que había un cambio de obispos, él ganaba más dinero. Estas rotaciones y cambios de obispos y abades es llamada colaciones.

Comendaciones

Las comendaciones eran el impuesto anual pagado por un obispo o abad para permanecer en un cargo particular. El papa tenía el poder para quitar o degradar a un obispo a un obispado menor. Los obispos pagaban para protegerse de la degradación.

Expectaciones

A menudo los obispados eran vendidos (incluso antes de que quedar vacantes) al mejor postor. Por ejemplo, cuando un obispo estaba enfermo o volviéndose viejo, normalmente otros obispos ofrecían dinero al papa por su puesto. El puesto generalmente iba al mejor postor; sin embargo, para ganar más dinero, de vez en vez la subasta se repetía.

Reservaciones

Las reservaciones eran los más ricos y mejores de los obispados. Eran reservados para la utilización papal. El papa enviaría a un sacerdote menor para administrar los asuntos de esa área y le pagaría un sueldo pequeño. El ingreso grande del prestigioso lugar iría al papa.

Jus Spoliorum

Jus Spoliorum significa botín justo. Cuando un oficial de la Iglesia recibía dinero, tierra u otra propiedad se esperaba que la propiedad fuera a parar totalmente a las manos de la Iglesia Católica Romana tras la muerte de ese oficial. Puesto que los sacerdotes no podían casarse, no tenían ningún heredero. Le fueron dados a muchos de estos oficiales recursos muy valiosos; tras sus muertes, todo lo que poseían fue a la Iglesia.

Diezmar

Diezmar no se refiere al 10% dado por las personas. Cuando un obispado tenía una cantidad de tierra significativa, construcción o propiedad, le era fijado un impuesto por el papa. El diezmo realmente era un impuesto de bienes raíces que empezó como una manera de financiar a las cruzadas; no obstante, el impuesto no desapareció después de las cruzadas.

Dispensas

Las dispensas tenían que ver con violaciones eclesiásticas. Cuando alguien de la riqueza rompía las reglas, el papa normalmente amenazaría con excomulgarlo al infierno. Si ese ofensor pagara suficiente dinero al papa, podía ser excusado.

Indulgencias

La Iglesia Católica Romana desarrolló la idea antibíblica del purgatorio. Es la idea de que uno no va directamente al cielo tras la muerte. Dice que posiblemente no todos los pecados del pecador sean perdonados todavía por Cristo. Dependiendo del número y la severidad de estos pecados no perdonados, uno podría tener que pasarse algunos o muchos años en el purgatorio. Los papas y los sacerdotes podrían aumentar el tiempo de alguien en el purgatorio, y a menudo lo hicieron para personas de buena posición económica como reyes, lores y vasallos.

Nadie estaba seguro de cuánto tiempo cualquier individuo podría tener que pasar en el purgatorio. Una indulgencia simplemente era un papel con un lugar para el nombre de una persona, la cantidad de dinero que él estaba contribuyendo a la Iglesia y cuántos años estaban quitándose de su tiempo en el purgatorio. Naturalmente mientras más dinero daba a la Iglesia, más años el papa o sacerdote quitaría de su tiempo en el purgatorio.

El abuso de indulgencias llegó a ser desenfrenado y una espada de doble filo. La Iglesia Católica Romana usó su poder para aumentar el tiempo de alguno en el purgatorio. También usó la venta de indulgencias para acortar ese tiempo y extraer grandes sumas de dinero. Incluso la Iglesia dijo a las personas que, si compraban demasiados créditos para su tiempo en el purgatorio, aquellos créditos entrarían en una *Tesorería de Mérito* para aplicar como indulgencia para cualquiera que el comprador escogiera. Por otro lado, algunas personas de riqueza compraron indulgencias para obtener perdón por los pecados futuros. Esto les dio supuestamente libertad perfecta para hacer cualquier cosa que ellos quisieran, por maligno que fuera.

Con el tiempo la venta de indulgencias vino a ser una las prácticas más odiadas de la Iglesia Católica Romana.

> **La explotación económica religiosa fue llamada simonía**

La Iglesia estatal de Constantino pasó a ser la Iglesia Católica Romana. Tardó un tiempo para que se desarrollara y llegara allí, pero lo hizo. La Iglesia Católica Romana llegó a ser cada vez más dominante y opresiva. Como veremos pronto, inventó y empleó muchos medios diabólicos para destruir a todos los que se negaron a unirse y apoyar la Iglesia; sin embargo, no era posible y no lo lograron plenamente. A pesar de los mejores esfuerzos de la Iglesia, no pudo erradicar a los verdaderos cristianos e iglesias.

---

[1] Carl Deimer, Professor, *History of Christianity I (Historia del Cristianismo I)*, Video Lecture 15, Liberty University DLP, 2004.

[2] Philip Schaff, *History of the Christian Church (Historia de la Iglesia Cristiana)*, vol. 4, (Peabody, Massachusetts: Hendrickson Publishers, 2002), 80-81.

[3] Ibid., 211-216.

[4] Deimer.

[5] Ibid.

[6] Schaff, 218-219.

[7] Ibid., 205.

[8] Deimer, Lecture 16.

[9] Ibid.

[10] Ibid.

[11] Ibid.

[12] *Webster's New World Dictionary with Student Handbook: Young People's Edition (Diccionario Nuevo Mundo de Webster con Manual Estudiantil: Edicion Juvenil)*, s.v. "feudal," (Nashville, Tennessee: The World Publishing Company, 1973), 263.

[13] Deimer.

[14] Esta lista fue adaptada de la video clase 23 Video Lecture 23 por Carl Deimer.

[15] Deimer, libro estudiantil, Lesson 23, 3.

La Expansión del Papado

Estas son algunas de las razones por las que se expandió el papado entre la época de Gregorio I hasta el 1054.

Alianzas Militares y Políticas

Pipino El Breve

En el 751 el papa Zacarías coronó a Pipino como rey de los francos. Después, el papa fue visto como si tuviera el poder de hacer reyes. Devolviendo el favor del papa, Pipino le otorgó un gran territorio conocido como los Estados Papales. El cual constituía aproximadamente un quinto de la Italia moderna.

Carlomagno

En diciembre 25, del 800, el papa León III coronó a Carlos el Grande como "El Sacro Emperador Romano". Mientras conquistaba, ponía a sus súbditos bajo la influencia de la iglesia romana y bajo el poder del papa quien dominaba el área. El papa había hecho a Carlomagno gobernador y ejerció gran dominio sobre él.

Documentos Falsificados

La Donación de Constantino

Este documento afirmaba que cuando Constantino trasladó su capital de Roma a Constantinopla en el 330, le concedió autoridad secular al papa de Roma sobre esta ciudad y sus alrededores. Un católico llamado Lorenzo Valla descubrió que este documento era falso. El papa Zacarías sabía esto, así lo utilizó para afirmar su poder político y secular.

Los Decretales Pseudo-Isidoreanos

Serie de documentos, leyes y credos legítimos y falsificados de la Iglesia. Se descubrió su falsificación durante el siglo XVIII. Parecen haber sido utilizados por Zacarías para obtener los Estados Papales de Pipino.

224

La Expansión del Papado

Feudalismo

En ausencia de autoridad central, toda Europa se inclinó hacia una pequeña independencia, reinados feudales. Cada uno dependía de la fortaleza de su líder, quien era un monarca absoluto sobre su feudo (dominio). Algunos lores pusieron parcelas de sus terrenos en las manos de sus vasallos a cambio de ayuda en la guerra y por otros servicios.

Los reyes y vasallos casi todos eran católicos. Con la muerte de Carlomagno, el feudalismo vino a ser el sistema político de la Europa convencional. Sin liderazgo político central en Europa, el papa llegó a ser la figura de reconocimiento general de prestigio central y poder.

El papa tuvo gran poder sobre los reyes feudales, lores y vasallos. En sus mentes, el papa (el obispo de Roma) tenía el poder de condenarlos al infierno, además del poder de llamar a otros reyes, lores y vasallos a la acción militar contra cualquiera que se apartara de la línea o ganara su desaprobación.

Desarrollos Internos en la Iglesia Estatal

Estandarizó el Culto

La Iglesia trabajó para estandarizar el culto por todo su dominio. El elemento central del culto vino a ser la misa. La teología occidental llegó a ser universal y el latín la lengua estándar de la iglesia.

Las Controversias Doctrinales

El papa excomulgó a los patriarcas del oriente, que efectivamente removió la discrepancia en la Iglesia y fortaleció el papado.

Codicia y Explotación Financiera

La explotación religiosa y financiera es denominada simonía debido a Simón, quien en Hechos 8 pensó que podía comprar el poder del Espíritu Santo con dinero. Esta es una breve lista de algunas prácticas que el papa impuso en la iglesia.

Annatas - El ingreso del primer año de los obispos y abades debía ser dado al papa.

Colaciones - La rotación y cambio de obispos y abades a nuevos obispados. Esto le daría al papa, el primer ingreso salarial del año de ellos por lo que el mismo hacía dinero con esta práctica.

Encomiendas - El impuesto anual pagado por un obispo o abad por permanecer en un cargo particular.

Expectativas - El pago al papa por un puesto en un obispado. El obispado era generalmente para el mejor postor.

Reservaciones - El mejor y más rico obispado de todos. Estos eran reservados para la utilización de los papas.

Jus Spoliorum - Significa botín justo. Cuando un funcionario de la Iglesia moría, sus propiedades iban a manos de la iglesia.

Diezmo - Un impuesto de bienes raíces sobre cada parcela de tierra, edificio o propiedad significativos en un obispado.

Dispensas - Pago de dinero al papa por una disculpa a alguien por romper las reglamentaciones.

Indulgencias - Pago de dinero al papa para reducir el tiempo en el purgatorio.

Capítulo 18

Aplastar la Oposición

La mayoría de las personas no tiene idea de cuán horriblemente corrupta, malévola y cruel llegó a ser la Iglesia que se desarrolló en Roma. Hasta el presente multitudes están en ignorancia y ceguera hacia la verdad. Algunos se niegan a enterarse de los hechos y enfrentar la verdad. La Iglesia falsa de Roma oportunistamente cometió adulterio espiritual con amantes que le pagaron el precio mejor en términos de poder y riquezas. La Iglesia estatal que finalmente vino a ser la Iglesia Católica Romana es la madre de las rameras descrita en Apocalipsis 17. La sangre de millones que han perecido por sus manos grita en contra de ella.

Hemos visto que la Iglesia estatal era intolerante. Cada persona que rechazaba su doctrina y prácticas y se negaba a unirse con la Iglesia se consideraba un hereje que merecía la muerte. Su práctica era *la conversión por la espada*; era o aceptar la doctrina falsa o morir. La meta era la eliminación de toda oposición. Sí, "¡Toda oposición!" Este capítulo está diseñado para mostrar algunas (no todas) de las herramientas usadas por la Iglesia de Roma para lograr su meta macabra.

PAPA GREGORIO VII

La mención de un déspota como Gregorio VII se hace solo para conectar la línea histórica y ayudar al lector a comprender el clima que prevaleció contra aquellos que creyeron y practicaron la

227

cristiandad de primer siglo. Nació en el hogar campesino de un pastor de cabras y fue llamado Hildebrando. ¹ Fue nombrado cardenal en el 1049 y controló la política papal a través de cinco papas hasta el 1073 cuando llegó a ser papa. ² Él era frágil pero fervoroso, y le consumió la ansia por el poder y el control absoluto. Aunque afirmaba ser indigno de tan alto cargo, era cruel y arrogante. Fue este hombre quien afirmó ser el Vicario de Cristo, ³ una postura adoptada por todos los papas siguientes. Estaba determinado a establecer la supremacía absoluta del papado a cualquier costo.

Los tres objetivos principales de Gregorio VII

- ### Eliminar la oposición interna

  Estaba determinado a destruir todo sacerdote, obispo, monje, laicos o cualquiera dentro de la Iglesia que pudiera oponerse a la dominación papal.

- ### Eliminar la oposición externa

  Estaba determinado a destruir a todo rey, príncipe u otro gobernante secular que se opusiera al papado. Logró esta meta formando el *Colegio de Cardenales*. Antes de su papado, los laicos tenían voz en seleccionar a los obispos, sacerdotes y papas. Los hacendados grandes y ricos tenían una poderosa influencia sobre quién se elegía obispo en sus áreas. Gregorio eliminó esta influencia seglar por decidir que solo el papa podría seleccionar obispos, solo obispos podrían seleccionar sacerdotes, solo sacerdotes podrían seleccionar presbíteros y solo presbíteros podrían seleccionar diáconos. Es más, solo *el Colegio Cardenalicio* podía seleccionar al papa.

  Es interesante que los cardenales no conservan registros; los queman en una estufa. Cuando se está seleccionando un papa y ninguna decisión se ha tomado, el humo es negro. Humo blanco significa que un nuevo papa se ha seleccionado. Se usan químicos para determinar el color del humo.

- **Obtener el apoyo de los gobernantes seculares**

El papa necesitaba el apoyo de los gobernantes seculares. No asuma que el papa buscó aquel apoyo sobre una base estrictamente voluntaria. Utilizaría cualquier fuerza a su disposición para obligarlos a someterse y a apoyarle. [4]

Gregorio VII se vió como la cabeza y autoridad supremas de toda la cristiandad. Creyó que era su derecho controlar *la Iglesia*. Es más, vio a *la Iglesia* como superior al Estado. En una carta a William de Inglaterra, comparó *la Iglesia* con el sol y *el Estado* con la luna. También comparó *el sacerdocio de la Iglesia* como oro y la realeza como plomo. Para lograr sus metas, Gregorio VII emitió *una bula papal*. El año era el 1075. *Una bula papal* es una proclamación oficial por el papa. [5] *La bula* de Gregorio proclamó la utilización de tres herramientas para lograr sus metas.

> **Gregorio VII afirmó ser el portavoz de Dios**

Las tres herramientas de Gregorio VII

- **Excomunión**

Para entonces la posición del catolicismo romano había sido por mucho tiempo que la salvación viene desde Cristo solo a través de la Iglesia Católica Romana. La Iglesia se vio como el intermediario de la salvación de Dios. Para la jerarquía católica, Dios había puesto la salvación en manos de la Iglesia Católica. Independiente de la fe personal y la relación con Cristo de uno, la Iglesia podría darle salvación a través del bautismo y la eucaristía. A la inversa la Iglesia podría quitarle dicha salvación. La posición católica era simple: si usted era un miembro de la Iglesia, usted tenía salvación; si no era miembro de la Iglesia, no tenía la salvación.

La excomunión removía al miembro de la Iglesia. Esto significaba que su salvación fue quitada y que era condenado al infierno. La excomunión había sido practicada por la Iglesia estatal durante 700 años antes de Gregorio VII. Los obispos que excomulgaron personas usaron lo más vil de lenguaje profano, y palabrotas. Esto era especialmente característico de obispos y papas. La excomunión también resultó en la confiscación de propiedad, encarcelamiento, tortura corporal y mutilación. [6] Gregorio VII formalizó la excomunión como una herramienta de la Iglesia Católica contra la oposición.

* **Interdicto**

El interdicto era una expansión de la excomunión. Por el interdicto, una comunidad entera (el inocente y el culpable) podría ser excomulgado. Esto dio el poder al papa para cerrar todas las iglesias en una comunidad o país particular. Aun se prohibieron matrimonios y sepulturas. "Lanzó la oscuridad de un entierro sobre un país, e hizo a las personas temblar en expectativa del último juicio". [7] Según la teología católica cuando las puertas de la Iglesia están cerradas, no hay sacramento y por consiguiente ninguna salvación. Esto significaba que la comunidad entera estaba separada de la salvación y condenada al infierno.

Como la excomunión, el interdicto no era nuevo para los católicos; no obstante, ningún obispo o papa lo había utilizado como una herramienta rutinaria de la Iglesia para forzar el sometimiento. Gregorio VII lo hizo.

* **Prohibición**

La prohibición ya había estado en efecto; Gregorio VII la solidificó y formalizó. Era un resultado directo de la conexión de la Iglesia con el Estado y tomó fuerza en cada lugar donde el gobernante local fuera simpatizante con la Iglesia Católica. Tenía que ver con los individuos que estaban en contra de la Iglesia Católica. Una vez que el oficial de la Iglesia prohibía a una persona de la Iglesia aquella persona era expulsada del territorio por las autoridades seculares. Los representantes papales (legados) fueron enviados por toda Europa para sentarse en los palacios. Ellos aconsejaron a los reyes y príncipes sobre a quién se le daría la prohibición.

Mediante el interdicto, una comunidad entera o nación podría condenarse al infierno

---

EL ENSAYO DE ENRIQUE IV

Durante el gobierno de Gregorio VII, Enrique IV era el Sacro Emperador Romano. El no estaba inclinado a someterse totalmente a Gregorio, particularmente en cuanto al nombramiento de obispos. Enrique nombró un obispo en el norte de Italia, pero Gregorio rechazó dicho nombramiento. Enrique respondió diciendo que, si el obispo que él había nombrado no era obispo, entonces Gregorio no era papa. Gregorio a su vez excomulgó a Enrique, condenándolo al infierno. La excomunión de Enrique también libró a todos sus súbditos de obedecerlo.

Enrique decidió finalmente que esto era demasiado problema por solo un obispo. Dejó su capital y se dirigió a Roma para pedir el perdón del papa. Entretanto el papa viajó de Roma hacia Alemania para hacerle de Enrique un caso ejemplar. Se encontraron en un castillo en Canosa. Gregorio llegó primero, entró al castillo y cerró las puertas. Cuando el rey Enrique llegó, el papa Gregorio le hizo esperar afuera descalzo en la nieve por tres días mientras pedía perdón. Finalmente, Gregorio perdonó a Enrique y le restauró su trono. [8]

El punto fue probado. El papa hizo ceder a un rey fuerte. Las herramientas de control funcionaron. Se había puesto a la autoridad secular bajo la autoridad de la Iglesia Católica Romana con su papado.

ENSAYOS ADICIONALES

Este poder fue solidificado después por ensayos adicionales. Enrique II fue el rey de Inglaterra de 1154 a 1189. Alejandro III era el papa. Enrique estaba en simpatía doctrinal por completo con el papa, pero no le gustó el poder del papa en Inglaterra. Enrique nombró a Tomás Becket como Arzobispo de Canterbury (el cargo eclesiástico más alto en Inglaterra). Enrique quiso distanciarse de la dominación del papa, y emitió *las constituciones de Clarendon* las cuales decían que cualquier clérigo en Inglaterra con un problema debía llevarlo al rey y no al papa. El papa Alejandro amenazó con excomulgar a Enrique II. Los nobles poderosos y los lores en Inglaterra se unieron contra el Rey Enrique, cabalgaron a su palacio y le obligaron a renunciar a *las constituciones de Clarendon.* Ellos no estaban dispuestos a perder su salvación e ir a la guerra con el papa acerca de quien tenía la mayor voz en Inglaterra.

En 1215 un escenario similar ocurrió entre el papa Inocencio III y el rey Juan I de Inglaterra. En cada caso, el papa prevaleció. Los reyes todos se doblegaron y se sometieron a los papas. El poder del papado era enorme. El papa gobernaba reyes y reinos ahora por toda Europa con una mano de hierro. Gregorio VII arrogantemente envió decretos y demandas a los reyes y gobernantes por toda Europa. [9] Los papas que le siguieron continuaron la práctica.

Por favor sintetice esto con relación a aquellos que insistieron en la práctica del cristianismo neotestamentario de primer siglo. El papa gobernó como supremo, y los reyes y otros gobernantes seculares de Europa se sometieron a él y llevaron a cabo sus deseos. Él y la Iglesia Católica vieron a todos los que no eran católicos como herejes dignos de castigos extremos y la muerte. El papa y su jerarquía exigieron el exterminio de aquellos herejes y las autoridades seculares eran sus ejecutores. Aun aquellos gobernantes seculares que no simpatizaban con el papa fueron obligados a ser perseguidores y verdugos del papa. Si fallaban, se arriesgaban a la alta probabilidad de perder sus reinos y sus vidas. Los verdaderos cristianos, que son llamados a menudo *disidentes* por escritores modernos, estaban en peligro constante. No es difícil ver por qué huyeron a las montañas, a las cuevas y dondequiera que pudieran encontrar refugio. El papa gobernó la Iglesia Católica Romana y la Iglesia Católica Romana gobernó a Europa. Estos papas estaban determinados a poseer el control absoluto y a aplastar y exterminar a cada persona que se opusiera. "La historia de los siglos que siguieron a Constantino, desarrolla el crecimiento en la mundanalidad y la ambición del clero, tanto de la Iglesia Católica Oriental como de la Occidental, hasta que ellos reclamaron dominio completo sobre las posesiones y las conciencias de la humanidad, haciendo cumplir a estas demandas con una violencia y astucia sin límite". [10]

Los verdaderos cristianos, a menudo llamados *disidentes*, estaban en peligro constante

---

LEGADOS

Se han mencionado los legados, pero es útil para entender mejor quiénes eran y su papel en los esfuerzos de la Iglesia Católica de silenciar a todos los que la rechazaron o se le opusieron.

Gregorio VII instituyó una compañía de hombres fuertes para actuar tanto como espías y ejecutores de los papas. Ellos fueron nombrados por el papa como sus representantes personales. Como embajadores del papa, llevaron su poder y autoridad. Estaban por encima de todos los demás después del papa, incluso obispos y reyes. Fueron enviados por todo el dominio de la Iglesia Católica para presidir los sínodos y exigir la voluntad del papa. Como justificación para estos oficiales, Gregorio VII citó **Lucas 10:16**, *"El que a vosotros oye, a mí me oye"*. Casi todos los legados eran extraordinariamente corruptos y egoístas. [11]

Desde el tiempo de Gregorio VII y después, los legados llegaron a ser los motores primarios contra los cristianos de siglo primero. Dondequiera que estos cristianos fueron encontrados los papas enviaron legados con autoridad para perseguirlos y destruirlos. Estos sondearon en las comunidades para aprender quiénes eran y donde estaban estos *herejes*., En especial los legados se interesaron en los líderes de estas iglesias y los grupos que se negaron a ser parte de la Iglesia romana. Los legados ordenaron a las autoridades seculares a confiscar sus propiedades y a encarcelar y a perseguir a sus líderes y miembros laicos. En nombre del papa, exigieron que los reyes emprendieran guerras y cruzadas contra aquellos que se mantuvieron fieles a la doctrina y prácticas neotestamentarias. Amenazaron con deponer a los reyes que no siguieran sus órdenes.

Por ejemplo, empezando en 1168 Kulin fue rey de Bosnia durante 36 años. Kulin vino a ser bogomilo (los bogomilos fueron cristianos de siglo primero, y florecieron en grandes números en Bosnia). El papa Alejandro III estaba enfurecido y envió legados a Bela III quién era rey de Hungría para forzar a Kulin a volver a la Iglesia Católica. Bajo la amenaza de ataque desde Hungría, en 1181 Kulin se retractó, sin embargo, Kulin volvió pronto a su fe bogomilo y lideró un avivamiento que resultó en por lo menos 10,000 conversiones. Por este tiempo (1199) Inocencio III era el papa. El también estaba furioso y exigió al rey húngaro castigar a Kulin.

Para este tiempo Kulin era demasiado fuerte para el rey de Hungría, quien no pudo cumplir los deseos del papa. [12]

Tal era el poder y esfuerzos de los papas. Los legados eran sus ejecutores personales.

LA INQUISICIÓN

En sus años más tempranos aun los líderes de la Iglesia Católica prohibieron la utilización de la tortura y la fuerza para obtener confesiones. Eso cambió. Al cuarto Concilio de Letrán, en 1215, la Iglesia Católica Romana estableció las infames cortes *eclesiástico-políticas* de la inquisición. "Estas cortes hallaron a la tortura el medio más eficaz de castigar y exterminar la herejía, e inventó nuevas formas de crueldad refinada, peores que aquellas de los perseguidores de la Roma pagana". [13] En su bula papal, *Ad extirpanda*, el papa Inocencio IV "ordenó a los magistrados civiles obtener por coerción de todos los herejes mediante la tortura, una confesión de su propia culpa y una traición a todos sus cómplices". [14]

De ahí en adelante las autoridades romanas podrían torturar y mutilar a las personas en nombre de Dios y con la autoridad de la *Iglesia*. Esto lo hicieron sin misericordia o restricción. Las historias de horror abundan. El *Libro de Mártires, por Fox* es solo uno de los varios registros del tratamiento inhumano infligido por la Iglesia Católica sobre aquellos que se negaron a aceptarla y apoyarla. [15]

Inicialmente los monjes dominicanos y franciscanos fueron enviados por el papa para "tanto mandar a agitar a los príncipes católicos y a las personas, para sacar de raíz las opiniones erróneas a los instigadores, y para transmitir un informe regular de sus procedimientos a Roma, de donde obtuvieron el nombre de inquisidores". [16] Estos inquisidores no estaban regidos por reglas ordinarias o leyes en sus investigaciones. "El acusado era sorprendido por una llamada súbita, y como regla encarcelado por sospecha. Todos los acusados fueron presumidos culpables, siendo el juez al mismo tiempo el acusador". [17] Casi cualquiera, sin importar la edad o el carácter, podría ser un testigo para la acusación pero no para la defensa. Los testigos, que se retractaban de la evidencia en contra del acusado, eran castigados por falso testimonio. Los testigos que se negaban a dar evidencias fueron considerados culpables de herejía. Los acusados estaban obligados a denunciar y revelar a todos los compañeros en su *herejía*. Todas las confesiones y disposiciones hechas en las cámaras de la tortura fueron consideradas verídicas. Puesto que cualquier abogado que defendiera al acusado también era considerado culpable de herejía, los acusados no tenían ninguna defensa legal. Nunca hubo un caso de absolución. Los acusados perdieron sus propiedades. Fueron torturados y severamente abusados. Cada esfuerzo fue hecho por torturarlos hasta que delataran a otros que sostenían sus mismas creencias. [18] En un capítulo posterior volveremos a visitar la inquisición, mirar algunas de sus tácticas específicamente y examinar casos. Es verdaderamente una imagen sórdida. El papa y su Iglesia dominante, hambrientos de poder, no se detendrían ante nada para imponer su voluntad sobre cada persona.

La idea central de la inquisición era de husmear y destruir a cada persona que se negó a la sumisión total de la Iglesia Católica por todo el dominio que los católicos romanos, vieron como suyo. Bajo la autoridad y dirección del papa y su régimen, los inquisidores se dispersaron por toda Europa como sabuesos. Con el paso de tiempo fueron cada vez más rabiosos, crueles, salvajes e inhumanos. Sus atrocidades eran contundentes. Es difícil imaginar tal brutalidad y depravación en humanos, sobre todo en nombre de Dios. Esa realidad llegará a ser especialmente evidente y chocante cuando miremos la inquisición española. ¿Quiénes eran sus objetivos primarios? ¡Los albigenses, los valdenses, los paulicianos, los anabaptistas y todos los demás que se negaron a las doctrinas y prácticas católicas!

La inquisición utilizó la tortura para extraer confesiones de los herejes

---

VISTA PRELIMINAR

A medida que progresamos a través de este libro debe ser obvio que los que creyeron y practicaron el cristianismo de siglo primero estaban cada vez más desventajados. Los católicos estaban determinados a aplastarlos y sistemáticamente inventaron las herramientas para este propósito. Obviamente fallaron; no obstante, el rastro de sangre, sufrimiento, y miseria, es largo y repulsivo. En nuestro próximo capítulo pondremos nuestra atención sobre estos supuestos herejes que eran un aguijón en el costado de los católicos. ¿Quiénes eran estas personas? ¿Por qué inventarían los católicos medios tan siniestros y macabros de tortura e ir tan lejos para erradicarlos? ¿Cuáles fueron sus crímenes? ¿Dónde vivieron ellos? ¿Había muchos o pocos? ¿Cuál es su historia? Suministraremos respuestas a estas y otras preguntas.

---

[1] Philip Schaff, *History of the Christian Church (Historia de la Iglesia Cristiana)*, vol. 5, (Peabody, Massachusetts: Hendrickson Publishers, 2002), 10.

[2] Carl Deimer, Professor, *History of Christianity I (Historia del Cristianismo I)*, Video Lecture 22, Liberty University DLP, 2004.

[3] Schaff, 29

[4] Deimer.

[5] Schaff, 31.

[6] Ibid., vol. 4, 377-378.

[7] Ibid., 379.

[8] Deimer.

[9] Schaff, vol. 5, 32-34.

[10] E.H. Broadbent, *The Pilgrim Church (La Iglesia Peregrina)*, (Grand Rapids, Michigan: GOSPEL FOLIO PRESS, 1999), 64.

[11] Schaff, vol. 5, 783-784.

[12] L.P. Brockett, *The Bogomils of Bulgaria and Bosnia; or the Early Protestants of the East (Los Bogomilos de Bulgaria y Bosnia; o los Primeros Protestantes del Oriente)*, (Philadelphia: American Baptist Publications Society, 1879. Classic Reprints #43 by Vance Publications, Pensacola, FL., 2001), 63-66.

[13] Schaff, vol. 4, 351.

[14] Ibid.

[15] Este libro escrito por John Fox es muy recomendado. Hay varias ediciones incluyendo las de los editores William Byron Forbush y Adam Clark.

[16] John Fox, *Christian Martyrology (Martirología Cristiana)*, (London, Paris and New York: Fisher, Son, & Co., 1840), 663.

[17] *Encyclopaedia Britannica*, vol. 12, (Chicago, London, Toronto: William Benton, Publisher, 1960), 378.

[18] Ibid., 379-380.

El Papa Gregorio VII

Gregorio VII fue nombrado cardenal en 1049 y controló las políticas papales a través de cinco papas. Se convirtió en papa en 1073.

Sus tres objetivos principales fueron

Eliminar la Oposición Interna - Él estaba decidido a destruir a cualquiera en la iglesia católica que se opusiera al dominio papal.

Eliminar la Oposición Externa - Él estaba decidido a destruir a cualquier gobernante secular que se opusiera al papado. Este objetivo se logró al formar el Colegio de Cardenales, el cual es la única entidad que puede elegir al papa. También decidió que solo el papa podía seleccionar obispos, solo los obispos podían seleccionar sacerdotes, solo los sacerdotes podían seleccionar presbíteros y solo los presbíteros podían seleccionar diáconos.

Ganar el Apoyo de los Gobernadores Seculares - Él emplearía cualquier fuerza a su disposición para someter a los gobernantes seculares y lograr que lo apoyaran.

Se vio a sí mismo como la cabeza y la autoridad suprema de toda la cristiandad. Creía que era su derecho controlar la Iglesia. Más aún vio a la Iglesia como superior al estado.

Gregorio VII reclamó ser el Vicario de Cristo, una afirmación abrazada por todos los papas siguientes. Estaba decidido a establecer la supremacía absoluta del papado bajo cualquier costo.

Una Historia de las Iglesias

Herramientas de la Iglesia Católica

En 1075 Gregorio VII promulgó una bula papal, que es una proclamación oficial por el papa, para proclamar el uso de la excomunión, el interdicto y la prohibición como herramientas para lograr sus objetivos.

La Excomunión

Esto significa que la Iglesia puede quitarle la salvación a la persona.

El Interdicto

Como parte de la ley católica, esto expandió el poder de excomunión de la Iglesia, haciéndole posible enviar a una nación entera o población del pueblo al infierno.

La Prohibición

También una parte de la ley católica, esto le dio a la Iglesia poder (hacer cumplir por las autoridades civiles) de expulsar a una persona excomulgada fuera del territorio y exiliarla.

Los Legados

Eran nombrados por el papa para llevar a cabo sus deseos. Llevaban el poder y la autoridad personal de un papa y estaban por encima de todas las demás autoridades católicas.

La Inquisición

En 1215 la Iglesia Católica Romana instituyó cortes de inquisición y les dio el poder para cazar y torturar a los herejes. Los inquisidores establecían negocios tanto en los monasterios franciscanos o dominicanos, los que llegaron a ser también la corte y la prisión donde los crímenes contra la humanidad se juzgaban. Era un crimen oponerse a la inquisición y la decisión de los inquisidores era arbitraria.

Capítulo 19

Los Bogomilos

LA LÍNEA ININTERRUMPIDA

A lo largo de este libro se ha hecho referencia a una línea ininterrumpida de cristianos de siglo primero. Con este estudio regresamos en el tiempo para mirar y seguir dicha línea. Las afirmaciones deben ser respaldadas con evidencias. Por lo que ya hemos visto, salta a la vista el hecho de que una gran multitud no estaba de acuerdo con aquellas iglesias que abrazaron la tradición por encima de la Escritura y que desarrollaron medios de salvación institucionales y ritualistas principalmente a través de la Iglesia por bautismo y por la eucaristía en lugar de por fe personal en Cristo. Incluso los historiadores modernos, que niegan la línea continua, hablan repetidamente de estos *disidentes*. Ningún historiador honrado puede decir que anterior a la Reforma Protestante nunca hubo personas e iglesias que se mantuvieron fieles a la cristiandad del primer siglo. Hubo multitudes de ellos por toda Europa. "Ellos recalcaron en ola tras ola de disconformidad contra el orden medieval sacramental" [1] Cuando la Reforma hizo erupción, muchos de ellos se unieron a ella. Pensaron que los reformadores estaban yendo hacia donde ellos habían estado desde la época de Cristo. Cuando vieron que había poca diferencia entre los reformadores y los católicos, rompieron con los reformadores. Aun Martín Lutero admitió esta realidad. [2] Estos cristianos según el orden bíblico nunca abandonaron la autonomía de la iglesia local ni se juntaron con aquellos que se vieron como *la Iglesia*. Nunca fueron parte de la Iglesia estatal. Eran cristianos de siglo primero, con la doctrina y

239

prácticas del Nuevo Testamento, así de sencillo. Eso fue todo lo que fueron o quisieron ser. No había nada más grande ni mejor para ellos que una iglesia fiel a Cristo, como expuesta en las Escrituras. Él era su Amo y Padre: ellos rechazaron a todos los demás amos y padres. Mientras más y más iglesias se desviaban de las verdades de la Biblia, abrazando doctrinas y prácticas contrarias a las enseñanzas bíblicas y uniéndose para formar una organización poderosa a la que llamaron *la Iglesia verdadera*, empezaron a condenar, a rechazar y a perseguir a aquellas iglesias e individuos que se mantuvieron fieles a la fe que fue una vez dada a los santos, **Judas 3**. Las falsas se llamaron a sí mismas *ortodoxas* y llamaron *herejes* a los creyentes e iglesias verdaderos. Incluso antes de que Constantino juntara a las falsas en una Iglesia estatal, estas falsas que se unieron presionaron a las otras. Con la formación de una Iglesia estatal, esa presión rápidamente se convirtió en ataque abierto y persecución.

No todas aquellas iglesias de siglo primero se mantuvieron fieles a la Palabra de Dios en todos los puntos. Como las iglesias hoy, se desviaron aquí y allí; sin embargo, siguieron fieles a las creencias y prácticas neotestamentarias que se han mencionado repetidamente en este libro. Los grandes puntos de anclaje que los unieron como pueblo en común eran la autoridad absoluta de las Escrituras, la deidad de Cristo, la salvación por fe personal en Jesucristo, salvación antes del bautismo, bautismo por inmersión, la autonomía de cada iglesia, el sacerdocio de cada creyente, libertad de conciencia y pureza en las vidas de los creyentes. Debe reafirmarse que no es un nombre común lo que constituye una línea ininterrumpida desde la iglesia que Jesús personalmente estableció en Jerusalén hasta el presente; es la doctrina y práctica en común. Esta línea continua es "identificada por sus rasgos característicos". [3] Los cristianos neotestamentarios a lo largo de los siglos han estado mucho más preocupados con creencias y prácticas que con nombres. Los nombres han sido importantes y muchos de los creyentes verdaderos han rechazado los nombres impuestos sobre ellos por sus enemigos; pero lo que los ha ligado, unido y permitido agruparse y tener comunión como uno ha sido su adherencia común a la doctrina y práctica del Nuevo Testamento, no sus nombres. Algunos han sido demasiados celosos contra los que se apartaron, muchos han tenido ideas alocadas y anti-bíblicas sobre la persona y ministerio del Espíritu Santo, otros como aquellos en Tesalónica malentendieron la Segunda Venida de Cristo, muchos en el oriente no interpretaron correctamente el concepto dualista del bien y el mal, algunos se pasaron de la raya con respecto a la soberanía de Dios y otros enfatizaron demasiado en la vestimenta e hicieron rituales de ciertas prácticas; aun así siguieron fieles a las creencias esenciales.

Anteriormente en este libro hablamos brevemente de los montanistas, los novacianos y los donatistas. No asuma que estos fueron los únicos que se negaron a conformarse con la desviación prevaleciente de aquellos días. Hubo otros. "Por todos los siglos usted puede encontrar grupos que estuvieron contra la Iglesia Católica Romana incluso el concepto básico y todo lo que simbolizaba". [4] "Aun en los primeros tres siglos hubo numerosos cuerpos de cristianos que protestaron contra la laxitud y mundanalidad crecientes en la Iglesia, y contra su desviación de las enseñanzas de la Escritura". [5] D.B. Ray dijo, "Las iglesias verdaderas a lo largo del imperio declararon la no comunión con las iglesias falsas y los miembros falsos en el año 251". [6] Esto fue hace más de 60 años antes de la formación por Constantino de una Iglesia estatal y centenares de años antes de una Iglesia Católica totalmente organizada. Ya las iglesias verdaderas, que continuaban la doctrina y práctica del Nuevo Testamento de siglo primero, se distanciaban de aquellas que se alejaban cada vez más de cualquier semejanza del cristianismo bíblico verdadero. "Se han borrado las verdaderas historias de estos hasta donde fue posible. Sus escritos compartieron el destino de sus escritores y han sido destruidos en toda la extensión del poder permitido a sus perseguidores. No sólo así, sino que sus historias han sido promulgadas por aquellos cuyo interés fue diseminar las peores invenciones contra ellos para justificar sus propias crueldades. En tales registros son considerados herejes, y se les atribuyen doctrinas malas que siempre repudiaron. Son llamados 'sectas', y son etiquetados con elementos que nunca ellos mismos reconocerían". [7] Tanto las iglesias griegas como las romanas "señalaron como hereje a cada secta que se atrevió a negar sus dogmas". [8]

El tiempo ha llegado para mirar específicamente y más de cerca a algunos de estos cristianos e iglesias que siguieron fieles a la fe ante la presión tremenda. Veremos a quiénes los católicos llamaron *herejes* y por qué pensaron que eran dignos de persecución, tortura y muerte. Usted verá que éramos nosotros; aquellos que hoy creemos y practicamos la cristiandad del Nuevo Testamento. Ellos son nuestros antepasados espirituales, una línea continua de ancestros proveniente de la primera iglesia de Jesucristo que existió, la de Jerusalén. No en nombre, sino en doctrina y práctica, ellos constituyen la línea ininterrumpida. Dr. J.M. Carroll lo llamó, *El Rastro de Sangre*. [9] No es una conexión de cada iglesia a una iglesia madre; es una conexión de la doctrina y practica del Nuevo Testamento continua en iglesias en un lugar u otro desde Jesús hasta la actualidad.

Cuando usted complete este libro, no asuma que han sido considerados, cada iglesia o conjunto de iglesias en la línea continua. Ellos son demasiado numerosos para un estudio de esta magnitud. Estuvieron por toda Europa y más allá; nuevas evidencias y pruebas de su existencia continúan apareciendo. En este libro miramos a sólo unos de aquellos donde el rastro es irrefutable y el impacto es muy grande. Empezaremos con los bogomilos cuya propia existencia refuta las afirmaciones de historiadores modernos que argumentan que no hay ninguna evidencia sobre la existencia de iglesias con doctrina y práctica bautistas entre los siglos cuarto y undécimo.

La doctrina y práctica comunes crean la línea ininterrumpida

LOS BOGOMILOS

Iglesias verdaderas desde el principio

El Nuevo Testamento registra la dramática extensión de las iglesias, particularmente al norte y oeste de Jerusalén. (Ver *La Proliferación de las Iglesias* en el cuadro del Capítulo 1). Pablo fue utilizado grandemente por Dios para plantar muchas iglesias, sobre todo alrededor del Mar Egeo. Se mencionan iglesias en lugares como Antioquía de Siria (Hechos 13), Éfeso (Efesios), Corinto (Corintios), Tesalónica (Tesalonicenses) y Filipo (Filipenses). Una mirada a las regiones mencionadas en asociación con el evangelio antes del fin del Nuevo Testamento da al menos una comprensión parcial de la amplia extensión de la proliferación de la cristiandad. Pedro mencionó *"Ponto, Galacia, Capadocia, Asia, y Bitinia,"* **1 Pedro 1:1**. Pablo extendió el evangelio a través de *"Siria y Cilicia,"* **Hechos 15:41** y testificó que él había predicado el evangelio toda la distancia *"desde Jerusalén, y por los alrededores hasta Ilírico,"* **Romanos 15:19**. Ilírico incluye Dalmacia. Pablo y Silas predicaron a través de Frigia y hasta Misia, **Hechos 16:6-7**. *"Italia"* es nombrada, **Hebreos 13:24**, y Pablo mencionó *"los lugares más allá,"* de aquellos ya nombrados, **2 Corintios 10:16**. Los **Hechos 20:1-2** menciona a *"Macedonia"* y *"Grecia"* y 2 Corintios y otras diez referencias hablan de *"Acaya"*. Marcos y Bernabé ministraron en *"Chipre,"* **Hechos 15:39**.

Note la ubicación de Tesalónica, Filipo y Berea. La cristiandad floreció en estas áreas; Pablo escribió cartas a las iglesias de Filipo y Tesalónica. Mencionó específicamente *"las iglesias de Macedonia,"* **2 Corintios 8:1**. Por el 55 d.C. cuando él escribió 2 Corintios, había obviamente varias iglesias en esa área. Mapas del tiempo rápidamente muestran que, durante los primeros tres siglos, las iglesias cristianas florecieron en el área que después fue conocida como los Estados Balcánicos. Los Estados Balcánicos incluyen Albania, Bosnia-Herzegovina, Bulgaria, Croacia, Grecia, Macedonia, Rumania, Serbia y Montenegro (Yugoslavia), Eslovenia y Turquía. La historia de esa área demuestra "que hubo iglesias de testigos fieles a Cristo que nunca habían rendido homenaje o habían dado su obediencia a las iglesias anti-cristianas de Constantinopla o Roma". [10] No hay ninguna evidencia que cada iglesia en esa área aceptó a la tradición sobre la Escritura, ni se desvió de las enseñanzas del Nuevo Testamento ni adoptó la doctrina y práctica falsas de salvación a través de la Iglesia y sus rituales. Cuando se da una mirada al pueblo eslavo al principio del siglo cuarto, multitudes de ellos todavía predicaban la salvación por gracia a través de la fe en Jesucristo y el bautizo por inmersión solo después de la salvación. No fueron parte de la nueva Iglesia estatal. La línea continua de cristianos, del Nuevo Testamento de siglo primero, había prevalecido durante 300 años en esa parte del mundo. Es más, continuó en los años posteriores.

Paulicianos primitivos

Bogomilos es el nombre dado con el tiempo a los descendientes que siguieron fieles a la fe neotestamentaria de siglo primero, de sus antepasados en Bosnia, Bulgaria y Armenia. "He encontrado, a menudo en lugares inesperados, la evidencia más conclusiva de que estas sectas eran todas bautistas, durante su temprana historia, no sólo en sus formas de ver los asuntos del bautismo y la Cena del Señor, sino también en su oposición al bautismo de niños (paidobautismo), a una jerarquía de la iglesia, y a cualquier culto a la Virgen María o a los santos, y en su adherencia a la independencia de la iglesia y la libertad de conciencia en el culto religioso". [11] Durante los primeros tres siglos, estos estaban entre otros en el imperio romano que protestaron contra la creciente laxidad y mundanalidad en las iglesias y la tendencia general a la desviación de las enseñanzas de la Escritura. La alianza de iglesias falsas los acusó de ser maniqueos, una acusación injustificada que estos verdaderos creyentes rechazaron fiel y firmemente. Como las iglesias griegas, latinas y armenias se volvieron cada vez más impías, estas iglesias verdaderas "les negaron el título de iglesias y declararon que ellas lo perdieron por su unión con el Estado, por la introducción de incrédulos en sus círculos a través del sistema del bautismo infantil, su otorgamiento de la Cena del Señor a los incrédulos, y por varios otros males que habían introducido". [12]

"El nombre pauliciano frecuentemente se les dio a estas iglesias" [13] y llevaron ese nombre durante nueve siglos. Los escépticos y críticos modernos normalmente afirman que los paulicianos se originaron con Pablo de Samosata que llegó a ser obispo de Antioquía hacia finales del siglo tercero. Este hombre inescrupuloso, presumido, que se glorificaba a sí mismo, enseñó que Cristo no era divino, sino meramente un hombre bueno. [14] El hecho es que los fieles cristianos de siglo primero, del área de Bosnia-Bulgaria fueron llamados paulicianos aparte de cualquier conexión con Pablo de Samosata. Incluso el excelente historiador Philip Schaff que no era un proponente de la perpetuidad del cristianismo neotestamentario a través de las épocas, pero quien era bastante honesto y objetivo en la mayoría de sus afirmaciones, dijo que su nombre probablemente se derivó "de su preferencia por San Pablo, a quien ellos colocaron en alto entre los apóstoles". [15] Esa es una conclusión natural a ser deducida del hecho de que Pablo era el apóstol que principalmente evangelizó esta área. *Cátaro* significa "el puro" y debido a sus puros estilos de vida ellos se llamaron a veces *cátaros*; sin embargo, *bogomilo* es el nombre por el que ellos se identificaron mejor finalmente. Se piensa que el nombre "bogomilo es derivado de *Bog z'milui* en idioma búlgaro que significa 'Dios tiene misericordia.'" [16] Ellos fueron desacreditados derogatoriamente como mesalianos y euchites por sus enemigos, pero los bogomilos rechazaron las acusaciones. Incluso depusieron el nombre *cátaro* y simplemente se llamaron *cristianos*. [17]

> ## Paulicianos fue el nombre original dado a los bogomilos

Bosnia, Bulgaria y Armenia

Recuerde que en sus primeros años los bogomilos fueron conocidos como paulicianos. Hubo dos sectas de estos creyentes, una en Bulgaria y otra en Bosnia. Aunque los dos adhieron a la cristiandad del Nuevo Testamento, los búlgaros fueron (durante algún tiempo) un poco influenciados por ideas dualistas, de *dos-divinidades-iguales* de los maniqueos. Sus enemigos parecen haber exagerado grandemente afirmaciones en contra de ellos. Debe tenerse presente que estos creyentes tenían sólo unas pocas copias manuscritas de los cuatro evangelios y después unos otros libros del Nuevo Testamento. Mientras alcanzaban más accesibilidad a la Palabra de Dios completa, más sana venía a ser su teología. [18] Incluso con sus debilidades, los creyentes búlgaros eran fieles a la salvación por gracia a través de la fe en Cristo y al bautismo por inmersión después de la salvación. [19] Los paulicianos bosnianos posteriores, que también fueron llamados bogomilos, tuvieron más acceso a la Palabra de Dios completa y fueron una congregación más sana.

Debe notarse que estos paulicianos primitivos no fueron confinados a Bulgaria y Bosnia; desde el principio del ministerio de Pablo, se multiplicaron a lo largo de la región. Los paulicianos fueron "muy numerosos entre los armenios y los habitantes de la región del Cáucaso". [20] Estos paulicianos armenios son los que, bajo la severa persecución por la Iglesia estatal, comenzaron una migración a Bulgaria y a Bosnia. Por consiguiente, con el tiempo, el movimiento pauliciano asumió una identificación muy eslava. Bulgaria se había vuelto un estado independiente y un imperio extenso. Es más, al oeste y noroeste de Bulgaria, otros tres estados eslavos independientes estaban elevándose en prominencia. Todos estos nuevos estados eslavos se resistieron a las incursiones de los emperadores griegos y su Iglesia oriental griega. [21] El clima en esta parte del mundo era un refugio favorable para los paulicianos armenios que enfrentaban la persecución. Fueron allá por centenares.

Evangelización pauliciana

Una de las posiciones doctrinales más grandes del Nuevo Testamento es la evangelización. Cada creyente ha de reproducirse en la vida de otro; cada cristiano ha de ganar otros para Cristo. Jesús dijo, *"Por tanto, id, y haced discípulos a todas las naciones, bautizándolos en el nombre del Padre, y del Hijo, y del Espíritu Santo; enseñándoles que guarden todas las cosas que os he mandado; y he aquí yo estoy con vosotros todos los días, hasta el fin del mundo. Amén,"* **Mateo 28:19-20**. Los paulicianos la tomaron como una orden y promesa literal. Dentro de unos pocos años Bulgaria, Bosnia y el pueblo eslavo en general estaba repleto con personas que practicaban el cristianismo neotestamentario de siglo primero. A través de los años muchos de sus líderes (los reyes eslavos fueron llamados *bans*) fueron convertidos y llegaron a ser paulicianos, que cada vez más fueron llamados *cátaros* y *bogomilos*.

Como resultado, con los años, surgieron conflictos políticos enormes. Los católicos de ninguna manera concederían libertad religiosa o tolerancia a alguno. Los católicos orientales con sede en Constantinopla ejercieron cada fuerza implacable, cruel, solapada y de mano dura a su disposición para destruir y erradicar a estos creyentes e iglesias intransigentes. Por cientos de años, principalmente entre el siglo cuarto y el duodécimo, esa lucha se intensificaba y disminuía. Cuando los católicos pudieron tomar el poder en Bulgaria, Bosnia o alguno de los otros países, dirigieron la persecución contra los bogomilos y buscaron destruirlos. Los reyes húngaros eran normalmente fieles al catolicismo y fueron ordenados a menudo por uno de los patriarcas orientales a atacar y castigar a los búlgaros o a los bosnianos. Muchas veces los bogomilos fueron obligados a formar un ejército de resistencia y luchar en su defensa. Esto fue especialmente cierto cuando su rey *(ban)* también fue un bogomilo. Durante siglos, la agitación, la lucha y la oposición continuaron contra estos cristianos neotestamentarios que nunca fueron parte de la Iglesia organizada corrupta y falsa. Finalmente, la iglesia falsa prevaleció. Adicionalmente, los cristianos fieles de esta región fueron traicionados por los musulmanes que les habían dado al principio refugio y cierta protección. Se volvieron víctimas de políticas crueles y malvadas. Aunque miles de miles de estos verdaderos santos de Dios fueron perseguidos horriblemente y entregaron sus vidas por la causa de Cristo, nunca dejaron de existir. Le aseguro que lo que está diciéndose aquí no es más que un breve resumen de una riqueza de evidencia documentable. [22] Al lector se le recuerda que la naturaleza de este libro no permite análisis comprensivos profundos de toda la evidencia. El libro se propone como un informe y como resumen fiel suficiente para ofrecer entendimiento considerable y probar el punto de que hay una línea ininterrumpida de iglesias neotestamentarias desde Jesús hasta la actualidad. Ellos se mantuvieron fieles a la doctrina y práctica del Nuevo Testamento.

> **Los verdaderos santos nunca dejaron de existir**

Evangelización bogomila

Los bogomilos, como fueron comúnmente conocidos, no sólo evangelizaron a su propio pueblo localmente, también enviaron al extranjero a sus misioneros. La membresía de iglesias bogomilas estaba dividida en dos clases. No había jerarquía; todos se vieron iguales ante Dios; sin embargo, existía papeles diferentes. Los *credentes* eran los creyentes regulares y los *perfecti* eran los líderes, principalmente pastores, misioneros y mujeres que los ayudaban. Entre otras obras buenas, las mujeres establecieron puestos de ayuda médica. A través de 1240, las doctrinas bogomilas se habían extendido por toda Europa y el número de creyentes (*credentes*) dicho por Reinero Sacconi, un bogomilo que se volvió inquisidor, debió haber estado entre dos y medio y tres millones. Los *perfecti* que en ese momento eran aproximadamente cuatro mil, dependían del apoyo económico de los *credentes* y fueron enviados de dos en dos como misioneros. [23]

Los *perfecti* búlgaros se movieron por Europa haciendo convertidos por donde fueron. Algunos llegaron a un área en los Alpes cerca de Albi, Francia. Debido a la ubicación, los bogomilos convertidos en esa área fueron conocidos como albigenses. También eran evangelísticos y llegaron a ser muy numerosos alrededor de Milán, Italia. Los albigenses son los descendientes espirituales de los bogomilos búlgaros. Son el fruto del celo misionero. Los *perfecti* búlgaros también hicieron obras misioneras extensas en Croacia, Valaquia, Moldavia y en provincias que están en el sur de Rusia. [24]

Los bogomilos bosnianos también fueron muy evangelísticos y enviaron misioneros a lo largo de Europa. Entraron particularmente en Lombardía y en el sur de Francia. Ellos también entraron en España, en Bohemia, en el Rin Inferior, en Flandes y en Inglaterra. Las congregaciones de valdenses son sus descendientes y son en parte el resultado de su trabajo misionero. El traidor bogomilo Sacconi dijo que las iglesias bogomilas "están esparcidas a lo largo de todos los países de Europa, y se extienden en una zona continua desde el Mar Negro hasta el Atlántico y del Mediterráneo al Báltico". [25] Una gran cantidad de estudiosos eminentes del pasado han gastado gran parte de sus vidas recolectando hechos sobre esta materia y han concluido que los valdenses, los bohemios, los moravos, los enricianos de Toulouse, los paterines de Dalmacia e Italia, los petrobrusianos, los búlgaros y los cátaros de España todos provinieron de una fuente común, los bogomilos de Bulgaria y Bosnia. [26]

Contragolpe católico

Después de la caída de Constantinopla, los papas romanos llegaron a ser más poderosos y más sedientos de sangre. Los bogomilos se adentraban en su territorio. Su respuesta fue un esfuerzo mayor para destruir a los bogomilos. A solicitud del papa, el Rey de Hungría entró en Bosnia en 1222 y utilizó la espada en un esfuerzo por purgar a los bogomilos de Bosnia. Los bogomilos permanecieron y en 1238 el papa Gregorio IX planificó una segunda cruzada contra los bogomilos bosnianos. Hubo cruzadas adicionales y fueron enviados inquisidores para cazar y destruir a los bogomilos bosnianos. [27] Finalmente, la mayoría de los bogomilos fue destruida en países eslavos; pero no todos, y no antes que estos devotos al cristianismo neotestamentario se hubieran reproducido en el extranjero.

En nuestro próximo capítulo seguiremos la línea ininterrumpida con un vistazo a algunos de los descendientes de los bogomilos.

[1] Leonard Verduin, *The Reformers and Their Stepchildren (Los Reformadores y Sus Hijastros)*, (Grand Rapids, Michigan: William B. Eerdmans Publishing Company, 1964), 33.

[2] Ibid., 18.

[3] D.B. Ray, *Baptist Succession: A Hand-book of Baptist History (La Sucesión Bautista: Un Manual de la Historia Bautista)*, (Parsons, Kansas: Foley Railway Printing Company, 1912), 33.

[4] Carl Deimer, Professor, *History of Christianity II (Historia del Cristianismo II)*, Video Lecture 3, Liberty University DLP, 2004.

[5] E.H. Broadbent, *The Pilgrim Church (La Iglesia Peregrina)*, (Grand Rapids, Michigan: GOSPEL FOLIO PRESS, 1999), 64.

[6] Ray, 38.

[7] Broadbent.

[8] L.P. Brockett, *The Bogomils of Bulgaria and Bosnia; or the Early Protestants of the East (Los Bogomilos de Bulgaria y Bosnia; o los Primeros Protestantes del Oriente)*, (Philadelphia: American Baptist Publications Society, 1879. Classic Reprints #43 by Vance Publications, Pensacola, FL., 2001), 9.

[9] J.M. Carroll, *The Trail of Blood (El Rastro de Sangre)*, (Lexington, Kentucky: Ashland Avenue Baptist Church, 1992).

[10] Brockett, 8.

[11] Ibid., 11-12.

[12] Broadbent, 64-65.

[13] Ibid., 66.

[14] Earle E. Cairns, *Christianity Through the Centuries: A History of the Christian Church (El Cristianismo a Través de Los Siglos: Una Historia de la Iglesia Cristiana)*, 3rd ed., (Grand Rapids, Michigan: Zondervan, 1996), 100.

[15] Philip Schaff, *History of the Christian Church (Historia de la Iglesia Cristiana)*, vol. 4, (Peabody, Massachusetts: Hendrickson Publishers, 2002), 574.

[16] Brockett, 29.

[17] Ibid., 30.

[18] Ibid., 22.

[19] Ibid., 17-19.

[20] Ibid., 23.

[21] Ibid., 28-29.

[22] El libro del Dr. Brockett, del cuál se tomó este resumen, es muy recomendado. Los datos de publicación se citan en la nota a pie de página 8.

[23] Brockett, 37-39.

[24] Ibid., 58.

[25] Ibid., 67-68.

[26] Ibid., 69.

[27] Ibid., 72-78.

La Difusión del Evangelio

Hechos 13:1	Antioquía de Siria
Hechos 15:39	Chipre
Hechos 15:41	Siria y Cilicia
Hechos 16:6-7	Frigia y Misia
Hechos 17:13	Berea
Hechos 20:1-2	Macedonia y Grecia
Romanos 15:19	Jerusalén a Ilírico (lo que incluye a Dalmacia)
Corintios	Corinto
2 Corintios 1:1	Acaya
2 Corintios 8:1	Macedonia
2 Corintios 10:16	Los regiones más allá de Corinto
Efesios	Éfeso
Filipenses	Filipo
Tesalonicenses	Tesalónica
Hebreos 13:24	Italia
1 Pedro 1:1	Ponto, Galacia, Capadocia, Asia y Bitinia

Los Bogomilos

Bogomilos es el nombre dado a los creyentes verdaderos en Bosnia, Bulgaria y Armenia desde el primero al décimo siglo

Paulicianos fue el nombre original dado a los bogomilos

Se refieren a ellos algunas veces como cátaros por su estilo de vida pura

El nombre bogomilo es derivado de la palabra *Bogz miłui* en idioma búlgaro, que significa 'Dios tiene misericordia'

Para 1240, las doctrinas bogomilas se habían expandido por toda Europa y el número de creyentes estaba entre los dos millones y medio y los tres millones

La membresía de las iglesias bogomilas estaba dividida en dos clases. Los *credentes* eran creyentes regulares y los *perfecti* eran los líderes, principalmente pastores, misioneros y mujeres que los asistían

Una Historia de las Iglesias

Los Bogomilos

Existían dos sectas de estos creyentes, una en Bulgaria y otra en Bosnia

La secta en Bulgaria solo tenía unos cuantos manuscritos de la Biblia, por lo que en cierta medida eran influenciados por la mala doctrina de los maniqueos. Al tener mas manuscritos, vino a ser cada vez mas sana.

La secta de Bosnia tenía mayor acceso a la Palabra de Dios completa y era un grupo más sano

Muchos reyes eslavos fueron convertidos y llegaron a ser bogomilos

Los bogomilos de Bosnia eran también bastante evangelísticos y enviaron misioneros por toda Europa

Algunos misioneros bogomilos fueron cerca de Albi, Francia y los convertidos allí vinieron a ser albigenses

Creencias Comunes de los Bogomilos

Estas son algunas de las creencias comunes que todos los bogomilos compartían

Creían en

Que solo las personas salvas han de ser bautizadas

La salvación no está atada a la Cena del Señor y al bautismo

La observancia de la independencia de la iglesia

La libertad de conciencia en la adoración religiosa

Se oponían a

El bautismo infantil (Paidobautismo)

Una jerarquía en la iglesia

Cualquier adoración a la Virgen María o a los santos

Capítulo 20

Los Valdenses

No suponga que los paulicianos, que llegaron a ser conocidos como bogomilos en los Estados Balcánicos, son los únicos que constituyen una línea ininterrumpida de iglesias que se mantuvieron fieles a la doctrina y práctica neotestamentarias. No lo fueron. Hubo gran cantidad de otros en muchos otros lugares. Vale repetir una cita del Dr. Carl Deimer: "En cada siglo se puede encontrar grupos que estaban en contra de la iglesia Católica Romana, incluyendo el concepto entero y todo lo que abogaba". [1] Los paulicianos, algunos de los cuales fueron conocidos como bogomilos, estaban en el este, los valdenses y albigenses estaban en el corazón de Europa y los bautistas galeses estaban en Gales. Estos y otros tenían sucesión directa a la iglesia original establecida personalmente por Jesucristo en Jerusalén, Israel.

Si una rama era cortada del tronco, la línea se mantenía intacta, ya que otras ramas del tronco estaban firmemente intactas. Es más, mucho antes de que algunas de las ramas fueran destruidas, estas habían regado semillas de su propia especie y aquellas semillas habían germinado y prosperaban en otros lugares. La línea ininterrumpida estaba proliferándose. Un francés puede tener un niño que engendra un niño francés, que se traslada a otro país y engendra otro niño francés. El francés original puede tener una muerte prematura; no obstante, la línea francesa continúa en los niños. En un sentido paralelo, las iglesias verdaderas han continuado desde aquella primera en Jerusalén hasta la actualidad. Desde el inicio las iglesias verdaderas se han reproducido generación tras generación de niños espirituales que permanecieron fieles a las enseñanzas de Jesús y los apóstoles. Aunque algunas iglesias se apartaron de la fe y dejaron de permanecer en la verdadera línea de las iglesias, aquellas que se mantuvieron fieles a la doctrina y la práctica del Nuevo Testamento proliferaron y se reprodujeron en Bulgaria, Croacia, Italia, Francia, Gales, Alemania, Inglaterra y en muchos otros lugares. Grandes comunidades de estas iglesias se desarrollaron. Porque migraban hacia lugares lejanos, a menudo perdían el contacto con otras iglesias de su especie; sin embargo, aun a pesar de dónde estuviesen, se mantuvieron fieles a los conceptos fundamentales. Constituyen una familia o una línea ininterrumpida de cristianos e iglesias neotestamentarios.

Es cierto que han sido muy mal representados por sus enemigos que ejercieron todos los esfuerzos imaginables y crueles para destruirlos, así como los documentos relativos a ellos. [2] A pesar de tales esfuerzos, hay demasiada evidencia para negarlos.

CREYENTES VERDADEROS POR TODA EUROPA

En nuestro último capítulo, se hizo mención del hecho de que los bogomilos bosnios eran muy evangelísticos. Enviaron misioneros por toda Europa, sobre todo a Lombardía y al sur de Francia. "Hermanos de Bosnia y otros Estados Balcánicos, haciendo su camino a través de Italia, entraron en el sur de Francia, **encontrando aquellos que compartían su fe en donde fuera**". [3] (El énfasis es mío.) Este movimiento evangelístico hacia el oeste por los bogomilos estaba ocurriendo en el siglo undécimo y estos bogomilos eran enormemente exitosos. Su éxito se debió en gran parte a los corazones receptivos que encontraron a medida que avanzaban hacia el oeste. Para 1240 "las doctrinas bogomilas se habían extendido por toda Europa", y los creyentes bogomilos estaban entre los dos y medio y tres millones. [4] Note bien que: a pesar de que los bogomilos eran grandes instrumentos de Dios en la propagación del cristianismo neotestamentario verdadero a través de Europa central y occidental, lo que enseñaron y practicaron no era nuevo para los habitantes que encontraron allí. Cuando los bogomilos llegaron, encontraron a la gente "por todas partes" que ya creían y practicaban lo mismo que ellos. Este fue especialmente el caso de las zonas montañosas, donde gran número de habitantes no profesaban la fe católica. Los creyentes fueron "esparcidos por todo el sur de Francia, los valles de los Pirineos, los valles del Piamonte y el país de Milanesa...". [5]

Hay muchos de los llamados *estudiosos* que quieren hacernos creer que los paulicianos, los albigenses, los valdenses, los anabaptistas y otros grupos no católicos que florecieron en Europa durante siglos, todos se originaron con un hombre de la misma manera que los luteranos se originaron con Lutero, presbiterianos con Calvino y anglicanos con Enrique VIII; pero comunidad tras comunidad de creyentes e iglesias verdaderos no se pueden rastrear a hombre alguno. Existían aquí y allá por varios nombres desde Cristo y los días del Nuevo Testamento, cuando sus enemigos en Antioquía de Siria se burlaban de ellos con el nombre de *"cristianos"*, **Hechos 11:26**. Es cierto que muchos de ellos fueron identificados con personajes famosos que lideraron grandes avivamientos y crecimiento entre ellos. Sostener que los famosos líderes cristianos fundaron los grupos cristianos asociados con ellos sólo es un salto de la imaginación. Es similar a afirmar que América fue fundada por Abraham Lincoln porque él era un famoso americano. El hecho es que Estados Unidos existió durante mucho tiempo antes de que naciera Lincoln. Asimismo, es cierto que muchos grupos cristianos fieles a la fe existían mucho antes de que alguien viniera a ellos, abrazara lo que creían y se convirtiera en un líder famoso entre ellos. Tal es el caso de Pedro Valdo y los valdenses. La evidencia apunta el hecho de que los valdenses fueron los que convirtieron a Valdo y le enseñaron la mayor parte de lo que más tarde él propagó con tanta elocuencia e influencia. Él fue un miembro de los valdenses y su líder más grande, pero no fue su fundador. Los valdenses estuvieron allí mucho tiempo antes de que naciera Valdo.

> **El cristianismo verdadero neotestamentario se extendió por toda Europa central y occidental**

PEDRO VALDO

Pedro Valdo se menciona en este punto porque se malentiende tan comúnmente como el fundador de los valdenses. Es bueno entender quién era y verlo en la perspectiva correcta. Es llamado por una variedad de nombres incluyendo Valdo, Valdesio y Waldensis. [6] Pedro era un comerciante rico y distinguido en Lyon, Francia. Fue despertado para ver su necesidad de salvación por la muerte repentina de uno de los invitados a una fiesta que había dado. Empezó a leer las Escrituras y pronto recibió a Cristo como su Salvador personal. En 1173 después de leer **Mateo 19:21**, aseguró el estado financiero de su esposa, y luego vendió el resto de sus pertenencias y dió el dinero a los pobres. Después de siete años de estudio devoto a las Escrituras, Pedro comenzó a viajar y predicar. Compañeros conocidos como los *Pobres de Lyon* se unieron a él, y pronto tuvo un gran séquito. Esto provocó la ira de la Iglesia Católica bajo el papa Alejandro III. Valdo y sus seguidores fueron expulsados de Lyon por un edicto imperial y excomulgados en 1184. Se dispersaron en países vecinos y continuaron predicando la salvación por gracia mediante la fe personal en Cristo. [7]

Con el paso del tiempo Valdo llegó a ser tan influyente que fue asociado con los valdenses inseparablemente. Muchos de los que quieren negar la existencia previa a Valdo de los cristianos e iglesias valdenses afirman que Pedro es el fundador de los valdenses. Los hechos simplemente no sustentan tal afirmación; evidencias sustanciales la refutan.

EL NOMBRE Y ORIGEN DE LOS VALDENSES

Se afirma por algunos que los valdenses derivaron su nombre de Valdo. Ese no es el caso. "El nombre de valdenses fue aplicado originalmente a los habitantes de los valles de los Alpes, pero después, fue aplicado a la clase de cristianos, en todas partes, que abrazaron los mismos criterios con los habitantes de los valles". [8] La palabra en inglés *valley* viene de la palabra *vallis* en latín. En francés y en español la palabra es *valle* y en italiano es *valdeci*. La gente del Piamonte y otros valles de los Alpes fueron llamados *vaudois* o *valdenses* significando "hombres de los valles". [9] Mucho antes de Pedro Valdo multitudes en las áreas en las que él y sus seguidores predicaron ya simpatizaban con sus creencias. Hay mayor razón para creer que Pedro recibió su apellido de los valdenses que creer que ellos lo recibieron de él.

Mientras los evangelistas de Valdo viajaron de dos en dos vestidos con ropa de lana con zapatos de madera o descalzos, "Ellos penetraron Suiza y el norte de Italia. En todas partes se encontraron con una respuesta calurosa. El asentamiento principal de los valdenses vino a ser las laderas de los Alpes Cotios y al este de Piamonte, oeste de Provenza y Delfinado. Sus números se multiplicaron en miles". [10] Llegaron a ser tan fuertes y numerosos que a veces los católicos romanos utilizaron su nombre para denominar todas las sectas que se oponían a su doctrina. [11] Hubo multitudes de valdenses, pero no todos los conjuntos de creyentes e iglesias fuera de la Iglesia romana eran valdenses. Es cierto que en gran parte debido al éxito de Pedro Valdo y sus evangelistas, se entendía que el nombre valdense abarcaba un gran número de creyentes e iglesias en un área muy amplia. No se debe olvidar que "es un hecho histórico, completamente entendido, que el nombre de valdense fue aplicado a los habitantes de los valles, como una comunidad religiosa" [12] mucho antes de Pedro Valdo.

El Dr. Alexis Muston es probablemente la principal autoridad del mundo en cuanto a los valdenses. Escribió la historia más completa y comprensiva en existencia sobre este enorme grupo de cristianos e iglesias. Dijo: "Los vaudois de los Alpes son, en mi opinión, cristianos primitivos, o descendientes y representantes de la iglesia primitiva, preservados en los valles de las corrupciones introducidas sucesivamente por la iglesia de Roma en la religión del evangelio. No son ellos los que se han separado del catolicismo, sino que es el catolicismo que ha separado de ellos al cambiar la iglesia primitiva". [13] Continuó diciendo que la independencia de la diócesis de Milán, donde muchos de los cristianos de los Alpes vivieron, así como la oposición del episcopado de Turín a la adoración a las imágenes en el siglo noveno, debe de haber contribuido a la seguridad de los valdenses en aquellas regiones. El Dr. Muston también sostuvo la posición de que la gran influencia de Pedro Valdo "no es suficiente para demostrar que los vaudois de los Alpes derivan su origen de él. Muchas circunstancias, por el contrario, parecen establecer la existencia de ellos anterior a su tiempo". [14] "Hay algunos que creen que los vaudois disfrutaron de la integridad ininterrumpida de la fe, incluso desde edades apostólicas... Por lo menos puede pronunciarse, con gran certeza, que estaban en existencia mucho tiempo antes de la visita del reformador lionés". [15]

Los mismos valdenses, así como una serie de otros eruditos, creían en su propia antigüedad. [16] En 1689 uno de sus líderes más destacados, Henri Arnold, dijo: "Los Vaudois son, de hecho, descendientes de aquellos refugiados procedentes de Italia, que, después que Pablo predicó allí el evangelio, abandonaron su hermoso país y huyeron, como la mujer mencionada en el Apocalipsis, hacia estas montañas salvajes, donde transmitieron el evangelio hasta hoy, de padres a hijos, con la misma pureza y simplicidad, con que fue predicado por San Pablo". [17] Incluso el reformador calvinista del siglo XVI, Teodoro de Beza, dijo: "En cuanto a los valdenses, puede que me permitan que los llame la semilla misma de la iglesia cristiana primitiva y más pura". [18] El eminente erudito Dr. G.H. Orchard sostuvo que el linaje de los valdenses se conecta directamente a los novacianos y donatistas, que eran cuerpos poderosos de disidentes en Italia y África, cuerpos que nunca llegaron a ser parte de la Iglesia del Estado. Bajo la influencia de Agustín que no podía soportar ningún rival, los emperadores Teodosio y Honorio "en el 413, emitieron un edicto declarando que todas las personas rebautizadas y los rebautizadores, ambos deberían ser castigados con la muerte". [19] El Dr.Orchard continuó diciendo, "Estos modos combinados de opresión llevaron a los fieles a abandonar las ciudades, y buscar refugios en el campo, lo que hicieron, sobre todo en los valles de Piamonte, los habitantes de los cuales comenzaron a ser llamados valdenses". [20]

Ninguna persona honesta o estudioso verdadero puede decir que los valdenses se originaron en 1170 con Pedro Valdo. Ninguna prueba se ha encontrado que los vincula a una persona o a alguna fecha que no llega a Jesucristo, y la evidencia apunta a su perpetuidad desde el siglo primero.

> **Valdenses significa "hombres de los valles"**

LO QUÉ CREÍAN LOS VALDENSES

La práctica habitual de los católicos era condenar y desacreditar a cada iglesia o movimiento que se negara a caminar hombro a hombro con ellos. Dentro de las filas de los cátaros había falsedades graves; sin embargo, los católicos las exageraron. [21] En sus esfuerzos por desacreditar a los valdenses y justificar sus atrocidades contra ellos, los católicos falsa y maliciosamente los tildaron como maniqueos y lo peor de los cátaros. La verdad es que las doctrinas de los valdenses "no tenían ninguna relación con el maniqueísmo". [22] "Eran distintos de los cátaros y otras sectas en origen y doctrina", pero compartían con ellos la condena de la Iglesia Católica. [23]

Tenga en cuenta que el término valdenses es genérico. Es un nombre dado a muchas personas que vivían en tierras muy separadas con costumbres y doctrinas que variaban. No se debe asumir que todos los valdenses con el tiempo y en diferentes lugares creyeron y practicaron exactamente igual. Por ejemplo, "es posible que algunos de los valdenses italianos practicaran el bautismo infantil, pero no hay ningún registro de los valdenses franceses o de los valdenses en sí, que evidencie que practicaron el bautismo infantil". [24] (Eso no debería ser sorpresa, en vista de las diferencias observadas a lo largo de los años y de iglesia a iglesia entre bautistas. A veces fracciones de iglesias en grupos legítimos se desvían completamente hacia el error.) También hay que tener presente que en las cuestiones esenciales casi todos los valdenses estaban en armonía. La doctrina y prácticas que figuran aquí son típicas de la gran mayoría de las iglesias valdenses cuando y dondequiera que fueran encontradas.

Los valdenses estaban comprometidos con las Escrituras como la regla definitiva de fe y práctica; y ninguna autoridad de ningún hombre, por eminente que fuera, se permitía deponer a la autoridad de la Escritura. Así que no vieron necesidad de confesionarios especiales o conjuntos de normas fuera de las Escrituras. Vieron a Cristo como el ejemplo supremo de conducta. Creían que el Espíritu Santo moraba internamente y se apoyaron en gran medida en Su liderazgo para una comprensión más clara de las Escrituras; sin embargo, rechazaron firmemente la idea de que Él da nueva revelación. También creían en el libre ejercicio de la conciencia de uno en asuntos de religión y rechazaron todos los esfuerzos de coerción en tales asuntos. Creían en la defensa propia (incluso con armas), eran extremadamente cautelosos acerca de los juramentos en nombre de Dios y categóricamente rechazaron la pomposidad, la ceremonia y la teología de salvación de la Iglesia Católica. Para los valdenses, la salvación sólo era posible a través de una relación personal con Jesucristo por la fe. Así que rechazaron la salvación institucional a través de la Iglesia por cualquier forma de rituales o sacramentos, incluyendo el bautismo y la Cena del Señor. Creían en la autonomía de cada iglesia local y rechazaron al episcopado y la jerarquía eclesiástica. Eran muy evangelísticos, llevaban un estilo de vida muy puro y santo y valoraron mucho la educación. [25]

Los valdenses también "creían que todos debían tener la Biblia en su propia lengua" [26] y tradujeron porciones de las Escrituras a su lengua, una práctica que enfureció grandemente a la jerarquía católica. Las posiciones claves de los valdenses fueron (1) la deidad de Cristo, (2) la salvación exclusivamente por gracia a través de la fe en Jesucristo, (3) la relación directa con Dios, aparte de una jerarquía o un episcopado, (4) la autonomía de la iglesia local, (5) la autoridad exclusiva de la Escritura, (6) el bautismo y la Cena del Señor como ordenanzas y no sacramentos y (7) la práctica diaria de las enseñanzas del Nuevo Testamento. [27]

> **Los valdenses creían en la salvación sólo a través de Jesucristo mediante la fe**

Los valdenses eran gente extraordinaria que vivían vidas sencillas, ordinarias y piadosas. Aun sus enemigos confesaron su carácter recto. Por ejemplo, Claudio de Seyssel, el arzobispo de Turín, dijo, "Con excepción de su herejía, por lo general, vivían vidas más puras que otros cristianos. Nunca juran a menos que sea por coacción y rara vez toman el nombre de Dios en vano. Cumplen sus promesas con puntualidad; y viven, en su mayor parte, en la pobreza... En sus vidas y su moral eran perfectos, irreprensibles, y sin reproche a los hombres, habituándose con toda su fuerza a observar los mandamientos de Dios". [28]

Durante el tiempo de una gran persecución de los valdenses de Mérindol y Provenza, un número de doctores jóvenes de la Sorbona en París, la cúspide en aquella epoca de la enseñanza y teología católica, fueron enviados a investigar la herejía valdense. Uno de aquellos jóvenes doctores declaró públicamente que durante su tiempo entre los valdenses, había "entendido más de la doctrina de la salvación por las respuestas de los niños pequeños en sus catecismos que por todas las argumentaciones que había oído vez alguna". [29] Sería apropiado para concluir este capítulo citar el informe de un monje católico que fue enviado a investigar una región de los valdenses. El siguiente es su reporte.

"Su ropa es de pieles de ovejas - no tienen lino. Habitan siete villas, sus casas están construidas de piedra de pedernal, que tiene un techo plano cubierto de barro, que, cuando se estropea o cae por la lluvia, vuelven a arreglar con un rodillo. En estas viven con su ganado, separado de ellos, no obstante, por una valla. También tienen dos cuevas destinadas para fines particulares, una es para ocultar su ganado, y la otra es para ellos cuando fueran perseguidos por sus enemigos. Viven de la leche y la carne de venado, siendo, por la práctica constante, excelentes tiradores. Pobres como son, están contentos, y viven en un estado de aislamiento del resto de la humanidad. Una cosa es muy notable, que personas externamente tan salvajes y rudas, tendrían tanto desarrollo moral. Saben francés suficiente para la comprensión de la Biblia y el canto de los Salmos. Usted apenas podría encontrar un niño entre ellos, que no sea capaz de dar una explicación inteligente de la fe que poseen. En esto, de hecho, se parecen a sus hermanos de los valles. Pagan los impuestos con una buena conciencia, y las obligaciones del deber, se observan peculiarmente en sus confesiones de fe. Si, por razón de las guerras civiles, se les impide hacer esto, cuidadosamente apartan la suma, y a la primera oportunidad la envían a los recaudadores de impuestos del rey". [30]

Los valdenses eran personas piadosas, amantes de la paz, aun así, fueron odiados por los católicos y tratados como criminales viciosos. En el próximo capítulo, vamos a mirar a sus hermanos espirituales, los albigenses y los bautistas galeses. Examinaremos también algunas de las medidas extremas en su contra por parte de los católicos.

[1] Carl Deimer, Professor, *History of Christianity II (Historia del Cristianismo II)*, Video Lecture 3, Liberty University DLP, 2004.
[2] John T. Christian, *A History of the Baptists (Una Historia de los Bautistas)*, vol. 1, (Texarkana, Ark.-Tex.: Bogard Press, 1922), 3.
[3] E.H. Broadbent, *The Pilgrim Church (La Iglesia Peregrina)*, (Grand Rapids, Michigan: GOSPEL FOLIO PRESS, 1999), 107.
[4] L.P. Brockett, *The Bogomils of Bulgaria and Bosnia; or the Early Protestants of the East (Los Bogomilos de Bulgaria y Bosnia; o Los Primeros Protestantes del Oriente)*, (Philadelphia: American Baptist Publications Society, 1879.

Classic Reprints #43 by Vance Publications, Pensacola, FL., 2001), 37.

[5] D.B. Ray, *Baptist Succession: A Hand-book of Baptist History (La Sucesión Bautista: Un Manual de la Historia Bautista),* (Parsons, Kansas: Foley Railway Printing Company, 1912), 155.

[6] Christian, 69.

[7] Broadbent, 114-115.

[8] D.B. Ray, *Baptist Succession: A Hand-book of Baptist History (La Sucesión Bautista: Un Manual de la Historia Bautista),* (Parsons, Kansas: Foley Railway Printing Company, 1912), 153.

[9] Ibid., 154-155.

[10] Christian, 70.

[11] Ray, 153.

[12] Ibid., 154.

[13] Alexis Muston, *The Israel of the Alps: A Complete History of the Waldenses and Their Colonies (El Israel de los Alpes: Una historia completa de los Valdenses y sus colonias),* vol. 1, (London: Blackie & Son, Paternoster Buildings, E.C., 1875, reprinted Paris, Arkansas: The Baptist Standard Bearer, Inc.), 17.

[14] Ibid., 17-18.

[15] Ray, 154-155.

[16] Christian, 70.

[17] Broadbent, 114.

[18] Christian, 73-74.

[19] George Herbert Orchard, *A Concise History of Baptists (Una Historia Concisa de los Bautistas),* CD Rom, version 1, (Paris, Arkansas: The Baptist Standard Bearer, Inc., 2005), 179.

[20] Ibid.

[21] Philip Schaff, *History of the Christian Church (Historia de la Iglesia Cristiana),* vol. 5, (Peabody, Massachusetts: Hendrickson Publishers, 2002), 470.

[22] Ray, 156.

[23] Schaff, 493.

[24] Christian, 77.

[25] Broadbent, 119-121.

[26] Earle E. Cairns, *Christianity Through the Centuries: A History of the Christian Church (El Cristianismo a Través de los Siglos: Una Historia de la Iglesia Cristiana),* 3rd ed., (Grand Rapids, Michigan: Zondervan, 1996), 222.

[27] Deimer.

[28] Christian, 75.

[29] Ibid.

[30] Ibid., 76.

Los Valdenses

Valdenses es el nombre dado a los creyentes verdaderos que vivieron en los valles de los Alpes. Luego fue aplicado a los cristianos en general con las mismas creencias.

La palabra valle en español proviene del latín *vallis* (*valle* en francés, *valley* en inglés, *valdesi* en italiano). Vaudios o valdenses significan 'hombres de los valles'.

Hay evidencia que apunta a su perpetuidad desde el primer siglo.

Los valdenses eran personas extraordinarias que vivieron devotamente vidas sencillas. Incluso sus enemigos confesaron repetidamente su carácter íntegro.

En 1180 Pedro Valdo empezó a viajar y predicar. Acompañantes conocidos como *Los Hombres Pobres de Lyon* se le unieron, y pronto tuvo muchos seguidores. Valdo llegó a ser tan influyente que en tiempo, vino a ser inseparablemente asociado con los valdenses.

Las Creencias Comunes de los Valdenses

Creían

La salvación es posible solo mediante una relación personal con Jesucristo por fe

Las Escrituras son la regla final de fe y práctica

Cristo es el ejemplo supremo de conducta

El morar del Espíritu Santo (les dio un entendimiento más claro de las Escrituras)

El ejercicio de la libre conciencia de uno en asuntos de religión

La defensa personal (incluso con armas)

Sumamente prudentes en cuanto a los juramentos en nombre de Dios

La autonomía de la iglesia local

Todos debían leer la Biblia en su propio idioma

Se oponían a

Una nueva revelación dada por el Espíritu Santo

La salvación institucional a través de la iglesia por cualquier forma ritual o sacramental

Una historia de las iglesias

Capítulo 21

Los Albigenses y los Bautistas Galeses

La Iglesia estatal romana era poderosa, pero no conquistó a todos. La Iglesia de estado romana creció hasta llegar a ser la Iglesia Católica y afirmó ser la exclusiva, y única verdadera Iglesia de Jesucristo; sin embargo, las afirmaciones no siempre constituyen la realidad. La verdad es que los católicos son los que se alejaron de Cristo y Sus enseñanzas, y muchos de los cristianos e iglesias que se mantuvieron fieles a Él son los que los católicos hicieron su mayor esfuerzo para destruirlos.

En este libro hemos expresado una consideración breve a algunos de los grupos de iglesias que nunca se aliaron a las iglesias desviadas que se juntaron en el Estado-iglesia romano y luego pasaron a ser la Iglesia Católica. Hemos echado un vistazo breve a los montanistas, novacianos, donatistas, paulicianos, bogomilos y valdenses. Hubo otros.

LOS ALBIGENSES

Se hizo mención anteriormente de que ambos, los bosnianos y bogomilos búlgaros, eran muy evangelísticos. Algunos de sus miembros se dedicaron al ministerio vocacional, particularmente para obras evangelísticas y misioneras. Estos fueron llamados los *Perfecti* y muchos de ellos emigraron a través de Europa haciendo

266

convertidos dondequiera que fueron. Aunque las obras misioneras de los bogomilos bosnianos y búlgaros era de amplio alcance, su mayor impacto fue en Francia del Sur y alrededores. Cuando llegaron, encontraron allí almas hermanadas en abundancia. Estas personas e iglesias nunca se habían alineado con la Iglesia estatal. Tenían raíces desde las iglesias del siglo primero a través de los montanistas, los novacianos y los donatistas. Ellos se fusionaron fácilmente en un pueblo, los bogomilos bosnianos con los valdenses y los bogomilos búlgaros con los albigenses. En el transcurso del tiempo, estas dos comunidades grandes de creyentes e iglesias vinieron a ser asociadas muy estrechamente. A menudo fueron vistos como un solo grupo de herejes por los católicos que los persiguieron implacablemente.

C. Schmidt expresó los sentimientos católicos. Llamó a los albigenses "los herejes - y más específicamente los herejes cátaros - del sur de Francia en los siglos 12uvo y 13uvo". [1] Schmidt continuó para admitir que la designación de su origen es "poca exacta". "El nombre albigenses no aparece hasta después del Concilio celebrado en Lombers cerca de Albi a mediados del siglo duodécimo". [2] Parece que el gran número de creyentes e iglesias en esta área eran valdenses y fueron denominados albigenses en esta región debido a su proximidad con la ciudad de Albi. El movimiento valdense se había extendido hacia Francia del Sur desde Italia. [3] En esta área y en Toulouse, donde sus números eran mayores, también fueron llamados bougres debido a la influencia de los bogomilos búlgaros sobre ellos. [4] "Aunque estos testigos eminentes de la verdad, son denominados generalmente, valdenses y albigenses, eran anteriormente conocidos por una variedad de nombres - algunos derivados de sus maestros, algunos por su manera de vida, algunos por los lugares donde residieron, algunos por el destino que sufrieron, y otros por la malicia de sus enemigos. El Valle de Piamonte les dio primero el nombre vallenses, valdenses, o vaudois, un nombre que subsecuentemente se ha empleado para distinguirlos como una iglesia primitiva. Aquellos en el sur de Francia eran denominados albigenses, o los Pobres de Lyon, por su residencia en Albi y Lyon y alrededores. De la misma manera fueron llamados picardos, lombardos, bohemios, etc., debido a los países en que moraban. Los epítetos cátaros y patarinos se aplicaron a ellos como términos de reproche; y el de lolardos, de la misma causa o de un pastor valdense, Walter Lollard que floreció a mediados del siglo decimotercero". [5]

El punto inequívoco es que estas personas eran muy numerosas y de amplio alcance. "En el año 1200, la ciudad de Toulouse, y otros dieciocho pueblos principales en Languedoc, Provenza y Delfinado, estaban llenos de valdenses y albigenses". [6] La persecución católica siguió pronto; y como veremos, fueron masacrados y expulsados. Antes de que examinemos este periodo terrible, sería sabio hacer una pausa y examinar lo que esta gente enseñó y practicó. Veamos lo que los hizo tan peligrosos. ¿Qué los hizo tan dignos de matanza a gran escala y de la persecución más malvada, cruel, descabellada e inhumana que este mundo haya visto jamás?

> **Los albigenses tenían raíces que se remontaban hasta las iglesias del siglo primero**

CREENCIAS Y PRÁCTICAS DE LOS ALBIGENSES/VALDENSES

Como en cualquier movimiento grande de cristianos, no había un 100% de unanimidad en las creencias y prácticas de los albigenses y valdenses. Así como algunos bautistas hacen hoy, algunos albigenses y valdenses sostuvieron creencias contrarias a las enseñanzas claras de la Escritura y a otros que llevaron su mismo nombre. Eso no hace a todos los bautistas o albigenses/valdenses culpables. Aquellos fuera de línea de las doctrinas y prácticas esenciales neotestamentarias, eran la pequeña minoría, y estaban en los márgenes del movimiento como un todo. Muchos historiadores, incluso algunos historiadores bautistas modernos, encuentran unas manzanas malas en un cargamento de manzanas buenas y rechazan la carga entera.

"Nunca ha de olvidarse que por causa de la persecución ellos escasamente dejaron rastro de sus escritos, confesionarios, apologías o polémicas; y las representaciones que les han dado los escritores católicos romanos, sus enemigos declarados, son muy exageradas". [7] Este punto se nota bien en un libro acerca de los valdenses escrito por Pío Meliá en 1870. Meliá hizo su mejor esfuerzo por justificar las atrocidades católicas contra los valdenses y albigenses. Sostuvo que los esfuerzos crueles contra ellos estaban justificados porque algunos entre ellos eran infractores de la ley. Él mencionó a los inquisidores, a quienes llamó "justos" (una descripción verdaderamente fuera de la realidad), que en 1400 en el duro invierno forzaron a los creyentes a adentrarse en las montañas donde 80 de ellos murieron conhelados. También escribió acerca de los jueces católicos que en diciembre de 1475 en Susa (Suiza), condenaron a creyentes montañeses a ser quemados en la hoguera. Él citó entonces al papa Inocencio VIII, quién en 1487 en una carta escribió diciendo que la tal acción estaba justificada porque, "los herejes se han esforzado por arrastrar creyentes hacia sus errores, han despreciado las censuras de la Iglesia, han robado los bienes, y han destruido los hogares del inquisidor, asesinado a su sirviente, hecho guerra contra sus amos temporales, y cometido muchas otras abominaciones parecidas". [8] Debe ser obvio para cualquier persona honesta que estos creyentes valdenses y albigenses no eran criminales. Meliá dejó de mencionar que los católicos hicieron las leyes; y que en muchos de los casos donde estos creyentes cometieron actos de violencia, luchaban en defensa propia por sus familias, propiedades y vidas. Pasó por alto además que, en cualquier sociedad, pueden encontrarse algunos criminales; y que es prejuicio e intolerancia condenar a cada persona en esa sociedad por el mal comportamiento de unos cuantos. No es difícil ver que detrás del esfuerzo completo contra los valdenses y albigenses, era su negativa a doblegarse ante Roma. Como el Dr. Christian lo expresó, sus perseguidores "no los acusaron de inmoralidades, sino que fueron condenados por especulaciones, o más bien para las reglas virtuosas de acciones que los católicos romanos consideraron herejías". [9]

Hay amplia evidencia, aun de sus perseguidores, para presentar una imagen clara de lo que la inmensa mayoría de los valdenses y albigenses creyeron. Ellos dijeron:

1. Una iglesia cristiana debe consistir de personas buenas.

2. Una iglesia no tiene poder para formular alguna constitución.

3. No era correcto tomar juramentos.

4. No era legal matar a seres humanos.

5. Un hombre no debe ser entregado a los oficiales de justicia para ser convertido.

6. Los beneficios de la sociedad pertenecen igualmente a todos sus miembros.

7. Los hombres son salvados por gracia solo a través de fe, sin obras.

8. La iglesia no debe perseguir a nadie, ni a los malvados.

9. La Ley de Moisés no era regla para cristianos.

10. No había necesidad de sacerdotes, sobre todo los malvados.

11. No había necesidad de sacramentos.

12. Las órdenes y las ceremonias de la Iglesia de Roma eran inútiles, costosas, opresivas y malévolas.

13. El bautismo es por inmersión.

14. El bautismo infantil es incorrecto. [10]

El Dr. D. B. Ray resumió las creencias y prácticas valdenses/albigenses de esta manera:

1. Poseyeron la peculiaridad bautista de considerar a Jesucristo como su fundador y cabeza.

2. Consideraron que solamente la Biblia contiene su regla de fe y práctica.

3. Enseñaron arrepentimiento, fe, bautismo y la Cena del Señor en ese orden.

4. Creyeron en el bautismo por inmersión de solo aquellos que profesaron salvación por gracia a través de la fe personal en Jesucristo.

5. Creyeron en derechos y privilegios iguales para todos bajo la ley.

6. Observaron la Cena del Señor como una fiesta conmemorativa, no como un sacramento otorgador de salvación.

7. Estaban en contra de la persecución religiosa. [11]

PERSECUCIÓN CATÓLICA DE ALBIGENSES Y VALDENSES

A modo de introducción de esta sección comprendamos que las persecuciones y atrocidades contra estos creyentes, que se negaron a alinearse con la Iglesia Católica son demasiado numerosas para cubrir tan profundamente. A estas alturas podemos tocar solo algunos casos y ninguno de estos en gran detalle. Debe tenerse presente que no son más que la punta de un gran iceberg. Comunidades enteras de estos creyentes fueron completamente borradas; fueron purgadas regiones completas. Al mismo tiempo florecieron en otras comunidades y regiones. A veces hasta volvían a donde sus antepasados fueron aniquilados y florecieron allí de nuevo. Sin posible refutación puede decirse que los Alpes escabrosos demostraron ser verdaderamente un lugar de refugio para este pueblo de Dios que firmemente se negó a abandonar la doctrina y práctica del Nuevo Testamento y unirse a la Iglesia de Roma.

Tal fue el caso "en Languedoc y Provenza al Sur de Francia donde había una civilización más avanzada que otros países. Las pretensiones de la Iglesia romana de gobernar habían estado opuestas generalmente y se habían puesto a un lado allí. Las congregaciones de creyentes que se reunieron aparte de la Iglesia Católica eran numerosas y crecientes". [12] En 1209 el papa Inocencio III declaró una cruzada contra Raimundo VI, el gobernante de Provenza que no había hecho cumplir la orden del papa de desterrar a los herejes de su país. La población y la mayoría del liderazgo de la región estaban del lado de los valdenses y albigenses. El papa ofreció *indulgencias* a todo el que tomara parte en la cruzada. La posibilidad de dinero además de una licencia abierta para pecar (la esencia de una *indulgencia*) atrajo a centenares de miles de hombres. Liderados por Simón de Monfort, un experimentado líder militar de crueldad despiadada, "la parte más hermosa y cultivada de Europa en ese momento fue asolada y se volvió durante veinte años la escena de maldad y crueldad indescriptibles, y fue reducida a desolación". [13] Incluso el Dr. Schmidt que era decisivamente pro-católico, escribió, "Esta guerra implacable que tiró toda la nobleza del norte de Francia contra la del sur y destruyó la independencia de los príncipes del sur, y destruyó la brillante civilización provenzal, terminó, políticamente, en el tratado de París (1229), pero no extinguió la herejía, a pesar de las masacres masivas de herejes durante la guerra". [14] Quizás el Sr. Schmidt lo hizo inconscientemente, no obstante, confirmó lo obvio. Bajo una sombrilla de protección (el tratado de París) de la persecución por la Iglesia Católica, los albigenses y valdenses de Francia del Sur prosperaron. El papa no pudo detener la prosperidad de estos cristianos neotestamentarios ("herejes") a través de sus legados y evangelistas católicos, por lo que él y sus partidarios católicos les declararon la guerra. Los católicos los quemaron sin misericordia en la hoguera *en masa*; saquearon, tomaron y destruyeron sus propiedades; despojaron la región hasta la ruina total e hicieron su mejor esfuerzo por manchar el buen nombre de estas personas piadosas; sin embargo, fallaron en extinguirles.

Durante las décadas siguientes, los católicos cazaron a estos cristianos neotestamentarios como si fueran bestias viciosas, salvajes y peligrosas. No lo eran. Antes del fin del 13er siglo, nuevos poderes políticos que conocieron la ética de trabajo de estos creyentes estaban a cargo de esta área. Los nuevos poderes políticos los reclutaron para volver en números considerables. [15] La matanza implacable por parte de los católicos continuó hasta que la población de cristianos neotestamentarios en esta área inmediata fuera aniquilada en su gran mayoría.

Había muchos valdenses y creyentes neotestamentarios con otros nombres en un gran número de otros sitios. Como uno de ellos mismos que se volvió un inquisidor renegado dijo de ellos antes de morir en 1259, "no hay prácticamente ninguna tierra en la que esta secta no existe". [16] Dondequiera que fueran y por cualquier nombre que estos creyentes fueran llamados, los gobernantes de Roma los siguieron con el intento de aniquilación por cualquier medio necesario, por más vil que fuera. En un capítulo posterior, daremos un vistazo más completo a esta afirmación; pero por el momento miraremos brevemente a los primos distantes que estaban en la misma línea ininterrumpida de creyentes que enseñaron y practicaron el cristianismo neotestamentario desde el siglo primero.

Los católicos causaron destrucción masiva a los albigenses, pero fallaron en extinguirlos

---

LOS BAUTISTAS GALESES

Alrededor del año 63 d.C., el libro de Filipenses del Nuevo Testamento fue escrito por Pablo mientras era prisionero en Roma. Él estaba bajo la custodia constante de los guardias pretorianos reales de César. Pablo tuvo un impacto enorme y alcanzó a muchos de sus guardias con el evangelio. Estos soldados romanos por todo el imperio turnaron dentro y fuera de Roma hasta a sus tierras natales llevando el evangelio consigo. Pablo dijo, *"Quiero que sepáis, hermanos, que las cosas que me han sucedido, han redundado más bien para el progreso del evangelio, de tal manera que mis prisiones se han hecho patentes en Cristo en todo el pretorio, y a todos los demás,"* **Filipenses 1:12-13**. Entre aquellos que alcanzó con el evangelio estaban Pudente y Claudia, **2 Timothy 4:21**. Pudente y Claudia eran galeses.

Los galeses eran una tribu de Gran Bretaña. Aproximadamente en el 50 a.C. los romanos invadieron la isla británica, pero fueron incapaces de conquistar a Gales totalmente. Los romanos hicieron las paces y moraron entre los galeses for muchos años. Durante ese tiempo muchos soldados galeses se unieron al ejército romano y gran número de familias galesas visitaron la gran ciudad importante de Roma. Los archivos galeses indican que Pudente y Claudia, junto con otros galeses convertidos, llevaron a casa el evangelio; y miles de galeses fueron convertidos a la forma pura del cristianismo neotestamentario. Aproximadamente en el año 180 d.C., el rey galés Lucio llegó a ser el primer rey en el mundo en abrazar el cristianismo neotestamentario. [17]

Mucho antes de que las iglesias en el continente europeo, del oriente y del norte de África comenzaran su desviación continua de la doctrina y práctica neotestamentarias, la cristiandad pura del Nuevo Testamento estaba floreciendo entre los galeses. "Es bien conocido por todos los que están familiarizados con la historia de Gran Bretaña que Caerleon, al sur de Gales, fue una ciudad renombrada en los tiempos del pasado, y un lugar notable de la religión. En la décima persecución bajo Diocleciano, el emperador romano pagano, muchos de los descendientes de Gomer sufrieron mucho. No menos de tres de aquellos mártires fueron ciudadanos de Caerleon; Julio, Aarón, y Amfíbal, ministros bautistas. Muchos de los escritos galeses que eran más valiosos que el oro precioso, fueron destruidos en ese tiempo aproximadamente en el año 285". [18]

Por favor note que esto sucedió un tercio de siglo antes de que Constantino hiciera a la cristiandad la religión de Roma en la creación de una Iglesia estatal. Aquí hubo una comunidad grande floreciente de creyentes e iglesias que practicaron el cristianismo neotestamentario a partir del siglo primero. Ellos nunca fueron parte de la desviación de la Escritura a la tradición. Nunca formaron parte de la Iglesia estatal y nunca fueron parte de la Iglesia Católica. Negar esta línea ininterrumpida es negar los hechos. El Valle de Caerleon se sitúa en las colinas entre Inglaterra y las partes montañosas de Gales. Un historiador galés escribió, "es nuestro valle de Piamonte; las montañas de Merthyn Tydfyl, nuestros Alpes; y las grietas de las rocas, los escondites de los corderos de las ovejas de Cristo, donde las ordenanzas del evangelio, hasta el presente se han administrado en su papel primitivo, sin ser adulteradas por la Iglesia corrupta de Roma". [19]

Como era de esperar, la Iglesia creciente de Roma no podría soportar el pensamiento de que alguien que afirmara ser cristiano rechazara sus afirmaciones y se negara a unirse a sus filas. A finales del siglo sexto, ella se acercaba al estatus completo de Iglesia Católica romana. "En el 593 Gregorio, obispo de Roma, envió al monje Austin a Inglaterra, para hacer que los sajones estuvieran en conformidad con la Iglesia de Roma". [20] Cuando él llegó a Gales a principios del siglo séptimo, había en Bangor "una universidad que contenía a 2100 cristianos que se dedicaron al Señor, para servirlo en el ministerio". [21] El área desde Bangor en el norte hasta Caerleon en el sur era una fortaleza del cristianismo neotestamentario. Bautizaron solo a creyentes por inmersión e inmediatamente rechazaron el tipo de cristiandad católica de Austin a través del ritualismo sacramental por la Iglesia con su idea corrupta de una jerarquía. Según Henry D'Anvers en el *Tratado Sobre Bautismo*, publicado en Londres, Inglaterra en 1674, páginas 329-336, Austin dijo que si estos bautistas galeses "no aceptarían la paz con sus hermanos, deberían recibir la guerra con sus enemigos: Y si ellos desprecian predicar con ellos el camino de la vida a la nación inglesa, entonces deberían sufrir por sus manos la venganza de la muerte: y la cual Austin llevó a cabo de acuerdo con esto, al traer a los sajones sobre ellos para su ruina absoluta". [22]

Esa era la forma católica romana: *conviértalos o mátelos*. Ocurrió durante siglos por todo el mundo. Afortunadamente, hemos alcanzado una era en que es políticamente imposible para ellos ejercer tal brutal poder en muchos lugares del mundo; no obstante, nunca olvidemos que esta es la mentalidad católica oficial. Es un modo de pensar que trajo la tortura inimaginable a millones de cristianos neotestamentarios durante siglos y produjo un rastro de sangre que debe disgustar a cada humano civilizado.

A pesar de todo, Dios ha conservado a Su pueblo. Una línea ininterrumpida de iglesias hijas ha venido de la simiente de aquella iglesia original en Jerusalén, Israel. Aquí y allá una rama, una población, ha florecido y entonces ha sido extinguida; pero siempre la línea ha continuado en algún otro lugar. Las palabras de Jesús permanecen verdaderas y Su promesa es rastreable históricamente, *"Edificaré mi iglesia; y las puertas del Hades no prevalecerán contra ella,"* **Mateo 16:18.** Nosotros hemos rastreado esa línea ininterrumpida brevemente a través de tres desarrollos distintos: los bogomilos en el oriente, los valdenses y los albigenses en el corazón de Europa y los bautistas galeses en la isla británica occidental.

Atrocidades contra estos y otros grupos de creyentes continuaron, y acontecimientos mayores empezaron a cambiar dramáticamente la faz del mundo occidental. En páginas próximas seguiremos estas líneas. Sus posiciones permanecieron firmes y sus nombres cambiaron en medio de un mundo malvado en grandes cambios.

---

[1] C. Schmidt, *Encyclopaedia Britannica*, vol. 1, s.v. "Historie de la secte des Cathares ou Albigenses," (Chicago: London: Toronto, William Benton, Publisher, 1960), 528.

[2] E.H. Broadbent, *The Pilgrim Church (La Iglesia Peregrina),* (Grand Rapids, Michigan: GOSPEL FOLIO PRESS, 1999), 109.

[3] John T. Christian, *A History of the Baptists (Una Historia de los Bautistas),* vol. 1, (Texarkana, Ark.-Tex.: Bogard Press, 1922), 62.

[4] Schmidt.

[5] D.B. Ray, *Baptist Succession: A Hand-book of Baptist History (La Sucesión Bautista: Un Manual de la Historia Bautista),* (Parsons, Kansas: Foley Railway Printing Company, 1912), 157.

[6] I.K. Cross, *The Battle for Baptist History (La Batalla por la Historia Bautista),* (Columbus, Georgia: Brentwood Christian Press, 1990), 64.

[7] Christian, 61.

[8] Pius Melia, *The Origin, Persecutions, and Doctrines of the Waldenses (El*

Origen, Persecuciones y Doctrinas de los Valdenses), (London: James Toovey, 1870; Pensecola, FL, Classic Reprints, No. 58, Vance Publications, 2002), 63-64.

[9] Christian, 60.

[10] Esta lista es adaptada de *Una Historia de los Bautistas,* por el Dr. Christian, página 61

[11] Ray, 323-339.

[12] Broadbent, 110.

[13] Ibid.

[14] Schmidt.

[15] Alexis Muston and W. Hazlitt, *The Israel of the Alps: A History of the Persecution of the Waldenses (El Israel de los Alpes: Una Historia de la Persecución de los Valdenses),* (London: Savill & Edwards, Printers, 1852), 27.

[16] Broadbent, 112.

[17] Cross, 37-38.

[18] Ray, 74.

[19] Ibid.

[20] Ibid., 69

[21] Ibid., 70.

[22] Ibid.

Los Albigenses

Albigenses es el nombre dado a los creyentes verdaderos que vivieron cerca de Albi al sur de Francia.

El nombre albigenses se originó en el siglo doce, pero tenía raíces que se remontaban a las iglesias del primer siglo a través de los montañistas, los novacianos y los donatistas.

Fueron llamados bougres por la influencia de los bogomilos búlgaros sobre ellos.

Debido a la intensa persecución en contra de ellos, no existe casi rastro de sus escritos.

El papa no pudo detener la prosperidad de estos cristianos del Nuevo Testamento, por lo que les declaró la guerra. Los católicos infligieron una destrucción masiva sobre los albigenses, pero fracasaron en extinguirlos.

Los Bautistas Galeses

Bautistas galeses es el nombre dado a los creyentes verdaderos que vivieron en Gales (parte sureste de Gran Bretaña).

Mientras Pablo fue prisionero en Roma, compartió el evangelio con los guardias pretorianos de Cesar, incluyendo a Pudente y a Claudia (eran galeses).

Pudente y Claudia, junto con otros galeses convertidos, llevaron el evangelio a su hogar, y miles de galeses se convirtieron en cristianos de pura cepa del Nuevo Testamento.

Esta fue una gran comunidad floreciente de creyentes e iglesias practicantes del cristianismo del Nuevo Testamento desde el primer siglo en adelante.

Por el año 180 d.C., el rey galés Lucio fue el primer rey del mundo que abrazó al cristianismo.

Capítulo 22

El Reinado de Terror

Webster dice sencillamente que *terrorismo* es "el uso de fuerza y amenazas para asustar a las personas haciéndolas obedecer completamente". [1] Nunca en la historia de la humanidad hubo un reinado de terror tan masivo y duradero como el de la Iglesia Católica. Esa Iglesia estatal que creció hasta convertirse en la Iglesia Católica con la división católica romana que escaló hasta la supremacía, fue la organización terrorista más grande que este mundo haya conocido jamás. Esta Iglesia fue sanguinaria, hambrienta de dinero y compulsivamente dominante más allá de lo que las palabras pueden expresar adecuadamente. Palabras como cruel, siniestra, inmoral, sin escrúpulos y despiadado describen a la Iglesia católica. Mentiras, el uso de la fuerza bruta, la injusticia y ansias por el poder y control absolutos fueron sus distintivos; y la Iglesia hizo lo que hizo en nombre del Dios de la Biblia.

La decepción por la Iglesia de Basilio, médico y líder bogomilo de Bulgaria a finales del siglo undécimo, ilustra una falta total de principios, que era característico de la Iglesia Católica tanto del oriente como del occidente. La vida de Basilio era modelo de devoción, y su influencia fue tremenda. Alexis Comneno I, uno que odiaba a todos los que no eran católicos, era el rey búlgaro en aquella época. Bajo la pretensión de interés profundo en un mejor entendimiento de la doctrina de los bogomilos, Alexis puso una trampa para destruir a Basilio y tantos bogomilos como fuera posible. Expresó la voluntad de abrazar los conceptos de los bogomilos e invitó Basilio a exponer la doctrina de los bogomilos ante el gabinete imperial. Alexis le hizo preguntas a Basilio sobre muchos puntos finos para persuadirlo a seguir hablando. De repente tiró abajo una pared falsa detrás de la que un escriba estaba tomando apuntes. Alexis acusó a Basilio de herejía y convocó a los oficiales de su corte para esposarlo. Alexis utilizó el testimonio de Basilio entonces para hacerle una redada a tantos seguidores bogomilos como fuera posible; y después de mucho abuso y burla, los quemó a todos dándoles muerte en la hoguera. La hija diabólica de Alexis alegremente escribió del evento en un libro que tituló *La Alexiada*. El Dr. L.P. Brockett escribió estas palabras, "Nosotros no podemos poner ante nuestros lectores la descripción que ella da tan minuciosamente y con tal goce evidente de las preparaciones para el holocausto en el hipódromo - el crujir del fuego y el encogimiento de los pobres cuerpos humanos devastados por el ayuno pero aún sostenidos por la confianza inquebrantable en su Salvador al acercarse cada vez más a las llamas, como ellos quitaron la mirada, y finalmente el estremecimiento de sus miembros mientras el fuego quemaba y arrugaba su carne". [2]

Tenga presente que la historia de Basilio aquí presentada no es un evento aislado. Al contrario, este tipo de persecución empezó poco después de que Constantino creara la Iglesia estatal (temprano en el cuarto siglo) y aumentó durante los siglos. En un momento dado fue el modo común de operar por la mayor parte de Europa Oriental y Occidental, incluso las Islas Británicas. Solo cuando la Reforma Protestante tuvo éxito derribando al monopolio católico romano en parte (siglos decimosexto y decimoséptimo) el terrorismo católico disminuyó; no obstante, aun entonces no finalizó completamente. Incluso hoy en algunas partes del mundo, los católicos continúan empleando la fuerza para imponerse sobre otros.

LAS HERRAMIENTAS DE SU OFICIO

Será oportuno a estas alturas, repasar brevemente cómo se posicionaron los católicos para destruir toda la oposición mientras ganaban poder. El maridaje de la Iglesia con el Estado preparó el escenario para afianzar su poder. Una vez que el grupo organizado de iglesias (que se vieron como la única Iglesia verdadera) fue reconocido por el Estado secular como la Iglesia verdadera, tuvo poder civil y secular para hacer cumplir sus deseos. Fue el deseo de

Constantino y los emperadores posteriores, así como el deseo de la jerarquía de la Iglesia organizada, obligar a cada persona e iglesia ser parte de la Iglesia organizada. Aquellos que se negaron tenían el poder combinado de la Iglesia organizada y el Estado en contra de ellos. Mientras la Iglesia se fortalecía y el Estado se debilitaba (una tendencia continua de 900 años), la Iglesia empezó a decirle con más frecuencia al Estado a quién oprimir y perseguir. Es más, mientras la conexión Estado-Iglesia se fortalecía, el número de católicos en la población general aumentó. Con el tiempo la mayoría de los señores feudales y hacendados, la mayoría de los magistrados políticos y de las personas pudientes, eran católicos. La Iglesia y el Estado vinieron a ser casi inseparables. Las leyes fueron hechas por católicos y fueron hechas cumplir por católicos. Era herejía castigable por tortura y probablemente con la muerte el no ser católico. Los que tenían diferencias con la Iglesia automáticamente las tenían con las autoridades civiles porque a menudo las autoridades civiles eran autoridades de la Iglesia: jueces, abogados fiscales, verdugos. No había ningún sistema de jurado, y las autoridades civiles católicas llevaron a cabo las decisiones (incluso los castigos) de las autoridades (eclesiásticas) de la Iglesia Católica. La situación era un verdadero monopolio. Aquellos con desacuerdos con la ley lo tenían todo en su contra. No había justicia; el sistema entero era pro-católico. Además, no había apelación. La cabeza del sistema completo fue el papa, quien era el autor y monarca del sistema. Apelar a él era semejante a un judío alemán que apelara a Adolfo Hitler sobre las ejecuciones en las cámaras de gas.

La excomunión, el interdicto y la prohibición

Usted recordará que el papa Gregorio VII (Hildebrando) tuvo éxito instituyendo tres herramientas diseñadas para destruir toda la oposición a la Iglesia Católica. Primero, legalizó formalmente la práctica de la **excomunión**. Esto significó que la Iglesia podría quitar la salvación de alguien. Segundo, hizo al **interdicto** un asunto de la ley católica. El **interdicto** extendió el poder de la excomunión de la Iglesia posibilitando que la Iglesia enviara una nación o población enteras al infierno. Tercero, también hizo a la **prohibición** parte de la ley católica. La **prohibición** dio el poder a la Iglesia (hecho cumplir por las autoridades civiles) a echar a una persona excomulgada fuera del territorio y exiliarla.

Estos movimientos, y otros como estos, colocaron más poder en manos de los católicos e hizo legal para ellos castigar a todos los que no abrazaron sus conceptos. Por ejemplo, como en el caso de Basilio, una persona podría ser honorable, pura y cumplidora con la ley, y aun así excomulgada, prohibida o quemada en la hoguera por creer en la salvación a través de la fe personal en Jesucristo y no por el bautismo y la eucaristía.

> **La prohibición dio el poder a la iglesia para exiliar a una persona excomulgada**

Legados

Los legados también fueron idea original de Gregorio VII. Fueron nombrados por él (y los papas posteriores) para llevar a cabo sus deseos. Los legados llevaban el poder y autoridad personales de un papa y estaban por encima de las otras autoridades católicas. Eran muy parecidos a sabuesos humanos. En nombre del papa, se extendieron por toda Europa cazando a los herejes, sobre todo los líderes de iglesias y movimientos no-católicos. Tenían rienda suelta dondequiera que fueran, en los palacios de los reyes o con los gobernantes seculares. Hicieron demandas y amenazaron con quitar del poder a aquellos que se negaran. Los legados eran intimidadores. Aun fueron odiados por los católicos, tanto eclesiásticos como seculares. Es más, ellos eran casi universalmente corruptos. La inmensa mayoría de ellos incluso fue conocida entre sus pares católicos por su inmoralidad, borracheras y maneras dominantes. [3] No es difícil ver cuál fue la postura tomada por los valdenses, los bogomilos y otros creyentes e iglesias que no fueron parte del sistema católico cuando fueron sujetos al poder de estos intimidadores corruptos y brutales.

> **Los legados llevaban el poder y autoridad personales de un papa**

La inquisición

En el cuarto Concilio Lateranense en 1215 la Iglesia Católica Romana instituyó cortes de inquisición y les dio poder para cazar y torturar herejes. [4] El terrorismo dio un salto poderoso hacia adelante. Los oficiales eclesiásticos ahora tenían poder legal para torturar y hacer cualquier cosa deplorable imaginable a cualquier no-católico y tenían el respaldo del poder estatal. Simplemente ser un no-católico era motivo suficiente para ser perseguido y torturado de la peor forma posible; por ningún crimen, solo por no ser católico.

En cada distrito donde los inquisidores fueron, prepararon sus asuntos o en un monasterio dominicano o franciscano, los que llegaron a ser la corte y la prisión donde los crímenes en contra de la humanidad fueron llevados a cabo. Reyes como Luis VIII de Francia los subsidiaron y apoyaron. Su poder literalmente, vino a ser absoluto. Era un crimen oponerse a la inquisición y las decisiones de los inquisidores eran arbitrarias. "La inquisición no estaba regida por las reglas ordinarias de procedimiento en sus investigaciones: el acusado era sorprendido por una llamada súbita, y como regla, encarcelado bajo sospecha. Todos los acusados eran presuntamente culpables, siendo el juez al mismo tiempo el acusador. La ausencia fue considerada naturalmente como rebeldía, y solo aumentó la presunción de culpa pareciendo admitirla. El acusado tenía el derecho de exigir un registro escrito de las ofensas atribuidas a él, pero los nombres de los testigos no se le daban a conocer... Los herejes o personas privadas de derechos civiles (infames) eran admitidos como testigos en casos de herejía. Las mujeres, los niños de esclavos podrían ser testigos para la prosecución, pero no para la defensa". [5] Existen registros que muestran el testimonio de niños tan jóvenes como diez años. Ningún testigo podía negarse a testificar so pena de ser considerado hereje. Los inquisidores hicieron a los acusados jurar delatar a todos los que eran compañeros de ellos en su herejía y nombrar a todos los que sospechaban de ser herejes. Los testigos eran torturados hasta que dijeran lo que los inquisidores querían oír y todas las confesiones extraídas en las cámaras de la prisión tenían que ser confirmadas *libremente* por el testigo. Ninguno de estos juicios simulados podía ser considerado litigioso porque cualquier abogado que defendiera al acusado habría sido culpable de herejía. Jamás hubo un solo caso de absolución. Dependiendo del capricho de los inquisidores, los acusados podían ser sentenciados a cadena perpetua con grados continuos de castigo en el calabozo más profundo, con grilletes simples o dobles, y con el pan y agua de aflicción. La tasa de mortalidad de estos era muy alta. Algunos de los acusados eran entregados a las autoridades seculares. Esto era, de hecho, "equivalente a una sentencia de muerte, y muerte por fuego". [6]

Los inquisidores eran homicidas profesionales, asesinos en serie, matones asalariados al por mayor. Ellos son los que cazaron a los valdenses y albigenses en Francia del Sur y el área circundante, e hicieron más por erradicar la línea ininterrumpida de creyentes e iglesias neotestamentarias que la guerra católica contra ellos jamás pudo hacer. [7]

Fue en España donde la inquisición alcanzó su mayor fuerza. Fueron enviados inquisidores a Aragón por el papa Gregorio IX, el 26 de mayo de 1232. A través de los años una serie de desarrollos políticos llevó España a una dirección radical pro-católica y en 1480 el rey Fernando y la reina Isabel, aparte de la ayuda del papado, fundaron una inquisición nacional en España "dirigida contra los herejes locales". [8] La purga de la inquisición española contra los no-católicos fue una de las campañas más repugnantes, inhumanas, salvajes y bárbaras contra la humanidad que haya ocurrido jamás.

Cuando los inquisidores dominicanos de España llegaron al este de las regiones del Mar Adriático (Estados Balcánicos), ellos encontraron la resistencia inmediata de los creyentes e iglesias que florecieron allí. En 1234 Gregorio XI orquestó a una cruzada contra la región y Bosnia fue devastada por el fuego y la espada. A pesar de la tremenda violencia contra ellos, los creyentes e iglesias en Bulgaria, Rumania, Eslavonia y Dalmacia se fortalecieron.

La inquisición era fuerte en Francia y en Italia. En Saboya llevó a cabo constantemente atrocidades contra los valdenses de los Alpes, pero en Sicilia los valdenses y los fraticelli eran demasiado fuertes y la inquisición no tuvo éxito. Diferentes papas hicieron muchos esfuerzos en Alemania por introducir la inquisición contra los grandes números de no-católicos que florecieron allí, creyentes a quienes señalaban como herejes; sin embargo, el sentimiento alemán contra el papado estaba creciendo y la inquisición no fue abrazada ampliamente. El esfuerzo del papa Urbano VI por plantar la inquisición permanentemente en Alemania solo tuvo éxito brevemente. Los valdenses fueron lo más fuertes en Bohemia y en 1247 el papa Alejandro IV introdujo la inquisición, la cual atacó con creces. Durante 100 años los inquisidores hacían su obra sucia en Bohemia; no obstante, los valdenses y otras líneas de cristianos e iglesias neotestamentarias continuaron floreciendo.

Es difícil creer que los humanos hicieran a otros humanos lo que los católicos hicieron a los no-católicos a través de la inquisición. También es muy difícil entender cómo las generaciones actuales pueden ignorar y pasar por alto estas atrocidades y aceptar tan apasionadamente el catolicismo.

> **Los inquisidores eran homicidas profesionales y asesinos en serie asalariados**

MÉTODOS TERRORISTAS

Casi cada método de intimidación y tortura conocido por la humanidad en ese momento fue utilizado alguna vez por los católicos en amedrentar a la gente para obedecer completamente. Ninguna bajeza fue demasiado para ellos, ninguna práctica demasiado malvada o macabra. Esta sección de nuestro libro será indudablemente desagradable y muy dolorosa para algunos. Es difícil imaginar que estas cosas pasaron en absoluto, mucho menos en nombre de Dios por personas que afirmaban ser cristianas; no obstante, lo hicieron. La documentación está allí. ¡En abundancia!

Tácticas

Un libro de esta naturaleza no permite tiempo para examinar cada táctica de tortura, aunque es revelador mencionar algunos de los tipos más populares y comunes. Ellos incluían, pero no estaban limitados a:

- Arrancar dientes/uñas
- Golpear
- Cegar
- Hervir
- Romper huesos

- Herrar y quemar

- Castrar

- Estrangular

- Cortar

- Desfigurar

- Dislocación

- Ahogar

- Flagelación, latigazos y golpes

- Desollar

- Asar

- Mutilación genital

- Quitar miembros/dedos

- Dejar de alimentar

- Cortar la lengua

- Destripar

- Compresión de los miembros con instrumentos especiales o sogas

- Inyectar agua, vinagre o aceite en el cuerpo

- Aplicar brea caliente [9]

Herramientas

Un gran número de herramientas y máquinas siniestras fueron utilizadas por los católicos para imponer torturas terribles a aquellos que ellos habían declarado como herejes arbitrariamente. [10] Se ofrece una explicación breve para mayor comprensión. Por favor no asuma que estas fueron todas las herramientas utilizadas por los perseguidores católicos contra sus víctimas.

- **Bota o bota española** - Se hacían botas altas de cuero esponjoso y se ponían en los pies de la víctima. Era entonces atada sobre una mesa cerca de un fuego grande. Una cantidad de agua hirviente se vertía sobre las botas que penetraba el cuero carcomiéndose la carne, a veces disolvía huesos de la víctima.

- **Hierros de marcar** - Estas herramientas fueron utilizadas para quemar a las víctimas.

- **El collar** - Un collar metálico pesado (11 libras) con púas fue utilizado para colocar alrededor del cuello de la víctima. Normalmente producía infecciones y una muerte lenta y agonizante.

- **Taburete sumergible** - Un dispositivo parecido a una silla que se utilizaba para ahogar a las mujeres. La sospechosa era atada al dispositivo y era tirada en un lago o río profundo. Aquellas que flotaban se consideraban llenas del diablo, y las que se ahogaban, eran consideradas inocentes.

- **La prensa del pie** - Esta prensa se utilizaba para aplastar los pies.

- **La tenedor del hereje** - Este era un trozo de metal de dos puntas contrarias de dos tenedores con un cinturón atado o una correa. Un extremo se empujaba bajo la barbilla y el otro hacia el esternón, la correa fijaba el dispositivo al cuello. Esto inmovilizaba la cabeza eficazmente a una extensión total del cuello, y causaba un gran dolor. [11]

- **La doncella de hierro** - Este era un armario de hierro con un frente abisagrado. El verdugo interrogaba a la víctima y la torturaba o mataba agujereando el cuerpo con objetos afilados, como cuchillos, púas o clavos mientras la víctima era obligada a permanecer de pie. Los condenados sangraban profusamente y se debilitaban despacio y finalmente morían debido a la pérdida de sangre o la asfixia. La mayoría de las doncellas de hierro fueron hechas de tal manera que los puntos afilados no agujerearan órganos vitales. Esto aseguraba que la víctima no muriera inmediatamente y que la muerte del torturado se prolongara. [12]

- **La picota** - Este era un tipo de andamio en un lugar público con una rueda. La víctima era atada a la rueda que se volteaba y lo exponía a la muchedumbre que lo asaltaba y atormentaba.

- **La cigüeña** - Esta era una máquina para comprimir el cuerpo en lugar de estirarlo.

- **El Brank** - Este era un bozal de hierro que cerraba, o máscara de metal o jaula, que encajonaba la cabeza y le impedía a la víctima hablar. Había una restricción de hierro que se proyecta en la boca que descansaba encima de la lengua. Algunos modelos tenían púas de hierro que agujereaban a la víctima cuando intentaba hablar. Este dispositivo también era conocido como **El Cabestro del Regañon** y **El Cabestro del Chismoso**.

- **El cepo** - Las víctimas eran sujetadas por las manos y los pies en un área pública.

- **El aplastapulgares** - Esto era un dispositivo portátil que aplastaba los dedos de las manos y los pies.

- **La rueda** - Esto era un dispositivo que estiraba, desgarraba y separaba a la víctima en partes. A veces la víctima era arrastrada por un(os) caballo(s) hasta quedar totalmente mutilado.

Dos de los medios de tortura y muerte más comunes, macabros e inhumanos, merecen un tratamiento especial. Ellos son *quemar en la hoguera* y *el potro*. Antes de explicar cada uno, conozca que todas estas torturas eran tanto físicas y psicológicas. Los legados católicos, inquisidores y sus cohortes civiles obligaron rutinariamente a los padres a que miraran a sus niños atormentados y asesinados por estos medios para forzarlos a *confesar*. Igualmente, fueron obligados los niños a que miraran a sus padres sufrir y morir. Estas tácticas crueles y salvajes se usaron contra parejas, amigos y vecinos. ¡Éste era verdaderamente terrorismo de primera línea!

Quemar en la hoguera

Quemar en la hoguera era uno de los medios más populares y comunes de tortura y asesinato católicos. No solo destruía al así llamado hereje, también envió un mensaje escalofriante a todos los que se atrevieran a ponerse en contra de la Iglesia Católica. Este método de tortura y ejecución se había practicado mucho tiempo antes de que existiera una Iglesia Católica; sin embargo, los católicos lo hicieron su método preferido. Es notable que las iglesias del estado protestante posteriores quemaron a muchas personas en la hoguera.

Había tres métodos de quemar en la hoguera. El primer método es el que se entiende mejor. Como la palabra lo indica, una *estaca* se utilizaba en este método. La estaca se fijaba en la tierra y la víctima se ataba a ella, normalmente con sogas que le impidieran escapar. Las cadenas o los aros de hierro también se utilizaban para asegurar a la víctima. La madera se amontonaba alrededor de la estaca y se le prendía fuego. Un segundo método era muy similar al primero. La diferencia principal es que la madera se amontonaba más alto para esconder a la víctima. Este era el método preferido para matar brujas. El tercer método involucraba una escalera que se ataba a un marco sobre el fuego. La víctima se ataba a ella siendo luego bajada hacia las llamas. Algunos fueron arreglados para que la víctima pudiera ser bajada y subida dentro y fuera de las llamas varias veces para asegurar una muerte lenta. Este método era popular en Alemania y en los países nórdicos. [13]

A veces múltiples víctimas eran quemadas en un fuego común. Esto hizo necesario un fuego grande que resultó ser una bendición para las víctimas. En lugar de tener una muerte lenta y agonizante, las víctimas de fuegos grandes generalmente morían por envenenamiento de monóxido de carbono en lugar de morir por las llamas; no obstante, muchos verdugos eran horriblemente crueles. Preparaban fuegos pequeños que traían gran sufrimiento y agonía por largos periodos de tiempo antes de la muerte de la víctima. En las muertes lentas, las víctimas morían de la insolación, pérdida del plasma sanguíneo y estado de shock.

Muchos lectores han encontrado la palabra *haz de leña*, la cual se refiere a bultos pequeños de ramitas y pajas. Como las antorchas, podían encenderse fácilmente y podrían colocarse junto al cuerpo de una víctima, particularmente pies y pantorrillas. La agonía y el sufrimiento prolongado de la víctima eran obvios. Si era permitido, los amigos y miembros de la familia agregarían leña adicional tan rápidamente como fuera posible para evitar una muerte prolongada al mártir.

"Algunas fuentes manifiestan que era más normal que la estaca estuviera al centro de un gran aro o montón de madera con una separación dejada para que el condenado fuera allevado a la estaca. Una vez atados a la estaca y la separación llenado de madera, los condenados eran escondidos de la vista. Cuando este método de ejecución fue aplicado con habilidad, el cuerpo sería quemado progresivamente en la sucesión siguiente: pantorrillas, muslos y manos, torso y antebrazos, pechos, pecho superior, cara; y entonces finalmente la muerte. En otras ocasiones, las personas morían de sofocación con solo sus pantorrillas en fuego... En muchas quemas se ataba una soga al cuello de la víctima que atravesaba un anillo en la hoguera y eran estrangulados y quemados simultáneamente". [14]

> **Por ley, a veces las víctimas eran estranguladas
> antes de quemarse en la estaca**

El potro

"El potro es una tortura que consiste en un marco rectangular, alargado, normalmente de madera, ligeramente levantado de la tierra, con un rodillo a uno, o ambos, extremos, teniendo a un extremo una barra fija a la que las piernas eran atadas, y al otro una barra móvil a la que las manos eran atadas. Los pies de la víctima se ataban a un rodillo, y las muñecas se encadenaban al otro. Con el progreso de la interrogación, un asa y un trinquete atados al rodillo de la cima muy gradualmente por niveles aumentaban la tensión en las cadenas induciendo un dolor insoportable. Por medio de las poleas y palancas este rodillo podía rodar sobre su propio eje y tensando así las sogas alrededor de las articulaciones del torturado hasta que se le dislocaban las extremidades y finalmente se le separaban.

Adicionalmente, una vez que se han estirado las fibras del músculo más allá de cierto punto, estas pierden su habilidad de contraerse, así víctimas que fueron liberadas quedaron con músculos ineficaces como problemas derivados de la dislocación. Un aspecto repugnante de ser estirado demasiado lejos en el potro de tortura eran los fuertes ruidos de los cartílagos, ligaduras o huesos reventándose. Finalmente, si la aplicación del potro era continuada, los miembros de la víctima eran arrancados completamente. Un método poderoso para poner presión sobre un prisionero era obligarle meramente a que viera a otro sujeto al potro. Una persona estirada en el potro presentaba un espectáculo de dolor en el cuerpo". [15]

El potro normalmente fue utilizado por los inquisidores para forzar una confesión de uno acusado de herejía. Era la herramienta preferida de los inquisidores españoles. No solo era repugnante en su crueldad contra una víctima, también era la principal arma psicológica. No es difícil imaginar el efecto psicológico que causaba en multitudes que fueron obligadas a observar a otros sobre el potro. Inventarían mentiras, acusarían a vecinos y amigos, y dirían o harían casi cualquier cosa que pensaran podría mantenerlos fuera del potro.

¡Que legado más deshonroso! Aun así, es el legado de Fernando e Isabel, Torquemada y Ximénez, y muchos otros famosos héroes católicos. [16]

MOVIMIENTOS PRINCIPALES CONTRA LOS CRISTIANOS NEOTESTAMENTARIOS

Mientras usted ha seguido esta historia, se ha dado cuenta indudablemente de que esa persecución católica no fue meramente un movimiento contra unos pocos individuos. Era contra movimientos, comunidades de creyentes e iglesias tales como los bogomilos, los valdenses y los albigenses. Los católicos eliminaron a todos los que pudieron, pero se concentraron en los líderes de estas congregaciones. Podrían contarse muchas historias sobre las acciones militares en las diferentes áreas, todas con la intención específica de erradicar a los creyentes no-católicos, los cuales eran considerados herejes. Lo que usted está a punto de leer es una descripción breve, pero típica, de un esfuerzo católico por aniquilar a los no-católicos.

Los valdenses proliferaron y ganaron muchos para Cristo en los valles y montañas alrededor de La Torre, Italia, un área bajo la jurisdicción católica de Turín. En 1655 los católicos les ordenaron a los valdenses que salieran de la mayoría de las áreas de la región y hacia un área restringida. Bajo la amenaza de muerte, ellos habían de abandonar el área dentro de tres días y vender todas sus tierras dentro de 20 días. El movimiento fue diseñado para destruirlos.

Entretanto los católicos se instalaron con un ejército que creció a más de 15,000 y empezaron a apropiarse de los bienes y las propiedades de los valdenses. A lo largo de una serie de batallas, los valdenses resistieron. Después de las derrotas repetidas, el general católico (Gastaldo) el miércoles por la mañana, del 21 de abril de 1655, anunció a los valdenses que estaba listo para recibir a sus diputados. Los valdenses inocentes enviaron diputados, a los cuales el general les ofreció disculpas y les hizo promesas de paz. Los valdenses creyeron su palabra y emergieron de sus fortalezas montañosas. "El sábado, 24 de abril, de 1655, a las cuatro de la mañana, la señal para una matanza general del Vaudois fue dada a las tropas traidoras, de la torre del castillo La Torre". Aquí está lo escrito de los eventos que sucedieron. "Los niños jóvenes... fueron arrancados de los brazos de sus madres, estrellados contra las rocas, y sus restos destrozados echados sobre la vía. Personas enfermas y personas viejas, hombres y mujeres, fueron quemados vivos en sus casas, o tajados en pedazos, o mutilados de maneras horribles, o despellejados vivos, o expuestos atados y moribundos al calor del sol del mediodía, o a animales feroces; algunos fueron desnudados, amarrados en forma de pelota, la cabeza forzada hacia abajo entre las piernas, y entonces eran rodados por los precipicios; algunas de estas criaturas pobres, rasgadas y destrozadas por las piedras, cuyo descenso era amortiguado por una rama de un árbol, o alguna que otra relieve, eran vistas, cuarenta y ocho horas después, aun persistiendo en sus tormentos del dolor y el hambre.

Las mujeres y las muchachas, después de haber sido ultrajadas espantosamente, fueron empaladas en picas y así las dejaban morir, dispuestas a los lados del camino; o eran enterradas vivas; o empaladas como se expresó anteriormente, mientras eran asadas en un fuego lento, y sus cuerpos ardientes cortados en rodajas, por aquellos *soldados de la fe*, como por caníbales. Después de la matanza, los niños que sobrevivían, que pudieran atrapar, se los llevaban, y eran lanzados, como corderos en un matadero, en los monasterios y conventos y moradas privadas de los propagandistas.

Luego, después de la matanza y los raptos, vinieron los incendios: monjes y sacerdotes, y otros propagandistas con gran celo, salían con antorchas encendidas y proyectiles y quemaban todas las casas, previamente ensangrentadas por los soldados con la sangre de sus dueños y sus familias... Aquí, un padre había visto a sus niños siendo cortados en pedazos por la espada, o absolutamente destrozado miembro por miembro por cuatro soldados; allí la madre había visto a su hija siendo masacrada cruelmente frente a ella, después de haber sido ultrajada cruelmente; allí la hermana había visto la boca de su hermano llena de pólvora, y su cabeza explotando a átomos... De estos, los ojos fueron arrancados de la cabeza; de aquellos, las uñas de los dedos; algunos fueron atados a los árboles, cortándoles el corazón y los pulmones de su cuerpo, y eran dejados así para morir en agonía... ni una sola cabaña quedó". [17]

¡Aturdidor! ¡Increíble! ¡Horrendo! ¡Pero, típico de la manera de tratar de los católicos a aquellos que no se sometieron a ellos, ni se hicieron parte de ellos! Sus esfuerzos no siempre fueron de esta magnitud; pero incluso cuando la escala fuera menor, la manera en que ellos trataron a sus víctimas fue esencialmente la misma. Los señores Muston y Hazlitt continúan para decir que cuando los rumores de esta matanza se extendieron por Europa, los perpetradores mandaron una narrativa impresa en italiano, francés y latín en la que ellos "acusaron a los Vaudois por atraer toda la desgracia sobre ellos mismos". [18] Parece que cuando los católicos atacaban y alguien se defendía, a los ojos de los católicos, ese *alguien* era el perpetrador y cualquier daño consiguiente estaba justificado.

Por cientos de años la Iglesia Católica Romana fue la organización terrorista más grande que el mundo haya conocido jamás. Torturaron y mataron a humanos por millones. Muchos de aquellos que asesinaron eran nuestros antepasados espirituales, miembros de una línea de creyentes e iglesias ininterrumpidamente rastreables hasta la iglesia que Jesús personalmente estableció en Jerusalén, Israel.

En nuestro próximo capítulo miraremos un desarrollo que cambió la faz de Europa para siempre y derrocó al papado sacándolo de su posición de dominación y control absolutos.

[1] *Webster's New World Dictionary with Student Handbook: Young People's Edition (Diccionario Nuevo Mundo de Webster con Manual Estudiantil: Edicion Juvenil)*, s.v. "terrorism (terrorismo)," (Nashville, Tennessee: The World Publishing Company, 1973), 719.

[2] L.P. Brockett, *The Bogomils of Bulgaria and Bosnia; or the Early Protestants of the East (Los Bogomilos de Bulgaria y Bosnia; o Los Primeros Protestantes del Oriente)*, (Philadelphia: American Baptist Publications Society, 1879. Classic Reprints #43 by Vance Publications, Pensacola, FL., 2001), 46-51.

[3] Philip Schaff, *History of the Christian Church (Historia de la Iglesia Cristiana)*, vol. 5, (Peabody, Massachusetts: Hendrickson Publishers, 2002), 784.

[4] *Webster's*, s.v. "Inquisition," 366.g

[5] P. Fredericq, *Encyclopaedia Britannica*, vol. 12, s.v. "History of the Inquisition in the Middle Ages (Historia de la Inquisición en la Edad Media)," (Chicago: London: Toronto: William Benton, Publisher, 1960), 378-379.

[6] Ibid., 379.

[7] C. Schmidt, *Encyclopaedia Britannica*, vol. 1, s.v. "Historie de la secte des Cathares ou Albigenses," (Chicago: London: Toronto, William Benton, Publisher, 1960), 529.

[8] Fredericq, *Britannica*. 380-383.

[9] *Middle Ages Torture (Tortura Medieval)* (http://www.middle-ages.org.uk/middle-ages-torture.htm).

[10] Ibid.

[11] *Wikipedia*, (en.wikipedia.org/wiki/Heretic's_fork).

[12] Ibid., /wiki/Iron_maiden_(torture_device).

[13] *A History of Violence*, (home.comcast.net/~burokerl/burning_at_the_stake.htm).

[14] *Wikipedia*, (en.wikipedia.org/wiki/Execution_by_burning).

[15] Ibid., /wiki/Rack_(torture).

[16] Earle E. Cairns, *Christianity Through the Centuries: A History of the Christian Church (El Cristianismo a Través de los Siglos: Una Historia de la Iglesia Cristiana)*, 3rd ed., (Grand Rapids, Michigan: Zondervan, 1996), 260-262.

[17] Alexis Muston and W. Hazlitt, *The Israel of the Alps: A History of the Persecution of the Waldenses (El Israel de los Alpes: Una Historia de la Persecución de los Valdenses)*, (London: Savill & Edwards, Printers, 1852), 131-141.

[18] Ibid., 141.

Herramientas de Tortura

Estos son dos de los medios más comunes, aun macabros e inhumanos de tortura y muerte utilizados por los católicos contra sus víctimas.

Quemar en la Hoguera

Este fue el medio católico más popular y común de tortura y muerte. No solo destruyó a los llamados herejes, sino que también envió un mensaje aterrador a todos los que se atrevieran a ponerse en contra de la Iglesia católica. Había tres métodos para hacer esto.

1. La estaca se enterraba en la tierra y la víctima era atada a ella, ya fuera con sogas, cadenas o hierro. La leña era apilada alrededor de la estaca y se le prendía fuego.

2. Este era similar al primer método. La principal diferencia era que la madera se apilaba más alto para ocultar a la víctima. Este era el predilecto escogido para matar a las brujas.

3. La víctima era atada a una escalera que balanceaba hacia dentro del fuego. La escalera se podía subir y bajar para asegurar una muerte lenta.

La "ley requería que fuera estrangulado todo el que fuera a ser quemado en la hoguera, pero muchos eran deliberadamente quemados vivos".[1]

El Potro

El potro era comúnmente utilizado por los inquisidores para forzar confesiones de los herejes acusados. La persona era acostada en un marco de madera y se le ataban las manos y los pies al mismo. Por medio de poleas y palancas, la persona es estirada, lo que puede causar un dolor insoportable y dislocación de las articulaciones.

Un prisionero podía ser presionado siendo forzado a observar a una víctima en el potro, el cual mostraba a alguien retorcido del dolor.[2]

Una historia de las Iglesias

---

[1] *A History of Violence,*
(home.comcast.net/~burokerl/burning_at_the_stake.htm).
[2] *Wikipedia,* (en.wikipedia.org/wiki/Rack_(torture_device)).

Capítulo 23

Condiciones Idóneas para la Violencia y la Guerra en Nombre de Dios

Las cruzadas eran campañas militares llevadas a cabo por la Iglesia Católica Romana en los siglos undécimo, duodécimo y decimotercero, contra aquellos a quienes percibió como enemigos de la cruz de Cristo. Las cruzadas más conocidas fueron contra los musulmanes que controlaban a Jerusalén; hubo también, cruzadas contra cristianos a quienes los católicos juzgaron como herejes. [1] En realidad las cruzadas eran guerras santas por los que profesaban ser cristianos.

Los malentendidos y conceptos erróneos generalizados sobre las cruzadas hacen que muchas personas las vean de una manera fascinante y romántica. Es importante a estas alturas en nuestro libro adquirir un entendimiento claro y general de este fenómeno de cambio histórico que fue planeado por el papado católico romano. "Hubo siete cruzadas mayores, la primera comenzando en el 1095, la última finalizando con la muerte de San Luis, 1270". [2] Durante y después de este tiempo, hubo otras expediciones menores contra los musulmanes, además de las cruzadas contra los supuestos cristianos herejes.

En este capítulo miraremos el fundamento que condujo a las cruzadas contra los musulmanes.

EL ESTADO DEL PAPADO CATÓLICO ROMANO

Mucho antes de que Constantino estableciera una Iglesia estatal, muchas iglesias se desviaron de las Escrituras como su única autoridad de doctrina y práctica, y abrazaron la tradición como una autoridad igual o superior. Muchas de estas eran las iglesias más grandes y poderosas de aquellos tiempos, y constantemente gravitaron juntas hacia una entidad estructurada. Esta entidad de iglesias no estaba todavía formalmente organizada; sin embargo, aquellas que la constituyeron cada vez más la vieron como una unidad, una Iglesia, una Iglesia Católica con una "C" mayúscula. Es más, este movimiento de iglesias y los líderes se vieron como la Iglesia cristiana verdadera y todas las otras como herejes. Este grupo se comprometió tenazmente a la unidad dentro de la *Iglesia* que vieron como una. Ellos sintieron que era su derecho y responsabilidad forzar a otros cristianos e iglesias en conformidad con ellos.

Constantino vio esta entidad informal como *la Iglesia*. Cuando él unió esta *Iglesia* con el Estado romano, *la Iglesia* al instante tuvo el respaldo legal, la autoridad y el poder del gobierno secular. Constantino quiso que todos los cristianos e iglesias fueran parte de esta Iglesia del Estado. Puesto que estaban dentro de su dominio político, él consideró como su derecho el controlar las vidas religiosas de todos sus súbditos. Ser parte del Estado romano significaba ser parte de la religión romana. Él hizo a la cristiandad la religión romana oficial; no a la cristiandad de Jesucristo y el Nuevo Testamento, sino al nuevo tipo comprometido *de cristiandad* que se había desarrollado. Ya la dirección de esta entidad informal de iglesias comprometidas insistía en que cada cristiano e iglesia debía ser parte de ella. Con la formalización de la unión de la Iglesia estatal, se hizo posible para ella y los oficiales del Estado obligar a los disidentes a unírseles o enfrentar la persecución. Sí, el uso de la fuerza mortal se hizo legalmente posible. Los deseos eclesiásticos se hicieron cumplir por alguaciles, policías y otras autoridades civiles.

Durante los próximos siglos esta entidad que se formalizó en una Iglesia estatal continuó creciendo y fortaleciéndose. Al principio del siglo séptimo su poder se consolidó formalmente, al punto de que pudo llamarse Iglesia Católica Romana legítimamente. Durante los siguientes 600 años se desarrolló en una fuerza poderosa y rica que dominó el mundo occidental completo.

Esta nueva entidad y fuerza no estaba sin enemigos, ni problemas. La lista siguiente no es exhaustiva, pero brevemente describe las fuerzas principales opuestas a la Iglesia estatal.

Oposición secular

Desde el tiempo de Constantino en adelante, virtualmente todos los poderes seculares resintieron y se opusieron al poder y riqueza de la Iglesia estatal. Por ejemplo, el emperador romano, Juliano el Apóstata, se opuso a lo que Constantino había hecho y al crecimiento de poder de los obispos en Roma; pero con el imperio en declive y la capital tan lejos en Constantinopla, era demasiado débil para hacer algo al respecto.

Es más, los nuevos poderes germánicos que invadieron la parte occidental del imperio estaban recelosos por el poder desmedido en manos de la Iglesia estatal y su obispo principal. A muchos de estos líderes germánicos les gustaba lo que el obispo de Roma y su Iglesia podían hacer para ellos, pero no les gustaba el poder desmedido e influencia que tenía.

Oposición religiosa

Desde antes de Constantino, había muchos cristianos e iglesias que no apoyaron la tendencia de las iglesias más grandes y más influyentes en una organización informal que fue aceptada como una Iglesia verdadera. Cuando esta organización informal se formalizó como la Iglesia estatal, estos disidentes nunca llegaron a ser parte de ella. Se ha hecho ya mención de los montanistas, los novacianos y los donatistas. Había también bautistas galeses y paulicianos. Estos paulicianos fueron precursores de grupos no-afiliados posteriores como los bogomilos, los valdenses y los albigenses.

Adicionalmente, hubo luchas dentro de la Iglesia estatal por la dominación y la supremacía. Las iglesias en otras ciudades afirmaban que eran por lo menos iguales, si no superiores, a Roma. Debido a su conexión con Pablo, la iglesia en Antioquía reclamó superioridad sobre Roma. Jerusalén se vio a sí misma como la iglesia madre.

Alejandría era fuerte y afirmó ser proveniente de Juan Marcos. Empezando con la mudanza de Constantino, los emperadores romanos residieron en Constantinopla y reclamaron que la iglesia de allí fuera la cabeza. Todos presentaron oposición a la iglesia en Roma.

Las presiones de la línea oriental de la Iglesia estatal eran fundamentalmente grandes contra Roma con su papado. Tanto los obispos de Roma (papas) como los obispos de Constantinopla (patriarcas), quisieron dominio. Estos dos flancos dominantes del catolicismo eran antagónicos y a propósito se oponían doctrinal y prácticamente en casi cada presentación. Como previamente se discutió, el 16 de julio del el 1054, cada lado excomulgó al otro en un cisma permanente. Esto estaba a menos de cincuenta años antes de la primera cruzada contra los musulmanes.

> **Las iglesias en otras ciudades reclamaron ser por lo menos iguales, si no superiores, a la de Roma**

Islam

Con el nacimiento del islam a inicios del siglo séptimo, aumentaba más la presión contra la Iglesia estatal. Ya para ese periodo se había convertido en la Iglesia Católica Romana, y el papado la gobernó. El islam apareció en escena, y dentro de 100 años había conquistado gran parte del oriente, la mayoría de África del Norte, gran parte de España y ejercía presión sobre el mundo católico romano tanto del este como del oeste.

Es notable que el imperio católico oriental estaba perdiendo su control rápidamente en sus territorios a los musulmanes. En el 1086 Antioquía y Edesa fueron conquistadas por el islam. A pesar de sus diferencias pasadas, los líderes católicos orientales apelaron a los del occidente buscando ayuda contra los musulmanes. Constantinopla estaba cerca de la captura por los musulmanes, y los papas anteriores (con la esperanza ulterior de "el sometimiento de las iglesias orientales al dominio de la sede apostólica" [3]) habían urgido a los cristianos que vinieran al rescate. La razón real parece haber sido la defensa; no obstante, se utilizó la religión como justificación para la apelación.

Nacionalismo

Para finales del siglo undécimo, el feudalismo había empezado a dar paso al nacionalismo en Europa. Las naciones habían empezado a formarse. Los señores feudales empezaron a verse como parte de una entidad más grande, una jurisdicción general bajo un rey. Estados como Francia, España, Inglaterra, Escocia, Gales, Alemania, Grecia, Hungría, Italia y otros, surgieron. El papado había asumido por mucho tiempo la autoridad suprema sobre toda Europa; cada poder secular estaba sujeto al papa. A través de los años, cada vez más gobernantes seculares resintieron la autoridad externa del papa sobre ellos. Enrique IV insistió en nombrar y gobernar a oficiales de la Iglesia en el Sacro Imperio Romano que el gobernó. En el 1076 el papa Gregorio VII tuvo éxito sometiendo a Enrique IV a través de la red católica de señores feudales y oficiales del gobierno en el Sacro Imperio Romano. Enrique II de Inglaterra (1154-1189) desafió al poder papal. Bajo la política implacable del papa Alejandro III, Enrique II cedió y fue doblegado. Estos casos ilustran el espíritu creciente del nacionalismo que hizo cada vez más difícil para los papas mantener a Europa bajo su control absoluto.

Corrupción dentro de la Iglesia Católica Romana

- ### Explotación financiera

  Se ha hecho ya mención de las formas en que los papas financieramente se aprovecharon de las personas, incluyendo a sus propios obispos, sacerdotes e iglesias individuales: anatas, colaciones, encomiendas, expectaciones, reservaciones, *Jus Spoliorum*, diezmos, dispensaciones e indulgencias. A través de estos y otros medios opresivos, el papado vino a ser sumamente rico; sin embargo, tal riqueza, sobre todo por explotación, generó celos y resentimiento.

- ### Corrupción financiera

  Es más, en toda la jerarquía de la Iglesia Católica Romana y sobre todo en la sede de Roma, había una corrupción enorme. Los monasterios se hicieron ricos y notorios por vidas de placer, exceso e inmoralidad. La sede en Roma fue aún más corrupta e inmoral que las operaciones subordinadas. Mientras las multitudes de personas por todo el imperio vivían en una pobreza y miseria extremas, sus líderes religiosos vivían en lujo y exceso. Les fueron impuestas contribuciones a los reyes y terratenientes al punto de quiebra por los papas que a su vez despilfarraron ese dinero en edificios lujosos y en todos los placeres materiales que se les antojaron. El que estuviera oprimido no podía permitirse el lujo de resistirse, para no ser excomulgado o correr el riesgo de ataques en su contra por otros señores feudales, dirigidos por el papa.

- **Inmoralidad**

  Los legados, inquisidores, obispos, monjes y otros oficiales de la Iglesia, los que se suponía que eran hombres sagrados de Dios y que juraron el celibato, eran sexualmente promiscuos. De hecho, era común para ellos utilizar sus posiciones elevadas para forzar al sexo a las mujeres de su elección. El homosexualismo era rampante.

  En la mayoría de las veces, la santidad y la justicia eran desconocidas en el sistema papal. La codicia, el abuso de poder, la crueldad y la hipocresía eran las características típicas de este sistema malo. Este veneno malvado dentro de la casa del catolicismo, particularmente el papado, suscitó a los ermitaños que desarrollaron el monacato. Poco después de sus inicios, los monasterios vinieron a ser igualmente corruptos, llevando a las reformas monacales. Una vez el Señor dijo de Israel, *"¿Todavía os rebelaréis? Toda cabeza está enferma, y todo corazón doliente. Desde la planta del pie hasta la cabeza no hay en él cosa sana, sino herida, hinchazón y podrida llaga; no están curadas, ni vendadas, ni suavizadas con aceite,"* **Isaías 1:5-6.** Ciertamente ésta es una descripción perfecta de la Iglesia Católica Romana, sobre todo en el siglo undécimo.

Prestigio papal

El hecho es que en el siglo undécimo el papado necesitaba una mejor imagen. El papado nació durante el reinado de Gregorio I (590-604), quien fue el primer obispo romano en lograr que casi todas las entidades políticas de Europa Occidental estuvieran bajo su control. A pesar de la oposición a él de muchos lados, el papado continuó extendiéndose y fortaleciéndose hasta 1215; no obstante, tal tiranía externa asociada con corrupciones internas no podría durar para siempre. Los papas eran astutos y no se detendrían ante nada por aferrarse a su posición de poder. En las cruzadas contra los musulmanes, encontraron el vehículo ideal, una jugada política popular para desviar la atención de sus egos pecaminosos y corruptos. Por un rato su estratagema produjo éxito asombroso.

> **El papado continuó extendiéndose y fortaleciéndose hasta 1215**

UN CAMPO LISTO PARA LA EXPLOTACIÓN

Durante la última parte del siglo undécimo, Europa era verdaderamente un campo listo para la explotación, y los papas apovecharon la situación al máximo. Hay muchas razones por las que la Europa católica se unificó tan intensamente en esfuerzos militares contra los musulmanes.

Una tierra de glamour y romance

Desde los primeros días de la cristiandad, una peregrinación a Jerusalén era la meta de muchos cristianos profesantes. Había un romance acerca de ello. "La Tierra Sagrada vino a ser para la imaginación una tierra de maravillas, llena de la presencia divina de Cristo. Haberla visitado, haber visto a Jerusalén, haberse bañado en el Jordán, era para un hombre como tener sobre él un halo de santidad". [4] Las historias de aquellos que la visitaron eran recibidas en conventos y en las calles con asombro expectante. Muchos vieron a la Tierra Santa como un lugar donde podrían encontrar a Dios y hallar reliquias. Multitudes quisieron ir allí; las cruzadas proporcionaron la oportunidad.

Un espíritu de venganza

Es más, el resentimiento y el espíritu de venganza estaban latentes a lo largo de Europa. Ya para el 841, los musulmanes habían capturado a Roma y saqueado la Basílica de San Pedro. En el 846 amenazaron a Roma una segunda vez. [5] En el siglo séptimo los musulmanes habían tomado la Tierra Santa, y a través de los años los líderes musulmanes habían perseguido periódicamente a los cristianos residentes de Palestina, como a los peregrinos que fueron allí. A principios del siglo undécimo, los barones católicos, príncipes, obispos y monjes empezaron a llevar peregrinaciones organizadas a la Tierra Sagrada con hasta 12,000 a la vez. Los peregrinos que hacían el viaje eran obligados a pagar una cuota para entrar a Jerusalén. Un grupo de peregrinos llevado en el 1092 por Eric, rey de los daneses, se encontró con los salvajes turcos seleucidas que capturaron, apresaron y vendieron a muchos de ellos como esclavos. [6] Los informes de este tipo de tratamiento por los musulmanes se oyeron y enfurecieron a la gente de Europa. Estaban listos para la venganza.

Oportunidad y libertad

Algunos vieron el viajar a la Tierra Sagrada como una oportunidad para empezar un comercio provechoso en seda, papel, especias y otros productos orientales. Entre 1188 y 1270, los reyes de Francia se unieron con el papa en conceder a los cruzados "la exención de la deuda, libertad de impuestos y el pago de interés". [7] Un mejor estado económico era un gran incentivo para apoyar a las cruzadas.

Aventura y licencia para pecar

Algunos de los hombres más eminentes de Europa fueron a las cruzadas, pero también lo hicieron "los elementos más bajos de la sociedad europea - ladrones, asesinos, perjuradores, vagabundos, y canalla de toda clase". [8] Recibieron indulgencias (cheques en blanco para pecar) y se les prometió vida eterna. Eugenio (1146) extendió la vida eterna a los padres de aquellos que tomaron parte en una cruzada. Inocencio III incluyó a aquellos que construyeron naves y contribuyeron de cualquier manera a las cruzadas. [9]

Las cruzadas fueron glorificadas. Fueron glorificados los participantes como mártires. La cruz era la insignia de los cruzados, y aquellos que participaron fueron llamados soldados de la cruz. Los musulmanes fueron descritos como los más viles de los paganos (enemigos de Cristo) y se les dijo a los cruzados que no había ningún pecado al matarlos. Se les dijo que se beneficiarían matando a estos paganos, y que Cristo se glorificaría cuando lo hicieran. [10] Para el europeo promedio que había vivido una vida rutinaria de trabajo duro y que nunca había estado muy lejos de su lugar de nacimiento, la posibilidad de viaje y aventura a un lugar glamuroso como Jerusalén era asombrosa. La oferta de vida eterna y un documento que le permitiría pecar sin consecuencias hizo a la posibilidad sumamente atractiva.

En noviembre del el 1095, el famoso Concilio de Clermont en Francia del Sur decretó la primera cruzada. El papa Urbano II estaba presente y predicó un sermón ardiente que reverberó entre los católicos por toda la Iglesia Católica Romana. Él llamó a los turcos una raza maldita y los acusó de devastar el reino de Dios por fuego, saqueo y espada. Dijo que el camino corto para una corona incorruptible era un viaje a la Tierra Sagrada para luchar contra los paganos. Él conmocionó a la muchedumbre de miles de clérigos católicos y señores feudales hasta que decían con frenesí, "¡Dios lo quiere, Dios lo quiere!" [11] Pronto la Europa católica fue agitada. "Una nueva pasión había tomado control de su gente. Una nueva arena de conquista se abrió para el belicoso señor feudal, un campo tentador de aventuras y liberación, para caballero y deudor, una oportunidad para siervo y canalla. Todas las clases, laicas y clérigas, vieron en la expedición a la cuna de su fe un consuelo para el pecado, una satisfacción de la fantasía cristiana y una misión designada por el cielo. La lucha de los estados contra el papado estaba por el momento a su fin. Toda Europa estaba repentinamente unida en una causa común y sagrada de la que el sumo pontífice era el líder designado indiscutible". [12]

La creencia actual popular es que los papas católicos virtuosos se preocuparon tanto de Jerusalén que estuvieron determinados justamente a liberarla de los malvados musulmanes. Jamás tal fue el caso. El hecho es que el dominio de los papas estaba flácido y necesitaba urgentemente un empujón. Los papas encontraron aquel impulso, la causa que podría unir Europa trás ellos, en la liberación de Jerusalén de los musulmanes. Las cruzadas eran una jugada política de los papas para ayudar su propia causa, no un movimiento motivado por amor justo a Jerusalén y la Tierra Sagrada.

En nuestro próximo capítulo echaremos un vistazo breve a cinco de las cruzadas contra los musulmanes. También consideraremos el impacto mayor que las cruzadas tuvieron en el curso de la historia. En capítulos posteriores consideraremos además las cruzadas católicas contra nuestros antepasados cristianos a quienes los católicos acusaron de ser herejes.

Debe notarse el hecho de que las cruzadas fueron exclusivamente un movimiento católico romano. Hubo multitudes de creyentes esparcidos por Europa que no fueron parte de ellas.

---

[1] *Webster's New World Dictionary with Student Handbook: Young People's Edition (Diccionario Nuevo Mundo de Webster con Manual Estudiantil: Edicion Juvenil)*, s.v. "crusade," (Nashville, Tennessee: The World Publishing Company, 1973), 173.

[2] Philip Schaff, *History of the Christian Church (Historia de la Iglesia Cristiana)*, vol. 5, (Peabody, Massachusetts: Hendrickson Publishers, 2002), 215.

[3] Ibid., 225.

[4] Ibid., 222.

[5] Ibid., 221.

[6] Ibid., 223.

[7] Ibid., 217.

[8] Ibid., 216.

[9] Ibid., 217.

[10] Ibid., 218.

[11] Ibid., 229

[12] Ibid., 231.

Enemigos de la Iglesia Católica

Oposición Secular

Desde la época de Constantino en adelante, todos los poderes seculares virtualmente resintieron y se opusieron al poder y la riqueza de la Iglesia estatal. Los nuevos poderes germánicos que gobernaban la parte oeste del imperio estaban recelosos por el poder en demasía de la Iglesia del estado así como del poder en manos de su obispo supremo.

Oposición Religiosa

Desde antes de la época de Constantino, hubo muchos cristianos e iglesias que no apoyaron la desviación de las iglesias más grandes, más influyentes en iglesias estatales. Hubo luchas dentro de la Iglesia estatal por el dominio y la supremacía. Las iglesias en otras ciudades afirmaron por los menos ser iguales, sino superiores a Roma. Los obispos de Roma (papas) y los de Constantinopla (patriarcas) fueron antagónicos y se opusieron los unos a los otros casi en todo punto de similitud posible tanto en la doctrina como en la práctica.

Islam

El islam apareció en escena, y en 100 años conquistó la mayor parte del este, mucho de África del Norte, mucho de España y estaba presionando al mundo católico romano desde ambos, este y oeste.

Nacionalismo

A finales del siglo once, el feudalismo comenzó a dar paso al nacionalismo en Europa. Las naciones comenzaron a formarse. El creciente espíritu nacionalista hizo cada vez más difícil para los papas sostener su dominio sobre Europa.

Corrupción Dentro de la Iglesia Católica

Explotación Financiera

Los papas explotaron financieramente a la gente, incluyendo a sus propios obispos, sacerdotes e iglesias individuales, a través de annatas, colaciones, encomiendas, expectativas, reservaciones, *Jus Spolivum*, diezmos, dispensas e indulgencias. Tal riqueza, especialmente por explotación, generó celos y resentimiento.

Corrupción Financiera

Los monasterios pasaron a ser ricos y notorios por su vida de placeres, exceso e inmoralidad. La sede e Roma fue incluso más corrupta en inmoral. Los papas imponían máximos impuestos a los reyes y hacendados, quienes en cambio despilfarraban ese dinero. Los oprimidos no podían darse el lujo de oponérseles para no ser excomulgados.

Inmoralidad

Era común para los oficiales de la iglesia utilizar su elevada posición para forzar el sexo con las mujeres de su elección. La homosexualidad era rampante. La avaricia, el abuso de poder, la crueldad e hipocresía fueron el sello del sistema papal.

Prestigio Papal

El papado se originó durante el reinado del Gregorio I. Continuó expandiéndose y fortaleciéndose hasta 1215. Semejante tiranía externa acoplada con la corrupción interna no podría durar para siempre. Los papas eran sagaces y no se detendrían ante nada con tal de mantener su posición de poder.

Explotación por la Iglesia Católica

Una Tierra de Encanto y Romance

Una peregrinación a Jerusalén era el objetivo de muchos cristianos profesantes. Había un romance acerca de esto. Muchos vieron a la Tierra Santa como un lugar donde podían encontrar a Dios y las reliquias. Las multitudes querían ir allí; las cruzadas proveyeron la oportunidad.

Un Espíritu de Venganza

El resentimiento y el espíritu de venganza estaban latentes por toda Europa. En el siglo sexto los musulmanes habían tomado la Tierra Santa, y a través de los años los líderes musulmanes habían perseguido periódicamente a los cristianos residentes de Palestina así como a los peregrinos que iban allí. Los reportes de este tipo de tratamiento, por los musulmanes llegaron de vuelta al hogar enfureciendo a los europeos. Estaban listos para la venganza.

Oportunidad y Libertad

Algunos vieron un viaje a la Tierra Santa como una oportunidad para comenzar un comercio lucrativo de seda, papel, especias y otros productos orientales. Un mejor estatus económico era un gran incentivo para apoyar las cruzadas.

Aventura y Licencia para Pecar

Eugenio extendió la vida eterna a los padres de aquellos que fueran parte de las cruzadas. Los participantes de las cruzadas eran glorificados como mártires. Los musulmanes eran descritos como los paganos más viles (enemigos de Cristo), y se les dijo a los cruzados que no había pecado en matarlos. También se les dijo que serían beneficiados al matar a esos paganos y que Cristo sería glorificado cuando ellos lo hicieran.

Capítulo 24

El Puño de Hierro Rajado

Ahora que usted tiene una comprensión de lo que provocó las cruzadas, es tiempo de examinar las campañas en sí. Usted recordará que hubo siete cruzadas mayores, más varias menores contra los musulmanes. También hubo cruzadas católicas contra cristianos verdaderos a quienes los católicos consideraron herejes.

En este capítulo miraremos cinco de las cruzadas mayores contra los musulmanes. Estas son indicativas de las cruzadas como un todo y suficientes para comprender su carácter.

UN VISTAZO BREVE A CINCO CRUZADAS CONTRA LOS MUSULMANES

La primera cruzada (1095-1099)

El papa Urbano II instigó a esta cruzada y designó a Pedro el Ermitaño como su representante personal. Pedro no vio valor en el entrenamiento, las armas o los armamentos. Él estaba seguro de que Dios daría milagrosamente la victoria a los cruzados. Multitudes de hombres, mujeres y niños se reunieron en Lorena y en Treves en Francia y demandaron que Pedro el Ermitaño los guiara inmediatamente a Jerusalén. Partieron en grupos difíciles de manejar. El primero de más de 12,000 bajo la dirección de Walter el Indigente pasó seguramente a través de Hungría, pero fue atacado por turcos-musulmanes y casi destruido totalmente en Belgrado. Sólo unos rezagados llegaron a Constantinopla. El segundo grupo de 40,000 fue liderado por el propio Pedro. También pasaron a través de Hungría, pero en Bulgaria encontraron casi el mismo destino como el primer grupo. Sólo 7,000, todos en condición lastimosa, llegaron a Constantinopla. El emperador los transportó por el Bósforo, donde esperaron la llegada del ejército regular. Mientras esperaron, saquearon el campo. Un rumor de que la vanguardia había capturado la capital turca en Nicea los atrajo a una llanura cercana, donde fueron rodeados y masacrados por la caballería turca. "Sus huesos fueron amontonados en una pirámide horrible... Walter cayó en la batalla; Pedro el Ermitaño había huido hacia Constantinopla... Un tercer grupo, comprendiendo quince mil, principalmente alemanes bajo la dirección del monje Gottschalk, fueron masacrados por los húngaros". [1] Este primer encuentro sugirió a los turcos que no necesitaban preocuparse tanto por los cruzados occidentales. Consideraron que eran un chiste para los turcos. [2]

Los turcos juzgaron mal la situación. Había militares serios en Grecia que estaban ansiosos por hacer sentir su presencia. En la ausencia de un comandante central, cada militar hizo lo que le pareció adecuado. No había mando, ni estrategia coordinados. Unos 50,000 soldados europeos se reunieron en Constantinopla. El patriarca de Constantinopla entró en pánico; él pensó equivocadamente que habían venido a tomar venganza contra él por haber excomulgado al papa. [3] Cada uno de los tres ejércitos encontró una manera de cruzar el Bósforo, y para el 1097 el primer ejército había penetrado en Nicea. Encontraron al ejército turco en descanso y relajación. Debido a su experiencia con Pedro el Ermitaño, el sultán despreció a los cruzados. Casi sin una lucha, los cruzados tomaron la capital turca que estaba llena de familias de soldados turcos. Cuando los turcos se dieron cuenta de lo que había sucedido y respondieron, los cruzados cortaron las cabezas de las esposas y sus niños turcos tirándolas de los muros. Los soldados turcos terminaron la pelea y planearon una emboscada en las llanuras de Turquía. Los turcos encontraron al primer ejército cristiano en las llanuras y lo derrotaron; sin embargo, el segundo ejército apareció en el horizonte, y poco después de esto el tercer ejército apareció. Los turcos fueron derrotados. [4]

En menos de un año los cruzados estaban acercándose a Antioquía. Una ruta a la ciudad estaba alrededor de las montañas. Un gran número de cruzados decidió tomar esta ruta larga o norteña. Había una ruta más corta a través de un paso montañés estrecho llamado las Puertas Sirias. Esta área estaba en manos de los árabes que estaban seguros de que los cruzados no eran lo suficientemente tontos como para intentar esta ruta de matanza segura. No hicieron ningún esfuerzo por defenderlo, sobre todo cuando vieron grandes números que tomaron la ruta más larga. El hecho es que algunos de los cruzados tomaron la ruta corta u oriental. Los árabes planearon una batalla campal contra los cruzados que iban alrededor de las montañas; no obstante, el grupo más pequeño de cruzados llegó antes. Encontraron a Antioquía indefensa y tomaron la ciudad. Los árabes fueron interceptados y derrotados, retirándose a las montañas. Los cruzados entraron en la ciudad, pero fueron rodeados rápidamente por los árabes que volvieron. Durante el asedio, los cruzados se quedaron sin suministros, sin comida y fueron "obligados a comer carne de caballos, camellos, perros, ratones y aun peor". [5] Pedro Bartolomé afirmó que tuvo una visión sobre la lanza que atravesó a Jesús. Según su visión, la lanza estaba enterrada bajo sus pies. Cada cruzado comenzó a excavar al instante. Una cabeza de lanza fue encontrada y fue traída ante Pedro que proclamó que era de hecho la misma lanza que atravesó a Jesús. Afirmó que la sangre del Salvador todavía estaba en ella. La excitación fue eléctrica. En la ausencia de un comandante supremo, 50,000 cruzados agarraron sus espadas y escudos y cargaron contra los árabes que dejaron a sus mujeres y niños en sus tiendas y huyeron. Un cruzado informó que cuando encontraron a las mujeres en sus tiendas, no les hicieron nada malo excepto atravesar sus barrigas con sus lanzas. [6]

Para el 1099 estos cruzados habían llegado a Jerusalén. Después que algunas visiones y esfuerzos por tomar la ciudad por medios milagrosos fallaron, ellos finalmente construyeron rampas, escalaron los muros, tomaron la ciudad y mataron a cada residente que no afirmara ser cristiano. Esto incluyó a los guerreros, mujeres, niños y judíos supervivientes. Ahora controlaban un corredor de Jerusalén a Constantinopla en el que construyeron trece castillos para proteger y asegurar la ruta.

> **Pedro Bartolomé afirmó haber tenido una visión sobre la lanza que atravesó a Jesús**

La segunda cruzada (1147-1149)

La segunda cruzada fue un desastre. Fue provocada por la caída de Edesa en 1144. Edesa era la ciudadela exterior de las conquistas anteriores de los cruzados. Los turcos invadieron la ciudad y masacraron a sus habitantes. [7] Pronto estuvieron amenazando a Jerusalén. El papa Eugenio III vio esta amenaza y encargó a un monje carismático, Bernardo de Clairvoix, predicar a la cruzada. Bernardo lo hizo con resultados espectaculares. Tuvo dentro de unos meses al rey Luis VII de Francia y al emperador Conrado III del Sacro Imperio Romano (principalmente Alemania) listos para dirigir la cruzada junto con 70,000 hombres incluyendo a 7,000 caballeros. [8] Los dos soberanos no pudieron trabajar juntos. Llegaron finalmente a Jerusalén, pero decidieron atacar a Damasco antes de moverse contra Edesa. El esfuerzo entero falló y la debilidad de los cruzados fue resaltada. Los musulmanes tomaron Jerusalén en 1187 y Europa se convenció de que debía haber una tercera cruzada.

La tercera cruzada (1190-1193)

Esta cruzada probablemente fue la más famosa de todas. Fue dirigida por Ricardo Corazón de León y fue llamada *la Cruzada de los Reyes*.

Ricardo Corazón de León (Ricardo I de Inglaterra) fue una figura muy carismática: alto, fuerte, encantador, valiente y atrevido. Él también era un cabeza caliente y egoísta. Para los soldados árabes era muy intimidante. Ricardo fue un militar. Vendió lo que fuera necesario y consiguió dinero suficiente para esta campaña. Liderando esta cruzada con Ricardo estaban Felipe Augusto, rey de Francia, y Federico Barbarroja (Frederic el Rojo), cabeza del Sacro Imperio Romano. Felipe tenía mentalidad de administrador y era el opuesto de Ricardo. Estos dos chocaron; y Felipe, que tenía miedo de Ricardo, dejó sus tropas y regresó a Francia. Federico tenía 70 años y estaba gordo, pero lideró 100,000 tropas. Cuando fue a cruzar un río poco profundo en Asia Menor (Turquía), no se quitó su armadura antes de hacerlo. Se cayó de su caballo, y se ahogó. Su hijo continuó con Ricardo, pero decidió conservar a su papá en un ataúd hermético lleno de vinagre y llevarlo a la batalla. Finalmente devolvió a Federico a Alemania para su entierro. El efecto de todos estos desarrollos fue que Ricardo tuvo control completo de los cruzados.

Oponiéndosele estaba Saladino el egipcio, que había tomado Jerusalén. Fue respetado por ambos bandos por su integridad. Después de muchas confrontaciones, Saladino logró retener a Jerusalén. Él y Ricardo entraron en negociaciones, y un tratado que le permitió a Saladino gobernar Jerusalén se firmó, pero él permitiría peregrinaciones cristianas. Los cristianos tendrían que pagar un impuesto. [9]

Como las dos anteriores, esta cruzada fue un fracaso.

> **Esta cruzada famosa fue liderada por Ricardo Corazón de León**

La cuarta cruzada (1200-1204)

Irónicamente esta cruzada nunca involucró directamente a los musulmanes. Los turcos amenazaban a Constantinopla, y los patriarcas pedían ayuda occidental. Al mismo tiempo se cuidaban por aparentar amistad hacia los turcos. Estos orientales previeron el día en que no tendrían la ayuda occidental. Los primeros cruzados habían notado esta amigabilidad hacia los musulmanes y sospechaban. Estaban tan enfadados con los católicos orientales como con los musulmanes.

Al ascender el trono papal, el papa Inocencio III se dedicó a reavivar el espíritu de los cruzados. Él obligó a la mayoría de los líderes católicos de Europa a respaldar una cuarta cruzada y envió legados para avivar la causa. Ofreció indulgencias, la vida eterna y protección completa a todos los cruzados. Se reclutaron miles para seguir a los nobles que lideraron la campaña. Los cruzados se reunieron en Venecia desde donde planearon navegar a Constantinopla. El Gran Concilio Veneciano "acordó proveer naves a 9,000 escuderos, 4500 caballeros, 20,000 soldados de infantería, y 4500 caballos, y facilitar las provisiones durante nueve meses por la suma de 85,000 marcos"; [10] a pesar de esto, los cruzados tenían sólo 50,000 marcos. Uno de los venecianos, Enrico Dandolo, propuso que el resto se eliminaría si los cruzados ayudaran a capturar Zara, la capital cristiana de Dalmacia y el mercado principal en la costa oriental del Mar Adriático. Zara era la principal competencia económica de los venecianos. Los cruzados estuvieron de acuerdo y destruyeron completamente a Zara, una comunidad completamente libre de musulmanes. Entretanto el emperador legítimo de Constantinopla había sido derrocado, cegado y encarcelado por su hermano. Los mensajeros griegos aparecieron en Zara y apelaron a los venecianos y cruzados para atacar a Constantinopla. Esto satisfizo las ambiciones privadas de los comerciantes venecianos; eliminaría efectivamente su competición.

Los venecianos entregaron en Constantinopla a los cruzados y les dijeron que tendrían que pagar por el pasaje de regreso; antes ellos habían ofrecido transportarlos a Constantinopla gratis. Los cruzados no tenían dinero y se enfurecieron con la situación. Los venecianos señalaron que había riqueza bastante en Constantinopla, que sería suya por tomarla. La violencia, el robo y el saqueo que siguieron fueron mucho más que un ataque para restaurar al emperador legítimo. Constantinopla fue saqueada y arruinada.

La cuarta cruzada realmente no fue en lo absoluto una cruzada. No hubo nunca una batalla contra los musulmanes, aunque los golpes infligidos por los cruzados contra sus parientes católicos en Constantinopla prepararon el camino para su caída ante los musulmanes turcos. [11]

La cruzada de los niños (1212)

La Cruzada de los Niños es uno de los espectáculos más patéticos que este mundo haya atestiguado jamás. Acabó en la ruina total de aproximadamente 30,000 niños, principalmente franceses y alemanes.

La cruzada empezó con un muchacho francés de 12 años llamado Esteban que afirmó que tuvo una visión en que Cristo apeló a él para rescatar los lugares santos. Noticias de la visión, abanicada con celo sacerdotal, corrieron por Europa. Niños católicos de todo el continente se unieron al esfuerzo. La idea fue recogida por un muchacho alemán de 10 años llamado Nicolás. Hombres y mujeres, buenos y malos, se unieron también.

Aquellos con Esteban se reunieron en Marsella, esperando que las aguas del Mar Mediterráneo se abrieran para ellos. Dos comerciantes de esclavos llamados Hugo Ferreus y William Procus ofrecieron llevarlos al otro lado del mediterráneo "por la causa de Dios y sin precio". Siete naves zarparon; dos naufragaron en San Pietro fuera de la costa de Sardinia (Cerdeña). "El resto llegó a la orilla africana, donde los niños fueron vendidos como esclavos". [12]

Otro grupo, bajo un líder anónimo, se reunió en Colonia antes de atravesar Suiza Oriental y cruzar a los Alpes hacia Brindis. Zarparon rumbo a Jerusalén y nunca más se volvió a escuchar nada de ellos.

El grupo con Nicolás llegó a Génova en agosto de 1212. Cuando las aguas del mediterráneo no se abrieron, ellos continuaron hacia Brindis. Muchos murieron en el camino, y aquellos que lograron llegar fueron absorbidos por la población.

> **Esta cruzada acabó en la ruina total de aproximadamente treinta mil niños**

IMPACTOS DURADEROS DE LAS CRUZADAS CONTRA LOS MUSULMANES

Las cruzadas contra los musulmanes fracasaron en tres sentidos: (1) la Tierra Santa no fue ganada, (2) el avance del Islam no fue detenido permanentemente y (3) el cisma entre el oriente y el occidente no fue sanado. Aun así, produjo muchos cambios, algunos para bien y otros para mal.

Impactos negativos

- Las cruzadas fueron un desastre personal para la mayoría de los cruzados. La inmensa mayoría murió de hambre, de hipotermia, murió en batalla, murió de enfermedad o de alguna otra manera horrible.

- Todos los tipos de vicios se desarrollaron en los campamentos de los cruzados y fueron traídos de vuelta a Europa.

- El cisma entre los católicos orientales y los católicos occidentales se ensanchó como resultado de las cruzadas. Hasta el momento, permanece un resentimiento profundo y una desconfianza entre los dos lados.

- Las cruzadas estimularon profundo odio, la desconfianza y el resentimiento en las mentes de los musulmanes hacia la cristiandad y los cristianos.

- El papado obtuvo grandes ganancias financieras con las cruzadas. A cambio de la garantía de pasaje directo al cielo para todos los cruzados, ellos tenían que dejar todas sus posesiones, incluso las tierras, al papado. A finales de las cruzadas, el papado era dueño de aproximadamente un tercio de las tierras de Europa. [13]

- Las cruzadas trajeron el desarrollo rápido del sistema de indulgencias papales. Este desarrollo creció exponencialmente, y rápidamente vino a ser un medio de control e ingreso para los católicos. Peor que todo, las cruzadas fueron utilizadas para atraer a los católicos en pelear contra cristianos verdaderos e iglesias a lo largo de Europa. Estos cristianos verdaderos neotestamentarios fueron vistos como herejes por destruir. [14]

- Las cruzadas dieron a luz las órdenes católicas militares: los templarios y los hospitalarios. [15] La Iglesia Católica Romana tenía su propio ejército permanente ahora, que después de esto de forma consistente perseguiría, oprimiría, mutilaría y mataría. El ejército se utilizó sobre todo contra los disidentes.

Impactos positivos de las cruzadas que rajaron el puño de hierro papal

- Fueron introducidos nuevos aprendizajes del oriente. El aprendizaje de los católicos orientales, así como el de los árabes había sido muy superior al del occidente. Los orientales tenían copias de los manuscritos griegos y latinos y se adiestraron en los idiomas de las Escrituras. Los cruzados fueron expuestos a este conocimiento y algunos consiguieron copias de las Escrituras y las llevaron al oeste. [16]

- Esto resultó ser una experiencia reveladora y dio lugar a una edad de escolasticismo. Esta educación natural de tantos laicos, aunada con un nuevo interés súbito en cosas seculares, empezó a minar el poder de la jerarquía eclesiástica. [17] Algunos dentro de la Iglesia Católica Romana empezaron a ver cuán lejos estaban del cristianismo del Nuevo Testamento. Como una semilla que nace en una piedra gigante, la luz de la verdad empezó a penetrar la enorme oscuridad de la Iglesia Católica Romana. Ningún cambio inmediato se vería, pero una semilla pequeña entró en el puño de hierro. Produciría en el futuro una gran hendidura llamada Reforma Protestante.

- Las cruzadas fomentaron el surgimiento del nacionalismo grandemente en Europa; y más que cualquier otro factor, el nacionalismo vino a ser la destrucción de la dominación absoluta por el papado.

  o El feudalismo se debilitó. Muchos de los caballeros y nobles que fueron a las cruzadas nunca volvieron. También gran número de ellos vendieron sus tierras a campesinos o a los citadinos adinerados de la clase media para obtener dinero para las cruzadas. No tenían nada que los trajera de vuelta. Ciudades controladas por señores feudales pudieron comprar cartas constitucionales que les proporcionaron la autonomía. La ausencia prolongada de tantos señores feudales y caballeros (en muchos casos fue permanente) les dio una oportunidad rara a los soberanos de extender su autoridad. Es más, el encauzamiento de tantos recursos, tanto dinero y tanta atención y energía en las cruzadas llevó a un surgimiento del sentimiento nacional que eventualmente debilitó al poder papal. Los reyes pudieron centralizar su control con la ayuda de una clase media creciente que prefirió una nación-estado centralizada y fuerte bajo un monarca que proporcionara la seguridad y el orden tan esencial para los negocios. [18] Las cruzadas así produjeron un espíritu de nacionalidad en los pueblos y reyes de Europa que consolidó a las naciones en la forma que han retenido con pocos cambios hasta tiempos modernos. [19]

o Como un resultado directo de las cruzadas, las ciudades crecientes (y el comercio entre ellas) comenzaron a reemplazar al reino pequeño, aislado y autónomo de los señores feudales. Inmediatamente después de la primera cruzada, las ciudades italianas como Venecia empezaron el comercio regular con el oriente. [20] Las personas que volvían de las cruzadas querían los lujos que habían visto en el este. El comercio nunca dejaría de crecer. Las ciudades florecieron y una nueva clase media empezó a surgir. [21] Los primeros pasos fundamentales hacia una Europa nacionalista bajo el control de jefes de estado, en lugar del dominio con puño de hierro por un solo papa, estaban dándose. El puño de hierro tenía una ligera grieta ahora. Tomaría muchas luchas y muchos años para Europa expulsar este puño de hierro papal dominante, pero ya había comenzado este proceso con las cruzadas.

Los papas vieron a las cruzadas como una manera de desviar la atención de sus maneras malvadas y dominadoras y como un medio para reunir a Europa detrás de ellos. Orquestaron las cruzadas como un medio para reforzar su prestigio, impulsar su poder y proteger su dinastía. Tuvieron éxito durante algún tiempo, pero el esfuerzo completo finalmente fue un revés. El mismo esfuerzo que comenzaron introdujo ideas y dinámicas en Europa que liberaría finalmente a sus cautivos.

Debe señalarse que eran los motivos de los papas los que eran siniestros. Como se mencionó antes, su agenda era la protección de su dinastía. La liberación de Jerusalén de los musulmanes fue meramente un medio hacia ese fin. Es indudablemente verdadero que muchos de los que fueron a las cruzadas lo hicieron por razones equivocadas: evitar deudas, por la aventura, para recibir vida eterna del papa y otras razones corruptas; no obstante, eso no significa que cada cruzado fue corrupto. Las intenciones de muchos de los cruzados fueron puras y elevadas.

Las cruzadas dieron lugar a una edad de escolasticismo

[1] Philip Schaff, *History of the Christian Church (Historia de la Iglesia Cristiana)*, vol. 5, (Peabody, Massachusetts: Hendrickson Publishers, 2002), 231-233.

[2] Carl Deimer, Professor, *History of Christianity I (Historia del Cristianismo I)*, Video Lecture 19, Liberty University DLP, 2004.

[3] Ibid.

[4] Ibid.

[5] Schaff, 236.

[6] Ibid.

[7] Ibid., 252-253.

[8] Ibid., 254.

[9] Deimer, Lecture 20.

[10] Schaff, 271.

[11] Deimer, Lecture 20.

[12] Schaff, 268.

[13] Deimer, Lecture 20.

[14] Schaff, 290-291.

[15] Justo L. Gonzalez, *The Story of Christianity (La Historia de la Cristianismo)*, vol. 1, (San Francisco: HarperCollins Publishers, 1984), 299-300.

[16] Deimer, Lecture 20.

[17] Schaff, 292.

[18] Earle E. Cairns, *Christianity Through the Centuries: A History of the Christian Church (El Cristianismo a Través de los Siglos: Una Historia de la Iglesia Cristiana)*, 3rd ed., (Grand Rapids, Michigan: Zondervan, 1996), 216.

[19] Schaff, 292.

[20] Ibid.

[21] Gonzalez, 300.

Cruzadas en Contra de los Musulmanes

La Primera Cruzada (1095-1099)

El papa Urbano II instigó esta cruzada a Jerusalén. Sin entrenamiento, sesenta y siete mil hombres, mujeres y niños marcharon a Jerusalén. Todos menos siete mil fueron masacrados. Después de esto, cincuenta mil soldados europeos marcharon hacia Nicea y demoraron al ejército turco. Ya para 1099, los cruzados habían logrado llegar a Jerusalén y tomaron la ciudad.

La Segunda Cruzada (1147-1149)

Una segunda cruzada comenzó cuando los turcos masacraron a los habitantes de Edesa. El papa Eugenio III comisionó a Bernad de Clairvix, un monje, el predicar la cruzada. Él tuvo setenta mil hombres de Francia y Alemania para retomar Edesa. Los dos grupos no supieron trabajar conjuntamente, así es que todo el esfuerzo fracasó. Los musulmanes retomaron Jerusalén en 1187.

La Tercera Cruzada (1190-1193)

Esta cruzada es probablemente la más famosa de todas. Fue dirigida por Ricardo Corazón de León y fue llamada la Cruzada de los Reyes. Este fracasó en retomar Jerusalén, que fue dirigida por Saladino el egipcio. Ricardo entró en negociaciones con Saladino y se firmó un tratado permitiéndole a Saladino dirigir a Jerusalén, pero, este permitiría la peregrinación cristiana por un impuesto.

La Cuarta Cruzada (1200-1204)

El papa Inocencio III decidió revivir el espíritu de los cruzados debido a que los católicos orientales actuaban amablemente hacia los turcos. Los mercantes venecianos los transportaron hacia Zara por barco, donde fue completamente destruida. Fueron llevados después a Constantinopla, la cual estaba saqueada y en ruinas.

La Cruzada de los Niños (1212)

Un muchacho francés de 12 años nombrado Esteban afirmó que tuvo una visión en la que Cristo recurrió a él para rescatar los lugares santos. Niños católicos de todo el continente se unieron al esfuerzo. Culminó con la ruina total de treinta mil niños principalmente franceses y alemanes

Impactos Duraderos de las Cruzadas

Las Cruzadas Contra los Musulmanes Fracasaron en Tres Aspectos:

1. La Tierra Santa no fue adquirida
2. El avance del islam no fue permanentemente detenido
3. El cisma entre el este y el oeste no se subsanó

Impactos Negativos

La vasta mayoría de los cruzados murió de hambre, por congelación, en batalla o enfermedad

Todo tipo de vicios se desarrollaron en los campamentos de los cruzados y fueron traídos de vuelta a Europa

El cisma entre los católicos orientales y los católicos occidentales se amplió

Las cruzadas impulsaron el odio profundo, y desconfianza en las mentes de los musulmanes hacia el cristianismo

El papado obtuvo grandes ganancias financieras de las cruzadas

Las cruzadas ocasionaron el rápido desarrollo del sistema de indulgencias papales

Las cruzadas dieron a luz órdenes militares católicas: los caballeros templarios y los caballeros hospitalarios

Impactos Positivos

Fueron introducidos nuevos aprendizajes del este

Las cruzadas fomentaron grandemente el levantamiento del nacionalismo, el cual se convirtió en la ruina de la dominación absoluta por el papado

Capítulo 25

La Marea Cambió

Las cruzadas contra los musulmanes fomentaron en gran medida la nacionalización de Europa, y ninguna dinámica provocó la desaparición de la dominación papal como el nacionalismo europeo. Las naciones se formaron y los reyes se hicieron más fuertes. Cada vez desafiaron más a los papas y ganaron. La tendencia fue gradual, pero implacable. A pesar de que seguirían siendo ricos y poderosos más allá de la comprensión ordinaria, los papas dejarían de ser los dictadores absolutos de Europa. El tiempo disminuiría el poder y el control católico. También reduciría en gran medida la capacidad del papado de llevar la riqueza de Europa a sus arcas.

Es más, con la nacionalización, los legados católicos, inquisidores y los ejércitos no disfrutarían de la rienda suelta que habían tenido durante tantos siglos. Todavía perseguirían, mutilarían y matarían, sobre todo en algunos países como Italia y España, pero no con libertad ilimitada. La persecución de los cristianos e iglesias neotestamentarios continuaría y provendría de nuevas fuentes, pero no con ferocidad universal y continua por los católicos.

Las cosas estaban cambiando en Europa, pero lentamente. Antes de que las condiciones mejoraran para aquellas multitudes de cristianos pobres quienes seguían la doctrina y prácticas de primer siglo, se empeoraron. Con los legados, las cruzadas y la inquisición, el papado hizo su existencia extremadamente peligrosa. Antes de volver nuestra atención a la pérdida del poder papal, echaremos un breve vistazo a la guerra abierta contra los cristianos e iglesias primitivos.

GUERRA CATÓLICA CONTRA EL PUEBLO DE DIOS

Las guerras santas (cruzadas) de los papas contra los musulmanes sostuvieron una mística de pasión por los viajes y la aventura. La oportunidad de ir a la Tierra Santa para rescatar Jerusalén y los lugares sagrados de los *paganos diabólicos terribles*, tenía un atractivo piadoso. La causa parecía noble. Los católicos de toda Europa respondieron al llamado para ir a combatir a los enemigos de Dios.

Las papas eran seres emprendedores con un vasto imperio de riqueza y control. Harían lo que fuera necesario para promover y preservar su posición. Las cruzadas contra los musulmanes elevaron temporalmente el prestigio papal hasta su punto más alto. Los papas no tardaron en aprovechar esta ola de popularidad y usarla contra aquellos a quienes más odiaban, los disidentes, aquellos cristianos que desde el siglo primero se habían negado a abandonar la doctrina y prácticas del Nuevo Testamento.

Cientos de años de persecución fracasaron en detener a estos cristianos primitivos. Siglo tras siglo, habían convertido gente de todos los ámbitos de la vida incluyendo multitudes de católicos a quienes rápidamente re-bautizaron. Reyes, legados, obispos y regiones enteras fueron traídas a la salvación por estos seguidores de Cristo, que pasaron por muchos nombres, pero cuyas creencias eran esencialmente las mismas: la autoridad definitiva de las Escrituras, salvación exclusivamente por la fe personal en Jesucristo, el bautismo por inmersión solo después de la salvación, el sacerdocio de todos los creyentes, la autonomía de la iglesia local y la deidad de Jesucristo. Su número creció y se encontraron sus comunidades por todo el territorio; sin embargo, estos creyentes neotestamentarios fueron generalmente más numerosos en las áreas montañosas donde podían esconderse y encontrar protección natural en zonas escarpadas e inaccesibles. Los Alpes Cotios resultaron ser su mejor baluarte.

Aunque las cruzadas no tuvieron éxito en la Tierra Santa, los papas las hallaron un medio de enorme éxito para levantar un ejército. Los hombres podían (1) luchar contra los enemigos de Dios, (2) recibir la vida eterna por hacerlo y (3) recibir indulgencias o una licencia adelantada para cubrir cualquier pecado que pudieran cometer. Los papas capitalizaron rápidamente en el clima imperante y comenzaron a organizar las guerras santas (cruzadas) contra los *herejes* (aquellos cristianos primitivos que rehusaron ceder al catolicismo).

> **Las cruzadas no tuvieron éxito en la Tierra Santa**

LAS CRUZADAS CONTRA LOS DISIDENTES

La cruzada contra los albigenses (1209)

Se ha hecho mención del papa Inocencio III. En 1209 proclamó una cruzada contra Raimundo VI, que gobernó en Provenza. Los católicos consideraron a Toulouse el centro de la herejía. [1] El papa había exigido que Raimundo desterrara a los herejes que florecieron allí (albigenses), que fueron responsables de la economía más hermosa y próspera de Europa. Cuando Raimundo dilató el asunto, Inocencio proclamó una cruzada, que resultó en la devastación de Provenza. "Las indulgencias, tal como se habían dado a los cruzados que iban con gran riesgo para sí mismos para rescatar los lugares sagrados de Palestina de los musulmanes sarracenos, fueron ahora ofrecidas a todos los que quisieran participar en la fácil obra de destruir las provincias más fructíferas de Francia. Esto, y la posibilidad del botín y la licencia de todo tipo, atrajo a cientos de miles de hombres". [2] Mientras marchaban a través de la región, los cruzados católicos bajo el liderazgo del cruel general Simón de Montfort asolaron el territorio. "Las orejas, las narices y los labios de los prisioneros fueron cortados". [3] En la ciudad de Béziers, ninguno se salvó. En "La Minerva, se encontraron cerca de 140 creyentes, mujeres en una misma casa, hombres en otra, sumidos en oración mientras esperaban la fatalidad. De Montfort, hizo prepararse un gran montón de madera, y les dijo que se convirtieran a la fe católica o subieran a la pila". Todos murieron quemados. [4]

Las cruzadas contra los albigenses continuaron durante treinta años; al concluir, la región era un espectáculo de desolación. [5]

La cruzada contra Bosnia (1238)

A pesar de los grandes esfuerzos católicos por impedirlo, la *herejía* de los bogomilos "creció y aumentó, como las aguas del diluvio de Noé". [6] Envalentonado por el éxito de la cruzada contra la Provenza, el papa Gregorio IX proclamó una cruzada contra Bosnia. Bajo el liderazgo del rey de Esclavonia, Bosnia fue *purgada*. "Ningún trovador cantó, ningún historiador registró, las barbaridades y atrocidades de esta guerra de exterminio: sólo sabemos que muchos miles se inscribieron entre el ejército glorioso de los mártires". [7] En 1240 Gregorio felicitó al rey esclavonio por "erradicar la herejía y restaurar la luz de la pureza católica". [8]

La cruzada contra Saboya (1486)

En el siglo XV, los valdenses florecían en Saboya en el flanco occidental de los Alpes. En 1486 el Papa Inocencio VIII emitió una bula de exterminio contra ellos "por la cual se ordenaba a todos los poderes temporales que tomaran las armas para su destrucción. Convocó a todos los católicos a una cruzada en su contra, 'absolvió de antemano a todos los que participarían en esta cruzada de todas las penas eclesiásticas, generales o especiales, liberándolos de la obligación de los votos que podrían haber hecho, legitimar su posesión de bienes que podrían haber adquirido ilícitamente, y concluyendo con una promesa de la remisión de todos los pecados a todos los que mataran a un hereje. Es más, anuló todos los contratos suscritos a favor de los vaudois, mandó a sus empleados domésticos a abandonarlos, prohibió a cualquiera el darles cualquier tipo de ayuda, y autorizó a todos sin excepción a apoderarse de sus bienes" [9] Miles se ofrecieron: "personas ambiciosas por distinguirse, vagabundos, fanáticos, hombres sin empleo legítimo, aventureros necesitados, saqueadores de todo tipo, ladrones despiadados y asesinos". [10] Esta horda de merodeadores, en compañía de 18,000 tropas regulares suministrados juntamente por el rey de Francia y el soberano de Piamonte, marcharon dentro de Saboya. Esta cruzada no tuvo nada que ver en lo absoluto con la lealtad de estos cristianos primitivos a sus autoridades civiles. La acusación contra ellos en la bula de exterminio del papa Inocencio era que convirtieron a otros a su doctrina y práctica, y que "su principal medio de seducción era su gran apariencia de santidad". [11] ¡Qué cuadro! ¡Matar y exterminar ciudadanos muy trabajadores, respetuosos ante la ley, pacíficos, ciudadanos ejemplares, simplemente porque creen y enseñan que la salvación es por la fe en Jesucristo y no a través de ninguna Iglesia! ¡Qué crimen! ¡En nombre de Dios a enviar un ejército a un rebaño de ovejas inofensivas, altamente productivas! Toda la cruzada era absurda, pero, ¿no lo eran todas?

La masacre de toda la población de Val Louise (1488)

En algunos casos, las cruzadas como la de Saboya fallaron. Dios intervenía repetidas veces en favor de Sus remanentes de cristianos neotestamentarios; no obstante, bajo la dirección de los papas, los exterminadores católicos incesantemente persiguieron a los no católicos. Atrocidades católicas en Delfinado ilustran el punto. Al final del 13vo siglo, los legados católicos habían matado los cristianos neotestamentarios y despoblado muchos de los valles de Delfinado, tal como el Durance. Con los años, las comunidades valdenses habían comenzado a recuperarse en estas escarpadas montañas. Cuando los cruzados católicos fracasaron en Saboya, se movieron en contra de una fuerte comunidad de valdenses en el pueblo de Briançon. Los creyentes se retiraron a una gran cueva de la montaña elevada sobre la ciudad. El comandante católico, La Palud, y sus fuerzas sellaron la entrada de la cueva con madera y le prendieron fuego. Más de 3000 valdenses, toda la población de Val Louise, fueron masacrados, incluyendo "400 niños asfixiados en sus cunas, o en los brazos de sus madres". [12]

CRUZADAS Y CONQUISTA

Las cruzadas vinieron a ser una fea herramienta para emplearse en muchos propósitos viles, incluyendo la conquista. Por ejemplo, en 1207, un abad alemán, Gottfried, visitó el este de Prusia. Dos príncipes nativos pronto fueron convertidos al catolicismo. Los católicos vieron la oportunidad de extender su dominio y un abad llamado Christian se hizo obispo de Prusia (1212-1215). En 1217 Honorio III ordenó una cruzada, que fue renovada por Gregorio IX en 1230. Los caballeros teutónicos "suficientemente preparados para avanzar la invasión religiosa por la espada, como se les prometió una gran parte en el territorio conquistado" llevaron a cabo guerras continuas desde 1230 hasta 1283. [13] Ellos literalmente se apoderaron de este territorio.

Es bien sabido que el objetivo de los exploradores, como Colón, Cortés y Coronado, era la conquista. Lo que no se reconoce tan abiertamente es la conexión religiosa detrás de estos esfuerzos. Estos exploradores habían de convertir en católicos a aquellos a quienes conquistarían, y su método era la *conversión por la espada*. Tomaron la riqueza (el verdadero objetivo) de los que conquistaron, y los forzaron (sí, forzaron) a convertirse en católicos. Por ejemplo, cuando el conquistador español Hernán Cortés y sus hombres fuertes católicos llegaron a la ciudad de México, Moctezuma II y los indios aztecas les dieron la bienvenida con gran pompa. Los españoles se apoderaron de Moctezuma II y brutalmente conquistaron a los aztecas en nombre de Dios. Su práctica era dar a los jefes la oportunidad de convertirse. Si un jefe no se convertía, era quemado en la hoguera. Si lo hacía, era asfixiado por haberse resistido. [14] Este modo de operación por los conquistadores católicos explica cómo América Latina y Suramérica llegaron a ser predominantemente católicas.

Avanzar la causa del catolicismo estaba siempre en el corazón de los demagogos católicos. Fernando e Isabel financiaron a Colón. El botín iría a ellos y el catolicismo prosperaría. "Colón firmó un acuerdo el 17 de abril de 1492, para dedicar el producto de su empresa más allá de los mares occidentales para la recuperación del santo sepulcro. Antes de su cuarto y último viaje a América, le escribió a Alejandro VI para renovar su promesa de aportar más tropas para el rescate de la localidad sagrada". [15]

LA PÉRDIDA DEL PRESTIGIO Y PODER PAPAL

La debilidad de Bonifacio VIII (1294-1303)

Se esperaba que un papa muriera en el cargo; sin embargo, el papa ermitaño, Pietro di Murrone (Celestino V) abdicó. [16] Esto suscitó cuestiones de la legitimidad de su sucesor, Bonifacio VIII. [17]

Bajo el reinado de Bonifacio, Inglaterra y Francia se dirigían a la guerra, una guerra que Bonifacio no deseaba. Quería que el dinero inglés y francés fuera a parar a Roma y no al gasto de guerra. Bonifacio ordenó que cesaran los esfuerzos de guerra y amenazó tanto a Inglaterra como a Francia, con interdictos. En el último cuarto del undécimo siglo, Gregorio VII había hecho bajar la cabeza a Enrique IV de Inglaterra. Otros reyes europeos habían sido obligados a someterse a papas anteriores; sin embargo, los tiempos habían cambiado y las naciones no eran tan impotentes como antes.

El rey Eduardo I de Inglaterra ignoró el interdicto de Bonifacio. El rey Felipe IV de Francia informó a Bonifacio que no sólo continuaría los preparativos para la guerra, sino que Francia también detendría todos los pagos monetarios al papado. Es más, Felipe comenzó a apoyar a los rivales de Bonifacio, que decían que Bonifacio no era un papa verdadero legítimo.

El papa Bonifacio VIII emitió rápidamente su famosa bula papal, *unam sanctum* (un santuario) de 1302. La posición de los papas había sido durante mucho tiempo que, "Si la silla sagrada está vacante, el imperio carece del dispensador de salvación; si el trono está vacío, la Iglesia está indefensa ante sus perseguidores. Es deber del gobernante de la Iglesia mantener a los reyes en su cargo, y de los reyes, proteger los derechos de la Iglesia". La bula de Bonifacio afirmó la supremacía del papado "en ambos entornos, el espiritual y el temporal, con el uno gobierna las almas de los hombres y con el otro sus ocupaciones temporales". [18] Declaraba que todo el mundo debía someterse al papa para ser salvo. *Unam sanctum* también ilustra la mentalidad totalitaria de la Iglesia Católica Romana. Cuando Bonifacio colocó a Francia bajo interdicto, Felipe intentó capturar al papa. Bonifacio escapó, pero murió en un mes. [19]

No asuma erróneamente que esta afrenta al papado, por los ingleses y los franceses, significó un alivio inmediato para los cristianos primitivos. Al lector le aseguro que no fue así. Lo que significó fue que se había alcanzado un cambio de dirección. En ese momento, ninguna de las multitudes de santos que sufrían se dio cuenta del menor alivio. De hecho, en su desesperación por mantenerse en el poder, los católicos en realidad empeoraron. Los días de la inquisición fueron los peores, aunque es dudoso que cualquier medida de libertad religiosa que el mundo haya conocido después hubiera sido posible aparte de las grietas en el puño de hierro del papado que empezaron a ampliarse en el siglo XIII.

> ***Unam sanctum*** **declara que el papa tiene la supremacía
> total sobre tanto el mundo espiritual como temporal**

El gran cisma papal

La afrenta del papa Bonifacio VIII por Inglaterra y Francia hizo debilitar aún más el papado. Sólo hubo un papa entre papas Bonifacio VIII y Clemente V. Durante este período, el papado había vuelto sumiso a los intereses franceses. El papa Clemente V decidió trasladar la oficina papal a Aviñón, Francia, que está al otro lado de la frontera con Italia. También seleccionó suficientes cardenales franceses para garantizar que el próximo papa sería francés. Para los próximos 69 años (1309-1377), el papado cayó en gran parte bajo control francés. (Este período es conocido por los católicos como el cautiverio babilónico.) No es difícil imaginar cómo el rey de Inglaterra y otros reyes sentían por este arreglo. Una división tremenda dentro del catolicismo creció. La Europa católica estaba alborotada.

En 1378 el papa Gregorio XI reubicó la oficina papal en Roma; no obstante, los cardenales eran en su mayoría franceses. Los cardenales eligieron a Urbano VI sólo después de prometer restablecer el papado en Aviñón. Después que eligieron a Urbano, firmemente se negó a salir de Roma. Los cardenales franceses se reunieron y eligieron a otro papa que se trasladó de nuevo a Aviñón. Ahora la Iglesia Católica tenía dos papas, cada uno que afirmaba ser el Vicario de Cristo. Ya que un papa es el único que puede ordenar y confirmar un obispo, cada vez que un obispado quedaba vacío, se nombraban dos obispos. Un consejo fue llamado en 1409 para resolver el asunto y se eliminaron los dos papas. El papa Alejandro V fue elegido como el verdadero papa; sin embargo, debido a que el concilio no fue convocado por un papa, ni el papa en Roma ni el papa en Aviñón renunciarían. Ahora había tres papas. [20] Otro concilio fue llamado que depuso los tres y eligió al papa Martín V, que fue respaldado por el emperador del Sacro Imperio Romano. [21] Esta movida efectivamente restableció el papado en Roma.

Obviamente, las disputas y división como este debilitaron y deterioraron aún más el papado. Con el tiempo, su control absoluto sobre la vida política de Europa se rompería y, finalmente, se daría lugar a la protección política para los que no fueron parte del catolicismo. Por más positivo que fuera este cambio, sería mucho, mucho más tarde que la libertad religiosa de una Iglesia de Estado llegara a ser una realidad en el mundo.

La inmoralidad horrorosa

Es difícil imaginar a cualquier grupo de seres humanos más inmoral que los papas, obispos y otros líderes católicos que se hicieron pasar por santos hombres de Dios. La inmoralidad pestilente fue una antigua tradición de la jerarquía católica; sin embargo, el 904-963 se conoce como la pornocracia. Durante aquel tiempo de anarquía y confusión, diez papas reinaron. [22] La mayoría fue retirada por asesinato y traición. Este período también fue llamado El gobierno de la rameras, ya que, en la mayoría de los casos, fueron las mujeres malvadas detrás del trono que dirigían el papado. Todas ellas promovían o sus maridos o sus hijos. [23]

Al mismo tiempo que los papas y los oficiales de la Iglesia promovían la salvación a través de la Iglesia sobre la cual presidían, sus vidas eran de máxima auto-indulgencia. Mientras torturaban sin piedad e inhumanamente los hombres y mujeres piadosos, y quemaron muchos de ellos en la hoguera, se comportaban personalmente con un abandono inmoral indescriptible. Actuaron como si Dios no existe y que la moralidad no importa. Por ejemplo, el papa Juan XII (955-963) "fue acusado de haber convertido a la Basílica de San Juan de Letrán en un burdel y fue acusado de adulterio, fornicación, e incesto". "era un hombre inmoral y cuyo palacio fue comparado a un burdel. El obispo Luitprando de Cremona dijo, "Ninguna señora honesta se atreve a mostrarse en público, porque el papa Juan no tenía respeto ni para chicas solteras, mujeres casadas o viudas - estaban seguras de ser contaminadas por él, incluso sobre las tumbas de los santos apóstoles Pedro y Pablo". El papa Bonifacio VIII mantuvo su posición a través de la distribución extravagante de dinero robado. Él fue citado diciendo: "disfrutar de uno mismo y acostarse carnalmente con mujeres o con muchachos no es más pecaminoso que frotarse las manos". Se dice que el papa Juan XXIII había seducido y violado trescientas monjas. Él debe haber tenido una libido fuerte e insaciable, porque mantenía un harén de no menos de doscientas muchachas. Fue nombrado "el criminal más depravado que jamás se sentó en el trono papal. 'Un registro vaticano dice acerca de él, "Su señoría, el Papa Juan, hizo perversidad con la esposa de su hermano, incesto con monjas santas, las relaciones sexuales con vírgenes, adulterio con las casadas, y todo tipo de crímenes sexuales... entregado al sueño y otros deseos carnales, totalmente adverso a la vida y las enseñanzas de Cristo... fue llamado públicamente la encarnación del demonio". "Se dice que el Papa Pío II era el padre de muchos hijos ilegítimos. Habló abiertamente de los métodos que utilizó para seducir a las mujeres, y animó a los jóvenes a que también sedujeran a mujeres e incluso se ofreció a instruirlos en métodos de auto-indulgencia". [24]

No debería ser difícil para cualquier persona cuerda, ver por qué desarrollaría y crecería una poderosa corriente de sentimiento en contra del papado totalmente corrupto, inmoral y arruinado. Incluso los católicos lo hallaron deplorable. Todo el sistema era una deshonra.

SE HABÍA ALCANZADO   UN CAMBIO DE DIRECCIÓN

La solidez del poder bruto todavía estaba en manos del papado y la Iglesia Católica Romana, pero no era lo que había sido una vez. Tomaría siglos antes de que los que estaban fuera del catolicismo se sintieran muy aliviados, y muchos millones más morirían a manos de los verdugos romanos; sin embargo, había llegado a un cambio de dirección. En esta primera etapa, los gobernantes de Europa que se opusieron a Roma lo hicieron principalmente por el poder y el control, no por la teología. Los reformadores comenzaron a aparecer en escena en número creciente, pero la triste verdad es que la mayoría de ellos no se oponía a la teología malvada de Roma; sólo estaban interesados en reformar la corrupción rampante que marcó a esta entidad pervertida. La mayoría de los reyes y los reformistas que se opusieron a Roma, también se opuso y persiguió a los cristianos e iglesias neotestamentarios de primer siglo. Durante cientos de años por venir, los que estaban en la línea ininterrumpida de iglesias verdaderas continuaron enfrentando rutinariamente atrocidades despiadadas; no obstante, multitudes de ellos se mantuvieron fieles a la fe que ha sido una vez dada a los santos.

[1] Philip Schaff, *History of the Christian Church (Historia de la Iglesia Cristiana)*, vol. 5, (Peabody, Massachusetts: Hendrickson Publishers, 2002), 507-508.

[2] E.H. Broadbent, *The Pilgrim Church (La Iglesia Peregrina)*, (Grand Rapids, Michigan: GOSPEL FOLIO PRESS, 1999), 110.

[3] Schaff, 512.

[4] Broadbent, 111.

[5] Schaff, 508-509.

[6] L.P. Brockett, *The Bogomils of Bulgaria and Bosnia; or the Early Protestants of the East (Los Bogomilos de Bulgaria y Bosnia; o los Primeros Protestantes del Oriente)*, (Philadelphia: American Baptist Publications Society, 1879. Classic Reprints #43 by Vance Publications, Pensacola, FL., 2001), 73.

[7] Ibid., 75.

[8] Ibid.

[9] Alexis Muston, *The Israel of the Alps: A Complete History of the Waldenses and Their Colonies (El Israel de los Alpes: Una historia completa de los Valdenses y sus colonias)*, vol. 1, (London: Blackie & Son, Paternoster Buildings, E.C., 1875, reprinted Paris, Arkansas: The Baptist Standard Bearer, Inc.), 31.

[10] Ibid.

[11] Ibid., 32.

[12] Ibid., 42-44.

[13] Schaff, 432-433.

[14] Carl Deimer, Professor, *History of Christianity II (Historia del Cristianismo II)*, Video Lecture 24, Liberty University DLP, 2004

[15] Schaff, 215.

[16] Ibid., 208-210.

[17] Deimer, *History of Christianity I (Historia del Cristianismo I)*, Video Lecture 23.

[18] Schaff, 777.

[19] Deimer.

[20] Ibid. Lecture 23.

[21] *Wikipedia*, (en.wikipedia.org/wiki/Pope_Martin_V).

[22] Ibid., /wiki/List_of_sexually_active_popes.

[23] Deimer, Lecture 16.

[24] *Roman Catholicism*, (www.eaec.org/cults/romancatholic.htm).

Cruzadas en Contra de Disidentes

Los tres incentivos papales para unirse a una cruzada fueron:

1. Los hombres podrían luchar contra los enemigos de Dios
2. Recibir vida eterna por hacerlo
3. Recibir indulgencias para cubrir cualesquiera pecados que pudieran cometer

La Cruzada Contra los Albigenses (1209)

El papa Inocencio III quería eliminar a los herejes de Tolosa, por lo que proclamó una cruzada contra el gobernante de Provenza. Duró por treinta años y la región fue diezmada.

La Cruzada Contra Bosnia (1238)

El papa Gregorio IX proclamó una cruzada contra Bosnia para eliminar a los bogomilos. Después de unos dos años bajo el liderazgo del rey de Esclavonia, Bosnia fue purgada.

La Cruzada Contra Saboya (1486)

Los valdenses estaban floreciendo en Saboya al este de los Alpes. El papa Inocencio VIII promulgó una bula de exterminio contra ellos por estar convirtiendo gente a su doctrina. Una horda de maleantes y dieciocho mil tropas francesas marcharon sobre Saboya para exterminar a los valdenses. La cruzada fracasó.

La Masacre de Toda la Población de Val Louise (1488)

Los cruzados se movieron contra una comunidad fuerte de valdenses en el pueblo de Briancon. Cuando los creyentes se retiraron a una gran cueva en la montaña, las fuerzas católicas sellaron la entrada con leña y les prendieron fuego. Más de tres mil valdenses fueron masacrados.

Una Historia de las Iglesias

Capítulo 26

La Reforma y los Reformadores

La corrupción y depravación totales del papado causaron que aun los católicos se rebelaran. Los obispos y los oficiales eclesiásticos de menor nivel en todo el sistema resintieron el cáncer en la cúpula. Aunque la mayoría de ellos también eran corruptos e inmorales, no les gustaba la explotación y la opresión del papa. Es más, los líderes civiles de toda Europa odiaban el poder de la mano dura, dictatorial del papado sobre ellos. La resistencia entre los líderes civiles creció en todas partes.

LA REFORMA

Se acordó de modo general, en la mayoría de los sectores, que debía ocurrir algún cambio fundamental. El papa no podía continuar como el dictador eclesiástico y político de Europa. La corrupción y la explotación económica de las masas por el papado debía ser abordada; aun así, no había un consenso general en cuanto a cómo el sistema eclesiástico-político católico debía reformarse. (Hay que tener en cuenta que, durante la edad media, la Iglesia Católica Romana dominó las entidades políticas de Europa. Hasta llegar Bonifacio VIII a finales del siglo XIV, los papas dominaron y subyugaron a reyes y otros líderes políticos que podrían desafiarlos.) Los puntos de vista sobre la reforma cayeron vagamente en tres categorías.

Reforma clásica

Algunos reformadores creían que la Iglesia Católica Romana había perdido el rumbo y dejado de ser la iglesia verdadera de Jesucristo. Querían acabar con la Iglesia Católica por completo y empezar de nuevo. Deseaban reformar la Iglesia a lo que era antes de que Constantino la uniera al Estado. No estaban en contra de todo lo que la Iglesia Católica Romana había llegado a ser; sin embargo, sintieron que la solución era el inicio de una nueva Iglesia más pura como era antes de la explotación, la inmoralidad y la corrupción, que se hicieron tan rampantes. Creyeron que la Iglesia del Estado, que había venido a ser la Iglesia Católica Romana, fue una vez la Iglesia verdadera. También creyeron que había perdido su camino y que ya no era la verdadera.

Los reformadores clásicos no estaban en contra de la Iglesia estatal, ni en contra de muchas de las doctrinas y prácticas de los católicos corruptos. Siguieron abrazando la teología universal de la Iglesia, la regeneración bautismal, el bautismo de niños y muchas otras posiciones no bíblicas. Estos reformadores se veían como los restablecedores de la Iglesia verdadera, que había muerto, principalmente debido a la corrupción. Estuvieron de acuerdo en que algunos elementos de la teología de la Iglesia Católica Romana eran malos, pero creían que la mayor parte de la teología católica era sana. Para ellos, lo que había arruinado a la Iglesia Católica eran las malas prácticas, no la mala teología.

Esta idea de reforma ignoró por completo el concepto de perpetuidad o una línea ininterrumpida de iglesias verdaderas desde Cristo en adelante. La perpetuidad como garantizada por Jesucristo en **Mateo 16:18** significa que la línea de iglesias verdaderas continuará sin interrupción hasta el regreso de Jesús. No permite que la línea se rompa y luego sea reiniciada. El pensamiento de los reformadores clásicos estaba desfazado con la enseñanza de la Biblia sobre el tema de la perpetuidad.

Reformadores protestantes como Lutero, Zuinglio y Calvino fueron reformadores clásicos.

Reforma Radical

Los reformadores radicales en realidad no eran reformadores en el verdadero sentido de la palabra. Eran reformistas sólo en el sentido de que dijeron que se necesitaba que viniera un cambio. Su intención no era reformar, ni limpiar la Iglesia Católica Romana, tampoco iniciar una nueva Iglesia.

Simplemente querían una vuelta al cristianismo neotestamentario de siglo primero. Creían que la Iglesia Católica Romana debía desaparecer. No buscaban su reforma; pensaron que debería abandonarse. Vieron al catolicismo romano como malo, fraudulento y como un reproche al verdadero cristianismo. No tenían algún interés en la reforma de una Iglesia que nunca fue legítima. Abrazaron solo a las Escrituras como regla de la doctrina y práctica. Rechazaron totalmente la tradición y todas las creencias y prácticas contradictorias a la Escritura, que habían entrado en la cristiandad como resultado de estas. También rechazaron el concepto de *Iglesia* como fue vista por Constantino y rechazaron totalmente la idea de una Iglesia estatal.

Este grupo insistió en las creencias esenciales neotestamentarios y pensaba que todas las iglesias debían volver a la doctrina y práctica neotestamentarias de primer siglo. Los valdenses, anabaptistas y otros practicantes del cristianismo neotestamentario constituían una línea ininterrumpida de iglesias que habían existido desde la época de Cristo. Los reformadores radicales simplemente abrazaron y defendieron las creencias y prácticas de las iglesias verdaderas que habían existido desde el principio.

Durante siglos, los cristianos e iglesias primitivos habían sido los objetos principales del desprecio y la persecución de los católicos romanos. No es difícil ver por qué hicieron todo lo que podían hacer legítimamente para escapar de la Iglesia falsa, cruel y despiadada que durante siglos había atormentado y asesinado a los de su linaje en nombre de Cristo. Con todas sus fuerzas, resistieron los esfuerzos católicos por destruirlos y fueron animados cuando hombres poderosos de Dios como Juan Wyclef y Jan Hus se levantaron y defendieron sus causas contra los católicos. A menudo veían esperanza para sí mismos en movimientos contra el catolicismo. En su desesperación y deseo de alivio, a veces fueron engañados pensando que los reformadores eran como ellos. (Algunos reformadores eran, pero algunos no lo eran.) A veces se unieron a los reformadores y los movimientos de reforma sólo para descubrir, después de un gran dolor, que los reformadores no compartían sus convicciones neotestamentarias de siglo primero. A menudo eran utilizados y traicionados por aquellos que no eran más que reformadores clásicos. Su experiencia con Martín Lutero es un ejemplo de ello. "Nunca hubo un momento cuando el constantinismo fue incuestionable. En compañía de los 'herejes' el Nuevo Testamento fue honrado... una Iglesia basada en la fe personal desafiará el concepto de una Iglesia que abarca todo. La batalla entre estos dos conceptos de Iglesia se libraba por doce siglos, cuando Lutero puso la trompeta de la reforma sobre sus labios". [1] Durante un tiempo muchos cristianos primitivos pensaron que Lutero era uno de ellos y lo apoyaron. Después de un tiempo sus verdaderos colores relucieron, y estos cristianos primitivos retiraron su apoyo. Sería totalmente deshonesto decir que eran protestantes, simplemente porque estaban involucrados brevemente con Martín Lutero. Estaban presentes continuamente en gran número mucho antes del primer reformador protestante. No estaban rompiendo con la Iglesia Católica; nunca fueron parte de ella. No deseaban iniciar una reforma de nuevas iglesias; pensaban que los reformadores finalmente regresarían a la línea verdadera ininterrumpida de la doctrina y práctica neotestamentarias. Lamentablemente se equivocaron. La mayoría de los reformadores resultó ser muy similar a los católicos en doctrina y práctica. Eso incluye su actitud opresiva hacia todos los que no se quisieron unírseles. Debido a la participación breve de algunos de estos cristianos primitivos con los reformadores clásicos, muchos historiadores de pensamiento superficial identifican ellos y sus iglesias como protestantes. No lo fueron. Era la gente de la línea continua, gente que había abrazado la doctrina y las prácticas esenciales neotestamentarias desde el principio. En su desesperada necesidad de libertad de la tiranía de Roma, apoyaron a algunos de los reformadores equivocadamente, creyendo que luchaban por su causa. No es honesto negarlos como gente de la línea ininterrumpida y acusarlos de no ser más que reformadores.

> **Los reformadores radicales querían volver al cristianismo del Nuevo Testamento del siglo primero**

Contra-Reforma

Los contra-reformistas simplemente querían limpiar el interior de la Iglesia Católica Romana; no querían destruirla. Estos eran los que estaban en contra de iniciar cualquier Iglesia fuera de la Iglesia católica.

REFORMADORES

Tenga en cuenta que la principal fuerza que socavaba al monopolio papal era el creciente nacionalismo y un deseo cada vez más intenso por la independencia política del papado. Los reformadores mismos no estaban interesados en la independencia política; estaban enfocados en los males del catolicismo, particularmente aquellos del papado. Mientras la corrupción en el sistema católico empeoró, el número de reformadores aumentó y sus voces se hicieron más fuertes. La simpatía y pasión por la reforma se extendió. La respuesta del papado era destruir a los reformadores. Los papas se lanzaron contra los reformadores con la misma ferocidad que ejercieron durante siglos contra los cristianos primitivos que se negaron a abrazar el catolicismo. La situación se hizo cada vez más hostil y sangrienta y, finalmente, estalló en una guerra abierta.

Una historia de este tipo no estaría completa sin dar al menos un vistazo a algunos de los primeros reformadores. Tenga en cuenta que algunos de estos reformadores eran originalmente parte de la línea de las iglesias verdaderas que se remontan a Cristo o vinieron a ser parte de ella. (Los que vinieron a ser parte de la línea continua lo hicieron por confiar en Cristo como Salvador personal, por abrazar la doctrina y las prácticas neotestamentarias y por el bautismo del creyente por inmersión.) Otros reformadores nunca llegaron a ser parte de la línea ininterrumpida de iglesias verdaderas. En su lugar, rompieron con el catolicismo y comenzaron un nuevo movimiento o *Iglesia*. Hay una diferencia grandísima. Ningún movimiento o iglesia nueva que comenzara después de Jesucristo jamás podría considerarse parte de la línea ininterrumpida de iglesias verdaderas. Para ser parte de ella, es vital atarse a la doctrina y la práctica de Jesucristo. Lamentablemente, la mayoría de los reformadores simplemente querían limpiar la suciedad de la Iglesia Católica o comenzar una nueva Iglesia muy parecida a la católica. No estaban interesados en un retorno a las enseñanzas puras del Nuevo Testamento. De hecho, la mayoría de ellos rechazaron y no querían saber nada de aquellos cristianos primitivos que estaban allí y que habían estado allí siempre.

Los primeros reformadores y los esfuerzos de reforma que vamos a examinar, de ninguna manera constituyen una lista completa, aunque es suficiente para arrojar luz sobre el espíritu de reforma que se intensificó en el mundo medieval que se encontraba esclavizado al catolicismo.

Esfuerzos por concilios

Los contra-reformadores dentro de la Iglesia Católica pensaron que la reforma podría venir a través de concilios. Los papas habían de convocar a los concilios, pero un grupo de cardenales llamó a uno en Pisa en 1409. Fue convocado con tres temas: la reforma, los herejes y el cisma papal. La reforma no se abordó. Otro concilio se celebró en Constanza (1414-1418). Los mismos tres temas estaban en la agenda. Resultó solamente en la quema de Juan Hus en la hoguera y más confusión sobre quién era papa. Un tercer concilio en Pavía (1423) fracasó. Varios concilios se convocaron entre 1431 y 1445. Sólo un papa legítimamente podría convocar a un concilio y bajo presión durante este período, los papas lo hicieron. Cuando los obispos llegaban, el papa solía despedirlos y volver a reunirlos en otra ciudad. [2] Los papas así frustraron todos los esfuerzos hacia la reforma hasta 1460, momento en el que el papa Pío II publicó la bula papal *Execrabilis*. Esta bula decía que un intento de reformar el papado a través de un concilio era herejía. Decía que la forma monárquica de gobierno en la Iglesia era la que fue dada a través de Pedro. Esta bula dice que los papas reciben su "autoridad directamente de Cristo sin la mediación". [3] A pesar de la continua corrupción, esta bula terminó con los esfuerzos por reformar el papado a través de concilios.

> *Execrabilis* declara que reformar el papado a través de concilios es herejía

Guillermo de Ockham (1300-1345)

Guillermo de Ockham fue un monje franciscano intelectual que estudió en Oxford, Inglaterra. Atacó la riqueza y el lujoso estilo de vida del papado con el argumento de que Cristo y los apóstoles no poseían bienes ya fuera individual o corporativamente. [4] Enseñó que sólo Cristo es la cabeza de la iglesia y cuestionó la base teológica del papado.[5] Después de ser perseguido en Inglaterra debido a las interrogantes que planteó acerca de la legitimidad del sistema papal, huyó a Francia, donde pensó que sus conceptos serían bienvenidos.

Ockham fue excomulgado, [6] pero sus voluminosos escritos allanaron el camino para la reforma y animó a otros a estar en contra del papado.

Juan Wyclef (1329-1384)

Juan Wyclef también fue un académico de Oxford. Él vivió cuando el papado se dividió entre Roma y Aviñón. Los franceses y los ingleses estaban en guerra; los papas franceses de aquella época apoyaban a los franceses contra Inglaterra. Wyclef predicó contra la soberanía secular del papa y escribió un tratado en donde llamó al papa, "el anti-Cristo, el sacerdote orgulloso y mundano de Roma". [7] Dijo que este no tenía más poder de atar y desatar que cualquier otro sacerdote. También dijo que, si fueran presionados por la necesidad, los señores feudales temporales podrían apoderarse de los bienes del clero. Es más, Wyclef atacó al concepto completo de los siete sacramentos. Estaba abiertamente en contra especialmente de la transubstanciación, [8] que había sido decretada oficialmente en 1215. [9]

Juan Wyclef estaba particularmente apasionado por la autoridad de las Escrituras. Enseñó que las Escrituras eran la única autoridad para la doctrina y la vida cristiana. Con vigor atacó la creencia de que la tradición se considerara con las Escrituras como autoridad. En su libro *De la Verdad de la Sagrada Escritura* (1378), enseñó que las enseñanzas de las Escrituras son la última palabra sobre todos los temas. Tanto él como sus oponentes católicos reconocieron las consecuencias de largo alcance de esta enseñanza. Es más, Wyclef rechazó el método alegórico de la exégesis (interpretación de las Escrituras que halla significados subjetivos y ocultos en ellas) que era común de esa época. Dijo que la Escritura debe ser interpretada por la Escritura, y que el sentido primario y literal de un texto debe tomarse primero antes de pasar a los significados y aplicaciones figurativos. Wyclef también rechazó el concepto de la Iglesia católica universal. [10]

El momento era propicio para el mensaje de Juan Wyclef. Los ingleses resintieron la confabulación entre Roma y el enemigo francés. No les gustaba la jerarquía papal y acogieron con satisfacción la postura de Wyclef en contra de la Iglesia Católica Romana. Él defendió el derecho de Inglaterra contra la influencia extranjera y atacó gran parte de la doctrina del catolicismo. Cuando las autoridades locales de la Iglesia se levantaron contra Wyclef, el duque de Lancaster lo protegió. [11] El papa Gregorio XI condenó a

Wyclef y exigió que se le encarcelara; sin embargo, Wyclef fue visto como un patriota inglés, y la nobleza de Inglaterra estaba con él en contra del papa.

"En sus sermones, tratados y escritos mayores, Wyclef usó de la Escritura y el sentido común...Wyclef es el panfletista religioso más importante que ha surgido en Inglaterra". [12] El mayor impacto de Wyclef vino por darle a la gente angloparlante la primera Biblia en su propia lengua. Los papas se habían dado cuenta de que cuando alguna población recibe las Escrituras en su propia lengua, aquel pueblo invariablemente se vuelve más antagónico hacia el papado y la Iglesia Católica Romana. "El Concilio de Toulouse, en 1229, había prohibido el uso de la Biblia para los laicos". [13] De esta forma, el papado consideraba herejía el traducir la Biblia a cualquier idioma. [14] La traducción de Wyclef era de la Vulgata Latina. Llega a ser el campeón de la Biblia abierta y del concepto de que la Biblia es un libro para todos los hombres. Pocos hechos han tenido el impacto del regalo de Wyclef de la Biblia a la gente de habla inglesa. Es uno de los eventos históricos más definitivos en romper el dominio total ejercido por la Iglesia Católica. La ruptura no se completó de la noche a la mañana, pero la Biblia en inglés de Wyclef fue una enorme contribución.

> **El Concilio de Toulouse, en 1229, prohibió la utilización de la Biblia por los laicos**

Los Lolardos

Entre las numerosas contribuciones de Juan Wyclef, una fue su compromiso y enfoque con el evangelismo. Él enseñó a los hombres jóvenes y los envió de dos en dos por toda Inglaterra. Ellos salieron a enseñar, predicar y ganar almas para Cristo. Eran conocidos como lolardos. Ya en 1300, el nombre lolardo se utilizaba en referencia a algunos en Inglaterra considerados como herejes por los católicos romanos. [15] Obviamente las posiciones defendidas por Juan Wyclef no se originaron en Inglaterra con él. Ya estaban latentes en la sociedad antes de que él naciera. No puede decirse que Wyclef comenzó un nuevo movimiento en Inglaterra; el movimiento ya estaba allí desde antes de su nacimiento. Él simplemente llegó a ser un campeón del movimiento y le dio gran identidad.

Las enseñanzas de Juan Wyclef encontraron simpatía no sólo con la nobleza de Inglaterra, sino también con los creyentes que ya existían allí. Los nobles se sentían atraídos a Wyclef porque su postura les ayudó en la obtención de la independencia política del papado. Los cristianos primitivos fueron atraídos a Wyclef porque oyeron en él muchas de las verdades que habían abrazado por largo tiempo.

Los lolardos fueron enormemente exitosos en Inglaterra. "Se decía que dos hombres no podían ser encontrados juntos y que uno no fuera lolardo o wycliffita". [16] Debido al éxito de los lolardos, la Cámara de los Comunes presentó peticiones al rey Enrique IV pidiendo la modificación de las leyes en su contra. Su respuesta fue una orden firmada por la quema en la hoguera de Thomas Badly, quien fue acusado de negar la transubstanciación. Sir John Oldcastle (Lord Cobham), quien fue un soldado distinguido, fue lolardo. Cuando Enrique V llegó al trono, le quitó el castillo a Sir John y lo quemó a él en la hoguera. Tras la muerte de Oldcastle, "se aprobó una ley que todo el que leyera las Escrituras en inglés perdería sus tierras, los muebles, los bienes, y la vida, y sería condenado como hereje ante Dios, como un enemigo de la corona, y un traidor del reino; que no debía tener ningún beneficio del santuario; y que, si seguía obstinado, o reincidía después de ser indultado, primero debería ser ahorcado por traición al rey, y luego quemado por herejía contra Dios". [17]

Juan Hus (1374-1415)

El nacionalismo también fue creciendo en Bohemia y los checos quisieron salir de la dominación de Alemania y Roma. Las universidades habían llegado a la escena y hubo un intercambio de académicos entre la Universidad de Oxford y la Universidad de Praga.

A Juan Wyclef se le tenía la más alta estima en Bohemia y en ocasiones fue llamado el quinto evangelista. El wycliffismo se expandió y Juan Hus que nació diez años después de la muerte de Wyclef vino a ser su principal portavoz. "El wycliffismo dejó de ser visto en Inglaterra; pero el husitismo, a pesar de la más amarga persecución por los jesuitas, se filtró en puros pero pequeños riachuelos en la historia religiosa de los tiempos modernos, especialmente a través de los moravos de Herrnhut". [18]

Al igual que Wyclef, Juan Hus fue un ávido estudiante de las Escrituras. Ambos abrazaron la doctrina y las prácticas esenciales del cristianismo neotestamentario. Hus llegó a ser jefe del departamento de filosofía en la Universidad de Praga y pastor de la iglesia Belén. El edificio era un gran cubo de tres plantas sin piso. Fue abierto con un púlpito a media altura de una pared lateral. Hus predicaba a cientos. "Su fe y sus habilidades deslumbrantes, con su elocuencia y encanto de modales, trabajaron poderosamente entre la gente ya preparada por las labores de los valdenses que habían estado antes que él". Fueron salvas multitudes y el país pronto se polarizó entre el elemento alemán que apoyó a Roma y los checos que apoyaron las enseñanzas de Wyclef. [19] Muchos esfuerzos católicos fueron lanzados contra Hus pero él estaba relativamente seguro en Bohemia.

Finalmente, el papa quemó públicamente los escritos de Wyclef, excomulgó a Hus y lo citó a comparecer ante el Concilio de Constanza. [20] El rey de Bohemia, la nobleza, la universidad y la mayoría del pueblo apoyaron a Hus y su enseñanza. Él estaba relativamente seguro en Bohemia y no quería ir a Constanza. Hus sabía que los católicos asesinaban a aquellos a quienes excomulgaban. El emperador del Sacro Imperio, Segismundo de Luxemburgo, prometió un salvoconducto a Hus y un trámite de paso hacia y desde la conferencia; pero el emperador no tenía los medios necesarios para garantizar la seguridad de Hus. Cuando llegó a Constanza, los católicos inmediatamente lo llevaron a la cárcel. El obispo simplemente dijo: "Nosotros no cumplimos nuestra palabra con los herejes". [21] Entonces Juan Hus fue condenado por el concilio, y el 6 de julio, de 1415, fue quemado en la hoguera. [22]

Los de Bohemia que abrazaron al cristianismo de siglo primero fueron conocidos como husitas. Los seguidores de Juan Hus fueron llamados Hermanos Bohemios. Estaban enojados por lo que le había sucedido a su líder y continuaron el movimiento con la espada. Provocaron el miedo en los corazones de los alemanes. [23]

OBSERVACIONES

Juan Wyclef y Juan Hus abrazaron la doctrina y práctica del Nuevo Testamento

Debe observarse que tanto Wyclef como Hus simplemente se conectaron a las posiciones cristianas primitivas ya existentes; no se originaron nuevas doctrinas o prácticas. Ninguno comenzó una nueva iglesia o movimiento. Más bien vinieron a ser parte de la línea continua de la doctrina y práctica que se remontaba a Cristo. Eran reformadores radicales.

No es difícil ver que a través de estos hombres la línea ininterrumpida de iglesias verdaderas continuó. Cada uno se conectó a una línea y comunidad de creyentes cuyo linaje espiritual estaba conectado al siglo primero.

Hubo muchos otros reformadores

También se debe observar que hubo otros reformadores. Algunos eran clásicos, otros eran radicales y muchos otros eran contra-reformadores. Todos ellos pusieron presión sobre el papado.

Todos los esfuerzos hacia la reforma encontraron resistencia total e intensificación de la persecución.

Finalmente se observa que todos los esfuerzos hacia la reforma trajeron resistencia por parte del papado. Los papas no querían la reforma o modificación de cualquier forma y manera. En lo que a ellos les concernía, no iba a suceder y harían lo necesario por impedirlo. Al igual que un animal acorralado bajo ataque, a mayor amenaza, más viciosos y radicales, llegaron a ser los esfuerzos de oposición y resistencia. Intensificaron la Inquisición. Los jesuitas fueron enviados a cazar y a matar reformadores y disidentes. Cruzadas fueron iniciadas. Cuando se inició la Reforma Protestante, un ejército católico fue levantado para sofocarla.

La vida para todos, sea que estuvieran en contra o se negaran a ser parte del catolicismo, en realidad empeoró.

La Iglesia Católica Romana no podía parar la reforma

El movimiento para cambiar el sistema no sería negado. La Iglesia Católica fue irremediablemente corrupta en su composición y su práctica. El nacionalismo había llegado. Los líderes seculares ya no tolerarían la dominación y la explotación despiadada de la Iglesia Católica y los papas que idearon tal maldad, dominación y explotación.

En nuestro próximo capítulo veremos cómo el espíritu de reforma maduró hasta ser una Reforma Protestante plena.

[1] Leonard Verduin, *The Reformers and Their Stepchildren (Los Reformadores y Sus Hijastros)*, (Grand Rapids, Michigan: William B. Eerdmans Publishing Company, 1964), 35.
[2] Carl Deimer, Professor, *History of Christianity I (Historia del Cristianismo I)*, Video Lecture 24, Liberty University DLP, 2004.
[3] Philip Schaff, *History of the Christian Church (Historia de la Iglesia Cristiana)*, vol. 6, (Peabody, Massachusetts: Hendrickson Publishers, 2002), 420.
[4] Ibid., 191.
[5] Deimer.
[6] Schaff.
[7] Ibid., 316.
[8] Schaff, 336-337.
[9] Deimer.
[10] E.H. Broadbent, *The Pilgrim Church (La Iglesia Peregrina)*, (Grand Rapids, Michigan: GOSPEL FOLIO PRESS, 1999), 138-140.
[11] Schaff, 317.
[12] Ibid., 319.
[13] Ibid., 341.
[14] Deimer.
[15] Schaff, 350.
[16] Broadbent, 141.
[17] Ibid., 142.
[18] Schaff, 358.
[19] Broadbent, 143.
[20] Ibid.
[21] Deimer.
[22] Broadbent, 144.
[23] Deimer.

Reformación de la Iglesia Católica

Generalmente todos estaban de acuerdo en que debía ocurrir un cambio fundamental en la iglesia católica. Estos fueron tres puntos de vista diferentes sobre el cambio que se necesitaba.

La Reforma Clásica

Este grupo quería reformar la Iglesia a lo que era antes cuando Constantino primero unió a la Iglesia con el estado. Ellos pensaban que las malas prácticas, no la mala teología, habían arruinado a la Iglesia católica. Continuaron abrazando la teología de la iglesia universal, la regeneración bautismal, el bautizo infantil y muchas otras no bíblicas.

La Reforma Radical

Este grupo insistió en las creencias esenciales del Nuevo Testamento y pensaba que todas las iglesias deberían retomar a la doctrina y práctica neotestamentaria del primer siglo.

La Contra-Reforma

Los contra-reformadores meramente querían limpiar el interior de la Iglesia Católica Romana; ellos no querían destruirla. Estaban en contra de iniciar cualquier iglesia fuera de la Iglesia católica.

Reformadores de la Iglesia Católica

Esfuerzos de los Concilios

Los contra-reformadores pensaron que la reforma podría venir a través de los concilios. Un grupo de cardenales llamó a un número de concilios para tratar sobre la reforma, los herejes y el cisma papal. Finalmente el papa Pío II publicó la bula papal *Execrabilis* la cual decretaba que intentar reformar el papado a través de un concilio era herejía.

Guillermo de Ockham (1300-1345)

Este fue un monje franciscano intelectual que enseñó que sólo Cristo es la cabeza de la iglesia. Atacó la riqueza y el lujoso estilo de vida del papado con el argumento de que Cristo y los apóstoles no se adueñaron de propiedad alguna. Sus voluminosos escritos allanaron el camino para la reforma y animó a otros a posicionarse en contra del papado.

Juan Wycliffe (1329-1384)

Este fue un estudioso de Oxford que creyó en la autoridad de las Escrituras. Agredió bastante la doctrina del catolicismo y fue defendido por el duque de Lancaster cuando la iglesia local se levantó contra él. Su mayor impacto fue darle a la gente de habla inglesa la primera Biblia en su propia lengua.

Los Lolardos

Fueron hombres jóvenes que salían de dos en dos por toda Inglaterra enseñando, predicando y ganando almas para Cristo.

Juan Huss (1374-1415)

Este vivió en Bohemia y abrazó las doctrinas y las prácticas esenciales del Nuevo Testamento. Fue pastor de la Iglesia de Belén y multitudes fueron salvas. Cuando fue al Concilio de Constanza fue arrojado en prisión y luego quemado en la hoguera.

Capítulo 27

La Reforma Protestante

La intención de este relato histórico es presentar una imagen equilibrada. Se ha hecho un esfuerzo deliberado para evitar un énfasis indebido en el catolicismo o en el protestantismo. Ambos movimientos definitivos fueron actores en el escenario. Hay muchos que toman la posición de que en la cristiandad sólo hay dos divisiones: los católicos y los protestantes. Eso no es cierto. Como ya hemos visto, hay un tercer grupo llamado cristianos neotestamentarios de siglo primero: aquellos que, desde Cristo hasta la actualidad, se mantuvieron fieles a *"la fe que ha sido una vez dada a los santos,"* **Judas 3**. La comprensión inteligente de los que profesaban la cristiandad desde Jesús hasta el presente no sería posible, sin un conocimiento básico de los tres. La principal intención de este libro ha sido ver los años, con los cristianos neotestamentarios en mente; no obstante, este registro no es únicamente sobre ellos. Está diseñado para presentar también un *conocimiento funcional* de sus contra-partes y los eventos de tiempo que los impactaron y los moldearon tan dramácticamente.

Los cristianos neotestamentarios fueron conocidos por varios nombres mucho antes que hubiera una reforma con sus protestantes. Estos cristianos neotestamentarios preceden al protestantismo, lo que hace imposible llamarlos protestantes. Un gran número de ellos eran doctrinal y prácticamente sanos. En sus esfuerzos por librarse de la terrible tiranía de la opresión católica, algunos se involucraron con diversos elementos del protestantismo; pero no eran protestantes. Mucho antes de que los protestantes iniciaran sus esfuerzos por la reforma, los cristianos primitivos ya estaban en la escena. No estaban ni tratando de salir del catolicismo (pues nunca habían sido parte de él), ni intentando iniciar una nueva iglesia (pues ya eran parte de la línea ininterrumpida de iglesias establecidas por Jesucristo).

El fenómeno protestante se debe examinar porque fue un acontecimiento histórico tan masivo con implicaciones mundiales. En vista de la entidad totalitaria y corrupta en la que el catolicismo se convirtió, la Reforma Protestante fue un desarrollo natural en la historia de la cristiandad. Ya hemos sabido de los intentos de cambio y examinado algunos de los primeros movimientos hacia la reforma. En este capítulo miraremos mayormente a los reformadores clásicos y a los que son los verdaderos protestantes. Esto nos ayudará a identificar y entender mejor la línea de las iglesias neotestamentarias que continuaron a través de esta era. No es tan difícil diferenciarlos de los protestantes. Los protestantes seguramente los identificaron y usaron las mismas tácticas opresivas contra ellos que siempre habían sido empleadas por los católicos.

> **La cristiandad se compone por los cristianos neotestamentarios, los católicos y los protestantes**

LA CONTRA-REFORMA VERSUS LA CLÁSICA

Tenga en cuenta que los reformadores clásicos tenían en mente la sustitución de la Iglesia Católica Romana medieval por una nueva Iglesia muy parecida a la Iglesia del Estado de Constantino. Por el contrario, los contra-reformadores querían conservar y limpiar la Iglesia Católica Romana medieval. No se oponían a la doctrina o las prácticas teológicas del catolicismo. Se opusieron tanto a la corrupción como al poder absoluto del papado. Incluso los estados políticos que eran firmemente católicos no querían que el papa dictara su política y tomara su dinero.

Al reforzarse el nacionalismo en toda Europa, surgieron dos direcciones principales en relación con el cristianismo. Aquellas naciones como España que deseaban la contra-reforma, se independizaron del papado, pero se quedaron firmemente católicas.

Aquellas que deseaban una reforma clásica se independizaron del papado y formaron nuevas Iglesias estatales muy similares a la Iglesia Católica Romana. Estas eran las protestantes.

Desde un punto de vista geográfico, aquellas naciones al norte de los Alpes en general vinieron a ser protestantes, mientras que aquellas naciones al sur de los Alpes permanecieron católicas. Había poblaciones católicas y protestantes dentro de cada nación. En cada caso, un lado o el otro prevalecía y la nación se conocía como católica o protestante. España, Francia, Italia e Irlanda eran predominantemente católicas, mientras que Alemania, Suiza, Inglaterra, Escocia y los países escandinavos eran predominantemente protestantes. Además de los católicos y los protestantes en todas las naciones emergentes, había comunidades grandes y generalizadas de cristianos neotestamentarios que no eran ni católicas ni protestantes. Entre ellas hubo grandes líderes que predicaron la doctrina y prácticas del Nuevo Testamento y fueron los que predicaron contra los males del catolicismo. A pesar de que no estaban tratando de limpiar la Iglesia Católica o salir de ella para comenzar una nueva Iglesia, la historia ha identificado a estos como reformadores radicales. Eran simplemente gente de la línea ininterrumpida que no quería nada más que la libertad para practicar su fe.

BASES PARA LA REFORMA

Hemos visto dos de los primeros reformadores radicales, Juan Wyclef (Inglaterra) y Juan Hus (Bohemia). Recuerde que estos no eran verdaderos reformadores; eran simplemente líderes que predicaban la doctrina y prácticas esenciales abrazadas por los cristianos primitivos neotestamentarios desde el tiempo de Jesús en adelante. Ellos de hecho se identificaron con las comunidades de cristianos primitivos en sus localidades; y debido a sus inmensos éxitos, estas comunidades asumieron sus nombres. En ambos casos, los católicos rigurosamente se les opusieron e hicieron todo esfuerzo para detenerlos, aunque ambos eran populares entre la gente y tenían apoyo limitado dentro de la nobleza.

Los cuantiosos escritos de Juan Wyclef influenciaron a multitudes. Su traducción de la Biblia puso las Escrituras en manos del angloparlante común. "La traducción de la Biblia tuvo su debido efecto y gran número llegó a reconocerla como la única guía de fe y conducta". [1] Las Escrituras tienen un poder esclarecedor. El rey David observó, *"La palabra de Jehová es pura, que alumbra los ojos,"* **Salmo 19:8**. A la luz de la Escritura, los campesinos de Inglaterra se dieron cuenta de que *"Dios no hace acepción de personas,"* **Hechos 10:34**. Despertaron al hecho de que "su esclavitud bajo sus gobernantes lujosos era irreligiosa porque era injusta". [2] Una revuelta campesina liderada por Wat Tyler estalló (1377-1381). Ya que la nobleza y la Iglesia eran propietarias de la tierra y gobernaban a los campesinos principalmente como esclavos, la revuelta unió a la nobleza contra los campesinos. Esta rebelión marcó el principio del fin de la servidumbre en la Inglaterra medieval; [3] aunque, ya que gran parte de los campesinos había abrazado las posiciones de Juan Wyclef, se tomaron medidas fuertes para sofocar el movimiento de Wyclef. Es importante resaltar que Wyclef falleció de muerte natural en 1384, pero sus seguidores se encontraron con el aumento de la opresión de los católicos romanos.

Un escenario similar ocurrió en Bohemia. Después de que Juan Hus fue quemado en la hoguera, muchos de sus seguidores lucharon por la causa que defendía. Durante un tiempo, Jan Zizka lideró una guerra exitosa con la pequeña ciudad de Tabor como su centro militar y espiritual. La nobleza y el campesinado se unieron; pero el papa levantó cruzadas contra ellos, y los husitas fueron finalmente derrotados. [4]

En ambos casos, el éxito de estos cristianos primitivos fue relativamente de corta duración. Los católicos eran capaces de someterlos, pero no fueron capaces de sofocar la demanda de cambio y reforma que crecía en estos países y otros en toda Europa. En los casos de Wyclef y Hus, el deseo era simplemente la libertad de predicar el Cristo de la Biblia y Sus enseñanzas. Ellos no buscaban comenzar una nueva iglesia; querían un avivamiento de la iglesia original.

Otros que buscaban el cambio tenían diferentes motivos. Algunos discreparon ligeramente con la teología de Roma, pero la mayoría quería una nueva Iglesia reformada. Ellos querían una iglesia muy parecida a la católica romana en doctrina y práctica, pero sin la corrupción. Su éxito no vino por completo como consecuencia de su teología o sus esfuerzos de reforma. El deseo nacionalista de la nobleza y de los líderes políticos en el territorio por ser libres del yugo de la opresión papal fue el motor central de la reforma. Algunos de estos fuertes señores feudales estaban dispuestos a respaldar y proteger a los reformadores, no porque simpatizaban con sus mensajes religiosos, sino porque vieron en los reformadores la posibilidad de salir del yugo papal.

El deseo de las iglesias neotestamentarias era el avivamiento, no la reforma

---

MARTÍN LUTERO

Tal fue el caso de Martín Lutero, el famoso reformador alemán. A principios del siglo XVI, España se había unido y era la nación más fuerte de Europa. Francia e Inglaterra se habían distanciado políticamente del papa. Otras naciones emergentes ejercían una mayor independencia de Roma, y el papado sentía el impacto financiero. Mientras otras naciones se alejaron del papado, el papa incrementó la presión sobre Alemania por más ingresos. Los obispos estaban poniendo una presión extrema sobre el pueblo alemán por dinero. [5] El enorme flujo de dinero de Alemania hacia Roma tuvo un importante impacto negativo en la economía alemana.

Federico III

En el momento (principios del siglo XVI), Federico III, elector de Sajonia, fue muy apreciado por su inteligencia, sabiduría y piedad. Aunque Federico era católico acérrimo, estaba impresionado con el nuevo aprendizaje e iluminación de sus días. Los cruzados habían traído copias del Nuevo Testamento griego de Constantinopla, y un renacimiento del aprendizaje y la cultura florecía en Europa. Se ponía menos énfasis en Dios, y una perspectiva mucho más humanista de la vida llegaba a ser la norma. En 1502 Federico fundó la Universidad de Wittenberg. [6]

Wittenberg

Martín Lutero nació en 1483 de estrictos padres alemanes que le dieron una formación piadosa. En 1501 ingresó en la mejor universidad de Alemania (Erfurt) para estudiar derecho. Erfurt estaba cerca de Bohemia, y Lutero fue expuesto a la influencia de Juan Hus. Durante el verano de 1505, en un momento de gran temor durante una tormenta eléctrica, Lutero se comprometió a convertirse en monje si Dios le perdonara la vida. Temprano en su vida, Lutero había visto el vacío de la teología católica. Durante un viaje a Roma, se desilusionó especialmente al ver otros sacerdotes presentar apresuradamente la misa. Se les pagaba por misa, y Lutero se dio cuenta de que toda la operación no era más que un esquema de hacer dinero. En 1511 se trasladó a Wittenberg, donde vivió en un monasterio agustino y obtuvo un doctorado en teología en la universidad. Lutero se interesó intensamente en el evangelio. Ni el papa ni sus mentores agustinos habían sido capaces de darle la paz de su salvación personal. Comenzó a estudiar la Biblia en los idiomas originales y mientras estudiaba Romanos se dio cuenta de que la justificación ante Dios es posible solo por la fe. En 1515 Lutero aceptó la justificación por la fe y determinó pararse firme por Cristo sin importar el costo. Vino a ser profesor de la Universidad de Wittenberg. [7]

Federico III estaba muy impresionado con Lutero y llegó a ser su protector. [8] Hubiera sido imposible que Lutero tuviera éxito, sin la protección que recibió de Federico. Por ejemplo, cuando Juan Hus fue a comparecer ante los católicos, lo quemaron en la hoguera. Cuando Federico vio que los católicos estaban a punto de matar a Martin Lutero, lo secuestró y lo escondió durante un año en el castillo de Wartburg. Lo hizo con gran riesgo para su propia vida; pero tuvo la suficiente fuerza militar y el apoyo de otra nobleza alemana para tener éxito. [9]

> **Lutero pudo tener éxito gracias a la protección de Federico III**

Las indulgencias

La venta de indulgencias llegó a ser el catalizador para la fractura abierta de la Iglesia Católica corrupta. Recuerde que una *indulgencia* católica es esencialmente una licencia de la Iglesia para pecar. Webster dice que, en la Iglesia Católica Romana, una indulgencia es "una liberación de la totalidad o parte de la pena debida en el purgatorio por un pecado". [10]

Mientras Lutero continuaba su cátedra en Wittenberg, el papa
León X, uno de los más mundanos, avariciosos y extravagantes de
todos los papas, construía la Basílica de San Pedro a un costo
enorme. Este papa inescrupuloso emitió una bula papal para la
venta de indulgencias con el objetivo de recaudar fondos para el
proyecto. España, Inglaterra y Francia ignoraron la bula; pero el
débil gobernante alemán, Maximiliano, cedió ante el papa. León
dividió a Alemania en tres distritos y por un precio designó a
Alberto arzobispo de Maguncia y Magdeburgo. El totalmente
corrupto Alberto se endeudó fuertemente con un banco en
Augsburgo para pagar por los obispados. En un acuerdo con el
papa, Alberto tenía permiso para quedarse con la mitad del dinero
de la venta de indulgencias. El banco de Augsburgo respaldó el
acuerdo. El arzobispo Alberto nombró a Johann Tetzel su comisario
y Tetzel empleó subagentes. [11] Tetzel viajó con gran pompa y estilo
por toda Alemania, alabando de forma extravagante la bula papal.
La gente fue piadosamente manipulada a comprar indulgencias
para su propio beneficio y para el beneficio de sus familiares y
amigos fallecidos, "a quienes podrían liberar de sus sufrimientos en
el purgatorio 'tan pronto como el centavo tintineara en la caja'". [12]

Los 95 tesis de Lutero

Esto ocurrió donde vivió Lutero; fue testigo de la actividad
espeluznante. El primero de noviembre fue el día de todos los
santos católicos (cuando todos los santos habían de ser
reconocidos); y de acuerdo con esta doctrina satánica, en la noche
anterior (Halloween) los malos espíritus salían de sus tumbas para
deleitarse. Lutero estuvo trabajando en una respuesta y afrenta a
los males que veía en el catolicismo. Las organizó en forma de *95
tesis* que clavó en la puerta principal de la iglesia de Wittenberg en
la noche del 31 de octubre de 1517. Se eligió esa fecha porque la
fiesta que se celebraba en la iglesia en esa ocasión atraía a profesores,
estudiantes y personas de todos lados. Las tesis atacaron las bases
del catolicismo, incluyendo el purgatorio, así como la posición del
papa. En resumen, sus *95 tesis* dijeron que la salvación es solo por
la sangre de Jesucristo, y que no se puede comprar. [13] Fueron
impresas rápidamente, y dentro de tres meses estaban circulando
por toda Europa. "Sonaban la trompeta de la reforma. Encontraron
una respuesta calurosa con eruditos liberales y enemigos del

oscurantismo monástico, con los patriotas alemanes que anhelaban la emancipación del control italiano, y con miles de cristianos ordinarios...". [14]

RESPUESTA CATÓLICA Y RUPTURA CON ROMA

Excomunión

Muchos estuvieron de acuerdo con Lutero, pero muchos no. Fue atacado inmediatamente por Johann Tetzel, quien además de ser el principal vendedor de indulgencias, también era el principal en un convento dominicano, doctor en filosofía y un inquisidor papal. Los católicos, especialmente los dominicanos, estaban determinados a silenciar a Lutero; sin embargo, Federico III de Sajonia impidió que Lutero cayera en sus manos. Tetzel y otros criticaron a Lutero, pero Lutero continuó escribiendo. En 1520 publicó *El Discurso a la Nobleza Alemana*, en la que demolió la afirmación del papa de que Roma tenía poder espiritual sobre la autoridad temporal. Pronto escribió *La Cautividad Babilónica* en la que desafió al sistema sacramental de Roma. Más tarde ese año, escribió *La Libertad del Hombre Cristiano*, en la que desafió a la teología de Roma y abogó por el sacerdocio de todos los creyentes.

En junio de 1520, el papa León X excomulgó a Lutero con la bula papal *Exsurge Domine*. Lutero recibió la bula que lo declaró hereje y respondió con un tratado en que se burló del papa León X, llamándolo el Anticristo y denunciándolo como "un hereje empedernido, un supresor anticristiano de las Escrituras, un blasfemo...". [15] A cambio, el papa ordenó quemar los escritos de Lutero. A las 9:00 de la mañana del 10 de diciembre de 1520, en presencia de un gran número de profesores y estudiantes, Lutero quemó la bula papal junto con decretales papales, el derecho canónico y otros escritos católicos.

La Dieta de Worms

En 1521 el papa exigió que Carlos V, emperador del Sacro Imperio Romano, obligara a Lutero a una dieta (una asamblea formal) o audiencia en la ciudad de Worms. Por ese tiempo, Lutero había venido a ser tan abrumadoramente popular que los católicos temían hacerle daño corporal. Carlos, junto con cartas de salvoconducto de Federico y otros nobles alemanes, garantizó a Lutero la protección del Imperio. Fue entre el 17 y el 18 de abril de 1521 que Lutero defendió sus escritos anticatólicos ante los notables de su mundo, la mayoría de los cuales estaban empeñados en su destrucción. Él defendió su postura, se negó a retractarse y pronunció las famosas palabras, "¡Esta es mi postura! No puedo hacer otra cosa. ¡Que Dios me ayude! Amén".

El Edicto de Worms

Unos días más tarde se aprobó el Edicto de Worms. Hizo a Lutero un proscrito y colocó a Federico en peligro de sus vecinos católicos. [16] Fue en este momento cuando Federico secuestró a Lutero llevándolo a Wartburg, en un esfuerzo por asegurar su seguridad. El papa exigió oficialmente al emperador alemán que pusiera fin a Lutero y su movimiento; pero la antorcha había sido encendida y no se extinguiría. Los nobles alemanes tomaron partidos. Lutero y otros continuaron escribiendo.

Los campesinos alemanes

Muchos de los campesinos eran cristianos primitivos. Ellos fueron a menudo llamados anabaptistas y en algunos círculos se les conoce como *el bajo mundo medieval*. Este grupo existía antes de la reforma y "tenía su propio poder e ímpetu muy aparte de Lutero... Se puede decir con certeza que una persona no podía pasar el lapso de una vida humana en cualquier lugar de Europa sin entrar en contacto personal con el 'hereje'". [17] "Hay mucha razón en creer que los reformadores estaban al principio en simpatía con gran parte de la herencia antigua de los 'herejes'. Dijeron cosas que animaron los corazones de la gente que habían sido preparados por siglos de doctrina y práctica de primer siglo. Al principio pensaron que los reformadores eran la respuesta a sus oraciones". [18] Pensaron que Lutero iba llegando al lado de ellos y apoyaron sus esfuerzos en un levantamiento contra la nobleza. Estaban equivocados. Cuando Lutero era débil, los necesitaba, pero no estaba dispuesto a alienarse de la nobleza. No creía que la reforma podría sobrevivir sin el apoyo de la nobleza. Lutero necesitaba el apoyo de los fuertes y ricos más que necesitaba el apoyo de los campesinos débiles que eran más compatibles con su doctrina. Traicionó a los campesinos sugiriendo una supresión a mayor escala de su levantamiento. Miles de ellos murieron en la extendida matanza de la Guerra de los Campesinos desde 1523 hasta 1525. [19] Esto tuvo el efecto de hacer la Reforma Protestante de Lutero un movimiento de clase alta y le dio poder para tener éxito contra los católicos.

> **Miles de campesinos murieron en la Guerra de los Campesinos de 1523-1525**

La Confesión de Augsburgo

Después de años de lucha y esfuerzos católicos por erradicar el luteranismo, una conferencia se convocó en Augsburgo, Alemania en el verano de 1530. El 21 de junio a través de una serie de acontecimientos notables, la Confesión de Augsburgo fue firmada por siete príncipes alemanes. Este documento estableció el luteranismo. [20] En 1531 un grupo de príncipes simpatizantes con el luteranismo organizó la Liga de Esmalcalda para la defensa mutua. La Reforma Protestante no sería terminada.

LA REFORMA EXTENDIDA COMO PÓLVORA

Escandinavia

El luteranismo rápidamente se extendió a Escandinavia. Dinamarca siguió las reformas de Lutero. Noruega siguió de cerca y luego Islandia, Suecia y Finlandia. Las ideas de Lutero también se extendieron en Escocia e Inglaterra.

La Reforma Suiza

Ulrico Zuinglio (1484-1531)

Otro reformador protestante principal fue un hombre extremadamente inmoral llamado Ulrico Zuinglio. Profesó a Cristo y llegó a ser un reformador a través de la academia; argumentó que todo debe ser medido por la Biblia. Las enseñanzas de Lutero y las actividades en Alemania habían producido un revuelo significativo en Suiza. En 1523 por sugerencia de Zuinglio, el gobierno de Zúrich decretó un debate público. El objetivo del debate era resolver la controversia entre los reformistas y los católicos sobre la base única de las Escrituras. En los preparativos para el debate, Zuinglio preparó sus famosas *Sesenta y siete Conclusiones*. Sus posiciones eran muy similares a las de Lutero; argumentó en contra de la misa, el purgatorio y las imágenes. El consejo de la ciudad de Zúrich declaró a Zuinglio el ganador del debate y así vino a ser reformado.

Aunque hay similitudes, Zuinglio se diferenció fuertemente de Lutero. Lutero enseñó que hay una verdadera presencia del propio cuerpo y la sangre de Cristo en la celebración de la eucaristía. Zuinglio sostuvo que el pan y el vino son sólo simbólicos del cuerpo y la sangre de Cristo. Esta posición era casi idéntica a la adoptada por Juan Calvino. [21] Debido a los riesgos políticos, en sus debates públicos, Zuinglio no estaba dispuesto a adoptar una posición firme en contra de la presencia literal de Cristo en la eucaristía. El resultado fue la pérdida de algunos de sus seguidores más fuertes.

Al igual que Lutero, Zuinglio mantuvo la unión de la Iglesia y el Estado y el bautismo infantil.

Juan Calvino

Juan Calvino también llevó el movimiento reformado y es mejor conocido por su teología de la gracia soberana, que se construye básicamente en torno a cinco supuestos teológicos principales:

- Total depravación del hombre y

- Una elección incondicional con una

- Limitada expiación e

- Irresistible gracia en la

- Perseverancia de los santos

Calvino era un abogado con sede en Ginebra. A los 26 años publicó una obra titulada *Institución de la Religión Cristiana*, que tuvo una influencia duradera y profunda. También fue un polemista. Al igual que Zuinglio, era intolerante con todos los que no estaban de acuerdo. Ambos eran partidarios de una Iglesia estatal y ambos continuaron la práctica católica de perseguir a sus enemigos, incluso a muerte. [22]

La Reforma Anglicana

Enrique VIII

La reforma en Inglaterra era política, no teológica. El rey Enrique VIII fue considerado como un defensor de la religión católica; no obstante, fue motivado por el lado estatal y no eclesiástico. Enrique quería un hijo. Su padre, Enrique VII, quería que sus hijos se casaran con la realeza. El hijo mayor de Enrique VII, Arturo, se casó con Catalina de Aragón (España). Arturo murió y Enrique VII insistió en que su hijo menor, Enrique VIII se casara con Catalina. El catolicismo prohibía tales matrimonios, pero Enrique arregló una dispensa papal. Como no hubo varones nacidos en esta unión, Enrique VIII quería deshacerse de Catalina para poder casarse con la más joven y linda Ana Bolena. Mientras Enrique todavía estaba casado con Catalina, Ana quedó embarazada por él. Enrique buscó una anulación del papa, quien rechazó la petición con el argumento de que una hija (María, la cual llegó a ser reina de Escocia) ya había nacido de Enrique y Catalina. Enrique declaró a María hija ilegítima y se casó con prontitud con Ana. Isabel nació de Enrique y Ana; pero como Ana no tuvo hijo varón, Enrique mandó decapitarla y se casó con Juana Seymour. [23] Ella murió de una infección poco después de dar a luz a Eduardo. [24] Tres años más tarde, Enrique se casó con Ana de Cleves. El matrimonio fue anulado después de seis meses. [25] Unas semanas más tarde, se casó con Catalina Howard. Ella fue encontrada culpable de traición a causa de la infidelidad y fue decapitada. [26] Enrique se casó con Catalina Parr, quien le sobrevivió. [27]

El Acta de Supremacía

Inmediatamente después de su matrimonio con Ana Bolena, Enrique declaró el *Acta de Supremacía*. Simplemente decía que el rey de Inglaterra era también el jefe de la Iglesia de Inglaterra. El papa excomulgó inmediatamente a Enrique VIII y Ana Bolena.

Después de la muerte de Enrique VIII, Inglaterra vacilaba entre el catolicismo y el protestantismo. El hijo de Enrique, Eduardo VI, introdujo muchos aspectos del protestantismo; pero fue seguido por María, reina de Escocia. Ella se encargó de librar a Inglaterra del protestantismo y es conocida como *María la Sangrienta*. El *Libro de Mártires por Fox*, fue escrito durante el gobierno de María. Su purga en realidad trajo muchos más simpatizantes a la causa protestante. Isabel sucedió a María al trono inglés. En 1559 renovó el *Acta de Supremacía* y revirtió todo lo que hizo María. El papa declaró a Isabel ilegítima y envió a la Armada Española para sacarla del trono. La Armada fue destruida en el Canal de la Mancha por los buques ingleses más pequeños. [28] La nueva Iglesia protestante inglesa fue llamada la anglicana. Doctrinalmente es casi idéntica a la Iglesia Católica Romana.

CONCLUSIÓN

Tenga en cuenta que la Reforma Protestante fue uno de los eventos más abarcadores en la historia del mundo occidental. Este estudio es sólo un breve resumen. Es importante saber algo de ella; pero la Reforma Protestante no es el camino de los cristianos primitivos neotestamentarios que han existido desde Cristo. Los protestantes son recién llegados. No dejaron la Iglesia Católica para unirse a la línea ininterrumpida de iglesias verdaderas. Al contrario, dejaron la Iglesia Católica y comenzaron nuevas Iglesias. Puesto que Jesús prometió que la iglesia que Él inició continuaría en una línea ininterrumpida hasta Su regreso, y puesto que hay una gran brecha de casi 15 siglos entre Jesús y el comienzo de estas Iglesias protestantes, es imposible que una Iglesia protestante pudiera constituir la iglesia que Jesucristo dijo que prevalecería continuamente hasta Su regreso.

No es la intención de este libro hacer demasiado hincapié en las iglesias fuera de esta línea continua; sin embargo, un conocimiento básico funcional de las personas y eventos relacionados, al menos ayuda a proporcionar una mejor comprensión y más clara de aquellas iglesias de esta línea ininterrumpida.

En nuestro próximo capítulo, vamos a echar un vistazo a la historia de la Biblia después de la canonización del Nuevo Testamento. Ese capítulo se seguirá con la información acerca de aquellos cristianos e iglesias de la línea ininterrumpida, durante y después de la Reforma Protestante.

---

[1] E.H. Broadbent, *The Pilgrim Church (La Iglesia Peregrina)*, (Grand Rapids, Michigan: GOSPEL FOLIO PRESS, 1999), 141.

[2] Ibid.

[3] *Wikipedia*, (en.wikipedia.org/wiki/Peasants'_Revolt)

[4] Broadbent, 144-145.

[5] Carl Deimer, Professor, *History of Christianity II (Historia del Cristianismo II)*, Video Lecture 4, Liberty University DLP, 2004.

[6] Philip Schaff, *History of the Christian Church (Historia de la Iglesia Cristiana)*, vol. 7, (Peabody, Massachusetts: Hendrickson Publishers, 2002), 132.

[7] Deimer, Lecture 6.

[8] Schaff.

[9] Ibid., 330-340.

[10] *Webster's New World Dictionary with Student Handbook: Young People's Edition (Diccionario Nuevo Mundo de Webster con Manual Estudiantil: Edición Juvenil)*, s.v. "indulgence," (Nashville, Tennessee: The World Publishing Company, 1973), 361.

[11] Schaff, 148-152.

[12] Ibid., 153.

[13] Deimer, Lecture 6.

[14] Schaff, 167.

[15] Ibid., 247-248.

[16] Gordon Rupp, *The Reformation Crisis (La Crisis de la Reforma)*, ed. Joel Hurstfield, (New York: Harper & Roe Publishers, 1965), 25-26.

[17] Leonard Verduin, *The Reformers and Their Stepchildren (Los Reformadores y Sus Hijastros)*, (Grand Rapids, Michigan: William B. Eerdmans Publishing Company, 1964), 36.

[18] Ibid.

[19] Schaff, 440-449.

[20] Ibid., 698-699.

[21] Ibid., 669-678.

[22] Deimer, Lecture 9.

[23] Ibid., Lecture 11.

[24] *Wikipedia*, (en.wikipedia.org/wiki/Jane_Seymour).

[25] *Ibid.*, /wiki/Anne_of_Cleves.

[26] *Ibid.*, /wiki/Catherine_Howard.

[27] *Ibid.*, /wiki/Catherine_Parr.

[28] Deimer, Lecture 11.

Martín Lutero

Año	
1483	Martín Lutero nació en Eisleben de padres alemanes estrictos quienes le dieron un entrenamiento devoto (10 de noviembre del 1483)
1501	Lutero entró a la mejor universidad en Alemania (Erfurt) para estudiar derecho
1502	Federico III, Elector de Sajonia, fundó la universidad de Wittenberg
1505	En un momento de terror durante una tormenta relampagueante, Lutero juró que si Dios le perdonaba la vida se volvería monje
1511	Lutero se trasladó a Wittenberg, donde vivió en un monasterio agustiniano y obtuvo un doctorado en teología en la universidad. Lutero llegó a interesarse intensamente en el evangelio.
1515	Lutero aceptó la justificación por fe y determinó defender a Cristo sin importar el costo
1517	Las 95 Tesis - Lutero estuvo trabajando en una respuesta y afrenta a los males que vio en el catolicismo. Organizó sus argumentos en forma de 95 tesis, las cuales clavó en la puerta principal de la iglesia de Wittenberg (31 de octubre del 1517)

Martín Lutero

Año	
1520	AñoLutero publicó *A la Nobleza Cristiana de la Nación Alemana*, en la cual demolió la afirmación del papa acerca de que Roma tenía poder espiritual sobre la autoridad temporal
	Poco tiempo después escribió *el Cautiverio Babilónico*, en el cual desafió el sistema sacramental de Roma
	Más tarde en ese año, escribió *La Libertad de un Cristiano*, en la cual desafió la teología de Roma abogando por el sacerdocio de cada creyente
	El papa León X, excomulgó a Lutero con la bula papal *Exsurge Domine* (junio de 1520)
	En presencia de un gran número de estudiantes y profesores, Lutero quemó la bula papal junto con decretales papales, la ley del canon y otros escritos católicos (10 de diciembre de 1520, a las 9:00 am)
1521	La Dieta de Worms - El papa ordenó a Carlos V, emperador del Sacro Imperio Romano, forzar a Lutero a convocar una dieta (una asamblea formal) o una audiencia en la ciudad de Worms

Una historia de las iglesias

Martín Lutero

Año	
1521	Lutero defendió sus escritos anticatólicos ante las personas notables de su mundo, la mayoría de los cuales estaban empeñados en su destrucción. El pronunció las famosas palabras, *"No puedo hacer otra cosa; esta es mi postura! ¡Que Dios me ayude! Amén".* (17-18 de abril de 1521)
	Unos pocos días después, fue aprobado el *Edicto de Worms*. El mismo hizo a Lutero un proscrito de la ley y puso en peligro a Federico de sus vecinos católicos.
1523	Guerra de los Campesinos (1523-1525) - Pensaron que Lutero estaba de su parte y apoyaron sus esfuerzos en un levantamiento contra la nobleza.
1525	Traicionó a los campesinos y aconsejó una supresión a mayor escala de su levantamiento. Miles de campesinos murieron en la guerra.
1530	Las *Confesiones de Augsburgo* fueron firmadas por siete príncipes alemanes. Este documento estableció el luteranismo (21 de junio de 1530)
1531	Un grupo de príncipes simpatizantes con el luteranismo organizaron la Liga de Esmalcalda para la defensa mutua. La Reforma Protestante no sería eliminada.
1546	Lutero muere en Eisleben el 18 de febrero de 1546

Rey Enrique VIII

El rey Enrique VIII fue considerado como un defensor de la religión católica. Sin embargo, fue motivado por el lado del Estado y no por el de la iglesia. Su padre, Enrique VII, quería que sus hijos se casaran con la realeza. Estas fueron sus esposas.

Catalina de Aragón (España) - Esposa del hermano mayor de Enrique, Arturo. Cuando este murió, Enrique se casó con Catalina por la petición de su padre. Enrique tenía 17 años. Ella no tuvo herederos varones. Tuvo una hija llamada María. Hizo que María fuera declarada ilegítima, y se anuló el matrimonio. (Casados desde junio de 1509 - 1533) [1]

Ana Bolena - Fueron casados secretamente después de que saliera embarazada de Isabel. Ella no tuvo ningún hijo varón y solo una hija. Fue encontrada culpable de adulterio, incesto y alta traición. Ana fue decapitada. (Casados desde enero de 1533 - mayo de 1536) [2]

Juana Seymour - Enrique se casó con ella once días después de la ejecución de Ana. Murió poco después de dar a luz a un varón llamado Eduardo. (Casados desde mayo de 1536 - octubre de 1537) [3]

Una historia de las iglesias

---

[1] *Wikipedia*, (en.wikipedia.org/wiki/Henry_VIII_of_England).
[2] Ibid., /wiki/Anne_Boleyn.
[3] Ibid., /wiki/Jane_Seymour.

Rey Enrique VIII

Ana de Cléves - Tres años después, Enrique se casó con Ana de Cléves. El canciller del rey, Thomas Cromvell, urgió esta unión. Después de seis meses, el matrimonio fue anulado. (Casados desde enero de 1540 - julio 1540) [4]

Catalina Howard - Se casaron unas pocas semanas después de anular el de Ana. Enrique era de 49 años y ella rondaba 19. Fue encontrada culpable de traición por causa de infidelidad. Fue decapitada en la Torre de Londres. (Casados desde julio de 1540 - febrero de 1542) [5]

Catalina Parr - Ella llamó la atención de Enrique en la casa de su hija (María). Se casaron en una modesta ceremonia. Enrique falleció en enero de 1547 a la edad de 55, mientras ella falleció en septiembre de 1548 a la edad de 36. (Casados desde julio de 1543 - enero de 1547) [6]

La reforma en Inglaterra fue política, no teológica. En 1534, Enrique rompió con la Iglesia Católica Romana al declarar el Acta de Supremacía, que lo hacía a él la *Cabeza Suprema de la Iglesia de Inglaterra*. El papa de inmediato excomulgó a Enrique y a Ana Bolena.

---

[4] Ibid., /wiki/Anne_of_Cleves.
[5] Ibid., /wiki/Catherine_Howard.
[6] Ibid., /wiki/Catherine_Parr.

Capítulo 28

Poner la Biblia en las Manos de la Gente

La Biblia es la auto-revelación de Dios. Es el manual del propietario del cristianismo. Sin ella los cristianos están sin brújula. **Salmo 119:130** declara de Dios, *"La exposición de tus palabras alumbra; hace entender a los simples".* La verdad libera de la oscuridad de la ignorancia y del abismo insondable de males que la acompañan. Todas las afirmaciones cristianas dependen de la Biblia. El cristianismo es lo que Dios dice que es en la Biblia. Sin la Biblia, el cristianismo no es más que lo que el hombre dice que es, y cada cual tiene sus propias opiniones. La Biblia hace inmutable al cristianismo; la tradición lo hace evolutivo. Satanás siempre ha tratado de alejar al cristianismo de sus fundamentos. A lo largo de los siglos, hubo una batalla en curso por la Biblia.

Satanás ha utilizado un desfile interminable de hombres y métodos para mantener la palabra de Dios alejada de los hombres; sin embargo, a pesar de cientos de años de enormes esfuerzos por evitar que llegue a la gente, ha fracasado. Ha llegado a las masas y ningún libro ha estado ni siquiera cerca de impactar tantas vidas como lo ha hecho la Biblia. Desde la finalización del Nuevo Testamento, hace casi dos milenios, nada ha sido más provechoso que la Biblia para cambiar el curso de la historia humana. Es más, el Antiguo Testamento de la Biblia fue el actor principal en el gran escenario de la vida durante casi dos milenios antes del Nuevo Testamento.

El primer ataque registrado por Satanás estaba en contra de la palabra de Dios. La primera vez la cuestionó y luego la negó rotundamente, **Génesis 3:1-4**. Él nunca ha dejado esta práctica. Desde el inicio de la iglesia de Jesús en Jerusalén, la historia de la Biblia se entreteje en la historia del mundo. Ya hemos hablado de su finalización y canonización. Ahora vamos a resumir brevemente cómo Dios ha preservado Su Palabra a través de los siglos y la ha llevado al hombre moderno, sobre todo en el idioma español.

> **A través de los siglos, hubo una batalla en curso por la Biblia**

LA LUZ EXTINGUIDA

El oscurantismo

El período de tiempo entre la caída de Roma en el año 410 y el renacimiento del aprendizaje que emergió de las Cruzadas se conoce generalmente como el oscurantismo. Fechar al oscurantismo siempre ha sido algo variable, pero no hay duda de que la invención de la imprenta mecánica por Johannes Gutenberg en 1439 y su impresión de la Biblia entre 1454 y 1455, [1] fue un avance en la apertura de los ojos del mundo. No es coincidencia que este periodo conocido como el oscurantismo representa la cúspide de la Iglesia Católica. El catolicismo gobernó con mano dura durante el oscurantismo. Los obispos de Roma insistieron en que tenían un reclamo exclusivo de Dios y que servían como Sus portavoces (los vicarios de Dios). [2]

Las Escrituras prohibidas al hombre común

En la última parte del oscurantismo, la política católica prohibió la lectura de la Biblia por el hombre común. La Iglesia Católica también censuró muchos otros libros. [3] Los apologistas católicos niegan esta realidad; no obstante, la prueba es innegable. El respetado académico Philip Schaff escribió: "El sínodo de Toulouse, en 1229, presidido por el legado papal, celebró la clausura de las cruzadas albigenses y perfeccionó el código de la inquisición. Tiene una distinción poco envidiable entre los grandes sínodos por su decreto que prohibía a los laicos tener la Biblia en su posesión". ⁴ El canon 14 del Sínodo de Toulouse prohibió a los laicos tener en su posesión cualquier copia de los libros del Antiguo o del Nuevo Testamentos en lengua vulgar, con la excepción de los Salmos y algunos pasajes que trataran sobre María. ⁵ La lengua vulgar significa un idioma común entre la gente. ⁶ En 1234 el Sínodo de Tarragona emitió una prohibición similar. Es más, a través de los años desde aquellos sínodos, la Iglesia Católica ha mantenido una perspectiva crítica de las Biblias y materiales publicados fuera de su jurisdicción. ⁷ No puede ser negado exitosamente que la Iglesia Católica tiene una historia de suprimir los esfuerzos por poner la Biblia en las manos de las masas de la gente ordinaria.

La Biblia en griego

Por cientos de años, las únicas copias de las Escrituras fueron manuscritas. Aquellas copias fueron casi exclusivamente en hebreo, griego o latín. Es más, sólo eran unas pocas copias completas. (Una copia completa era llamada códice.) Extendido por todo el oriente y el occidente estaban "unos 5000 manuscritos griegos que contenían la totalidad o parte del Nuevo Testamento". ⁸ Había muchos otros fragmentos. La mayoría de ellos se encontraban en manos de las autoridades de la Iglesia del Estado, pero no todos. Los cristianos primitivos tenían copias limitadas.

Las traducciones primeras de la Biblia

Por el 405 Jerónimo tradujo la Biblia al latín. Antes de Jerónimo, había muchas traducciones latinas; la tarea de Jerónimo fue producir una traducción latina estandarizada. ⁹ Durante los primeros siglos, traducciones de porciones del Nuevo Testamento también aparecieron en siríaco, copto, gótico, armenio, georgiano, etíope, eslavo antiguo y otros idiomas. ¹⁰

Antes de la llegada de un Nuevo Testamento griego en el occidente, una de las traducciones más notables de la Biblia fue por Juan Wyclef. Wyclef era un poderoso defensor de las Escrituras "como la autoridad principal y absoluta en asuntos de fe y moral, y mantuvo la conveniencia de que fuera hecha accesible generalmente a los cristianos". ¹¹ Alrededor de 1384 Juan Wyclef y sus asociados tradujeron la Biblia al inglés. [12] Estas traducciones son del latín y siguen de cerca a la Vulgata. [13] Ya que las traducciones no eran de los idiomas originales, contenían muchos errores. También salieron en un momento en que el papado, que se opuso a la disponibilidad de las Escrituras para el hombre común, gobernaba con mano de hierro. No obstante, la traducción de Wyclef fue una tremenda contribución al pueblo de habla inglesa y plantó la semilla para futuras traducciones.

> **Por el 405 Jerónimo produjo una traducción latina estandarizada de la Biblia**

EL NUEVO TESTAMENTO GRIEGO DE ERASMO

Erasmo

Desiderio Erasmo (1465-1536) fue un monje que quería reformar la Iglesia Católica desde dentro. También fue un destacado erudito griego. Erasmo produjo una edición crítica del Nuevo Testamento griego que fue publicada por Johann Froben en Basilea el 1 de marzo de 1516. Esta fue la primera edición del Nuevo Testamento en griego. [14] Antes de la obra de Erasmo, el Nuevo Testamento estaba disponible para los occidentales solo en latín, principalmente la traducción Vulgata de Jerónimo, que estaba a un paso de la lengua original. La obra de Erasmo dio a los académicos la capacidad de estudiar la palabra de Dios directamente desde la lengua original. Debido al número limitado de manuscritos originales que Erasmo usó (no más de cinco), el Nuevo Testamento en griego contenía muchos errores (muchos de los cuales fueron corregidos después). Aun así, su Nuevo Testamento griego fue un gran paso para llevar finalmente las Escrituras al hombre común. Dio a otros estudiosos la herramienta que necesitaban para traducir la Biblia a lenguas vulgares o comunes. Después que se publicó el Nuevo Testamento griego de Erasmo en 1633 por un editor emprendedor llamado Elzevir, llegó a ser conocido como *Textus Receptus*. Desde entonces, otros textos griegos con base en muchas más fuentes han surgido; sin embargo, ninguna ha revelado errores sustanciales en el *Textus Receptus*, que sigue siendo considerada por muchos como confiable y autoritativa. Es de destacar que Erasmo fue calificado como un hereje; no obstante, él seguía siendo católico romano. [15]

La imprenta de tipo movible produjo consecuencias trascendentales para la cultura y la civilización occidental. "Antes de 1500, Biblias habían sido impresas en varias de las lenguas vernáculas principales de Europa Occidental - bohemio (checo), francés, alemán e italiano". [16] Fue la producción por Erasmo del Nuevo Testamento griego, lo que allanó el camino para traducciones precisas de la Biblia. Ese documento les dio a los eruditos griegos un enlace directo con el idioma original del Nuevo Testamento; ya no eran dependientes de una fuente secundaria.

> **Textus Receptus es la primera edición del Nuevo Testamento griego**

Lutero

Mientras que Martín Lutero fue secuestrado por su propia seguridad en Wartburg, tradujo el Nuevo Testamento al alemán directamente de la obra de Erasmo. La Biblia ya había sido traducida al alemán directamente de la Vulgata latina. El impacto de la traducción basada en la Vulgata fue mínimo. La Biblia de Lutero fue impresa por primera vez en 1534, y el impacto fue fenomenal. Él "trajo la enseñanza y el ejemplo de Cristo y los apóstoles a la mente y el corazón de los alemanes en una reproducción realista... Hizo de la Biblia un libro para la gente en la iglesia, la escuela y la casa... De aquí en adelante la reforma ya no dependía de las obras de los reformadores, sino del libro de Dios, que todo el mundo podía leer por sí mismo como su guía diaria en la vida espiritual". [17]

UN BREVE ESTUDIO SOBRE EL ORIGEN, LA HISTORIA Y LAS FUENTES DE LA TRADUCCIÓN DE LA BIBLIA REINA-VALERA

Biblias antiguas españolas

Cerca del año 1260, el rey Alfonso X de Castilla comisionó varios académicos a que hicieran una traducción al castellano del Antiguo Testamento. Los académicos tradujeron directamente de la Vulgata usando el texto Masorético para comparar y cotejar. Varias copias todavía se preservan en El Escorial en España. Esta Biblia, conocida como **La Biblia Alfonsina** llegó a ser muy popular sobre todo entre los judíos sefardíes de esa era.

En 1430, se publicó una obra que llegó a ser conocida como **La Biblia de la Casa de Alba**. El duque de Alba, Don Luis de Guzmán había comisionado al Rabí Moisés Arragel a que hiciera una traducción del Antiguo Testamento del hebreo y arameo. Uno de los aspectos muy interesantes de este Antiguo Testamento es que Arragel incluyó un comentario sobre el texto en letras muy pequeñas sobre el margen de las páginas. Esta costumbre de poner notas marginales, llegó a ser un tremendo problema siglos después porque ciertas de ellas llegaron a filtrarse y aun a ser incluidas como parte del texto bíblico mismo.

La edición original de La Biblia de la Casa de Alba fue una obra de arte bellamente ilustrada y caligrafiada. Los libros se ordenaron según el canon judío y el texto se distingue por la pureza de su lenguaje. Tardó doce años en realizarse y llegó a ser una de las ediciones del Antiguo Testamento mejor redactadas para ese tiempo.

Hubo otras versiones parciales de la Biblia que fueron publicadas en años siguientes a la Biblia de Alba, ya sea de Antiguos Testamentos, Nuevos Testamentos o combinaciones parciales de las dos cosas y merece mencionar algunos ejemplares simplemente por razones históricas.

La Biblia de Quiroga fue un Antiguo Testamento hecho a base de la Vulgata Latina y no de los idiomas originales. En 1527, el Cardenal Quiroga obsequió un ejemplar al Emperador Felipe II y de ahí su nombre.

En 1553, apareció un Antiguo Testamento traducido por judíos españoles y portugueses quienes se habían establecido en Ferrara, Italia. La traducción se hizo a base de los textos hebreos y arameos y aunque muy literal y plagada de hebraísmos fue el Antiguo Testamento que más se usó por cerca de 260 años. Casiodoro de Reina lo utilizó mucho para hacer su traducción. Tiene la fama de haber sido el primer ejemplar de las Escrituras impreso en castellano. Se conoce como **La Biblia de Ferrara**.

Una versión parcial, conocida como **Evangelios y Epístolas,** apareció en 1450, traducida del latín por Martín Lucera. **Los Evangelios Litúrgicos** de Juan López se publicó en 1490 y **Los Cuatro Evangelios**, obra hecha con el fin de evangelizar a los musulmanes del sur de España se publicó cerca de 1492 por el monje benedictino Juan de Robles.

La mayoría de los Nuevos Testamentos anteriores al siglo XVI fueron traducciones directas de la Vulgata Latina con pocas excepciones.

Francisco de Enzinas

Uno de los principales personajes en la traducción de las Sagradas Escrituras es Francisco de Enzinas (1520-1553), nacido de una familia rica y aristocrática de Burgos, España. Educado en la Universidad de Louvain en Bélgica, llegó a ser un gran erudito en griego (1539). En 1541 se mudó a Wittenberg donde conoció y llegó a tener una buena relación con el reformador Felipe Melancton. Melancton aconsejó a Enzinas a que éste tradujese el Nuevo Testamento al español tomando en cuenta la maestría del griego que Francisco tenía. Después de trabajar arduamente por más de dos años, Francisco de Enzinas publicó su obra titulada: **"El Nuevo Testamento, o sea el Nuevo Pacto de nuestro único, Redentor y Salvador Jesucristo, traducido del griego al idioma castellano".** Esto ocurrió en Amberes en 1543. Este trabajo abrió la puerta para un nuevo sistema de traducción que facilitó la tarea a los que vendrían después. Fue aprisionado en Bruselas por orden de la Inquisición, pero pudo huir hacia Amberes y en 1545, huyó a Wittenberg y de ahí a Inglaterra. En Inglaterra, se presentó delante del Arzobispo de Canterbury, Thomas Cranmer, el primer protestante que ocupase ese puesto, y delante del Lord Protector, bajo recomendación directa del mismo Felipe Melancton. En 1548 se le confió el Departamento de Griego en la Universidad de Cambridge. Desafortunadamente su mala salud le forzó a regresar a Europa en 1550 y murió de la plaga en 1553 en Estrasburgo, Francia a la edad de 33 años.

Enzinas murió sin saber lo que había logrado. La publicación de su Nuevo Testamento había sido sólo el primer peldaño en una gloriosa odisea. Casi todos los ejemplares de su Nuevo Testamento fueron quemados por la Inquisición. Sin embargo, algunos llegaron a España y sirvieron como punto de partida para hombres como Juan Pérez de Pineda.

Dr. Juan Pérez de Pineda

Juan Pérez de Pineda nació alrededor de 1490. De buena familia y grado noble, sirvió como diplomático de negocios especiales en Roma, representando al gobierno de Carlos V en 1526. Después de la invasión española de Roma en 1527, Pérez regresó a España y llegó a ser el Rector del Colegio de Doctrina y Teología en Sevilla. Sevilla era uno de esos centros de experimentación ideológica muy raros en España. En los pasillos de las universidades, abundaban las discusiones sobre asuntos de interpretación teológica. Bajo este trasfondo Pérez encontró a Cristo en una pequeña congregación protestante bajo la dirección de Rodrigo de Valer. Allí también el Dr. Juan Gil encontró a su Salvador y fue casi inmediatamente encarcelado. Fue durante esta persecución que Pérez huyó a Ginebra, Suiza y de allí a Frankfurt, Alemania. Siendo un experto en lenguajes, Pérez comenzó una traducción del Nuevo Testamento al español usando el texto griego, pero apoyándose fuertemente en la obra de Enzinas. B. Foster Stockwell considera que del 80% al 95% de la obra de Pérez era una revisión del Nuevo Testamento de Enzinas, sin embargo, el notable historiador, crítico y literato español, Menéndez Pelayo escribe: "...las modificaciones que Pineda introdujo a la versión de Enzinas la mejoró en muchas formas. En nuestra opinión la versión de Juan Pérez de Pineda es la mejor de las versiones castellanas antiguas del Nuevo Testamento".

La versión de Juan Pérez de Pineda se tituló: **"El Testamento Nuevo de nuestro Señor y Salvador Jesucristo, nueva y fielmente traducido del original griego en romance castellano"**. Fue publicada en Ginebra en la imprenta del famoso Jean Crespín en 1556 aunque la portada de la obra dice que fue en Venecia en el taller de un tal Filadelfo. Sin duda, Pérez hizo esto para despistar a las autoridades de la Inquisición. George Bounant, John E. Lonhurst, y E. Drog han autenticado las credenciales de imprenta de Jean Crespín. Todas las obras de Pérez de Pineda llevan su característica "Y" griega en su página de título. Además de su traducción del Nuevo Testamento Juan Pérez tradujo el libro de los Salmos directamente del texto masorético en 1557.

Sus obras fueron introducidas a España en contrabando por el famoso colportor Julián (Julianillo) Hernández. La mayor parte del trabajo impreso original del Nuevo Testamento de Pérez fue confiscado y quemado por la Inquisición. Sin embargo, algunos ejemplares sobrevivieron y existen en museos y colecciones privadas en España, Suiza e Inglaterra. Pérez fue quemado en efigie en Sevilla en 1560, sin embargo, él murió de causas naturales en París varios años después.

Antes de morir, Pérez autorizó en su último testamento que lo que quedara de su fortuna financiera fuese utilizado para la publicación de la Biblia completa, la cual estaba en esos momentos siendo traducida por Casiodoro de Reina.

Casiodoro de Reina

Casiodoro, contemporáneo de Pérez de Pineda y de Cipriano de Valera, nació cerca del año 1520 en las regiones de Reina en Andalucía, España. La Inquisición fija su lugar de nacimiento en el pueblo de Montemolín aunque Casiodoro tomaría el nombre de la aldea de Reina como su apellido, posiblemente para despistar a la Inquisición del paradero de sus familiares en Montemolín. Fue criado en un ambiente estrictamente católico y se educó en la Universidad de Sevilla. Después de sus estudios, ingresó al Monasterio de San Isidoro del Campo en lo que es Santiponce en las afueras de Sevilla. Era experto en los lenguajes antiguos y aunque dominaba el griego con más facilidad también usaba el hebreo con igual destreza.

Algunos historiadores rumoran que es posible que su familia haya sido de descendencia hispano-judía y que, por temor a las persecuciones de la Inquisición contra los judíos, la familia había cambiado de nombre y se habían bautizado en la fe católica. La Enciclopedia Sopena Universal refiere a Casiodoro como un "hebraizante" o sea de descendencia hebrea.

El monasterio de San Isidoro del Campo se caracterizó por su ambiente teológico progresista. Más que en cualquier otro lugar en España, con la excepción tal vez de la Universidad de Sevilla, en San Isidoro se discutían las posiciones doctrinales de Lutero, Calvino, Melancton, y sobre todo las obras de Erasmo eran minuciosamente examinadas. Las ideas y doctrinas de los reformadores influenciaron mucho el pensamiento de la mayoría de los monjes de este claustro. Algo sucedió en el verano de 1557 que cambió para siempre el tono de la historia de la reforma en España.

El antes mencionado colportor y contrabandista de libros y obras protestantes, Julián (Julianillo) Hernández llevó unos libros para distribución en Sevilla. Desafortunadamente en esa parte de Sevilla se encontraban dos personas con el mismo nombre. Julianillo Hernández cometió el trágico error de entregar un libro de contenido teológico muy delicado a la persona equivocada. Inmediatamente, la Inquisición lanzó una investigación y la pista les llevó al monasterio de San Isidoro. Los monjes tuvieron que hacer una gran decisión; o se quedaban y trataban de convencer a las autoridades de su inocencia o huían para siempre de España. Antes del otoño de 1557, 22 de los 44 habitantes del Monasterio de San Isidoro del Campo huyeron. Entre ellos, Cipriano de Valera, Antonio del Corro, Casiodoro de Reina, el fraile principal, el rector y otros más. Se dirigieron hacia Ginebra en Suiza por caminos distintos para despistar a los agentes de la Inquisición que los buscaban por todas partes. La mayoría pudo llegar a Ginebra, incluyendo a Casiodoro de Reina y Cipriano de Valera. Otros fueron capturados, entre ellos Julianillo Hernández. Éstos fueron llevados al Castillo de San Jorge al otro lado del Río Guadalquivir en el barrio de Triana en Sevilla. Allí fueron acusados, enjuiciados y torturados. Después fueron llevados al centro de la ciudad de Sevilla y quemados en un Acto de Fe en la plaza de San Francisco. Estos lugares todavía existen como testigos silenciosos de las atrocidades del sistema romanista contra estos héroes de la fe.

Casiodoro de Reina quiso ir hacia Inglaterra desde Ginebra, pero el hecho de que María I, también conocida como María La Sangrienta (Bloody Mary) estaba ocupando el trono en Inglaterra, impulsó a Casiodoro a viajar a Frankfurt en Alemania. Cuando Isabel (Elizabeth I) subió al trono en Inglaterra en 1558, Casiodoro junto con muchos que habían huido de las persecuciones de María se trasladaron a Inglaterra. Allí, con el permiso de la Reina Isabel (Elizabeth) fundaron una iglesia hispana. Casiodoro había comenzado su traducción de la Biblia para este entonces y todo parecía ir bien. Sin embargo, debemos recordar que cada uno de estos hombres, desde Francisco de Enzinas hasta Cipriano de Valera tendría que hacer su trabajo bajo la constante amenaza de la Inquisición.

En 1563, terribles acusaciones de adulterio y sodomía fueron lanzados en contra de Casiodoro y éste tuvo que huir de Inglaterra mientras su caso se investigaba. Este fue un ataque cobarde de parte de las fuerzas de la Inquisición. Documentos que han sido hallados recientemente comprueban que agentes dobles fueron sobornados para difamar la reputación de Casiodoro.

Los próximos 6 años serían de mucha prueba y dificultad para Casiodoro, viajando constantemente de Amberes a Frankfurt y de Estrasburgo a Ginebra. Pudo operar un comercio en seda ayudado por su esposa para poder sufragar muchos de sus gastos. En diciembre de 1566, nació su primer hijo, Marcos, en Basilea, Suiza. La traducción de la Biblia estaba ya casi terminada y en 1568 se inició la impresión de la misma en Basilea, Suiza. Parte de los gastos de la imprenta fueron pagados por Marcos Pérez, de la familia de Juan Pérez de Pineda, quien había dejado herencia para la impresión de la Biblia completa. El 6 de agosto de 1569 la obra se terminó y las Biblias fueron distribuidas. Aunque muchas se perdieron y fueron destruidas algunas todavía permanecen

Después de la publicación de la Biblia, Casiodoro recibió invitaciones para pastorear diferentes grupos, sin embargo, los cargos pendientes en Inglaterra le impedían hacerlo. Por fin en 1578 viajó hacia Londres vía Amberes. El 18 de diciembre de 1578 su juicio se llevó a cabo en el palacio Lambeth, residencia oficial del Obispo de Londres. Nadie se presentó para confirmar o afirmar los cargos y el Arzobispo de Canterbury, Edmund Grindal lo absolvió completamente en 1578. Casiodoro volvió a Amberes y pastoreó la iglesia allí hasta que la ciudad fue atacada por los españoles en 1585. Casiodoro hizo el papel de Moisés llevándose a toda la congregación de Amberes, Suiza a Frankfurt, Alemania donde vivió el resto de su vida en relativa felicidad. Casiodoro de Reina murió el 15 de marzo de 1594 en Frankfurt, pero el lugar de su sepultura permanece en un misterio hasta hoy.

La Biblia de Casiodoro de Reina titulada: **"La Biblia, Que es, Los Sacros Libros del Viejo y Nuevo Testamento, trasladada en Español"**, es mejor conocida como "La Biblia del Oso," por la figura en la portada de un oso buscando miel de un panal. Esta traducción es considerada por eruditos religiosos y seculares como una de las joyas de la literatura española de todos los tiempos y puesta al mismo nivel que las obras del gran Cervantes y otros. Casiodoro, como los demás traductores nunca supo la magnitud de lo que había hecho. Su único interés era que el pueblo de habla castellana en Europa leyera la Biblia en su idioma. Él nunca se imaginó que su traducción ganaría millones de almas para Cristo y que su esfuerzo se realizaría verdaderamente cuatro siglos después en un continente muy lejos de donde él había vivido.

Cipriano de Valera

Cipriano, el otro protagonista mayor de esta tremenda odisea nació en Valera la Vieja en la provincia de Badajoz, España cerca del año 1531 ó 1532. La historia registra que estudió en la Universidad de Sevilla y que junto con Casiodoro de Reina ingresó al Monasterio de San Isidoro del Campo en las afueras de Sevilla. Cipriano sintió inmediatamente los efectos de la reforma y en 1557 juntamente con Casiodoro y los demás monjes huyeron hacia Ginebra. Cuando Isabel (Elizabeth I) subió al trono inglés, Cipriano se trasladó a Londres y de allí a la ciudad universitaria de Cambridge. En 1559, se graduó de esa prestigiada institución con un Bachillerato en Teología. Inmediatamente fue nombrado Socio del Colegio Magdaleno de Cambridge por orden de la misma Reina Isabel (Elizabeth). El 12 de junio de 1563 recibió su Maestría (Master) en Ciencias y Letras.

Durante este tiempo Cipriano se casó con una joven inglesa y en 1565 ingresó a la Universidad de Oxford donde fue conocido por su habilidad lingüística habiendo dominado por lo menos diez idiomas. Cipriano publicó muchas obras de apología, sin embargo, su gran contribución a la historia fue su traducción del Nuevo Testamento publicado en 1596 y la revisión de la traducción de la Biblia hecha por su buen amigo y colega Casiodoro de Reina. Esta revisión se publicó en 1602 y por admisión del mismo Cipriano ocupó veinte años en hacerla.

En efecto, el trabajo de Cipriano fue mucho más que una simple revisión: fue un trabajo de traducción completo, usando los textos masoréticos hebreos para el Antiguo Testamento y textos de la línea Erásmica para el Nuevo Testamento, usando la traducción de Casiodoro como patrón. Cipriano tuvo tanta admiración y respeto para con la obra de Casiodoro, que tituló la suya: **"La Biblia, que es los Sacros Libros del Viejo y Nuevo Testamento, Segunda Edición"**. Cipriano se dio cuenta que la obra de Casiodoro era tan completa, que solamente necesitó unas cuantas modificaciones.

Cipriano vivió la mayor parte de su vida en Inglaterra, donde se dedicó a enseñar en el Colegio Magdaleno de Oxford. Allí enseñó teología y lenguajes y también sirvió como tutor privado a varios alumnos notables de su tiempo.

Se ignora la razón por la cual su revisión de la Biblia haya sido publicada en 1602 desde Ámsterdam, Holanda. Siendo que no había ninguna presión política, ni persecución inminente en Londres, podemos suponer que la única razón haya sido la disponibilidad de un taller o imprenta lista para emprender una labor tan grande. De cualquier modo, salió de Inglaterra y no se supo más de él después de la publicación de la Biblia en 1602.

Como podemos ver, éstos no eran super-hombres. Eran simples hombres a quienes el Espíritu Santo había encomendado una gran tarea: ¡Poner en las manos del pueblo de habla castellana la Palabra de Dios en su idioma! Fueron hombres que se negaron a sí mismos para servir a su Salvador en la mejor manera posible. Sus talentos como lingüistas fueron usados por el Espíritu Santo para traer la Palabra de Dios a un pueblo pagano e idólatra.

CONCLUSIÓN

La historia de la Biblia Reina-Valera sigue escribiéndose a través de las vidas de los lectores, predicadores y maestros que la utilizan. En 1909 se hizo una completa revisión de la Biblia. Según el Dr. Thomas Holland en una tesis que aparece en el libro, "La Biblia Reina-Valera Sí es la Palabra de Dios" compilado por el Dr. Tommy Ashcraft, dice que el propósito de esta revisión fue el de hacer: "...cambios a la edición de 1865 para hacerla estar más de acuerdo al Texto Recibido Griego. Esto convirtió a la edición de la Reina-Valera la más cercana a la KJV desde su producción en 1602".

Esta Biblia (1909) todavía se publica y se usa por muchos predicadores fundamentales. Fue la Biblia en español que predominó en el mundo hispano por más de 50 años durante el siglo XX y fue la Biblia que acompañó a la mayoría de los primeros misioneros al comenzar el gran empuje misionero en Latinoamérica en los primeros años del siglo. Fue y es grandemente amada y respetada sobre todo por aquellos ministros y aquellas iglesias que pueden trazar sus orígenes a las primeras cinco décadas del 1900.

Pero, el idioma español es uno de constante cambio y la Biblia Reina-Valera 1909 aunque adornada de un español exquisito y correcto no llena completamente las necesidades lingüísticas del tiempo moderno. Todavía tiene un lugar muy especial en muchos púlpitos, sin embargo, se tiene que comparar con mucha frecuencia con la versión de 1960 para la aclaración de palabras arcaicas y términos obsoletos. La alineación de versículos en ciertos pasajes también ha sido un problema, sobre todo en el libro de Job.

En Julio de 1949 se reunió la Primera Conferencia Evangélica Latino-Americana en Buenos Aires, Argentina. Fue durante esta conferencia que la idea de una nueva revisión de la Reina-Valera se presentó al pueblo evangélico hispano. La gran mayoría de los delegados estuvieron de acuerdo siempre y cuando no se alejara mucho de la antigua (1909) y que se apegara lo más que se pudiera al español puro, pero lógico y práctico.

Cuando se publicó la Biblia Reina-Valera, revisión de 1960 más de 10,000 modificaciones habían sido hechas. La mayoría de estas tenían que ver con correcciones en ortografía, puntuación, eliminación de palabras y términos obsoletos y cosas así por el estilo. También se simplificó el deletreo de los nombres propios (de Ruth a Rut, de Bethlehem a Belén, etc.) y se corrigió la numeración en los capítulos y versículos, abriendo así el camino para la muy popular versión bilingüe, acompañada la Reina-Valera (1960) con la KJV 1611 en inglés.

La Palabra de Dios en manos de las masas de gente común

Más que cualquier otro acontecimiento en la historia de la humanidad, la producción de la Biblia en las lenguas vulgares puso la palabra de Dios en las manos de las personas, no sólo los clérigos y oficiales de la Iglesia, sino también, la gente común y ordinaria. Mateo 24:35, *"El cielo y la tierra pasarán; pero mis palabras no pasarán"*. Dios prometió preservar Su palabra. Es bastante obvio que Dios usó las lenguas comunes tanto para hacer llegar su palabra a las masas de personas en el mundo como para preservarla. No es su único medio de lograr estos objetivos, pero debe ser considerado como uno de sus principales medios para hacerlo.

---

[1] *Wikipedia*, (en.wikipedia.org./wiki/Gutenberg_Bible).

[2] *The Catholic Encyclopedia*, (www.newadvent.org/cathen/15403b.htm).

[3] El Índice Católico de Libros Prohibidos es una lista de libros prohibidos por la Iglesia Católica Romana. *The Catholic Encyclopedia (visite la Enciclopedia Católica)*. (www.newadvent.org/cathen/07721a.htm).

[4] Philip Schaff, *History of the Christian Church (Historia de la Iglesia Cristiana)*, vol. 5, (Peabody, Massachusetts: Hendrickson Publishers, 2002), 812.

[5] Edward Landon, *A Manual of Councils of the Holy Catholic Church (Un Manual de los Concilios de la Santa Iglesia Católica)*, vol. 2, (Edinburgh: 1909), 171-172.

[6] *Webster's New World Dictionary with Student Handbook: Young People's Edition (Diccionario Nuevo Mundo de Webster con Manual Estudiantil: Edicion Juvenil)*, s.v. "vulgar," (Nashville, Tennessee: The World Publishing Company, 1973), 778.

[7] Para ver un buen resumen de la postura católica vea Michael Scheifler's *Bible Light Homepage* (www.aloha.net/~mikesch).

[8] Bruce Manning Metzger, *The Text of the New Testament (El Texto del Nuevo Testamento)*, 2nd ed., (New York and Oxford: Oxford University Press, 1968), 36.

[9] Ibid., 72-78.

[10] Ibid., 67-86.

[11] F.F. Bruce, *The Books and the Parchments (Los Libros y los Pergaminos)*, (Old Tappan, New Jersey: Fleming H. Revell Company, 1984), 212.

[12] *Wikipedia*, (en.wikipedia.org./wiki/John_Wycliffe).

[13] Schaff, vol. 6, 342.

[14] Kurt and Barbara Aland, *The Text of the New Testament (El Texto del Nuevo Testamento)*, 2nd ed., (Grand Rapids: William B. Eerdman's Publishing Company, 1989), 3.

[15] Carl Deimer, Professor, *History of Christianity II (Historia del Cristianismo II)*, Video Lecture 4, Liberty University DLP, 2004.

[16] Metzger, 95.

[17] Schaff, vol. 7, 341.

A partir del encabezado Un Breve Estudio Sobre el Origen, la Historia y las Fuentes de la Traducción de la Biblia Reina-Valera, un artículo escrito por Joaquín Hurtado y Bruce Martin, las que siguen son las referencias bibliográficas:

BERBEL, José Juan, y José Góngora
'Comunicación presentada en la Fundación Reina-Valera sobre los cuatro primeros capítulos de Génesis de [Casiodoro de] Reina'.

Una selección de cartas entre Bèze y Casiodoro de Reina, y entre Bèze and Antonio del
Corro, de los años 1565-1569, tomada de Correspondance de Théodore de Bèze, editada por F.Aubert y otros, 22 vols (Geneva: Droz, 1960), VI (1970), VII (1973), VIII (1976), IX (1978), X (1980).

El Testamento nuevo de nuestro señor Jesu Christo, traducido por Casiodoro de Reina, revisado por Cipriano de Valera ([London]: Ricardo del Campo [Richard Field], 1596).

Q.F.F.Q.S. Viro summe venerando Ioanni Friderico Bruch, theologiae doctori eiusdemque professori Universitatis Argentoratensis renatae primo rectori, diem natalem octogesima vice pie laete feliciter celebrandum D. XIII Decembris A. MDCCCLXXII gratulantur deditissimi omnium ordinum collegae: Insunt epistolae quaedam Ioannis Sturmii et Hispanorum qui Argentorati degerunt (Strasbourg: J.H.E. Heitz, 1872). SPR 98. Kinder Coll.

Cartas de Juan Díaz, Francisco de Enzinas , Casiodoro de Reina, Johann Sturm, y Marcos de Reina, tomadas de Thesaurus Baumianus; con una introducción por Boehmer. También llamado el 'Strassburg Programme'. 34 pp.

CAPO, Carlos
'Casiodoro de Reina, traductor de la Biblia', en Biblia del Oso (1986).

Carta a Casiodoro de Reina, Théobon, 24 Dec. 1563, in RAE (1983), 19 (Barcelona: Diego Gómez Flores, 1983), pp. 59-76.

DÍAZ de BUSTAMANTE, José Manuel
'Sobre el lastre medieval de Casiodoro de Reina', in Actas del II Congreso Internacional de la Asociación Hispánica de Literatura Medieval (Alcalá de Henares: Universidad de Alcalá de Henares, 1992), I, pp. 245-55.

GÓMEZ GONZÁLEZ, Carlos
'Casiodoro de Reina: un fraile protestante sevillano del siglo XVI, primer

traductor de la Biblia cristiana al castellano', Historia, 16 (1996), 43-48.

GONZÁLEZ, Jorge Augusto
Casiodoro de Reina, traductor de la Biblia en español (México D.F.: Sociedades Bíblicas Unidas, 1969).

GONZÁLEZ RUÍZ, José María
Introducción a La Biblia del Oso: Libros históricos (I), según la traducción de Casiodoro de Reina, editada por Juan Guillén Torralba (Madrid: Ediciones Alfaguara, 1987), pp. xv-xxix.

Artículo por A. G. Kinder, Casiodoro de Reina: Confessión de Fe Christiana (1988), en BHR, 51 (1989).

Del monasterio al ministerio: tres herejes españoles y la Reforma: Antonio del Corro, Casiodoro de Reina, Cipriano de Valera (Madrid: Editora Nacional, 1978).

'Antonio del Corro', 'Juan Díaz', 'Juan Pérez de Pineda', 'Casiodoro de Reina', 'Cipriano de Valera', 'Juan de Valdes', The Oxford encyclopedia of the Reformation (La Enciclopedia Oxford de la Reforma), ed. por Hans J. Hillerbrand (New York and Oxford: OUP, 1996).

'Casiodoro de Reina y su familia en Frankfurt', BHR, 32 (1970), 427-31.

'Casiodoro de Reina, el hombre', La Biblia en las Américas, 44 (1989). Kinder MS K3.87. Reimprimido en Palabra Viva: la Biblia en España, 13 (1990), 2-3.

Casiodoro de Reina: Spanish Reformer of the sixteenth century (Casiodoro de Reina:Reformador Español del siglo décimosexto) (London: Tamesis, 1975).

'La confesión española de Londres, 1560/61', DE, 13 (1979), 365-419.

'Cipriano de Valera', Dictionary of national biography: Missing persons (Diccionario de biografía nacional: personas extraviadas), ed. C. S. Nicholls (London: OUP, 1993), 687-88.

'Cipriano de Valera, reformador español (¿1532-1602?)', DE, 20 (1985), 165-79.

KINDER, A. Gordon, and Ronald W. TRUMAN
'The pursuit of Spanish heretics: New information on Casiodoro de Reina' (La persecución de herejes españoles: Nueva información sobre Casiodora de Reina), BHR, XLII (1980), 427-33.

REINA, Casiodoro de
Confession de fe christiana hecha por ciertos fieles españoles, los quales, huyendo los abusos de la Iglesia Romana, y la crueldad de la Inquisición d'España, dexaron su patria para ser recebidos de la Iglesia de los fieles, por hermanos en Christo [The Spanish Protestant Confession of Faith (London, 1560/61)], ed. por A. Gordon Kinder, EHT, 46 (Exeter: University of Exeter, 1988).

TRUMAN, Ronald W., and A. Gordon KINDER
'The pursuit of Spanish heretics in the Low Countries: The activities of Alonso del Canto (La persecución de herejes españoles en los Paises Bajos: Las actividades de Alonso del Canto), 1561-1564', JEH, 30 (1979), 65-93. SPR 583. Kinder MS K1.30

Enciclopedia Universal Sopena, Barcelona, Sopena, 1975.

El Nuevo Testamento de Nuestro Redentor y Salvador Jesucristo, Francisco de Enzinas, Bowman Foster Stockwell, Buenos Aires, Librería "la Aurora", 1943.

Historia de las Traducciones de la Biblia

Año	
405	Jerónimo tradujo la Biblia a una versión latina estandarizada.
410	Épocas Oscuras - El periodo de tiempo desde la caída de Roma en el 410 al renacimiento del aprendizaje que emergió de las cruzadas.
1229	Sínodo de Tolosa - El legado papal prohíbe al hombre laico poseer la Biblia.
1234	Sínodo de Tarragona - Promulgó una prohibición similar contra la posesión de Biblias.
1260	La Biblia Alfonsina - El Antiguo Testamento traducido al castellano de la Vulgata Latina.
1430	La Biblia de la Casa de Alba - El Antiguo Testamento traducido del hebreo y arameo por Rabí Moisés Arragel. Tuvo notas marginales que llegaron a ser un tremendo problema posteriormente.
1439	Primera Imprenta - La invención de la imprenta mecánica por Johannes Gutenberg.
1450	Evangelios y Epístolas - traducción del latín (versión parcial)
1454	Biblia de Gutenberg - La versión impresa de la traducción de la Vulgata Latina.
1490	Los Evangelios Litúrgicos - de Juan López (versión parcial)
1492	Los Cuatro Evangelios - obra hecha para evangelizar a los moros (versión parcial)

Historia de las Traducciones de la Biblia

Año	
1516	Nuevo Testamento en Griego - Desiderio Erasmo escribió esta versión basado en un número limitado de fuentes manuscritas. Fue llamada *Textus Receptus* cuando fue publicada en 1633.
1527	La Biblia de Quiroga - Un Antiguo Testamento hecho con base en la Vulgata Latina y no los idiomas originales.
1534	Biblia en Alemán - Martín Lutero tradujo el Nuevo Testamento al alemán directamente del trabajo de Erasmo.
1535	Biblia de Coverdale - Myles Coverdale fue el primero en publicar una Biblia completa en inglés. Las fuentes incluyeron la Biblia de Zürich, la Biblia de Pagnino, la Vulgata, y probablemente la Biblia de Tyndale.
1543	El Nuevo Testamento (traducido del griego al castellano) - Francisco de Encinas tomó dos años para traducir esta versión. Su trabajo abrió la puerta para un nuevo sistema de traducción.
1553	La Biblia de Ferrara - Un Antiguo Testamento traducido por judíos españoles y portugueses que se habían establecido en Ferrara, Italia. El primer ejemplar de las Escrituras impreso en castellano.
1556	El Nuevo Testamento (traducido del griego original al castellano románico) - Juan Pérez de Pineda hizo una revisión del Nuevo Testamento de Encinas que lo mejoró en muchas formas.
1557	El libro de los Salmos - Traducido directamente del texto masorético por Juan Pérez de Pineda.

Historia de las Traducciones de la Biblia

Año	
1557	La mitad de los habitantes del monasterio de San Isidoro del Campo (conocido por su ambiente teológico progresista) huyó de la Inquisición. La mayoría escapó, pero algunos fueron torturados y quemados en la hoguera.
1558	Casiodoro de Reina y otros se trasladaron a Inglaterra. Fundaron una iglesia hispana con el permiso de la Reina Isabel.
1569	La Biblia del Oso - La primera Biblia completa en castellano, por Casiodoro de Reina y otros. Es considerada por eruditos como una de las joyas de la literatura española de todos los tiempos.
1596	El Nuevo Testamento - traducido por Cipriano de Valera.
1602	La Biblia Reina-Valera - Una revisión de la Biblia del Oso. Cipriano de Valera tomó veinte años para hacer su revisión.
1611	Biblia del Rey Jaime - Cuarenta y siete hombres trabajando en seis grupos crearon esta traducción en inglés desde manuscritos en las lenguas originales.
1909	La Biblia Reina-Valera (revisión de 1909) - El propósito de esta revisión era de hacerla más de acuerdo al Texto Recibido Griego, que la hizo la versión más cercana a la Biblia del Rey Jaime.
1960	La Biblia Reina-Valera (revisión de 1960) - Esta revisión hizo correcciones en ortografía, puntuación, eliminación de palabras y términos obsoleto. Se hicieron más de 10,000 modificaciones al texto. Se simplificó el deletreo de los nombres propios y se corrigió la numeración de los capítulos y versículos.

Capítulo 29

Los Anabaptistas

Anabaptistas es el nombre histórico de un movimiento de cristianos primitivos neotestamentarios. También es descriptivo de su práctica más conocida. *Bautista* significa *bautizador*, y *ana* significa *nuevo*. Los anabaptistas bautizaron de nuevo a todos los que vinieron a ellos con bautizos no válidos. Los espectadores, en especial sus enemigos, los etiquetaron con el nombre de *anabaptistas* o re-bautizadores.

Anabaptista no es un nombre que se dieron ellos mismos; el que en realidad resintieron. No se vieron como re-bautizadores; simplemente eran bautizadores o bautistas. A su modo de ver, los que habían sido *bautizados* antes de la salvación nunca habían sido bautizados en absoluto. Ellos creían que, para tener un bautismo válido, una persona primero debía tener una fe personal en Jesucristo como su Salvador. Por tanto, los bebés "bautizados", aquellos que experimentaron un bautismo eclesiástico ritualista vacío de verdadero arrepentimiento y sin fe en Cristo, o cualquier persona bautizada antes de que confiara personalmente en Cristo, realmente no habían sido bautizados en absoluto. Cuando estos cristianos primitivos bautizaron a los tales, no fue un re-bautizo; simplemente era un bautismo. No es difícil ver por qué se ofendieron de la etiqueta *ana*. Aun así, otros los llamaron *anabaptistas* y el nombre habla mucho acerca de sus creencias.

> **Bautista significa *bautizador*, y ana significa *nuevo***

EL ORIGEN DE LOS ANABAPTISTAS

La gente de la línea ininterrumpida de Cristo

"Los inicios del movimiento anabaptista están firmemente arraigados en los siglos primitivos". [1] El famoso historiador luterano, John Laurence Mosheim dijo, "El verdadero origen de esa congregación que adquirió el nombre de anabaptistas por su administración de nuevo del rito de bautismo a los que se acercaban a su comunión y derivó lo de *menonitas* del famoso hombre a quien le deben la mayor parte de su actual felicidad, está oculto en las profundidades de la antigüedad, y es, por tanto, extremadamente difícil de ser comprobado". [2] Los anabaptistas no se vieron como una nueva congregación. Los registros dan testimonio de que gente que creía y practicaba exactamente lo mismo que ellos creían y practicaban, existieron desde la época del Nuevo Testamento. De hecho "por más de doce siglos el bautizo de la forma enseñada y descrita en el Nuevo Testamento llegó a ser una ofensa contra la ley, castigada con la muerte". [3] "El Mandato de Speier, en abril de 1529, declara que los anabaptistas existían desde hace cientos de años" [4] y " el cardenal Hosio, miembro del Concilio de Trento, 1560 d.C., en una declaración a menudo citada, dice, 'Si la verdad de la religión fuera a ser juzgada por la disposición y la audacia de un hombre de cualquier secta que hubiese experimentado sufrimiento, entonces la opinión y la persuasión de ninguna secta puede ser más cierta y más segura que la de los anabaptistas, ya que no hubo en ninguno de estos mil doscientos años pasados, una que haya sido más generalmente castigada o que haya sufrido más con alegría y firmeza, e incluso se haya ofrecido a sí misma a los géneros más crueles de castigo, que esta gente.'" [5]

Los Anabaptistas no se originaron con Ulrico Zuinglio

Hay historiadores que sostienen que el movimiento anabaptista tuvo su origen en Zúrich, Suiza, en enero de 1525. Ellos argumentan que el movimiento nació de la insatisfacción con Ulrico Zuinglio por parte de un pequeño grupo de sus seguidores radicales por su negativa a tomar una posición pública a favor del bautismo bíblico. George Blaurock, Conrad Grebel y otros se reunieron en la casa de Félix Manz e intercambiaron bautismos. Estos hombres muy valientes y entusiastas, quienes salieron con enorme éxito, eran supuestamente los anabaptistas originales. [6] Es cierto que estos hombres excepcionales, que encarnaban la esencia de la doctrina y práctica anabaptista, impulsaron el movimiento anabaptista. También es cierto que los cristianos neotestamentarios primitivos, rectos en la doctrina y en la práctica, incluyendo el bautismo, antecedieron a Manz, Blaurock y Grebel, por siglos. Todo lo que Manz y los demás hicieron fue teológicamente llegar donde multitudes ya habían estado durante cientos de años.

Ellos no se Originaron con la Rebelión de Munster

El origen de los anabaptistas también está mal representado por aquellos que los conectan con la infame rebelión de Munster de 1524. La mayoría de los historiadores coinciden en que la rebelión surgió más debido a la desesperación del feudalismo con la esclavitud y la opresión de los pobres, que por las convicciones religiosas. [7] Es cierto que las cuestiones religiosas se mezclaron en la misma, y algunos anabaptistas estaban involucrados, pero los hechos comprueban que la línea principal de los bautistas alemanes desciende de los antiguos valdenses siglos antes de la rebelión de Munster.

Ellos son descendientes de los Valdenses

En realidad, el movimiento anabaptista fue la continuación de esa línea ininterrumpida de cristianos e iglesias de Cristo en adelante. A lo largo de los siglos, estos creyentes habían sido llamados anabaptistas, no por constituir un movimiento, sino debido a su práctica de exigir un bautismo legítimo a los que venían a ellos. Durante el tiempo de la historia en el que el mundo occidental estaba tratando desesperadamente de liberarse de la tiranía católica a través de una reforma, esta gente e iglesias surgieron como un movimiento y fueron marcados con el nombre de anabaptistas, debido a sus prácticas bautismales. Muchos de ellos eran simplemente valdenses a quienes se les dio un nuevo nombre. "Los historiadores y oficiales católicos romanos, en algunos casos testigos presenciales, testifican que los valdenses y otras comuniones antiguas eran los mismos que los anabaptistas" [8] "Es un hecho bien conocido que los bautistas holandeses o alemanes, fueron llamados 'anabaptistas' y valdenses indistintamente". [9] Mosheim, quien no era amigo de los bautistas, dijo que los anabaptistas alemanes, que se conocen a veces como los menonitas, tenían razón cuando decían que "descendían de los valdenses, petrobrusianos y otras sectas antiguas... Antes de la aparición de Lutero y Calvino, allí estaban ocultas, en casi todos los países de Europa, especialmente en Bohemia, Moravia, Suiza y Alemania, muchas personas, que se adhirieron tenazmente a esta doctrina, que los valdenses, wycliffitas, y husitas, habían mantenido". [10] Luego procedió a enunciar algo de esa doctrina.

Un movimiento no se origina necesariamente con un líder reconocido

"Hay que recordar que la misma clase de personas que fueron llamadas bautistas en Inglaterra, y anabaptistas en Alemania, también fueron llamadas menonitas, no porque Menno Simon fuera su fundador, sino porque se unió a ellos, y se convirtió en uno de sus ministros más poderosos e influyentes". [11] ¡Qué observación más importante a tener en cuenta! Los pensadores débiles y los que tienen una agenda a menudo llegan a conclusiones prematuras o infundadas mediante la vinculación de todo un movimiento a uno de sus líderes poderosos. Menno Simon de los Países Bajos (1496-1561) fue un anabaptista, pero no originó a los anabaptistas, así como Abraham Lincoln tampoco originó a los Estados Unidos. D.B. Ray cita a prominentes autoridades de la Iglesia Reformada Holandesa en su *Enciclopedia Religiosa* con respecto a la línea ininterrumpida. "Ya hemos visto que los bautistas que antes eran llamados anabaptistas, y, en los posteriores tiempos, menonitas, eran los valdenses originales; y quienes han recibido en solitario, en la historia de las iglesias, el honor de su origen. Por esta razón, los bautistas se pueden considerar como la única comunidad cristiana que se ha mantenido desde los tiempos de los apóstoles, y como sociedad cristiana, que ha conservado de forma pura las doctrinas del evangelio a través de todas las épocas". [12]

Que también se observe que "los menonitas modernos son completamente diferentes a los antiguos menonitas anabaptistas". [13] Con el tiempo los menonitas aceptaron la afusión (verter) y también dejaron sus raíces en otras áreas; no obstante, Menno Simons abrazó la doctrina y prácticas anabaptistas.

PERSECUCIÓN RIGUROSA POR IGLESIAS ESTATALES

En muchas cabezas existe un mito de que la libertad religiosa y la tolerancia llegaron con el nacimiento de las Iglesias protestantes. Pocas creencias están más lejos de la verdad.

La postura católica contra todos los disidentes

Como ya hemos visto, la Iglesia Católica Romana no escatimó esfuerzos para silenciar y destruir a los reformadores. "Las leyes de la Roma pagana y la cristiana eran igualmente severas contra toda disidencia abierta a la religión del Estado". [14] La posición católica se refleja en su defensor, Tomás de Aquino, quien enseñó que "los ritos de los idólatras, los judíos y los infieles no debían ser tolerados, y que los herejes o los corruptores de la fe cristiana, siendo peores criminales que los falsificadores de dinero, debían (después de la debida advertencia) no sólo ser excomulgados por la Iglesia, sino también ejecutados por el Estado". [15] Las diferentes posiciones de los reformadores eran de poco interés para los católicos; quienquiera que opinara algo diferente al catolicismo era una amenaza que debía ser eliminada. Por lo tanto, la opresión y la violencia católicas contra toda forma de oposición se intensificaron, mientras crecía la reforma.

La multiplicación de Iglesias estatales

Uno podría imaginar que los diversos reformadores habrían visto los crasos males que acompañaban a una Iglesia estatal. Tal no fue el caso. Aquellos que se desconectaron del catolicismo prontamente conectaron su nueva Iglesia con el Estado. La disposición de Iglesia estatal nunca dio un vuelco. Cuando Martín Lutero rompió con los católicos, su nueva Iglesia luterana se convirtió en la Iglesia del Estado de una gran parte de Alemania. Él tenía el respaldo de ese segmento de la nobleza que se encontraba con él en contra de Roma. Cuando Ulrico Zuinglio rompió con el catolicismo y estableció la Iglesia Reformada, contaba con el respaldo de los poderes políticos en Zúrich, Suiza. El poder gubernamental político los acompañó mientras sus movimientos crecieron y abarcaron mayores áreas geográficas. Cuando el rey Enrique VIII rompió con el papado, fundó la Iglesia Anglicana en Inglaterra;

desde el punto de inicio, era la Iglesia estatal de Inglaterra. En todos los casos, el Estado respaldó a la Iglesia e hizo cumplir las decisiones eclesiásticas.

La postura de los protestantes contra todos los disidentes

La hipocresía de los líderes protestantes de negar a los que discrepaban con ellos los mismos derechos que esos líderes buscaban del catolicismo era evidente, a pesar de que "sentían que su deber ante Dios y ante sí mismos era reprimir y castigar la herejía, así como los delitos civiles". [16] Al igual que los católicos, estas nuevas Iglesias estatales y sus líderes llegaron a ser feroces y despiadados en el trato contra los que se les oponían. Una presentación completa de la evidencia para apoyar esta afirmación está más allá del alcance de este libro, pero la evidencia abunda. Los anabaptistas, generalmente considerados como radicales y extremistas por todas partes, fueron blanco de los protestantes y católicos por igual.

La mayoría de los anabaptistas eran campesinos, y Lutero siempre temía que pudieran unirse a algún nuevo líder radical en una rebelión contra la opresión sádica de ellos por la nobleza. La cuestión teológica que causó su gran odio hacia ellos era su exigencia de la fe personal en Cristo antes del bautismo. Esa postura prohibió el bautismo infantil, que aprobó Lutero. [17] Lutero escribió un tratado para refutarlos. [18] Puesto que él no encontraba en la Escritura del Nuevo Testamento cómo justificar la violencia contra el desacuerdo pacífico (los anabaptistas), Lutero, al igual que otros reformadores, utilizó el Antiguo Testamento. Señalándolos como sediciosos, se sintió justificado para llamar "al castigo por la blasfemia que se encontraba en la Ley de Moisés". [19]

Se ha hecho mención de Zuinglio y el pequeño grupo de seguidores radicales que rompieron con él por el bautismo y otros temas. Estos jóvenes, conocidos como los Hermanos Suizos, se bautizaron a sí mismos y comenzaron una nueva Iglesia libre, fuera de la jurisdicción de la nueva Iglesia estatal de Zuinglio. Zuinglio consideró esto como desobediencia civil y eclesiástica castigable con la muerte. Encarceló a Konrad Grebel y ahogó a otros seis, entre ellos a Félix Manz. [20] Georg Blaurock se convirtió en un anabaptista. "El mismo día que Manz fue ahogado (5 de enero de

1527), Blaurock fue desnudado hasta la cintura y golpeado con varas hasta que la sangre le corrió por la espalda". [21] Dos años y medio más tarde, Blaurock y un compañero de trabajo fueron torturados en un esfuerzo por recopilar información sobre otros anabaptistas en el área. Luego fueron quemados en la hoguera. [22]

En Inglaterra, la historia es la misma. Los anglicanos no fueron tolerantes con otras creencias religiosas. Los diferentes monarcas ingleses eran distintos en algunos aspectos; sin embargo, su deseo de una uniformidad de creencia los movió con intensidad mayor o menor a buscar y erradicar la traición percibida en Inglaterra. "Las personas de creencia contraria fueron señaladas, detenidas, encarceladas, interrogadas, y a veces ejecutadas". [23] Uno de estos individuos fue John Bunyan, quien escribió el famoso *Progreso del Peregrino* mientras estaba en una cárcel del condado de Bedfordshire. Él estaba allí por violaciones de la *Ley de Conventículo* que prohibía la celebración de servicios religiosos fuera de los auspicios de la establecida Iglesia de Inglaterra. [24] La infame Torre de Londres fue principalmente una fortaleza, pero también sirvió como lugar de ejecución y tortura. [25] El *Libro de los Mártires* de John Foxe, publicado por primera vez en 1563, es un relato desgarrador de hombres y mujeres que murieron por la fe. Muchos de ellos estaban en Inglaterra en el siglo antes de la publicación del libro. La verdad es que los anglicanos no fueron más tolerantes de posiciones religiosas contrarias a las suyas que los católicos, los luteranos, o los de la Iglesia Reformada. Donde hubiera Iglesias estatales, no había libertad religiosa.

LA PROLIFERACIÓN DE LOS ANABAPTISTAS

A pesar de los grandes esfuerzos en muchos frentes por desacreditar y erradicar a los anabaptistas en el siglo XVI, estos se propagaron rápidamente. En muchas provincias, hubo simpatía popular por la doctrina y las prácticas enseñadas por los anabaptistas; y se dice que a veces una congregación se establecía en unas pocas horas después de la llegada de un predicador anabaptista. En Alemania, Suiza y Austria, la fuerza de los anabaptistas superó a la de los luteranos y los movimientos zwinglianos en términos de adherentes. No es difícil entender los celos de los luteranos, la Iglesia Reformada y los católicos por igual contra los anabaptistas, a quienes vieron como una gran amenaza. Los anabaptistas fueron perseguidos como si fueran peligrosas bestias salvajes. Los soldados fueron enviados a cazar y matar en el acto sin juicio o sentencia. Se aprobaron leyes por lo que era un crimen ser anabaptista, se colocó precio a sus cabezas, y vino a ser un delito ofrecer alimento o refugio a un anabaptista. Fueron ejecutados sistemáticamente miles de ellos. Las masacres ocurrieron, pero aun así se multiplicaron. [26]

Georg Cajacob Blaurock

Se ha hecho mención de Georg Cajacob, que fue conocida como Blaurock porque llevaba un abrigo azul. Este hombre enorme y audaz ganó gran número de discípulos dondequiera que fuera. Poco antes de su martirio, llegó a ser pastor de una iglesia huérfana en el Valle del Adige de Austria. El pastor anabaptista fue quemado en la hoguera el 2 de junio de 1529. Blaurock predicó por todos los valles de los ríos Inn y Etsch donde los convertidos aumentaron constantemente. [27]

Baltasar Hubmaier

Baltasar Hubmaier (1481-1528) es considerado por muchos como el anabaptista más importante de todos. Hubmaier nació campesino, pero con el tiempo obtuvo un doctorado en teología en Ingolstadt como católico clásico. En 1522 Hubmaier se convirtió y pasó a ser anabaptista. Escribió un tratado titulado *En Cuanto a los Herejes y a los que los Queman*. En él se presenta la posición anabaptista y dijo que aquellos que quemaban herejes eran los verdaderos herejes. También escribió un libro titulado *El Bautismo Cristiano de los Creyentes* en el que refutó las posiciones de Zuinglio sobre el bautismo. [28] En Zúrich, Hubmaier fue encarcelado y torturado en el potro. Después de ser liberado, viajó lejos como Nikolsburg, Austria. En dieciocho meses, hizo y bautizó a más de 6000 convertidos. [29] Hubmaier fue capturado y llevado a Viena, donde fue quemado en la hoguera. Pocos días después, a su esposa se le ató una piedra alrededor del cuello, y fue arrojada desde un puente al Danubio, donde se ahogó. [30]

> **Baltasar Hubmaier es considerado por muchos como el más importante de todos los anabaptistas**

Johannes (Hans) Denck

Johannes (Hans) Denck fue un joven brillante, que al principio de su vida se identificó con los luteranos. Pronto vio su hipocresía en la defensa de la justificación por la fe mientras vivían vidas impuras. Su insistencia en la pureza le valió el desprecio y el exilio. En Augsburgo, Denck conoció a Baltazar Hubmaier, que lo llevó a ser bautizado y a unirse a los anabaptistas. La persecución surgió en Augsburgo. Denck se trasladó a Estrasburgo, donde los hermanos anabaptistas eran numerosos, influyentes y vistos simplemente como bautistas. [31] Denck es conocido como uno de los mejores teólogos anabaptistas. [32]

Michael Sattler

El testimonio deslumbrante de Michael Sattler tuvo un impacto asombroso. Sattler fue un monje benedictino que se convirtió en anabaptista y comenzó un ministerio exitoso en el sur de Alemania, cerca de Schleitheim. Se cree que Sattler es el autor de un confesionario, que presentó posiciones anabaptistas. Él fue aprehendido por los católicos que lo sentenciaron a muerte en Rottenburg. La pena decía, "Michael Sattler será encomendado al verdugo. Este deberá llevarlo a la plaza y allí primero cortarle la lengua, y luego asegurarlo en un carretón y con pinzas de hierro resplandecientes dos veces arrancar pedazos de su cuerpo, a continuación, en el camino hacia el lugar de ejecución cinco veces más como anteriormente y luego quemar su cuerpo hasta que se haga cenizas como un archihereje". [33] Los católicos lo hicieron. Le cortaron la lengua a Sattler para que no hablara, lo arrastraron por la ciudad en una carreta de bueyes y se detuvieron periódicamente para arrancar trozos de su carne con atizadores calientes. Luego lo ataron a un poste de tal manera que ellos podían bajarlo metiéndolo en las llamas y levantarlo de nuevo. Sattler se enteró de los planes de los católicos y prometió a sus seguidores que, si la gracia de Dios era suficiente, juntaría las puntas de los dedos índices. Mientras los católicos colgaban a Sattler en las llamas, las cuerdas fueron quemadas y Sattler unió las puntas de los dedos. [34]

Menno Simon

Anteriormente se hizo mención de Simon. Después de que un grupo de radicales se apoderara de la ciudad de Munster durante 18 meses, las congregaciones de anabaptistas en todas partes fueron falsamente acusadas y perseguidas con mayor violencia que nunca. Algunos anabaptistas estuvieron involucrados; pero como se ha indicado anteriormente, la Rebelión de Munster fue principalmente un evento político. Surgió de la desesperación de los campesinos para aliviar la servidumbre, en lugar de convicciones teológicas. No obstante, el evento hizo a la nobleza de Alemania, Austria y Suiza ser muy recelosos de todos los movimientos campesinos, incluidos los movimientos religiosos como los anabaptistas. Lutero supuso que cualquier movimiento campesino en última instancia conduciría a la rebelión.

A la faz de peligros mayores, Menno Simon visitó y animó a los remanentes dispersos y hostigados. [35] Trabajó en Holanda hasta 1543, cuando fue declarado proscrito, y se colocó precio a su cabeza. Cualquiera que le diera refugio iba a ser condenado a muerte, y los presos que lo entregaran a las manos del verdugo se les prometía el perdón. Simon se vio obligado a abandonar los Países Bajos y, finalmente, encontró refugio bajo la protección del conde Alefeld en Fresenburg, Holstein. Melchoir Hoffman, otro anabaptista, había introducido anteriormente el mensaje anabaptista ampliamente en los Países Bajos. [36] Un gran número de hermanos anabaptistas se unieron a Simon en Holstein. En Fresenburg, él estaba provisto de un medio de impresión. Sus escritos fueron ampliamente distribuidos y tuvieron un gran impacto fuera del área. [37] Ninguna persona tuvo mayor influencia en los Países Bajos que Menno Simon. [38]

Cabe declarar una vez más que los señalados aquí constituyen solo una fracción muy pequeña del gran número de líderes anabaptistas primitivos.

OBSERVACIONES

Mucho antes de Lutero, Zuinglio o Calvino, comunidades de cristianos e iglesias neotestamentarias primitivas abundaron, desde los Balcanes hasta las Islas Británicas y desde Escandinavia hasta el Mediterráneo. Sobre todo, abundaban en los Alpes. Estos creyentes e iglesias pasaron por una variedad de nombres. Había algunos dentro de estas comunidades que estaban demasiado lejos del Nuevo Testamento para llamarse creyentes e iglesias verdaderos; No obstante, dentro de estas filas, hubo muchos que mantuvieron la doctrina y prácticas puras del Nuevo Testamento.

Entre estos se encontraban aquellos primeros cristianos que se negaron a identificarse con las iglesias que abrazaron la tradición sobre la Escritura y llegaron a ser la Iglesia del Estado romano de Constantino. Aquella Iglesia estatal pasó a convertirse en la Iglesia Católica Romana; pero aquellos primeros creyentes nunca fueron parte de ella. Casi desde el principio, la Iglesia estatal comenzó a perseguirlos, y se vieron obligados a huir a los Alpes por seguridad y supervivencia. Lograron sobrevivir y reproducirse abundantemente, incluso frente a gran adversidad. Avanzaron a través de las épocas, pasando por muchos nombres como montanistas, novacianos, donatistas, paulicianos, bogomilos, albigenses, valdenses, hermanos, menonitas y anabaptistas. Como veremos en el capítulo siguiente, *ana* fue abandonado, y se les llamó simplemente bautistas. Su nombre cambió con los tiempos, pero su doctrina y prácticas se mantuvieron esencialmente iguales y constituyen una línea ininterrumpida de Cristo en adelante.

Muchas cosas se pueden decir de esta gente, pero no puede decirse legítimamente que son recién llegados. Ciertamente no se originaron con la Reforma Protestante, y no eran en ningún sentido protestantes. Ellas son la gente que confirma las palabras de la profecía de Jesús: *"Yo edificaré mi iglesia; y las puertas del Hades no prevalecerán contra ella,"* **Mateo 16:18**. Ellos constituyen la prueba de que **Efesios 3:21** es correcto. Dios ha recibido "la gloria en la iglesia en Cristo Jesús por todas las edades". Algunas de las primeras iglesias comenzaron una desviación constante de las Escrituras, vinieron a ser la Iglesia estatal, y se volvieron absolutamente corruptas y paganas. De ninguna manera puede aquella desviación de iglesias ser considerada la línea verdadera que Jesús prometió. A pesar de enormes esfuerzos por erradicarla, quedó una línea ininterrumpida de iglesias que siguió creyendo la autoridad única de las Escrituras, la deidad de Cristo, la salvación exclusivamente por la fe personal en Jesucristo, la autonomía de la iglesia local, la vida santa y la segunda venida de Cristo. Ellas fueron golpeadas y maltratadas y dejaron un rastro de sangre, mas sobrevivieron y todavía están aquí.

[1] John T. Christian, *A History of the Baptists (Una Historia de los Bautistas)*, vol. 1, (Texarkana, Ark.-Tex.: Bogard Press, 1922), 83.

[2] John Laurence Mosheim, *An Ecclesiastical History, Ancient and Modern (Una Historia Eclesiástica, Antigua y Moderna)*, Archibald Maclaine, traductor, (New York: Harper and Brothers, Publishers, 1871), 127.

[3] E.H. Broadbent, *The Pilgrim Church (La Iglesia Peregrina)*, (Grand Rapids, Michigan: GOSPEL FOLIO PRESS, 1999), 172.

[4] Christian.

[5] Ibid., 85-86.

[6] William R. Estep, *The Anabaptist Story: An Introduction to Sixteenth – Century Anabaptism (La Historia Anabaptista: Una Introducción al Anabaptismo del Siglo Decimosexto)*, 3rd ed., (Grand Rapids: William B. Eerdmans Publishing Company, 1996), 11-15.

[7] D.B. Ray, *Baptist Succession: A Hand-book of Baptist History (La Sucesión Bautista: Un Manual de la Historia Bautista)*, (Parsons, Kansas: Foley Railway Printing Company, 1912), 142-143.

[8] Christian, 85.

[9] Ray, 147.

[10] Mosheim, 128.

[11] Ray, 149.

[12] Ibid., 150.

[13] Ibid.

[14] Philip Schaff, *History of the Christian Church (Historia de la Iglesia Cristiana)*, vol. 7, (Peabody, Massachusetts: Hendrickson Publishers, 2002), 53.

[15] Ibid., 55.

[16] Ibid., 51.

[17] John S. Oyer, *Lutheran Reformers Against Anabaptists (Reformadores Luteranos Contra Anabaptistas)*, (Paris, Arkansas: The Baptist Standard Bearer, Inc., 1964), 114-139.

[18] Schaff, 606-611.

[19] Oyer, 138.

[20] Carl Deimer, Professor, *History of Christianity II (Historia del Cristianismo II)*, Video Lecture 13, Liberty University DLP, 2004.

[21] Estep, 51-52.

[22] Ibid., 53.

[23] Sarah Covington, *The Trail of Martyrdom: Persecution and Resistance in Sixteenth-century England (El Sendero del Martirio: Persecución y Resistencia en la Inglaterra del Siglo Decimosexto)*, (South Bend, Indiana: University of Notre Dame press, 2003), (www.bibliovault.org/BV.book.epl?BookId=5883).

[24] *Wikipedia*, (en.wikipedia.org/wiki/The_Pilgrim's_Progress).

[25] Ibid., /wiki/Tower_of_London.

[26] *Mennonites in Europe,* (www.anabaptists.org/writings/excerpts/meneu-1.html).
[27] Estep, 52-53.
[28] *Balthasar Hubmaier,* (www.mainstreambaptists.org/mbn/hubmaier.htm).
[29] Deimer, Lecture 14.
[30] Broadbent, 175.
[31] Ibid., 179.
[32] Deimer.
[33] Estep, 57.
[34] Deimer, Lecture 13.
[35] Broadbent, 200.
[36] Estep, 152-160.
[37] Broadbent, 207.
[38] Estep, 160-176.

El Origen de los Anabaptistas

La Gente de la Línea Ininterrumpida de Cristo

Los anabaptistas no se vieron a sí mismos como una nueva secta. Los registros dan testimonio de que la gente que creía y practicaba exactamente lo mismo que ellos hacían, habían estado en los alrededores desde la época del Nuevo Testamento.

Los Anabaptistas no se Originaron con Ulrico Zwinglio

Existen algunos historiadores que sostienen que el movimiento anabaptista comenzó en 1525 cuando una banda pequeña de seguidores de Ulrico Zwinglio se indignó por su negativa a tomar una posición pública a favor del bautismo bíblico. Estos hombres fervientes de celo, quienes salieron con enorme éxito, eran supuestamente los anabaptistas originales.

Ellos no se Originaron con la Rebelión de Munster

La infame rebelión de Munster de 1524 creció desde la desesperación con la esclavitud y la opresión, más que por las convicciones religiosas.

Son Descendientes de los Valdenses

En realidad, el movimiento anabaptista fue la continuación de esa línea ininterrumpida de cristianos e iglesias de Cristo en adelante. A lo largo de los siglos, estos creyentes habían sido llamados anabaptistas debido a su práctica de exigir un bautismo apropiado a los que venían a ellos.

Líderes Anabaptistas

Georg Cajacob Blaurock

Este osado hombre ganó gran número de discípulos dondequiera que fue. Poco antes de su martirio, se convirtió en pastor de una iglesia huérfana en el valle austriaco del Adigio.

Balthasar Hubmaier (1481 - 1528)

Es considerado por muchos como el más importante anabaptista de todos. Nació campesino, obtuvo un doctorado en teología como católico y luego se convirtió en anabaptista. Escribió un tratado y un libro acerca de las doctrinas anabaptistas. Hizo y bautizó a más de 6000 convertidos en Austria. Después fue capturado y quemado en la pira.

Johannes (Hans) Denck

Como luterano, Johannes Denck conoció a Baltasar Hubmaier, quien lo guio a ser bautizado y unirse a los anabaptistas. Denck es conocido como uno de los mejores teólogos anabaptistas.

Michael Sattler

Sattler fue un monje benedictino que se convirtió en anabaptista y comenzó un ministerio exitoso en el sur de Alemania. Él fue aprehendido por los católicos y torturado horriblemente en público. Mientras era quemado en la hoguera, hizo un gesto con la mano indicando que la gracia de Dios era suficiente.

Menno Simons (1496 - 1561)

Menno Simons visitó y animó al remanente disperso y hostigado de la Rebelión de Munster. Se trasladó a Holstein, donde sus escritos fueron ampliamente distribuidos, teniendo un mayor impacto fuera del área.

Capítulo 30

Los Bautistas

En este capítulo se puntualiza y se recuerda el enfoque de este libro. Esta afirmación se ha expresado, en repetidas ocasiones acerca de que, en toda la historia desde Jesucristo hasta el presente, hubo siempre una línea ininterrumpida de cristianos e iglesias que se mantuvieron fieles a la doctrina y prácticas neotestamentarias; nunca llegaron a ser parte de una unión de iglesias con el Estado, la cual se convirtió en la Iglesia Católica. No hay razones para asumir que en algún momento todas las iglesias ignoraron las advertencias del Nuevo Testamento contra los falsos maestros y las desviaciones de la verdad y fueron a parar en la apostasía. *("Porque yo sé que después de mi partida entrarán en medio de vosotros lobos rapaces, que no perdonarán al rebaño. Y de vosotros mismos se levantarán hombres que hablen cosas perversas para arrastrar tras sí a los discípulos. Por tanto, velad, acordándoos, que por el espacio de tres años, de noche y de día, no he cesado de amonestar con lágrimas a cada uno,"* **Hechos 20: 29-31**. *"Porque vendrá tiempo cuando no sufrirán la sana doctrina, sino teniendo comezón de oír, se amontonarán maestros conforme a sus propias concupiscencias, y apartarán de la verdad el oído y se volverán a las fábulas. Pero tú sé sobrio en todo, soporta las aflicciones, haz obra de evangelista, cumple tu ministerio,"* **2 Timoteo 4:3-5**). ¡Sí, algunos fueron apóstatas, pero no todos! ¿Por qué no debemos creer lo que la historia confirma, que muchos creyentes e iglesias permanecieron fieles y contendieron ardientemente por *"la fe que ha sido una vez dada a los santos"* y no sucumbieron ante *"algunos hombres (que) han entrado encubiertamente, los que desde antes habían sido destinados para esta condenación, hombres impíos, que convierten en libertinaje la gracia de nuestro Dios, y niegan a Dios el único soberano, y a nuestro Señor Jesucristo,"*

Judas 3-4? La suposición tácita de un gran número de historiadores de la Iglesia moderna es que, en un momento u otro, todos los cristianos e iglesias se desviaron del camino neotestamentario, vinieron a ser incurablemente corruptos en doctrina y práctica y tuvieron que regresar finalmente a la manera del Nuevo Testamento. Como hemos visto en estos capítulos, es una suposición nula.

RECAPITULACIÓN

La línea ininterrumpida

Sabemos que, durante su ministerio terrenal, Jesucristo estableció personalmente su iglesia en Jerusalén, Israel. En aquel momento, le prometió su perpetuidad hasta Su regreso, **Mateo 16:18-19**. Especialmente a través del ministerio del apóstol Pablo (pero sin limitarse a él), las iglesias neotestamentarias proliferaron rápidamente a través de Asia Menor, alrededor del Mar Egeo, en Roma, que era el centro neurálgico del imperio, a través del norte de África, alrededor de la Creciente Fértil, en Europa y por el oeste hasta Gales **(Hechos)**.

La ruta que tomó

Una línea ininterrumpida de iglesias fieles a la manera neotestamentaria se puede rastrear a través de Macedonia, **2 Corintios 8:1**, en los Estados Balcánicos, y desde allí a través de los misioneros a los Alpes y en los alrededores del sur de Francia, Suiza y el norte de Italia. Cuando los misioneros bogomilos llegaron en Europa Central desde Bulgaria y Bosnia, se encontraron con grandes comunidades de personas que ya creían de la misma manera que ellos. Esta segunda rama de la línea ininterrumpida de iglesias verdaderas neotestamentarias es la que había emigrado, bajo gran persecución de la Iglesia del Estado de Constantino, hacia el oeste y pobló a Europa con iglesias neotestamentarias. A medida que la iglesia de Roma se hizo más fuerte, estas iglesias encontraron su mayor fortaleza en la protección relativa de los Alpes Cotios. A través de los siglos, fueron conocidos por muchos nombres tales como cátaros, paulicianos, valdenses y albigenses. "Es un hecho significativo bien establecido en la historia creíble que aun en el siglo IV, los que se negaban a acudir a la jerarquía, y se negaban a aceptar el bautizo de los infantes, y se negaban a aceptar la doctrina de la 'regeneración bautismal' y exigían re-bautismo para todos los que venían a ellos procedente de la jerarquía, fueron llamados 'anabaptistas'. Sin importar los otros nombres que llevaron entonces, siempre se refirieron a ellos como 'ana-baptistas'. "Cerca del principio del siglo XVI, el 'ana' fue abandonado, y el nombre acortado a simplemente 'bautista', y poco a poco todos los demás nombres fueron retirados". [1]

La línea continua se remonta desde Jerusalén, tanto a través de los Estados Balcánicos orientales a los anabaptistas en Europa, como por el centro de la propia Europa hasta los anabaptistas. Las grandes comunidades de valdenses, especialmente los valdenses de la pre-reforma, eran en su mayor parte anabaptistas. Definitivamente, nunca fueron parte de la línea católica; y el hecho de que la Iglesia del Estado (que llegó a ser la Iglesia Católica) los persiguió sin piedad desde su inicio, es testimonio irrefutable de que nunca fueron parte del catolicismo. Hemos visto cómo la línea ininterrumpida llegó hasta los días de la reforma; sabemos también que las iglesias de la línea continua no se derivaron de las iglesias de la reforma. Por el contrario, habían estado allí todo el tiempo; y muchos de los reformadores se unieron y pasaron a ser parte de la línea ininterrumpida. No fue (excepto en algunos casos de engaño), a la inversa.

Es más, hemos visto que una tercera rama de la línea ininterrumpida llegó a través de Gales. A través del ministerio del apóstol Pablo, algunos galeses fueron alcanzados con el mensaje del evangelio durante el servicio militar en Roma. Estos volvieron a sus hogares, a Gales, y establecieron grandes y florecientes comunidades cristianas. Cuando el catolicismo más tarde llegó a Gales, el cristianismo sufrió mucho bajo la usual acometida católica contra todos los no-católicos; sin embargo, el cristianismo neotestamentario sobrevivió en las Islas Británicas y, finalmente logró llegar a América. [2]

BAUTISTAS BRITÁNICOS

Teniendo estos antecedentes presentes, ahora es momento de dar una mirada más específica a los bautistas de la post-reforma, o la continuación de la línea ininterrumpida a través y más allá de la reforma específicamente en Bretaña.

Bautistas británicos primitivos

Los bautistas en Bretaña anteceden a Juan Wyclef, que vivió y murió en el siglo XIV. Tanto los historiadores simpatizantes con los bautistas, como los que no, testifican de la existencia de aquellos que abrazaron creencias bautistas que se remontan hasta Juan Bautista. [3] Además de la pronta llegada del cristianismo neotestamentario en Gales, John Foxe registra cómo llegó a Inglaterra en la segunda mitad del siglo II. [4] Foxe también registró muchos de los esfuerzos del emperador Diocleciano por destruir a los primeros cristianos en Inglaterra. [5] El punto es que los cristianos que abrazaron y practicaron las posiciones establecidas en el Nuevo Testamento estaban en Inglaterra y Gales, cientos de años antes de Wyclef o de la posterior Reforma Protestante. Thomas Crosby dedicó la mayor parte de su vida al estudio de la existencia de la población bautista y sus principios en Inglaterra. Al inicio supuso que se originaron en Inglaterra con Juan Wyclef; sin embargo, después de años de investigación y estudio cuidadoso, escribió estas palabras: "La verdadera doctrina cristiana, y forma de adoración, como fue entregada por los apóstoles, fue mantenida en Inglaterra, y el gobierno romanista y ceremonias, estuvieron celosamente resistidos, hasta que los sajones entraron en Bretaña, alrededor del año 448". [6] El Señor Crosby procedió a elaborar que estos "bautistas ingleses" practicaban el bautismo solo a los creyentes por inmersión. Como se mencionó anteriormente, en el 597 el papa Gregorio envió al monje, Austin, para convertir a los británicos a la lealtad católica del cristianismo. Cuando fracasó por la persuasión, optó por la persecución. Él tuvo éxito en llevar oficialmente a Inglaterra y a Gales al catolicismo; no obstante, nunca logró erradicar al verdadero cristianismo neotestamentario de Inglaterra o Gales. [7] Mil años más tarde, cuando Juan Wyclef llegó a la escena, los anabaptistas seguían allí practicando la doctrina y prácticas neotestamentarias. Antes de Wyclef, un holandés elocuente llamado Walter Lollard llegó a Inglaterra desde los valdenses. Sus seguidores aumentaron rápidamente; y se dice que en unos pocos años, más de la mitad de la población de Inglaterra vino a ser lolardos. [8] La evidencia indica fuertemente que fue la influencia de ellos la que volcó a Juan Wyclef del catolicismo.

Los cristianos neotestamentarios estaban en Inglaterra cientos de años antes que Wyclef

---

Iglesias específicas en Inglaterra

A pesar de la gran persecución y los enormes esfuerzos por erradicar de Inglaterra a estas personas con creencias claramente bautistas, se multiplicaban. "Los seguidores de Lollard y Wyclef se unieron y en poco tiempo Inglaterra estaba llena de 'los hombres de la Biblia'... El movimiento lolardo más adelante se fusionó con el anabaptista" [9] y con el tiempo llegó a ser conocido simplemente como bautista. Mucho antes de la Reforma Protestante, las iglesias bautistas existían en muchos lugares de Inglaterra. Había una iglesia bautista organizada en Londres dirigida por Simon Fish en el año 1525". [10] Tanto los bautistas nativos como los inmigrantes del continente, sobre todo de Holanda, organizaron iglesias bautistas. Nuevas iglesias (a veces llamadas *conventículos*) surgieron en Londres, Kent, Feversham, Maidstone, Eythorne, Essex, Bocking, Lansdowne y muchos otros lugares. [11]

Cada régimen inglés odiaba y perseguía a los bautistas. Eran como una espina clavada en una nación con una Iglesia estatal (anglicana). Cuando los padres rehusan bautizar a sus hijos en la Iglesia, es imposible para el Estado controlar la religión en ese país. Inclusive frente a la persecución severa, "los bautistas continuaron multiplicándose; los extranjeros continuaron llegando al país, hasta 4000 residieron cerca de Norwich, muchos de ellos eran bautistas. Es más, se formaron iglesias. De estas todavía existiendo se alega que Faringdon fue fundada en 1576; Crowle y Epworth ambas en 1597; Dartmouth, Oxford, Wedmore, Bridgewater, todas en 1600. Es decir, había conventículos en al menos nueve condados fuera de Londres, donde todavía existen iglesias como sus sucesoras directas. "Esto fue escrito en Londres el 11 de abril de 1902. [12]

John T. Christian dijo: "En el mejor de los casos la distinción entre los nombres de los bautistas y anabaptistas es técnica" y pasó a citar un documento por Sir William Cecil, un oficial de la Reina Isabel, que llamó a todos ellos "bautistas". El Dr. Christian luego dijo: "Por tanto, es científicamente correcto llamar a esta gente bautistas". [13]

Como veremos, la mayoría de los historiadores modernos, incluyendo los bautistas, erróneamente sostienen que los bautistas se originaron en Inglaterra por los esfuerzos iniciales de John Smyth.

LA CONTROVERSIA DE JOHN SMYTH

Los bautistas siempre fueron iglesias independientes. Un examen de su linaje hasta Cristo muestra que nunca fueron parte de una Iglesia de Estado. Una fuerte posición doctrinal de los bautistas (por cualquier nombre) ha sido siempre la autonomía de cada iglesia. Cada iglesia bautista era independiente tanto del gobierno civil como de todas las demás iglesias. Es más, eran congregacionales en su gobierno interno.

Separatistas

Hacia el final del siglo XVI, otro grupo independiente surgió en Inglaterra. Ellos fueron llamados *separatistas* y creían en el gobierno congregacional. Debido a su líder popular, Robert Browne, también fueron llamados *brownistas* y pronto se enumeraban en miles. [14] Al igual que los bautistas, los separatistas eran partidarios de una *iglesia libre* sin control ni de la Iglesia Anglicana ni del gobierno civil. Bajo severa persecución, Browne finalmente se retractó y volvió a la iglesia de Inglaterra; no obstante, sus seguidores continuaron el movimiento de iglesia libre. Fueron cazados y perseguidos. Algunos fueron quemados en la hoguera. Aun así, el movimiento continuó. [15]

Los separatistas no eran bautistas, pero algunos bautistas se involucraron con ellos. Los bautistas sostuvieron con firmeza la posición de que para ser miembro de una iglesia, tenía que ser salvo y bautizado por inmersión. [16] Los separatistas independientes "bautizaban infantes, cuyos padres (o cuyos tutores) eran creyentes". [17] En este caso, que a menudo lo era, el principal punto divisorio era el bautismo. Un grupo se destacó de todos los demás a través de los siglos y fue aquel grupo que invariablemente insistió en que, para ser miembro de una iglesia, una persona debía (1) ser salva y (2) bautizada por inmersión (3) por la autoridad de una iglesia legítima. Sus enemigos los llamaron anabaptistas y finalmente dejaron el *ana*.

John Smyth

Uno de los que estaba en el movimiento separatista fue John Smyth. En 1606 formó una iglesia separatista en Gainsborough,

Inglaterra. [18] Hay grandes conflictos en las historias de su pastorado en Gainsborough. Supuestamente, la noche del 24 de marzo de 1606, fue bautizado en el Río Don. Dos años más tarde (1608), trasladó a toda su iglesia de alrededor de ocho personas a Ámsterdam, Holanda, donde su grupo se unió con una iglesia separatista existente cuyo pastor era apellidado Ainsworth. Smyth se opuso al bautismo infantil, y él y su grupo pronto fueron excluidos de la iglesia de Ainsworth. Él y sus seguidores procedieron a bautizarse a sí mismos (Smyth según informes se bautizó a sí mismo, un acto llamado *se-bautismo*) y formaron una nueva iglesia. Una división pronto se desarrolló en la nueva iglesia de Smyth y junto con otros 24 fueron excluidos. Él y los que se pusieron de su lado repudiaron sus bautismos y la organización de su iglesia como nulos. Luego buscaron la membresía en una de las iglesias menonitas de Ámsterdam. Después de muchas luchas internas entre los menonitas sobre Smyth y sus seguidores, fueron recibidos en esta iglesia cuyo modo de bautismo era rociar. Poco después (1610), Smyth murió como menonita en Holanda, y el remanente de su iglesia que se había quedado con él se extinguió. [19] En 1611 o 1612, Thomas Helwys, quien había pagado originalmente el traslado de toda la iglesia de Inglaterra a Holanda, tomó el otro remanente de la iglesia de Smyth y regresó a Inglaterra. Allí fue detenido por el rey y murió en prisión. [20] Antes de su muerte, Helwys formó una nueva iglesia en Londres, que algunos sostienen que es la primera Iglesia Bautista General en Inglaterra. [21]

John Smyth no era un bautista

Es bastante obvio que no hay ninguna razón válida para creer que John Smyth fue alguna vez bautista. La iglesia que él organizó y trasladó a Holanda era una iglesia separatista, no una iglesia bautista. Los bautistas holandeses estaban por todas partes de Holanda. En vez de ir a una de sus iglesias para un bautismo válido, Smyth se bautizó a sí mismo (algunos dicen que Helwys lo bautizó). Ni auto-bautismo (se-bautismo), ni el bautismo por un separatista harían a Smyth bautista. Él podría haber recibido un bautismo válido y convertirse en bautista, pero no lo hizo. "Smyth y su iglesia pensaban que tenían el derecho de originar el bautismo entre ellos". [22] Como muchos cristianos posteriores, ignoraron completamente la perpetuidad que es el hecho de que la legitimidad proviene de Cristo a través de Su línea ininterrumpida de iglesias neotestamentarias verdaderas. Ninguna persona simplemente ha de confiar en Cristo y luego empezar a bautizar a la gente por su cuenta. Hacerlo, es ignorar la perpetuidad y la autoridad que Jesús dio a Su iglesia para bautizar. Para ser válido, el bautismo debe ser administrado por la autoridad legítima. Jesús dio esa autoridad a Su iglesia, no a individuos independientes de la autoridad eclesiástica. *"Id, pues, y haced discípulos a todas las naciones, bautizándolos en el nombre del Padre, y del Hijo, y del Espíritu Santo; enseñándoles que guarden todas las cosas que os he mandado; y he aquí yo estoy con vosotros siempre, hasta el fin del mundo. Amén,"* **Mateo 28:19-20.** Aquel mandamiento por Jesús era para Su iglesia corporativa, que continuaría en una línea ininterrumpida hasta Su regreso. No dio la autoridad para bautizar a las personas que actúan aparte de la capacidad de la iglesia. Smyth pasó eso por alto y pensó que la autoridad para bautizar descansaba en los individuos (él), no en una iglesia legítima.

William H. Whitsitt, líder del asalto al patrimonio bautista

A pesar de los hechos acerca de Smyth y Helwys, el Dr. William H. Whitsitt, quien llegó a ser el tercer presidente del Seminario Teológico Bautista del Sur en Louisville, Kentucky (1895), sostuvo que no había una línea ininterrumpida de iglesias verdaderas desde la de Cristo. Sin tomar en cuenta la evidencia histórica abrumadora de la práctica continua del bautismo por inmersión desde Cristo hasta su tiempo, el Dr. Whitsitt dijo que la inmersión no se practicaba en Inglaterra antes de 1641. Por lo tanto, sumariamente señaló a todos los disidentes antes de aquel tiempo como cristianos e iglesias ilegítimos. De un plumazo, demeritó a todos los grandes historiadores por considerarlos no científicos, ya que no citaban suficientes fuentes originales en sus historias. Muchos de estos historiadores vivían cerca del lugar o en épocas próximas a las personas y a los acontecimientos de los que escribieron. Ellos dieron sus vidas para investigar y documentar pruebas de aquellos fieles cristianos primitivos neotestamentarios que sellaron su testimonio con su sangre. A pesar de aquella realidad, el Dr. Whitsitt es considerado por muchos inminentemente más inteligente y más informado que la gran cantidad combinada de sus predecesores. Por causa de él y su séquito de estudiosos modernos que dicen que no hubo inmersión bautista antes de 1641, todos debemos dejar de creer en la promesa de perpetuidad hecha por Jesús en **Mateo 16:18** y afirmada por Pablo en **Efesios 3:21**; rechazar la evidencia irrefutable de cristianos neotestamentarios a través de los siglos, y decir que los bautistas no son más que una banda de protestantes recién llegada que se originó en Inglaterra sólo después de 1641 de las bases establecidas por John Smyth. [23]

El patrimonio bautista no depende de John Smyth

La historia de los bautistas (en Inglaterra o en cualquier lugar) no descansa sobre John Smyth. Si él era un bautista o no, es irrelevante a la línea continua de iglesias neotestamentarias desde Cristo. Mucho antes de que Smyth naciera y mucho después de su muerte, existían iglesias neotestamentarias. Ellas fueron llamadas por una variedad de nombres (bautistas, anabaptistas, valdenses, etc.), pero eran la misma línea espiritual de gente, sin importar el tiempo o el lugar. Si Smyth nunca hubiese existido, la historia de la línea ininterrumpida de iglesias verdaderas seguiría ilesa. No comenzó con Smyth, y no terminó con él. "El bautismo de Smyth no afectó el bautismo de las iglesias bautistas de Inglaterra. Se ha afirmado que las iglesias bautistas generales de Inglaterra se originaron con esta iglesia de Smyth; que se trataba de la iglesia madre de los bautistas; e incluso que la denominación bautista se originó allí, en el año 1609... Los historiadores bautistas de Inglaterra son singularmente unánimes sobre este punto. 'Si él (Smyth) fuera culpable de lo que se le acusa', dice Crosby, 'entonces no hay ninguna mancha en los bautistas ingleses; que no aprobaron ningún método de este tipo, ni tampoco recibieron su bautismo de él'". [24] El tema Smyth "no interfiere en lo más mínimo con los hechos históricos abrumadores de que los bautistas ingleses tuvieron su génesis originalmente de las antiguas iglesias bautistas galesas plantadas en la era apostólica". [25]

Como ya hemos visto, las personas que abrazaban las perspectivas bautistas existían en Inglaterra y Gales ya en el primer siglo. Fueron generalmente despreciadas como anabaptistas. Hemos hablado de Walter Lollard, un predicador alemán que llegó a Inglaterra alrededor del 1315. Su gran éxito produjo una gran multitud de seguidores llamados lolardos. Juan Wyclef estaba profundamente involucrado con este movimiento y sus seguidores no sólo fueron llamados wycliffitas, fueron más comúnmente llamados lolardos. La Torre Lolarda en Londres es un testimonio de la larga fila de bautistas en Inglaterra mucho antes de John Smyth. [26] Particularmente en los últimos 300 años antes de John Smyth, los bautistas se habían establecido en Inglaterra desde el continente europeo. Es más, algunos grupos independientes en Inglaterra se dieron cuenta de la ilegitimidad de sus bautizos y en realidad fueron a Holanda para recibir bautismos válidos. Ellos regresaron a Inglaterra para propagar corrientes de iglesias bautistas. [27]

OBSERVACIONES

La línea ininterrumpida de cristianos e iglesias neotestamentarios desde Cristo hasta la actualidad ha sido despiadadamente atacada y negada; pero, a pesar de todo esto, hay evidencia que los apoya. La línea continua conduce de **Mateo 16:18** hasta los bautistas en Inglaterra. Aquella línea espiritual de gente, de alguna manera, a través de los siglos, se ha mantenido fiel a la doctrina y prácticas esenciales de las Escrituras. Siempre han insistido en la única autoridad de las Escrituras en asuntos de doctrina y práctica, la deidad de Cristo, la salvación por gracia a través de la fe personal en Cristo, el sacerdocio de todos los creyentes, la autonomía de cada iglesia local, una vida santa y la libertad de conciencia. Estas posiciones bíblicas siempre excluyeron a la tradición como regla de doctrina o práctica, la salvación institucional de cualquier forma, una jerarquía dentro o fuera de una iglesia y una Iglesia estatal. Se hizo necesario el re-bautizo de todos los que vinieron sin el bautizo por inmersión como un creyente en Jesucristo. Esta posición consistente a lo largo de los siglos los hizo ganar su nombre más común, *anabaptistas*. Con el tiempo el *ana* se desvaneció y esta línea continua de iglesias llegó a ser conocida simplemente como bautistas. No son ni recién llegados ni protestantes. Se originaron con Jesucristo, no en Inglaterra; pero florecieron en Inglaterra y llegaron a América a través de la tierra inglesa.

En nuestro próximo y último capítulo, vamos a rastrearlos hacia América. Consideraremos también su tremenda contribución a la libertad religiosa que se conoce hoy día en gran parte del mundo.

1 J.M. Carroll, *The Trail of Blood (El Rastro de Sangre)*, (Lexington, Kentucky: Ashland Avenue Baptist Church, 1992), 39.

2 Ibid., 43-44.

3 John T. Christian, *A History of the Baptists (Una Historia de los Bautistas)*, vol. 1, (Texarkana, Ark.-Tex.: Bogard Press, 1922), 171-175.

4 John Fox, *Christian Martyrology (Martirología Cristiana)*, (London, Paris and New York: Fisher, Son, & Co., 1840), 102-103.

5 Ibid., 77-79.

6 Thomas Crosby, citado en *A History of Baptists (Una Historia de Bautistas)* por John T. Christian, 177.

7 Christian, 178-181.

8 Ibid., 184.

9 Ibid., 187.

10 Fox, 264.

11 Christian, 196-198.

12 Ibid., 209.

13 Ibid., 205-206.

14 E.H. Broadbent, *The Pilgrim Church (La Iglesia Peregrina)*, (Grand Rapids, Michigan: GOSPEL FOLIO PRESS, 1999), 251.

15 Ibid., 252-253.

16 Carl Deimer, Professor, *History of Christianity II (Historia del Cristianismo II)*, Video Lecture 17, Liberty University DLP, 2004.

17 Broadbent, 251.

18 Christian, 223.

19 D.B. Ray, *Baptist Succession: A Hand-book of Baptist History (La Sucesión Bautista: Un Manual de la Historia Bautista)*, (Parsons, Kansas: Foley Railway Printing Company, 1912), 133-135.

20 Deimer.

21 Ray, 135.

22 Christian, 225.

23 I.K. Cross, *The Battle for Baptist History (La Batalla por la Historia Bautista)*, (Columbus, Georgia: Brentwood Christian Press, 1990), 131-141.

24 Ibid.

25 Ray, 141.

26 Lollards Tower, The Archbishop of Canterbury, (www.archbishopofcanterbury.org/943).

27 Ray, 136-139.

El Patrimonio Bautista

Época Apostólica - Las iglesias bautistas galesas antiguas se originaron en este periodo. Este fue el comienzo de los bautistas ingleses. La línea ininterrumpida guía desde Mateo 16:18 hasta los bautistas en Inglaterra.

El emperador Diocleciano, quien reinó desde el 284 al 305 d. C., trató muchas veces de destruir a los cristianos en Inglaterra. Esto prueba que los cristianos estuvieron en Inglaterra en tiempos primitivos.

Los Anabaptistas - Ellos creían en el re-bautizo de todos los que venían con cualquier cosa escasa de un bautismo por inmersión como creyente en Jesucristo. Con el tiempo, el ana desapareció y pasaron a ser llamados bautistas. Los mismos se originaron con Jesucristo, no en Inglaterra.

Las posturas verdaderas del creyente:

Incluían	Rechazaban
La insistencia en la autoridad única de las Escrituras en asuntos de doctrina y práctica	La tradición como regla de doctrina y práctica
La deidad de Cristo	La salvación institucional por cualquier forma
La salvación por gracia a través de una fe personal en Cristo	Una jerarquía dentro o fuera de una iglesia y una iglesia estatal
El sacerdocio de cada creyente	
La autonomía de cada iglesia local	
La vida en santidad y la libertad de conciencia	

Una Historia de las Iglesias

Capítulo 31

Los Bautistas en América

Que hay multitudes de bautistas en América que practican el cristianismo primitivo neotestamentario del primer siglo es actualmente observable e indiscutible. Rastrear las raíces de estos creyentes y sus iglesias hasta Rhode Island es necesario, pero no plenamente suficiente, para conectarlas a la línea ininterrumpida que se originó con Jesucristo. Para que las iglesias bautistas americanas y su descendencia sean legítimas, deben estar conectadas por la doctrina y práctica a aquella línea de iglesias pre-americanas que se puede rastrear hasta Cristo.

Ha sido presentada en este libro evidencia que apoya la afirmación de una línea ininterrumpida de iglesias neotestamentarias desde Cristo hasta Bretaña. En este último capítulo, veremos cómo estos cristianos primitivos llegaron a América y florecieron aquí. También es apropiado que tratemos brevemente con una de sus mayores contribuciones a América y al mundo moderno: *la libertad de religión*.

BAUTISTAS BRITÁNICOS

En el capítulo 30, nos ocupamos específicamente de cómo los bautistas llegaron a Bretaña y se establecieron allí. Ellos permitieron firmemente ser miembros en sus iglesias solo a aquellos que fueron salvos y se bautizaron por inmersión. [1] El bautizo por inmersión era su característica; y creyeron que la salvación viene solo por gracia a través de la fe personal en Jesucristo que murió, fue sepultado y resucitó. En Bretaña hubo decenas de millares de cristianos neotestamentarios y cientos de iglesias vinculadas retrospectivamente a los apóstoles. Aquello fue particularmente el caso en Gales e Inglaterra. [2] Fueron llamados lolardos, hermanos, anabaptistas y otros nombres; sin embargo, con el paso de los años fueron conocidos simplemente como bautistas.

Dos grupos principales de bautistas surgieron en Inglaterra. Un grupo creyó que Cristo murió por todos; fueron llamados Bautistas Generales. El segundo grupo creyó que Cristo murió solamente por los elegidos; estos fueron llamados Bautistas Particulares.

> **Los bautistas británicos fueron conocidos también como lolardos, hermanos, y anabaptistas**

CONDICIONES EN INGLATERRA

Tenga en cuenta que Inglaterra era oficialmente anglicana. Existía una Iglesia estatal, y una Iglesia estatal siempre trata de imponer sus posiciones y voluntad a toda la población. Cierta medida de tolerancia religiosa existió en Inglaterra; no obstante, no había libertad de religión. Inglaterra era anglicana y otros grupos religiosos fueron perseguidos. En términos de doctrina y práctica, el anglicanismo es prácticamente el catolicismo con un nombre diferente.

Surgió un grupo dentro de la Iglesia Anglicana que quería quedarse en la Iglesia y purificarla. Los de esta secta muy celosa y estricta fueron llamados puritanos. Cuando el rey Jaime I llegó de Escocia (1603), un gran número de puritanos le presentaron una lista de reformas que deseaban que se instituyeran en el anglicanismo tan pronto como fuera posible. Estas reformas, conocidas como la Petición Milenaria, pedía la eliminación de prácticas persistentes católicas como hacer persignarse en el bautismo y la lectura de los libros apócrifos durante los servicios religiosos. Los puritanos también argumentaban que ninguna opinión papal debía ser enseñada o defendida. Dijeron que se debía permitir al clero casarse y que la excomunión debía terminar de ser un arma política. El rey Jaime demostró no ser amigo de los puritanos. [3]

Durante los reinados del rey Jaime y la reina Isabel, otro grupo de puritanos llamados separatistas determinaron que no iban a violar sus propias conciencias conformándose exteriormente a las leyes anglicanas mientras estaban en secreto luchando para reformar la Iglesia Anglicana. Estos decidieron no conformarse y salieron de la Iglesia Anglicana por completo. Ellos pagaron el alto precio de las multas, encarcelamientos, expulsiones y ejecuciones. [4]

Había conflictos religiosos en curso y divisiones en Inglaterra. De un régimen político al siguiente, las posturas religiosas y las políticas oscilaron de un extremo al otro como un gran péndulo. La reina María (María la Sangrienta) gobernó Inglaterra e Irlanda desde el 19 de julio de 1553 hasta el 17 de noviembre de 1558. Ella fue apasionadamente católica y trató de purgar a su dominio de todos los no-católicos. [5] Su reinado fue una pesadilla para los cristianos primitivos. A su muerte su media hermana, Isabel I, se convirtió en reina de Inglaterra e Irlanda y gobernó hasta el 24 de marzo de 1603. Ella fue anglicana pero mucho más tolerante que sus predecesores. Los puritanos, separatistas, bautistas y otros florecieron bajo su reinado. Ella fue seguida por el rey Jaime I (1603-1625). Fue un firme anglicano y estuvo decidido a acabar con los puritanos y los separatistas. [6] El rey Jaime I fue seguido por el rey Carlos I (1625-1649) quien simpatizaba abiertamente con el catolicismo y tuvo mano dura con los no católicos, especialmente los puritanos. En ese momento, hubo un sentimiento anti-rey en Inglaterra. Aquel sentimiento estuvo también en el parlamento. Los puritanos eran calvinistas acérrimos, como lo fueron los presbiterianos escoceses. El parlamento descontento desestimó al rey Carlos I en 1649 y apeló al rey de Escocia por ayuda. Este invadió y Carlos I fue decapitado. Inglaterra luego pasó por una mancomunidad (1649-1660), dos reyes pro-católicos (Carlos II [1660-1685] y Jaime II [1685-1688]) antes de que Guillermo y María (1689-1702) llegaran al poder. La *Ley de Tolerancia* fue aprobada en 1689. Trajo cierta medida de libertad de religión a Inglaterra. [7]

Durante aquellos años antes de la *Ley de Tolerancia*, la vida en Inglaterra era peligrosa para los que no eran parte de la Iglesia estatal. Muchos ministros no conformes fueron fusilados, ya fuera en sus hogares o iglesias. Algunos fueron arrastrados por las calles y apuñalados hasta la muerte. Grupos de creyentes neotestamentarios fueron arreados al edificio de la iglesia, donde las puertas fueron cerradas y el edificio incendiado. Miles de personas fueron forzados a entrar a los ríos y lagos por lanzas, espadas, hachas, pistolas y otras armas peligrosas. Las mujeres fueron atadas a postes y desnudadas hasta la cintura. Sus pechos fueron cortados, y las dejaron morir desangradas. [8]

La iglesia oficial de Inglaterra era la anglicana

El glamour de un nuevo mundo

No es difícil ver por qué tantas personas estarían deseosas de salir de Inglaterra para un nuevo comienzo en el *nuevo mundo* que había sido descubierto. La agitación constante y persecución frecuente (también había una pobreza generalizada y muchos males sociales), junto con la posibilidad de una nueva vida de libertad en el nuevo mundo, atrajo a las masas. Este fue el caso en Inglaterra, pero también lo fue en el continente. Oleadas de personas, entre ellos bautistas, comenzaron a emigrar a América. La colonia de Virginia en Jamestown se estableció el 14 de mayo de 1607. [9] La colonia Plymouth de Plymouth, Massachusetts fue una empresa colonial inglesa (1620-1691). [10] Mientras estas colonias continuaron surgiendo, más bautistas y otros comenzaron a llegar a las costas americanas. La línea ininterrumpida de iglesias neotestamentarias se extendió a América. Mientras que las iglesias neotestamentarias continuaron en Inglaterra y muchos otros lugares de Europa, brotaron en América. No hubo ruptura en la línea.

IGLESIAS ESTATALES EN AMÉRICA

No asuma que todos los que huyeron a América tenían en mente la libertad de religión en este nuevo mundo. No fue así. La inmensa mayoría de quienes llegaron buscaron alivio de la opresión de la Iglesia estatal que había abusado de ellos en el viejo mundo. No estaban en contra del concepto de una Iglesia estatal; simplemente querían que su Iglesia fuera la Iglesia del Estado. No quisieron ser oprimidos; querían ser los opresores. La mayoría de ellos mantuvo la posición hipócrita que es perfectamente aceptable para imponer posiciones religiosas sobre todo el pueblo mientras estas fueran sus posiciones.

A su llegada a América, los puritanos hicieron rápidamente que la suya fuera la religión estatal de las colonias de Nueva Inglaterra (Massachusetts, Connecticut y New Hampshire). Las colonias del sur (Virginia, Maryland, las Carolinas y Georgia) establecieron sociedades eclesiástica-estatales anglicanas. Las colonias intermedias (Nueva York, Pennsylvania, Delaware y Nueva Jersey) fueron más pluralistas y abiertas a diferentes perspectivas.

Estas Iglesias estatales adoptaron rápidamente las mismas prácticas viciosas de aquellos de quienes huyeron. Por ejemplo, cuando una iglesia bautista se estableció en Boston, el Tribunal General Puritano aprobó leyes que permitieron a los líderes puritanos apoderarse de la propiedad bautista. Cerraron las puertas de la iglesia y ordenaron a todos los ciudadanos de Massachusetts bautizar a sus bebés. "En Virginia la situación era igualmente mala. Su fuero exigió que todos los habitantes se conformaran a las creencias episcopales regentes en Inglaterra. Un impuesto de 15 libras se tasó a cada persona para pagar el salario, la tierra y el ganado de los ministros. Las sanciones por multas de 20 libras fueron prescritas contra cualquiera que no asistiera a la iglesia o hablara negativamente contra un predicador de la Iglesia Anglicana o Episcopal patrocinada por el Estado. Una multa de 2000 libras de tabaco se decretó en contra de cualquier adulto que no quisiera que su niño fuera bautizado. Un millar de aquellas libras iba al informante". [11]

Un caso afín específico fue el del pastor John Clarke, el diácono John Crandall y el anciano Abdías Holmes, que pasaron de Rhode Island a Lynn, Massachusetts para visitar a uno de sus miembros, William Witter que era ciego y viejo. Eran bautistas. El domingo el pastor Clarke predicó a un pequeño grupo que llegó a la casa de Witter para adorar. Durante el sermón, dos agentes entraron en la casa y arrestaron a Clarke, Holmes y Crandall. Los tres fueron obligados contra su voluntad a asistir a un servicio religioso puritano, donde se negaron a quitarse el sombrero. Por la falta de respeto fueron trasladados a una prisión de Boston. Más tarde fueron juzgados. Clarke fue multado con veinte libras, Holmes treinta libras y Crandall cinco libras. Amigos pagaron las multas de Clarke y Crandall, pero Holmes dijo que él no había hecho nada malo y se negó a que le pagaran la multa. Después de dos meses Holmes "fue conducido a un lugar público, Boston Common; allí, de manera despiadada, fue azotado públicamente con treinta golpes de un látigo de tres extremos, recibiendo así noventa latigazos... Después de la paliza pública de Holmes, dos transeúntes, John Hazel y John Spur, se acercaron a Holmes y le estrecharon la mano. Como resultado de este gesto alentador, ambos hombres fueron arrestados y posteriormente multados por dar ayuda y confort a un infractor de la ley. Hazel era un hombre mayor y - quizás debido a la terrible experiencia agotadora del encarcelamiento - murió antes de llegar a su casa después de su liberación". [12]

ROGER WILLIAMS

El popular pero erróneo concepto, es que Roger Williams fue el primero en establecer una iglesia bautista verdadera y duradera en América. Williams era un puritano viviendo en Inglaterra quién, como muchos puritanos, concluyó que la Iglesia Anglicana no podía ser reformada. El 7 de abril, de 1630, con el abogado John Winthrop como su gobernador, un grupo de puritanos conocidos como la Compañía de la Bahía de Massachusetts zarpó de Southampton, Inglaterra por América con la intención de crear "una iglesia de Inglaterra verdadera". [13] No tenían planes de libertad religiosa; por el contrario, planeaban establecer una Iglesia estatal anglicana pura en América. Todos los ciudadanos tendrían que ser parte de la misma y sujetarse a sus leyes y control. Independientemente de su afiliación eclesiástica, tales eran las intenciónes de casi la totalidad de aquellos primeros colonos que emigraron a América.

Seis meses después que Winthrop llegó al puerto de Salem, Roger y Mary Williams zarparon de Bristol y se unieron a Winthrop en Salem. El invierno de 1631 fue cruel en Nueva Inglaterra; sin embargo, un gran número de puritanos continuaron huyendo de Inglaterra para un nuevo comienzo en el nuevo mundo. Roger y Mary Williams pronto llegaron a la nueva ciudad de Boston. Roger era un ministro bien educado con una buena reputación y pronto se le solicitó ser ministro de la parroquia. Rechazó la oferta. Estaba cada vez más convencido de que debía haber una separación inmediata y completa de la Iglesia de Inglaterra. Esta postura fue impopular con el gobernador Winthrop y la mayoría de las personas que creían que una Iglesia Anglicana en América reformada exitosamente se traduciría en la reforma de la Iglesia en

Inglaterra. La postura consistente y abierta de Williams le causó la desaprobación en Boston. Él y Mary se trasladaron a la cercana Salem, donde fue aceptado rápidamente; no obstante, debido a la presión de Boston, Salem se volvió contra Williams, quien se mudó a Plymouth. Allí Williams y sus ideas llegaron a ser bien conocidos. Él habló y escribió sobre las injusticias puritanas, especialmente contra los indios. Sostuvo que el rey Carlos I no tenía derecho a dar a nadie título exclusivo a cualquier cosa en América de los 40 a los 48 grados de latitud. Williams arguyó que los indios eran también personas, con derechos reales, y que debían ser tratados de una manera cristiana. Expuso grandes diferencias entre el pensamiento y las actividades puritanos y las enseñanzas verdaderas del cristianismo bíblico. Él enseñó que "el magistrado no tiene ninguna autoridad para castigar a aquellos que violan los mandamientos con respecto a la relación de un hombre con Dios". [14]

En Plymouth, Williams asistió al ministro de la iglesia. Williams estaba muy decepcionado cuando los miembros de la iglesia de Plymouth viajaron a Inglaterra y asistieron a los servicios anglicanos y no fueron amonestados a su regreso. A finales de 1633, renunció a su cargo con la iglesia de Plymouth y regresó a Salem. [15]

Las autoridades de Plymouth estaban contentas por su partida. Continuó su acostumbrada franqueza y se hizo muy conocido en la colonia. Su discurso no fue bien visto por parte de los puritanos, especialmente sus líderes civiles y eclesiásticos. El Tribunal General de la colonia actuó en contra de Williams. Una serie de encuentros y debates se produjo. Williams desafió casi todo y "puso en duda casi todo lo que Massachusetts mantenía en alta estima: su fuero, su Tribunal General, sus iglesias, sus tierras y más que nada, sus promesas". [16] Al término de la cuarta reunión, el Tribunal General ordenó que Roger Williams saliera de la jurisdicción. Los planes eran enviarlo de vuelta a Inglaterra, aunque en enero de 1636 se apresuró en dejar a su esposa y su hogar en Salem metiéndose en los bosques nevados con la esperanza de llegar a la bahía de Narragansett. Se perdió en el bosque, pero fue rescatado por los indios, con quien pasó el invierno cerca de la localidad actual de Bristol, Rhode Island. Cuando llegó la primavera, algunos de sus seguidores se enteraron de su paradero y se unieron a él. El grupo se trasladó a un manantial de agua fresca en lo que es actualmente Providence, Rhode Island y estableció una ciudad. [17]

Williams se convenció de que el bautismo es por inmersión solamente para los creyentes. "Ezequiel Holliman bautizó a Williams y Williams bautizó a los otros y en 1639 ellos formaron una sociedad que algunos llamaron iglesia. Pocos meses después de esto Williams se retiró de la iglesia creyendo que él no fue bautizado bíblicamente puesto que Holliman no estaba bautizado cuando bautizó a Williams. Él nunca se unió a cualquier otra iglesia, pero se consideró a sí mismo un buscador el resto de sus días". [18] En cuatro meses, la iglesia de Roger Williams (si es que alguna vez fue una iglesia) dejó de existir y fue reducida a la nada. Nunca produjo descendencia [19] y "es evidente que Roger Williams nunca fue miembro de alguna iglesia bautista verdadera y legítima". [20] La primera iglesia bautista de Providence, Rhode Island afirma ser la primera bautista en América siendo el año de su fundación 1638. La evidencia es bastante concluyente de que la iglesia de Providence fue restablecida en algún momento después de 1639; que es el año cuando el esfuerzo eclesiástico de Roger Williams comenzó y fracasó. [21]

A pesar de que Roger no se puede ver verdaderamente como el fundador de una iglesia bautista verdadera y legítima en América, fue un hombre muy utilizado por Dios para establecer la libertad de conciencia en este país. El mundo está en deuda con él. "Él y el Dr. Clark trabajaron en conjunto para finalmente obtener un fuero para la colonia de Rhode Island que garantizara la libertad religiosa". [22]

> **Roger Williams nunca fue un bautista verdadero**

JOHN CLARKE

Desde 1630 y en adelante, el número de bautistas en América crecía rápidamente. Eran una espina en el costado de los puritanos presbiterianos. Thomas Hooker de Connecticut escribió a Thomas Sheppard de Cambridge, "Me gustan cada día menos que el siguiente a los anabaptistas y su opinión... a menos que vigiles bien tendrás un ejército en el campo antes de saber cómo prepararse u oponérsele". [23] La postura bautista contra el bautismo infantil era un tema catalizador incluso como lo había sido a través de los siglos. Las persecuciones contra ellos aumentaron en 1635. El 13 de noviembre, de 1644, la Corte General de Massachusetts aprobó una ley para su supresión. [24]

John Clarke nació en Bedfordshire, Inglaterra en 1609. Estaba muy educado y fue un médico que también llegó a ser predicador. Este "recibió su bautizo y ordenación en Londres, en una iglesia cuya sucesión se extiende de una línea regular descendiente de la época apostólica... Él vino a este país, como un ministro bautista, desde Londres... Se instaló, al principio, en Massachusetts; pero huyó de la persecución, y llegó a Rhode Island en marzo de 1638; y en el mismo año estableció la primera iglesia bautista en el continente de América, Newport, R.I. (Rhode Island)" [25] El Dr. Clark permaneció como pastor de la iglesia de Newport hasta morir.

El 28 de marzo de 1638, el Dr. Clark y sus colegas compraron tierra y obtuvieron un título de propiedad de los indios. [26] "Los colonos lo enviaron a Inglaterra en 1651 para conseguir un mejor fuero para Rhode Island. No pudo recibirlo de Cromwell, pero sí de Carlos II doce años después, en 1663. Este fuero concedió la libertad política y religiosa a Rhode Island. Fue un líder entre los bautistas y en el gobierno de Rhode Island". [27] Cabe señalar que los esfuerzos del Dr. Clarke en Inglaterra por conseguir el fuero de Rhode Island tomó años y lo dejó en la pobreza financiera. Sin la ayuda del apoyo y la recaudación de fondos por los esfuerzos de Roger Williams en América, habría sido prácticamente imposible que el Dr. Clarke tuviera éxito. [28] El mundo está, sin duda, en deuda con el Dr. John Clarke tanto como con Roger Williams quienes fueron verdaderos pioneros de la libertad religiosa.

A Rhode Island le fue concedida la libertad de religión por Carlos II

LA PROPAGACIÓN DE IGLESIAS BAUTISTAS EN AMÉRICA

Es un error suponer que no hubo bautistas en América antes de la iglesia de John Clarke en Newport, Rhode Island. Los bautistas migraban continuamente a América desde Inglaterra y otros países europeos. No debería ser difícil entender que les tomó tiempo establecer iglesias, sobre todo teniendo en cuenta el clima político en contra de ellos en aquel momento. Los puritanos y otros persiguieron a los bautistas y a todos los demás que no se sometieron a ellos. "Como los sentimientos bautistas siempre solían ser, desde los días de Juan el Bautista, así fueron en América prevaleciendo a pesar de la persecución opresiva. En el siguiente orden aparecen en los distintos Estados Unidos. Rhode Island, 1638-56; Massachusetts, 1663-66; Pennsylvania, 1711-46; Nueva Jersey, 1712-47; Nueva York, 1724-48; Connecticut, 1726-50; Carolina del Sur, 1738-45; y así en adelante hasta la actualidad". [29]

Delaware

Los bautistas llegaron a Delaware de Gales. "En la primavera del año 1701, varios bautistas, en las comunidades de Pembroke y Caermarthen, determinaron ir a América; y como uno de la compañía, Thomas Griffith, era ministro, se les aconsejó constituirse en una iglesia; tomaron el consejo; el instrumento de su confesión existía en 1770". [30]

Massachusetts

Las iglesias bautistas de Massachusetts comenzaron en Boston.

Virginia

La primera iglesia bautista en Virginia fue plantada por Dutton Lane y Daniel Marshall. Marshall recibió su bautismo en orden regular de una iglesia bautista regular en la asociación de Filadelfia.

Pensilvania

Las iglesias bautistas de Pensilvania se originaron a través del ministerio de Thomas Dungan. Dungan dejó Rhode Island, al parecer con otros bautistas, y plantó una iglesia bautista. Esta iglesia pronto se fusionó con otra que llegó a la zona. La segunda iglesia fue formada por emigrantes galeses de Bajo Dublín (un municipio de Pensilvania). Eran bautistas regulares. La primera iglesia en Filadelfia fue organizada en 1698 de bautistas ingleses, algunos de los cuales eran de la iglesia de Hansard Knolly en Londres.

Maryland

Una iglesia bautista fue plantada en Maryland en 1742 en la casa de Henry Sator, un laico.

Carolina del Norte

En Carolina del Norte, Paul Palmer, un nativo de Maryland que fue bautizado en la iglesia bautista de Welsh Tract en Delaware, plantó una iglesia bautista en 1727.

Carolina del Sur

Muchos de los primeros colonos en Carolina del Sur eran bautistas. Muchos de ellos llegaron como colonos de Inglaterra; algunos llegaron desde Maine debido a la persecución puritana. Bajo el liderazgo de un ministro llamado William Screven, plantaron una iglesia bautista en el área de Charleston.

Maine

Ya en 1647, había varias personas que profesaron ser bautistas en y alrededor de Kittery, en Maine, la ciudad más antigua de la provincia. La iglesia bautista más cercana estaba en Boston. Tras el consejo de Isaac Hull, quien fue pastor de la iglesia de Boston, los bautistas de Maine se unieron con los de la iglesia de Boston, los que luego los autorizaron como una nueva iglesia bautista separada en Kittery. La iglesia de Boston ordenó y licenció a William Screven para que fuera su pastor; el mismo pastor que más tarde plantó la primera iglesia bautista en Carolina del Sur.

Nueva York

Una iglesia bautista fue plantada en Nueva York alrededor de 1712 por un ministro llamado Valentín Wightman. Wightman era de una iglesia bautista en North Kingston, Maine. La iglesia de North Kingston se originó en un avivamiento liderado por un ministro llamado Baker, de Newport, Rhode Island.

Georgia

Los bautistas de Georgia tienen sus raíces de los bautistas de Charleston, Carolina del Sur. [31]

Kentucky

John Gano fue un prominente pastor bautista que viajó casi por todo lo largo de la costa oriental, evangelizando y plantando iglesias. Kentucky fue el último lugar que visitó antes de su muerte. Él "tuvo un papel activo en influir los intereses bautistas con respecto a la libertad religiosa mientras el Congreso Continental forjaba la nueva constitución". [32]

No es difícil en lo absoluto ver cómo la línea ininterrumpida de iglesias primitivas neotestamentarias, de primer siglo, llegaron a América y proliferaron.

Los bautistas migraban continuamente desde Inglaterra hacia América

---

MINISTROS GALESES

El número de ministros galeses que llegaron a América para iniciar iglesias bautistas es impresionante: Tomas Griffith, John Mills, Morgan Edwards, Samuel Jones, Abel Morgan, William Davis, Davis Evans, Nathaniel Jenkins, Griffith Jones, Caleb Evans, Elisha Thomas y Enoc Morgan solo por nombrar unos cuantos. Hubo también muchos más de Londres y otros lugares ingleses. [33] La línea continua de perpetuidad es clara.

"Por 1707 los bautistas formaron una asociación de iglesias... La Asociación de Filadelfia originó con las iglesias plantadas por los miembros de Gales. La asociación se formó originalmente de solo cinco iglesias: Bajo Dublín, Piscataway, Middleton, Cohansey y la de Welsh Tract" [34] La más fuerte de estas iglesias fue la Iglesia Bautista de Welsh Tract que compró una gran parcela de tierra en el río Delaware, cerca de Newcastle hoy día. Muchos evangelistas salieron de esta iglesia, incluyendo a John Gano que bautizó a George Washington. [35]

LIBERTAD DE RELIGIÓN

En vista de esta breve mirada a la historia de la cristiandad desde la iglesia en Jerusalén en adelante, cada uno de nosotros debe tener un mayor aprecio por la libertad religiosa. Esta gran bendición en la actualidad se da por sentado, por muchos. No olvidemos que la libertad de conciencia ha sido una posición bautista desde el principio y que la libertad de religión es una peculiaridad americana. Afortunadamente otras naciones han adoptado esta posición; no obstante, se inició en América. Es más, llegó a ser una realidad, principalmente debido a los esfuerzos de los bautistas.

Antes y en la Guerra de Independencia, los colonos fueron divididos sobre el tema de la libertad de religión. Las colonias medias eran las más tolerantes. En las colonias del sur y en Nueva Inglaterra, la mentalidad Iglesia estatal prevaleció. Todos los que no apoyaron plenamente las posiciones oficiales religiosos de las autoridades civiles fueron oprimidos y perseguidos. Los bautistas y los cuáqueros estaban obligados a registrarse anualmente con las autoridades civiles. Los fueros otorgados por el rey de Inglaterra detallaron las leyes que regían a las colonias. Solo el fuero de Rhode Island concedió la libertad de religión. En todos los demás casos, las autoridades civiles tenían el poder de hacer leyes y dictar las vidas religiosas de la gente. La mentalidad de Iglesia estatal rigió las colonias americanas. Todos fueron considerados sujetos a la Iglesia de Inglaterra. Los de otras creencias religiosas eran infractores de la ley. Se impusieron sanciones específicas en contra de aquellos que violaran las leyes religiosas. Las actividades como predicar ideas contrarias a la doctrina anglicana, el no asistir a la Iglesia, el no bautizar a su bebé, faltar el respeto a un clérigo y "predicar el evangelio del Hijo de Dios" [36] eran punibles con multas, azotes públicos y encarcelamiento. Todos habían de pagar impuestos para apoyar a la Iglesia oficial y sus ministros. Los bautistas, especialmente los predicadores bautistas, eran los principales blancos de los sistemas coloniales.

Debido a los constantes esfuerzos de Roger Williams y los trabajos valientes y tenaces del Dr. John Clarke, el 8 de julio de 1663, el rey Carlos II de Inglaterra firmó el fuero de Rhode Island. Fue realmente un acto monumental y marcó una nueva era en la historia de la humanidad. Rhode Island vino a ser el primer lugar de la tierra de tamaño y duración significativos en experimentar la libertad de religión oficial, aprobada por el gobierno. En parte, el fuero dice: "...que un estado civil, más floreciente pueda ponerse de pie y ser mejor mantenido, entre nuestros súbditos ingleses, con una libertad completa con respecto a asuntos religiosos... Que nuestra voluntad real y placer es, que ninguna persona dentro de la mencionada colonia, en cualquier momento de ahora en adelante, no será de cualquier manera molestada, castigada, inquietada, o cuestionada, por cualquier diferencia de opinión en materia de religión...". 37

El siguiente año, el rey Carlos II concedió un fuero similar para toda Carolina. En aquellos primeros días, Nueva Jersey estaba dividida en dos partes. La mitad occidental de Nueva Jersey aprobó su propia ley de libertad de conciencia religiosa en 1677. En 1670 William Penn publicó su manifiesto titulado *La Gran Causa de la Libertad de Conciencia*. En ella dejó claro que la libertad religiosa incluye el derecho a adorar visiblemente de acuerdo a la conciencia de cada uno. Cuando se estableció la propia colonia de Penn (Pensilvania) en 1682, la libertad de conciencia religiosa fue escrita claramente en el fuero. 38

A pesar de estos grandes avances, la libertad de religión no era universal en América. Colonias como Virginia y Massachusetts se aferraron firmemente a una ideología de Iglesia estatal. Se aprobaron y se hicieron cumplir las leyes eclesiásticas rígidas. Los bautistas fueron oprimidos. Por ejemplo, "el reverendo James Ireland fue encarcelado por predicar en Virginia, y en la cárcel se hizo un esfuerzo por destruir su vida, poniendo pólvora bajo el suelo de su celda, pero esto no tuvo éxito; a continuación, sus enemigos trataron de asfixiarlo llenando su pequeña habitación con los humos asfixiantes de la quema de azufre y vainas de pimienta; y, finalmente, su médico y el carcelero conspiraron para envenenarlo... nunca se recuperó". 39 Aun en estas condiciones adversas durante sus cinco meses de prisión, el reverendo Ireland predicó a través de las rejas de su prisión a multitudes de escuchas. Él llevó a Cristo a muchos de sus compañeros de celda, que fueron enviados a hostigarlo. 40

Con la llegada de la Guerra de Independencia y el nacimiento de una nueva nación, la cuestión de la libertad religiosa llegó a un punto crítico. ¿Abrazarían los Estados Unidos de América a una Iglesia estatal o sería concedida a esta nueva nación la libertad de religión para todos sus ciudadanos? Durante y después de la guerra, grandes patriotas bautistas como Isaac Backus, Lewis Craig, John Waller, John Weatherford, John Gano y, una hueste incontable, se entregaron infatigablemente a la causa de la libertad religiosa. [41] Muchos predicadores bautistas sirvieron como capellanes en el ejército continental; cientos de soldados bautistas se distinguieron como los mejores soldados del ejército de Washington.

Después de la guerra, cuando el Congreso Continental fue concertado para elaborar una Constitución (1787), la libertad de religión no fue en lo absoluto una certeza. Los bautistas habían proliferado; había decenas de miles de ellos dispersos en todas las colonias. Era vital para ellos que la libertad religiosa se hiciera parte de los documentos fundamentales de los Estados Unidos de América. Por ejemplo, John Leland era un predicador bautista muy influyente en Virginia, que fue nominado para ser un delegado a la convención de Virginia para la ratificación de la Constitución de los Estados Unidos. James Madison fue también un candidato para el puesto de delegado. Leland se reunió con Madison y le dijo que los virginianos no aprobarían la Constitución sin una garantía de la libertad religiosa. Para entonces los bautistas dominaron Virginia. Madison, un orador dotado, aseguró a Leland que iba a luchar por esta causa. Leland gentilmente se hizo a un lado permitiendo que el más persuasivo elocuente Madison asistiera a la convención en su lugar. [42] La batalla por la libertad religiosa fue intensa. Todavía en 1775, nueve de las trece colonias todavía tenían Iglesias establecidas que oficialmente eran apoyadas con los ingresos fiscales. En el momento de la Convención Constituyente, Massachusetts, New Hampshire y Connecticut mantuvieron las iglesias establecidas. La Constitución no aclaró adecuadamente, ni garantizó el tema de la tolerancia religiosa. "Algunos delegados a la Convención Constitucional no estarían de acuerdo en ratificar la Constitución sin una garantía de que una carta de derechos fuera rápidamente promulgado para asegurar importantes libertades individuales, religiosas y otras". [43]

"Virginia ratificó la Constitución el 28 de julio de 1788. En un año Madison fue al Congreso y ayudó a redactar la Carta de Derechos, en cumplimiento de la promesa hecha a Leland". [44] No fue sino hasta la reunión del primer Congreso de los Estados Unidos en 1789 que las diez enmiendas conocidas como la Carta de Derechos fueron añadidas a la Constitución. Fueron introducidas por Thomas Jefferson, un viejo amigo y admirador de los bautistas. Solo los bautistas habían luchado por la libertad religiosa como fue garantizada en la primera enmienda. Los puritanos de Massachusetts se opusieron y se negaron a ratificar la Carta de Derechos. Los congregacionalistas, los episcopales (anglicanos americanos) y los presbiterianos todos se opusieron a la primera enmienda; aun así, la Carta de Derechos entró en vigor el 15 de diciembre de 1791, habiendo sido ratificada por tres cuartas partes de los estados. [45]

Esa preciosa e inusual primera enmienda dice, "El Congreso no aprobará ley alguna por la que adopte una religión oficial del estado o prohíba el libre ejercicio de la misma, o que restrinja la libertad de expresión o de prensa, o el derecho del pueblo a reunirse pacíficamente y a pedir al gobierno la reparación de agravios". [46]

¡Es dudoso que cualquiera de nosotros comprenda plenamente la magnitud de esa enmienda!

> **La primera enmienda de la constitución garantiza la libertad de religión**

[1] Carl Deimer, Professor, *History of Christianity II (Historia del Cristianismo II)*, Video Lecture 17, Liberty University DLP, 2004.

[2] John T. Christian, *A History of the Baptists (Una Historia de los Bautistas)*, vol. 1, (Texarkana, Ark.-Tex.: Bogard Press, 1922), 172-175.

[3] Edwin S. Gaustad, *Liberty of Conscience: Roger Williams in America (Libertad de Conciencia: Roger Williams en América)*, (Grand Rapids: William B. Eerdmans Publishing Company, 1991), 10-11.

[4] Ibid., 12.

[5] *Wikipedia*, (en.wikipedia.org./wiki/Mary I of England).

[6] Deimer.

[7] Ibid.

[8] Edgar C. Carlisle, *Our Religious Freedom, a Baptist Trophy, (Nuestra Libertad Religiosa, Un Trofeo Bautista)* (Johnson, Kansas: IBO Press, 1979), 16-19.

[9] *Wikipedia*, (en.wikipedia.org/wiki/Jamestown,_Virginia).

[10] Ibid., /wiki/Plymouth_Colony.

[11] Carlisle, 29-30.

[12] Louis Franklin Asher, *John Clark (1609-1676) Pioneer in American Medicine, Democratic Ideals, and Champion of Religious Liberty (Juan Clark (1609-1676) Pionero en la Medicina Americana, Ideales Democráticos, y Campeón de la Libertad Religiosa)*, (Pittsburgh, Pennsylvania: Dorrance Publishing Co. Inc., 1997), 57-64.

[13] Gaustad, 21.

[14] Edward H. Overbey, *A Brief History of the Baptists (Una Breve Historia de los Bautistas)*, (Little Rock, Arkansas: The Challenge Press, 1974), 81.

[15] J. Stanley Lemons, *The First Baptist Church in America (La Primera Iglesia Bautista en América)*, (Providence, Rhode Island: The Charitable Baptist Society, 2001), 4.

[16] Gaustad, 38.

[17] Lemons, 5-8.

[18] Overbey, 81.

[19] W.A. Jarrel, *Baptist Church Perpetuity (Perpetuidad Eclesiástica Bautista)*, (Dallas, Texas: Published by the author, 1894), 383.

[20] D.B. Ray, *Baptist Succession: A Hand-book of Baptist History (La Sucesión Bautista: Un Manual de la Historia Bautista)*, (Parsons, Kansas: Foley Railway Printing Company, 1912), 111-112.

[21] I.K. Cross, *The Battle for Baptist History (La Batalla por la Historia Bautista)*, (Columbus, Georgia: Brentwood Christian Press, 1990), 152-153.

[22] Ibid., 153.

[23] Christian, 368.

[24] Ibid., 369.

[25] Ray, 121.

[26] Cross, 154.

[27] Overbey, 80-81.

[28] Gaustad, 188-194.

[29] D.C. Haynes, *The Baptist Denomination its History, Doctrines, and Ordinances (La Denominación Bautista su Historia, Doctrinas, y Ordenanzas)*, (New York: Sheldon, Blakeman & Co., 1856), 52.

[30] Jarrel, 393.

[31] Ibid., 392-397.

[32] Cross, 157.

[33] Ray, 122-125.

[34] Cross, 157.

[35] Ibid.

[36] James R. Beller, *The Baptist History Workbook (El Manual de la Historia Bautista)*, (Arnold, Missouri: Prairie Fire Press, 2002), 215.

[37] Asher, 79.

[38] Gaustad, 194-196.

[39] Cross, 159.

[40] David Gibbs, Jr. and David Gibbs III, *Understanding the Constitution: Ten Things Every Christian Should Know About the Supreme Law of the Land (Entendiendo la Constitución: Diez Cosas que Cada Cristiano Debería Saber Acerca de la Ley Suprema del País),* (Seminole, Florida: The Christian Law Association, 2006), 85.

[41] Beller, 216-219.

[42] Ibid., 220-221.

[43] Gibbs, 83.

[44] Ibid., 221.

[45] *Wikipedia,* /wiki/United_States_Bill_of_Rights.

[46] *The Constitution of the United States of America (La Constitución de los Estados Unidos de América),* The Bill of Rights, Amendment I.

Reinar en Inglaterra

Año Inicial	No. de Años	Gobernante	
1553	5	María I	Fue una católica apasionada y buscó eliminar de su dominio a todo el no-católico. También fue conocida como María la Sangrienta.
1558	45	Isabel I	Fue anglicana pero mucho más tolerante que sus predecesores. Los puritanos, los separatistas, los bautistas y otros, florecieron bajo su reinado.
1603	22	Jaime I	Fue un fuerte anglicano y decidió acabar con los puritanos y los separatistas.
1625	24	Carlos I	Fue abiertamente simpatizante del y catolicismo tuvo mano dura con el no-católico, especialmente los puritanos. El parlamento descontento destituyó al rey Carlos I en 1649 y apeló por ayuda al rey de Escocia. Este invadió, y Carlos I fue decapitado.

Reinar en Inglaterra

Año Inicial	No. de Años	Gobernante	
1649	11	Confederación	El parlamento designó al Consejo de Estado para gobernar la tierra como una confederación. [1]
1660	25	Carlos II	Durante este reinado pro-católico, fue aprobado el Código Clarendon (leyes anti-puritanas). [2]
1685	4	Jaime II	Este rey pro-católico creía en la monarquía absoluta. Trató de establecer la libertad de religión en Inglaterra aprobando la Declaración de Indulgencia, la cual eliminaba los castigos de los disidentes católicos y los protestantes. [3]
1689	13	Guillermo III María II	Bajo este reinado, la Ley de Tolerancia fue aprobada. La ley trajo cierta medida de libertad de religión a Inglaterra.

[1] *Wikipedia*, (en.wikipedia.org/wiki/English_Council_of_State).
[2] Ibid., /wiki/Charles_II_of_England.
[3] Ibid., /wiki/James_II_of_England.

434

Primeras Iglesias Bautistas

Ciudad, Estado	Años	Establecida por
Massachusetts	?	Estas iglesias comenzaron en Boston.
Virginia	?	Dutton Lane y Daniel Marshall. Marshall recibió su bautizo de una iglesia bautista en la asociación de Filadelfia.
Kittery, Maine	1647	William Screven, quien fue ordenado y licenciado por la iglesia de Boston.
Charleston, Carolina del Sur	?	William Screven. Muchos de los miembros de la iglesia llegaron como colonizadores desde Inglaterra; algunos vinieron desde Maine debido a la persecución a los puritanos.
Pensilvania	?	Thomas Dungan. Este dejó Rhode Island junto con otros bautistas para establecer una iglesia. Se unieron con una iglesia en el área conformada por emigrantes galeses provenientes de Lower Dublin (un municipio en Pensilvania).

Primeras Iglesias Bautistas

Ciudad, Estado	Años	Establecida por
Filadelfia, Pensilvania	1698	Los bautistas ingleses, algunos de los cuales provinieron de la iglesia de Hansard Knolly en Londres.
Nueva York	1712	Valentine Wightman. El cual fue de una iglesia bautista al norte de Kingston, Maine.
Carolina del Norte	1727	Paul Palmer, quien fue bautizado en la Iglesia Bautista Welsh Tract en Delaware.
Maryland	1742	Henry Sator, un laico.
Georgia	?	Tienen sus raíces en los bautistas de Charleston, Carolina del Sur.
Delaware	1770	Thomas Griffith. Los miembros eran de Pembroke y Caermarthen en Gales.

Mapas

Europa y la Región Mediterránea
(1er Siglo)

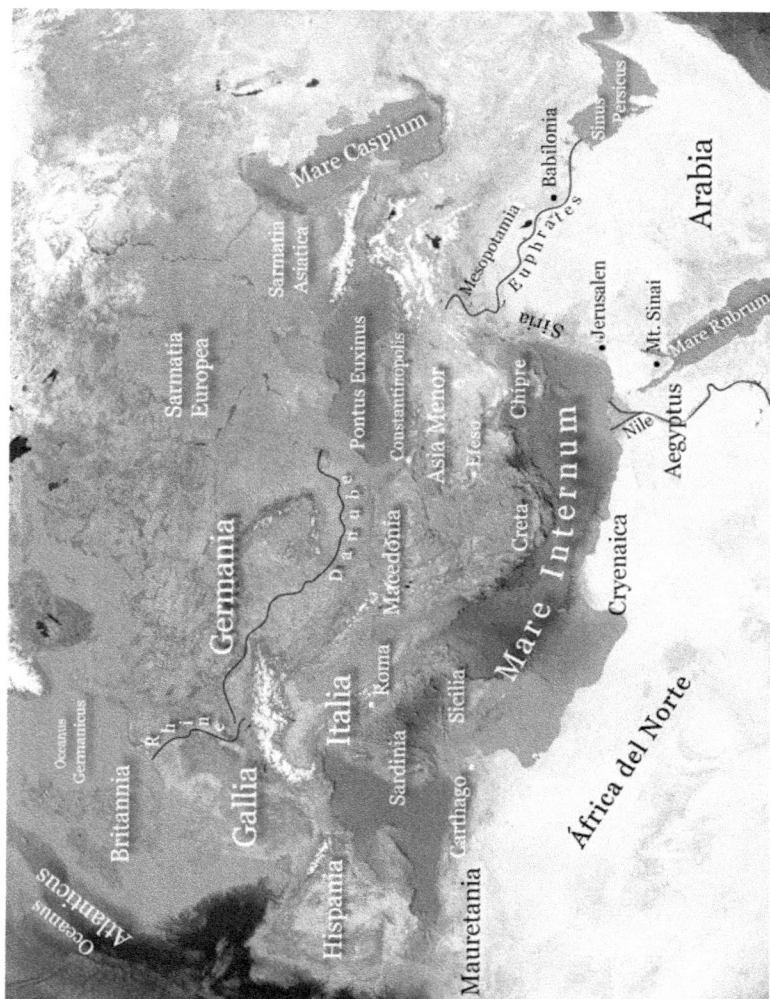

Región Mediterránea

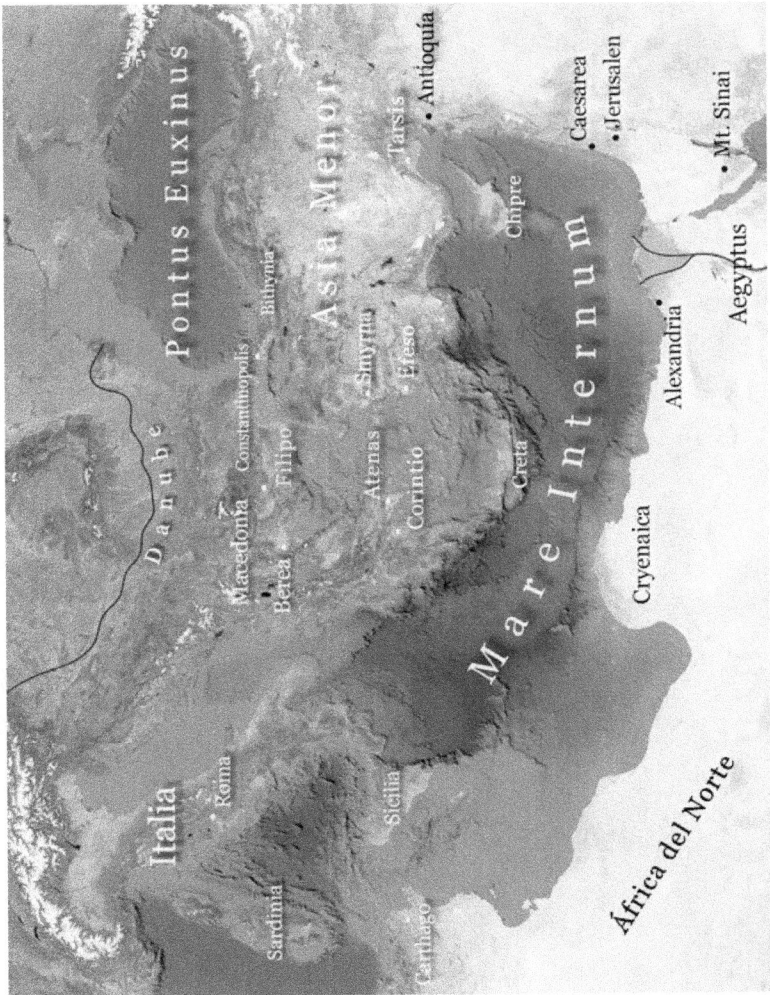

Asia Menor

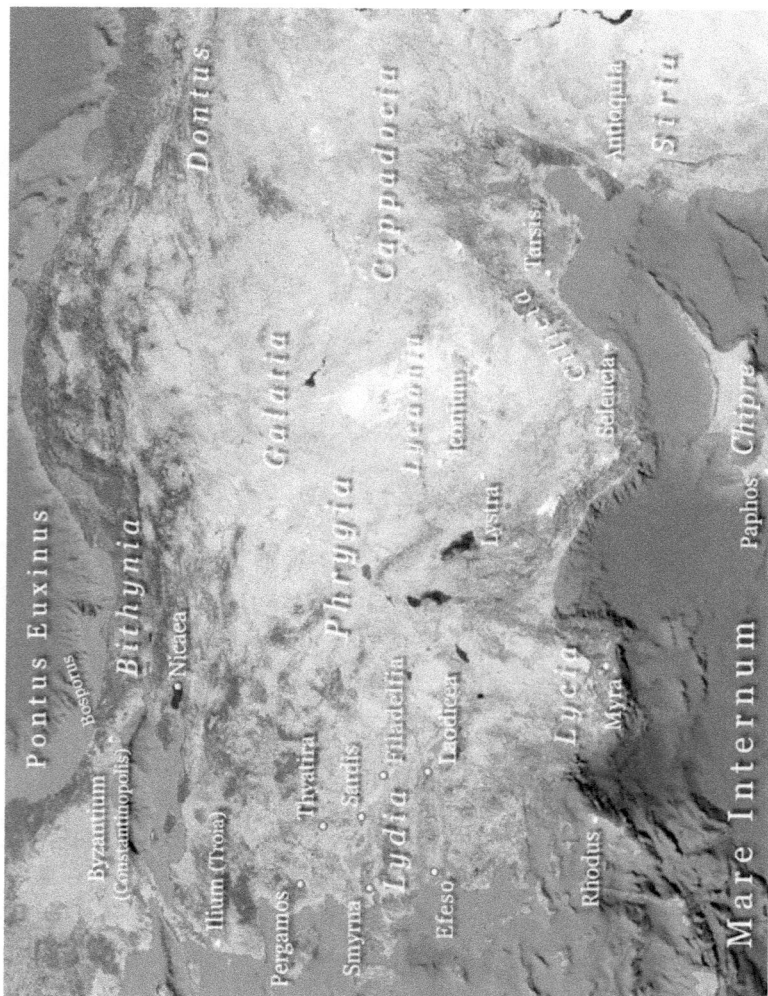

Italia y Francia

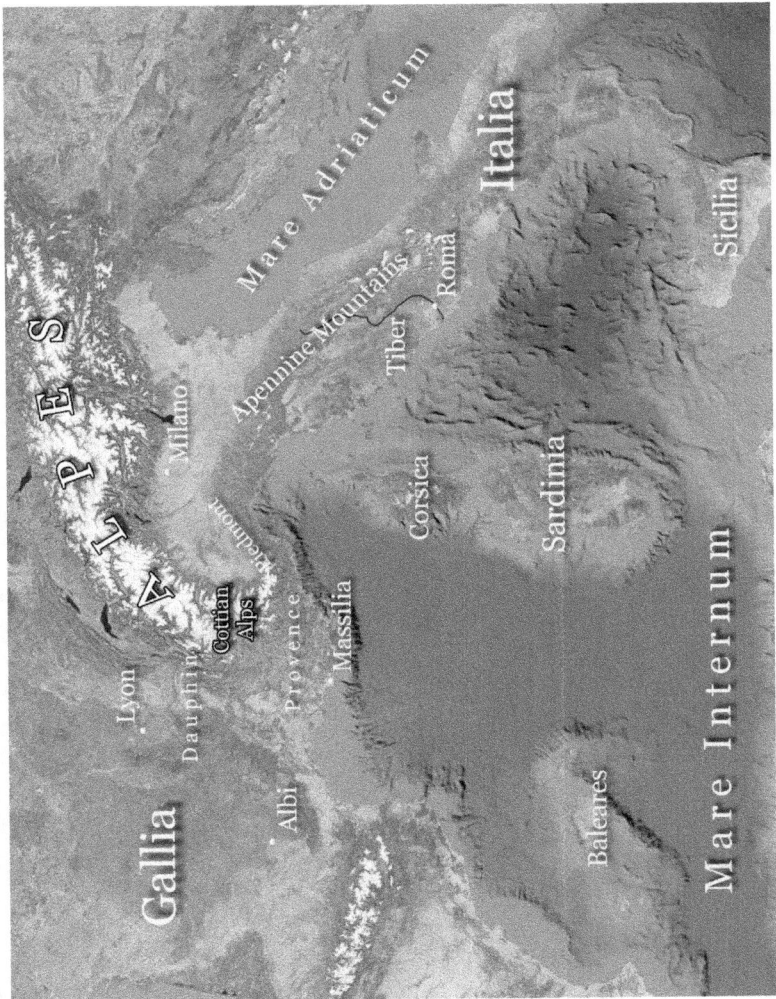

Europa y la Región Mediterránea
(15vo Siglo)

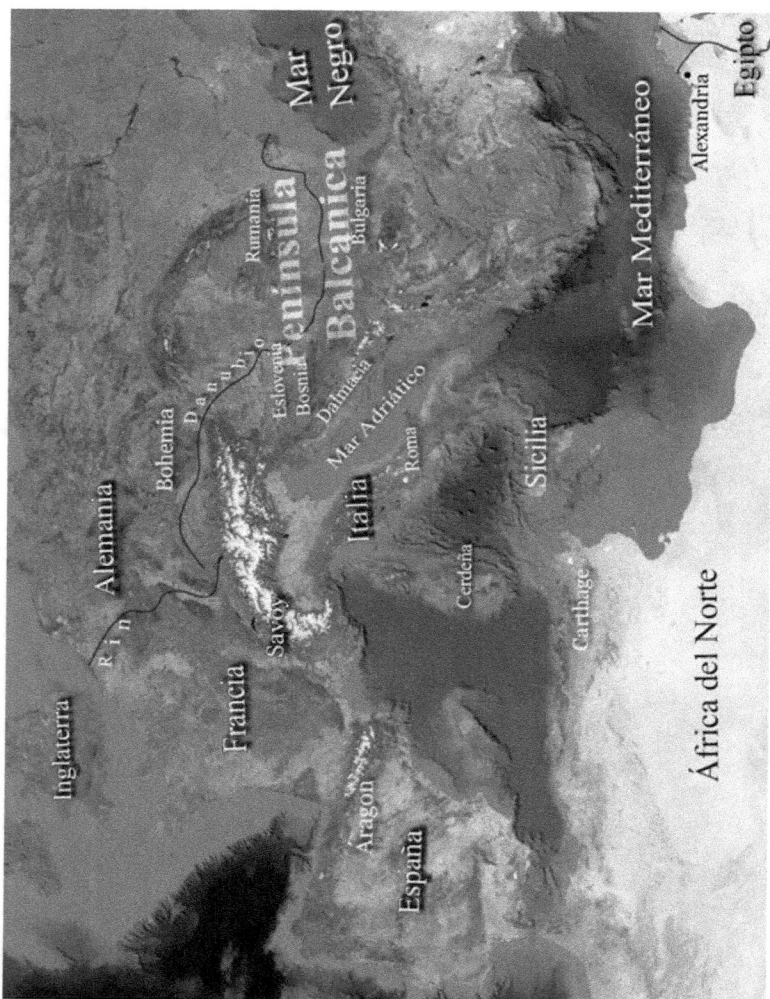

Península Balcánica

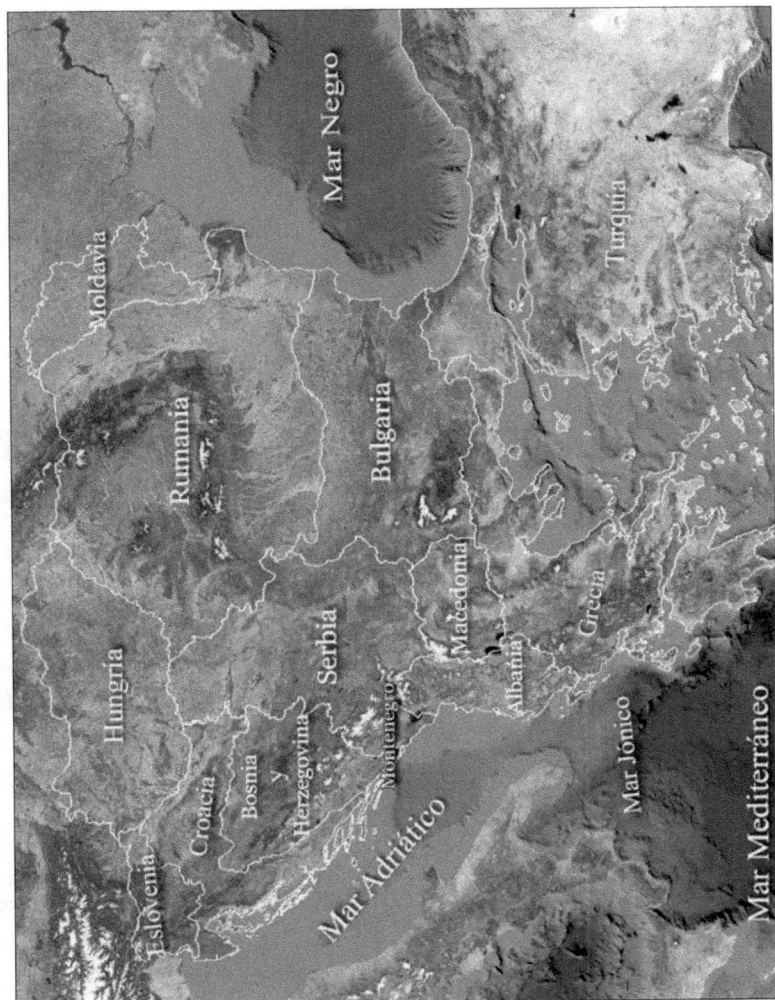

Francia, Alemania e Inglaterra

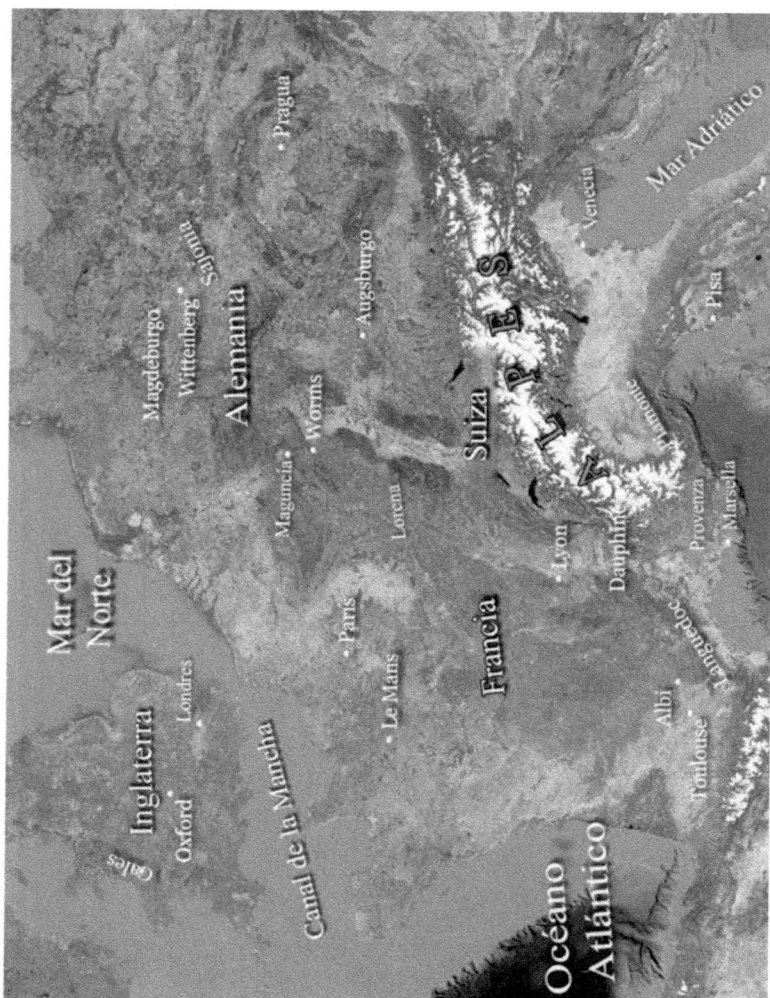

Islas Británicas

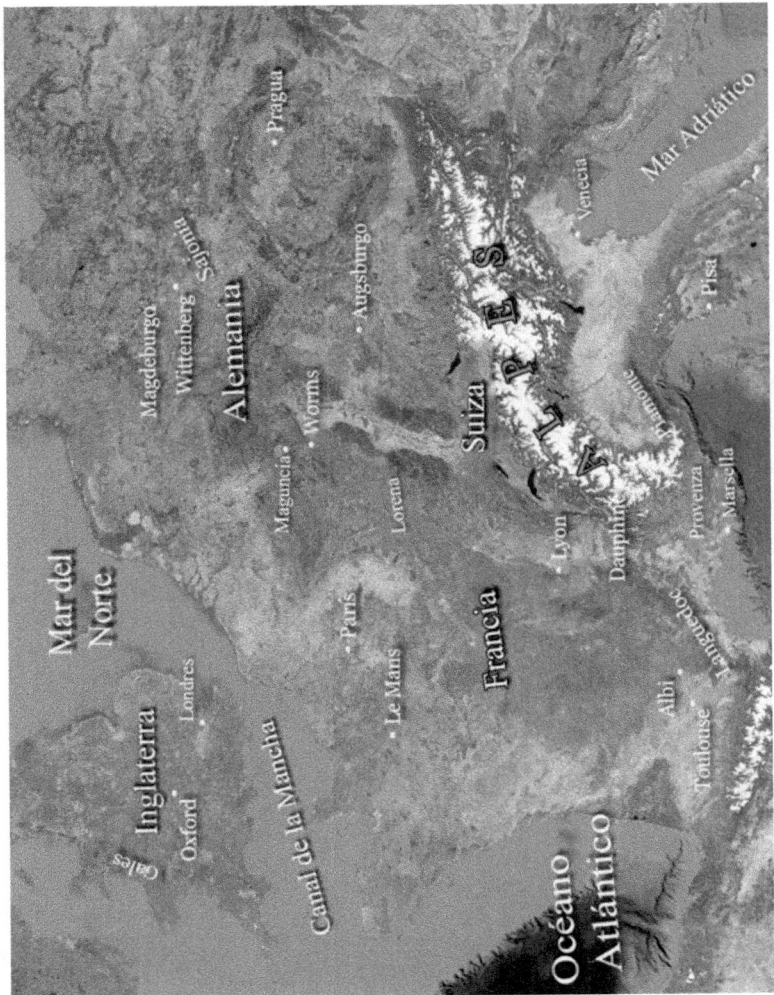

Inglaterra y Gales

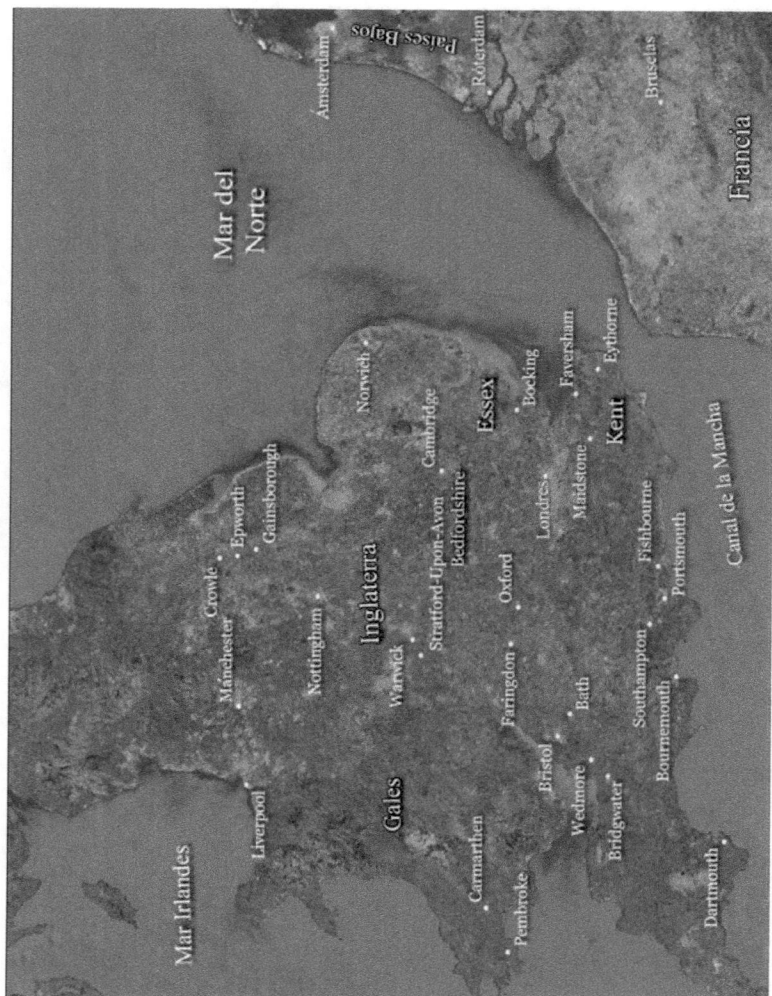

América
13 Estados Originarios

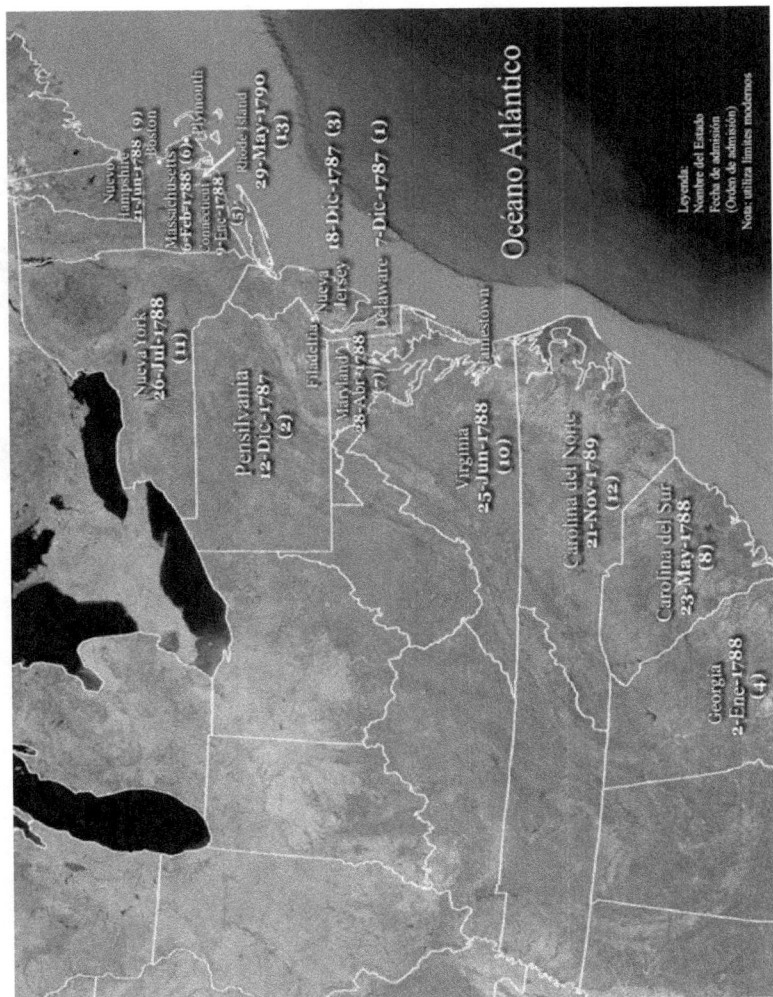

América — 13 Estados Originarios

Océano Atlántico

Leyenda:
Nombre del Estado
Fecha de admisión
(Orden de admisión)
Nota: utiliza límites modernos

Nueva Hampshire
21-Jun-1788 (9)
Boston

Plymouth

Massachusetts
6-Feb-1788 (6)

Connecticut
9-Ene-1788 (5)

Rhode Island
29-May-1790 (13)

18-Dic-1787 (3)

7-Dic-1787 (1)

Nueva York
26-Jul-1788 (11)

Pensilvania
12-Dic-1787 (2)

Filadelfia

Nueva Jersey

Maryland
28-Abr-1788 (7)

Delaware

Jamestown

Virginia
25-Jun-1788 (10)

Carolina del Norte
21-Nov-1789 (12)

Carolina del Sur
23-May-1788 (8)

Georgia
2-Ene-1788 (4)

Bibliografía

Aland, Kurt and Aland, Barbara. *The Text of the New Testament (El Texto del Nuevo Testamento)*. Grand Rapids: William B. Eerdman's Publishing Company, 1989.

Asher, Louis Franklin. *John Clark (1609-1676) Pioneer in American Medicine, Democratic Ideals, and Champion of Religious Liberty (Juan Clark (1609-1676) Pionero en la Medicina Americana, Ideales Democráticos, y Campeón de la Libertad Religiosa)*. Pittsburgh, Pennsylvania: Dorrance Publishing Co. Inc., 1997.

Athanasius. *Nicene and Post-Nicene Fathers (Padres Nicenos y Post-Nicenos)*. 14 vols. Peabody, Massachusetts: Hendrickson Publishers, Inc., 2004

Beller, James R. *The Baptist History Workbook (El Manual de la Historia Bautista)*. Arnold, Missouri: Prairie Fire Press, 2002.

Benedict, David. *History of the Donatists (Historia de los Donatistas)*. Paris, Arkansas: The Baptist Standard Bearer, 1875.

Broadbent, E.H. *The Pilgrim Church (La Iglesia Peregrina)*. Grand Rapids, Michigan: GOSPEL FOLIO PRESS, 1999.

Brockett, L.P. *The Bogomils of Bulgaria and Bosnia; or the Early Protestants of the East (Los Bogomilos de Bulgaria y Bosnia; o Los Protestantes Primeros del Oriente)*. Philadelphia, Pennsylvania: American Baptist Publications Society, 1879.

Bruce, F.F. *The Books and the Parchments (Los Libros y los Pergaminos)*. Old Tappan, New Jersey: Fleming H. Revell Company, 1984.

_____. *The New Testament Documents: Are They Reliable? (Los Documentos del Nuevo Testamento:¿Son Confiables?)*. Downers Grove, Illinois: Intervarsity Press, 1981.

Cairns, Earle E. *Christianity Through the Centuries: A History of the Christian Church (Cristianismo A Través de los Siglos: Una Historia de la Iglesia Cristiana)*. Grand Rapids, Michigan: Zondervan, 1996.

Carlisle, Edgar C. *Our Religious Freedom, a Baptist Trophy (Nuestra Libertad Religiosa, Un Trofeo Bautista)*. Johnson, Kansas: IBO Press 1979.

Carroll, J.M. *The Trail of Blood (El Rastro de Sangre).* Lexington, Kentucky: Ashland Avenue Baptist Church, 1992.

Carson, D.A., Moo, Douglas J., and Leon Morris. *An Introduction to the New Testament (Una Introducción al Nuevo Testamento).* Grand Rapids, Michigan: Zondervan, 1992.

Cathcart, William. *Baptist Encyclopaedia.* Paris, Arkansas: The Baptist Standard Bearer, 1887.

Christian, John T. *A History of the Baptists (Una Historia de los Bautistas).* 2 vols. Texarkana, Ark.-Tex.: Bogard Press, 1922.

Clarke, Kent D. *The Canon Debate (El Debate del Canon).* Peabody, Massachusetts: Hendrickson Publishers, Inc., 2004.

Covington, Sarah. *The Trail of Martyrdom: Persecution and Resistance in Sixteenth-century England (El Sendero del Martirio: Persecución y Resistencia en la Inglaterra del Siglo Decimosexto).* South Bend, Indiana: University of Notre Dame press, 2003.

Coxe, A. Cleveland. *Ante-Nicene Fathers (Padres Ante-Nicenos).* 10 vols. Peabody, Massachusetts: Hendrickson Publishers, Inc., 2004.

Cross, I.K. *The Battle for Baptist History (La Batalla por la Historia Bautista).* Columbus, Georgia: Brentwood Christian Press 1990.

Deimer, Carl. *Church History (Historia de la Iglesia)* curso de seminario. Lynchburg, Virginia, Liberty University, 2004.

Encyclopaedia Britannica. Chicago: William Benton Publishers 1960.

Estep, William R. *The Anabaptist Story: An Introduction to Sixteenth-Century Anabaptism (La Historia Anabaptista: Una Introducción al Anabaptismo del Siglo Decimosexto).* 3rd ed., Grand Rapids: William B. Eerdmans Publishing Company, 1996.

Ferguson, Everett. *The Canon Debate (El Debate del Canon).* Peabody, Massachusetts: Hendrickson Publishers, Inc., 2004.

Foxe, John. *Foxe's Book of Martyrs (Libro de Mártires de Foxe).* Grand Rapids, Michigan: Fleming H. Revell, 2000.

_____. *Christian Martyrology (Martirología Cristiana).* London, Paris and New York: Fisher, Son, & Co., 1840.

Fiensy, David A. *The College Press NIV Commentary: New Testament Introduction (La Prensa Universitaria Comentario de NIV: Introducción al Nuevo Testamento).* Joplin, Missouri: College Press Publishing Company, 1994.

Fredeircq, P. *Encyclopaedia Britannica.* Chicago: William Benton Publishers, 1960.

Gaustad, Edwin S. *Liberty of Conscience: Roger Williams in America (Libertad de Conciencia: Roger Williams en América).* Grand Rapids: William B. Eerdmans Publishing Company, 1991.

Gibbs, David Jr. and Gibbs, David III. *Understanding the Constitution: Ten Things Every Christian Should Know About the Supreme Law of the Land (Entendiendo la Constitución: Diez Cosas que Cada Cristiano Debería Saber Acerca de la Ley Suprema del País).* Seminole, Florida: The Christian Law Association, 2006.

Gonzalez, Justo L. *The Story of Christianity (La Historia del Cristianismo).* 2 vols. San Francisco: HarperCollins Publishers, 1984.

Graves, J.R. *Old Landmarkism: What Is It? (Viejo Landmarkismo: ¿Qué es?).* Texarkana, Texas: Bogard Press, 1880.

Hanko, Herman. *Our Venerable King James Bible, (Nuestra Venerable Biblia King James).* Lansing, Illinois: Peace Protestant Reformed Church.

Haynes, D.C. *The Baptist Denomination its History, Doctrines, and Ordinances (La Denominación Bautista su Historia, Doctrinas, y Ordenanzas).* New York: Sheldon, Blakeman & Co., 1856.

Jarrel, W.A. *Baptist Church Perpetuity (Perpetuidad Eclesiástica Bautista).* Dallas, Texas: Published by the author (Publicado por el autor), 1894.

Landon, Edward. *A Manual of Councils of the Holy Catholic Church (Un Manual de los Concilios de la Santa Iglesia Católica).* Edinburgh: 1909.

Lemons, J. Stanley. *The First Baptist Church in America (La Primera Iglesia Bautista en América)*. Providence, Rhode Island: The Charitable Baptist Society, 2001.

Link, Hans-Georg. *New International Dictionary of New Testament Theology (Nuevo Diccionario Internacional de la Teología Neotestamentaria)*. Grand Rapids: Zondervan, 1986.

Margoliouth, David Samuel. *Encyclopaedia Britannica*, Chicago: William Benton, Publishers: 1960.

Melia, Pius. *The Origin, Persecutions, and Doctrines of the Waldenses (El Origen, Persecuciones y Doctrinas de los Valdenses)*. London: James Toovey, 1870.

Menzies, Allan. *Ante-Nicene Fathers (Padres Ante-Nicenos)*. 10 vols. Peabody, Massachusetts: Hendrickson Publishers, Inc., 2004

Metzer, Bruce M. *The Canon of the New Testament: Its Origin, Development and Significance (El Canon del Nuevo Testamento: Su Origen, y Significado)*. Oxford: Clarendon Press, 1997.

_____. *The Text of the New Testament (El Texto del Nuevo Testamento)*. Oxford: Oxford University Press, 1968.

Mikhail, Labib. *The Jerusalem Connection (La Conexión de Jerusalén)*. March, 2002.

Mohammed. *The Koran (El Quran)*. Elmhurst, New York: Tahrike Tarsile.

Morey, Robert. *The Islamic Invasion: Confronting the World's Fastest Growing Religion (La Invasión Islámica: Confrontando la Religión de Más Rápido Crecimiento en el Mundo)*. Las Vegas, Nevada: Christian Scholars Press, 1992.

Mosheim, John Laurence. *An Ecclesiastical History, Ancient and Modern (Una Historia Eclesiástica, Antigua y Moderna)*. New York: Harper and Brothers, Publishers, 1871.

Overbey, Edward H. *A Brief History of the Baptists (Una Breve Historia de los Bautistas)*. Little Rock, Arkansas: The Challenge Press, 1974.

Muston, Alexis. *The Israel of the Alps: A Complete History of the Waldenses and Their Colonies (El Israel de los Alpes: Una Historia Completa de los Valdenses y Sus Colonias).* London: Blackie & Son, Paternoster Buildings, E.C., 1875.

_____ and Hazlitt, W. *The Israel of the Alps: A History of the Persecution of the Waldenses (El Israel de los Alpes: Una Historia de la Persecución de los Valdenses).* London: Savill & Edwards, Printers, 1852.

Orchard, Herbert George. *A Concise History of Baptists (Una Historia Concisa de Bautistas).* Paris, Arkansas: The Baptist Standard Bearer, Inc.

Overbey, Edward H. *A Brief History of Baptists (Una Breve Historia de Bautistas).* Little Rock, Arkansas: The Challenge Press, 1974.

Oyer, John S. *Lutheran Reformers Against Anabaptists (Reformadores Luteranos Contra Anabaptistas).* Paris, Arkansas: The Baptist Standard Bearer, Inc., 1964.

Patterson, Morgan W. *Baptist Successionism: A Critical View (Sucesionismo Bautista: Una Perspectiva Crítica).* Valley Forge, Pennsylvania: Judson Press, 1969.

Ray, David Burcham. *Baptist Succession: A Hand-book of Baptist History (Sucesión Bautista: Un Manual de Historia Bautista).* Parsons, Kansas: Foley Railway Printing Company, 1912.

Reese, Edward. *The Chronological Bible (La Biblia Cronológica).* Nashville, Tennessee: E.E. Gaddy and Associates, Inc. Publishers, 1997.

Rupp, Gordon. *The Reformation Crisis (La Crisis de la Reforma).* New York: Harper & Roe Publishers, 1965.

Santa Biblia: Reina Valera 1960

Rutherford, John. *The International Standard Bible Encyclopaedia (Enciclopedia Estándar Internacional de la Biblia).* 4 vols. Grand Rapids: Wm. B. Eerdmans *Publishing Co., 1956.*

Schaff, Philip. *History of the Christian Church (Historia de la Iglesia Cristiana)*. 8 vols. Peabody, Massachusetts: Hendrickson Publishers, 2002.

Schmidt, C. *Encyclopaedia Britannica*. Chicago: William Benton, Publisher, 1960.

Smith, Sheldon. *The Sword of the Lord (La Espada del Señor)*. Murphreesboro, Tennessee: The Sword of the Lord Publishers, February, 2002

Strong, James. *Strong's Greek Dictionary of the New Testament (Diccionario Griego del Nuevo Testamento, de Strong)*. New York, Abingdon Press, 1958.

Tacitus. *Documents of the Christian Church (Documentos de la Iglesia Cristiana)*. Oxford: Oxford University Press, 1999.

Tertullian. *Ante-Nicene Fathers (Padres Ante-Nicenos)*. 10 vols. Peabody, Massachusetts: Hendrickson Publishers Inc., 2004.

Thiessen, Henry Clarence. *Introduction to the New Testament (Introducción al Nuevo Testamento)*. Peabody, Massachusetts: Hendrickson Publishers, Inc., 2002.

Thompson, J.E.H. *The International Standard Bible Encyclopaedia (Enciclopedia Estándar Internacional de la Biblia)*. 4 vols. Grand Rapids: Wm. B. Eerdmans Publishing Co., 1956.

Towns, Elmer. *Theology for Today (Teología para Hoy)*. Orlando, Florida: Harcourt Custom Publishers, 1997.

Trajan. *Documents of the Christian Church (Documentos de la Iglesia Cristiana)*. Oxford: Oxford University Press, 1999.

Ulrich, Eugene. *The Canon Debate (El Debate del Canon)*. Peabody, Massachusetts: Hendrickson Publishers, Inc., 2004.

Vance, Laurence M. *King James: His Bible and its Translators (El Rey Jaime: Su Biblia y Los Traductores)*. Pensacola, Florida: Vance Publications, 2006.

Verduin, Leonard. *The Reformers and Their Stepchildren (Los Reformadores y Sus Hijastros)*. Grand Rapids, Michigan: William B. Eerdmans Publishing Company, 1964.

Vine, W.E. *An Expository Dictionary of New Testament Words (Diccionario Expositivo de las Palabras del Nuevo Testamento)*. Nashville, Tennessee: Thomas Nelson Publishers, 1985

Vineyard, Jim. *Fundamental Baptist World Missions (Misiones Mundiales Bautistas Fundamentales)*. January, 2002.

Wigram, George V. and Winter, Ralph D. *The Word Study Concordance (La Concordancia de Estudio de Palabras)*. Wheaton, Illinois: Tyndale Publishing House, 1978.

Webster's New World Dictionary with Student Handbook: Young People's Edition (Diccionario Nuevo Mundo de Webster con Manual Estudiantil: Edición Juvenil). Nashville, Tennessee: The World Publishing Company, 1973.

Sobre el Autor

LESTER HUTSON ha servido como pastor bautista por más de 60 años. Es actualmente el Pastor Titular de la Northwest Baptist Church de Houston, Texas. Trabaja en responsabilidad limitada como representante de campo para la Christian Law Association (Asociación Cristiana de Leyes) y ofrece un número limitado de seminarios, avivamientos y otras actividades semejantes. Continúa escribiendo y es el autor de numerosos libros, incluyendo *Basic Bible Truths (Verdades Bíblicas Básicas)*, un método para ganar almas empleado internacionalmente.

www.lesterhutson.org